普通高等教育"十五"国家级规划教材

交通土木工程测量

Highway and Civil
Engineering Surveying

（修订版）

主编 张坤宜 副主编 覃辉 金向农

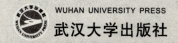
武汉大学出版社

图书在版编目(CIP)数据

交通土木工程测量/张坤宜主编;覃辉,金向农副主编.—修订版.—武汉:武汉大学出版社,2003.9
普通高等教育"十五"国家级规划教材
ISBN 978-7-307-04011-3

Ⅰ.交… Ⅱ.①张… ②覃… ③金… Ⅲ.道路工程:土木工程—工程测量—高等学校—教材 Ⅳ.U412.2

中国版本图书馆 CIP 数据核字(2003)第 067167 号

责任编辑:王金龙　　责任校对:王　建　　版式设计:支　笛

出版发行:武汉大学出版社　(430072　武昌　珞珈山)
（电子邮件:cbs22@whu.edu.cn 网址:www.wdp.com.cn）
印刷:湖北省京山德兴印务有限公司
开本:787×1092　1/16　印张:25.75　字数:603 千字
版次:1999 年 6 月人民交通社第 1 版　2003 年 9 月第 1 次修订
　　2012 年 12 月修订版第 7 次印刷
ISBN 978-7-307-04011-3/U·7　　定价:36.00 元

版权所有,不得翻印;凡购买我社的图书,如有质量问题,请与当地图书销售部门联系调换。

内 容 提 要

本书在高等学校测绘学科教学指导委员会的指导下,从土木工程建设的技术需求出发,确立新的教材体系,比较完善地介绍现代测绘学科基本理论和技术方法;结合建筑、路线、桥梁、隧道等土木工程,比较全面地叙述土木工程测量的基本技术原理和方法,是一部适合高等学校土木工程等专业教学改革需要的"工程测量学"教材。本书第一版于1999年曾获得第四届全国高等学校优秀测绘教材二等奖。此次修订全书为十七章,体系新颖,知识结构严谨,土木工程测量技术丰富,适应性强,内容先进,特色鲜明。本书可作为高等学校交通、土木专业的教学用书,也可供从事土木工程研究、生产的科技人员参考。

目 录

序 1
修订版前言 1
第一版前言 1

第一章 绪 论
第一节 测量学与交通土木工程 1
第二节 地球体的有关概念 2
第三节 坐标系统的概念 4
第四节 高程系统的概念 8
第五节 地面点定位的概念 9
习题 12

第二章 角度测量
第一节 角度测量的概念 14
第二节 光学经纬仪 15
第三节 光学经纬仪基本操作 21
第四节 水平角观测技术方法 24
第五节 竖直角观测技术方法 29
第六节 角度测量误差与预防 33
第七节 光电经纬仪 36
习题 41

第三章 距离测量
第一节 光电测距原理 44
第二节 红外测距仪及其使用 47
第三节 光电测距成果处理 53
第四节 钢尺量距原理与方法 57
第五节 光学测距原理与方法 64
习题 68

第四章 高程测量
第一节 水准测量原理 70

第二节　一测站水准测量基本操作 …………………………………… 74
　　第三节　水准测量高差观测技术 …………………………………… 77
　　第四节　水准测量误差及其消除 …………………………………… 81
　　第五节　精密水准仪 ………………………………………………… 85
　　第六节　水准路线图形和计算 ……………………………………… 88
　　第七节　三角高程测量与高程导线 ………………………………… 91
　　习题 …………………………………………………………………… 94

第五章　测量成果初级处理 …………………………………………… 98
　　第一节　观测值的改化 ……………………………………………… 98
　　第二节　方位角的确定 ……………………………………………… 102
　　第三节　地面点坐标换带的概念 …………………………………… 109
　　第四节　数的凑整与留位 …………………………………………… 111
　　习题 …………………………………………………………………… 113

第六章　全站测量 ……………………………………………………… 115
　　第一节　全站测量技术概念 ………………………………………… 115
　　第二节　全站仪基本技术装备 ……………………………………… 119
　　第三节　几种全站仪及其基本应用 ………………………………… 123
　　习题 …………………………………………………………………… 133

第七章　GPS技术原理 ………………………………………………… 135
　　第一节　概述 ………………………………………………………… 135
　　第二节　GPS系统的组成 …………………………………………… 135
　　第三节　GPS坐标系统 ……………………………………………… 139
　　第四节　GPS卫星定位基本原理 …………………………………… 139
　　习题 …………………………………………………………………… 145

第八章　测量误差与平差 ……………………………………………… 146
　　第一节　误差与精度 ………………………………………………… 146
　　第二节　误差传播律 ………………………………………………… 150
　　第三节　算术平均值与加权平均值 ………………………………… 154
　　第四节　最小二乘与条件平差原理 ………………………………… 159
　　习题 …………………………………………………………………… 167

第九章　工程控制测量 ………………………………………………… 171
　　第一节　控制测量技术概况 ………………………………………… 171
　　第二节　精密附合导线 ……………………………………………… 177
　　第三节　精密闭合导线 ……………………………………………… 185

第四节　导线的简易计算……………………………………………188
　　第五节　工程小三角测量与计算……………………………………194
　　第六节　建筑基线与方格控制………………………………………200
　　第七节　GPS测量的实施……………………………………………204
　　习题……………………………………………………………………207

第十章　地形图测绘原理……………………………………………211
　　第一节　概　述………………………………………………………211
　　第二节　地形图图式…………………………………………………213
　　第三节　碎部测量……………………………………………………218
　　第四节　光学速测法碎部测量………………………………………221
　　第五节　地籍测量与竣工测量………………………………………226
　　习题……………………………………………………………………228

第十一章　地形图应用原理与方法…………………………………230
　　第一节　地形图的阅读………………………………………………230
　　第二节　图上定点位…………………………………………………233
　　第三节　用图选线、绘断面图和定汇水范围………………………237
　　第四节　用图测算面积………………………………………………239
　　第五节　用图测算土方量……………………………………………243
　　习题……………………………………………………………………247

第十二章　大比例尺地形图数字化…………………………………250
　　第一节　地形图数字测量原理………………………………………250
　　第二节　内外业一体化数字测图……………………………………253
　　第三节　模拟地形图的数字化………………………………………262
　　第四节　数字地形图的应用…………………………………………270
　　习题……………………………………………………………………278

第十三章　施工测量原理与方法……………………………………280
　　第一节　概　述………………………………………………………280
　　第二节　放样的基本工作……………………………………………281
　　第三节　地面点平面位置的放样方法………………………………287
　　第四节　激光定向定位原理与方法…………………………………290
　　习题……………………………………………………………………292

第十四章　路线中线测量……………………………………………294
　　第一节　路线测量与路线工程建设…………………………………294
　　第二节　路线中线的直线测量………………………………………299

第三节　圆曲线参数及其测设 306
　　第四节　缓和曲线参数及其测设 310
　　第五节　复曲线及缓和复曲线参数 317
　　第六节　曲线的特殊测设 323
　　习题 328

第十五章　路线断面测量 332
　　第一节　概　述 332
　　第二节　路线纵断面测量 333
　　第三节　路线横断面测量 340
　　习题 344

第十六章　工程测量 346
　　第一节　公路施工测量 346
　　第二节　桥址工程测量 353
　　第三节　建筑轴线直线定位 359
　　第四节　隧道测量 366
　　习题 374

第十七章　工程变形测量与仪器检验 376
　　第一节　工程变形测量 376
　　第二节　工程测量仪器一般检验 380
　　习题 384

附录：
　　一、过河水准测量记录 385
　　二、子午线收敛角 γ 的计算 385
　　三、地面点位坐标的换带计算 386
　　四、矩阵加边求逆 N^{n-1} 388
　　五、basic 程序 390
　　六、坐标系旋转的坐标变换计算公式 393
　　七、测量仪器的安全 393

主要参考文献 395

序

  工程测量学是研究工程建设和自然资源开发中,在规划设计、施工兴建和营运管理各阶段进行控制测量、地形测量、施工放样和变形测量的理论和技术的学科。它是测绘科学技术在国民经济和国防建设中的直接应用,由此有不同的工程专业就有相应的工程测量学,例如水利、建筑、桥梁、矿山、交通、海洋、工业、军事等等,不同的工程专业对工程测量的要求也有所不同。随着现代测绘新技术的发展,现在的工程测量学的服务范围和服务对象正在不断扩大,应用更加广泛。这样要编写一本适应于各种工程专业的工程测量学几乎是不可能的,所以也就有了针对各种工程专业的工程测量学。《交通土木工程测量》就是一本紧密联系交通土木工程专业实际的工程测量学教材。这本教材的第一版是 20 世纪 90 年代在广东省教育厅立项的"面向新世纪,建设土木测量新课程"教学改革研究项目的研究成果之一。通过教学实践,显示出较好的教学效果,因此于 1999 年获得全国优秀测绘教材二等奖的殊荣。几年来,由于国家经济建设日新月异,高等教育改革持续发展,测绘科学技术不断进步,《交通土木工程测量》教材也应与时俱进,重新修订。

  这本教材的第一版是经过全国高等学校测绘学科教学指导委员会审定通过的"九五"规划教材,现在作了较大修改的修订版又被教育部批准为"十五"国家级规划教材。这从一个重要的方面说明这本教材的质量和水平。总的说来,首先,这本教材的工程专业应用的特色非常明显,紧紧扣住交通土木工程专业对测量工作的需求组织教材内容,针对性较强。其次,是教材的结构体系有别于已有的工程测量学教材,作了较大的改变,有一定新意,即在讲清基本测量定位技术和数据处理方法的基础上,阐述测量控制到地形测图的全过程,最后落脚到交通土木工程测量上。采取这种结构体系,教材内容脉络清晰,便于学生理解和掌握。第三,教材中实时引进了测绘新技术,如全站测量、GPS 定位技术以及数字化测图等,使教材具有时代感。尤其是这本教材的修订版,更具有这一特色。

  由于这本教材从第一版的审定到评奖,我都参与过,现在教材主编张坤宜教授又将修订版的书稿让我先睹为快,受益匪浅,因此写下此序,作为我的读书心得,并将此教材介绍给读者。衷心希望这本教材能在相关课程的教学中发挥积极作用,并得到读者青睐。序中若有谬误之处,敬请编者和读者批评指正。

中国工程院院士、全国高等学校测绘学科教学指导委员会主任

2003.4.28.

修 订 版 前 言

20世纪90年代,经广东省教育厅、广东工业大学教学研究立项,我们开展"面向新世纪,建设土木测量新课程"的改革研究,《交通土木工程测量》(张坤宜编著,王侬主审,全国高等学校测绘学科教学指导委员会审定的"九五"规划教材)是整个研究的重要成果。全国高等学校测绘专业教学指导委员会、国家测绘局教育人才处和广东省测绘学会的领导和专家十分关心改革的进展。宁津生院士以及陶本藻教授、曾卓乔教授、王侬教授、苏德基教授、张良琚教授、于正林教授、寇新健教授等,在百忙中关心、指导改革的进展,高度评价整个研究过程是在教育思想、教材体系、教学内容、教学方法、实践教学环节等方面对旧土木测量学课程系统全面的改革;《交通土木工程测量》是国内同行业教学改革的率先成果,具有推广示范价值。

多年来,《交通土木工程测量》在教学改革的过程中接受实践的检验,同时得到各级领导和社会各界的爱护和支持,并于1999年10月获全国优秀测绘教材二等奖。2001年9月"面向新世纪,建设土木测量新课程"的改革研究获广东省高等学校优秀教学成果二等奖。

随着教学改革不断深入,《交通土木工程测量》必须与时俱进,深入总结经验,适时修订,不断前进。此次修订得到教育部批准,《交通土木工程测量》获教育部"十五"国家级规划教材立项。修订按教育部"十五"国家级规划教材立项要求进行,同时得到全国高等学校测绘学科教学指导委员会精心指导。修订中吸收部分教学经验丰富的教师组成修订小组,由张坤宜担任主编,覃辉、金向农担任副主编。杜宏彪博士参加修订方案研究,蒋利龙、易又庆、魏德宏、赵滔滔等参加教学改革研究和部分修订工作。

一、修订的主要方面

1. 结构调整

将原《交通土木工程测量》结构调整为17章,其中第九章"全站测量"提前为第六章,突出现代全站光电测量技术内容;原"地形图测绘"视距测量公式的内容合并在第三章、第四章中;变形测量与仪器检验合为一章。全书进一步加强"角度测量、距离测量、高程测量、全站测量"的现代测绘技术呼应思路。

2. 内容扩充

如增设"全站测量技术"、"GPS技术原理"、"大比例尺地形图的数字化"三章的较新内容,扩充施工测设、建筑轴线测量、工程变形测量与仪器检验、缓和复曲线的技术内容,删除一些用处不大的传统技术和附录。

3. 全面优化

全书各章节涉及到结构、内容的调整,涉及到文字、公式推论优化,书中图幅增至480余幅,全部得到美化。部分章节重新改写,大部分章节名、内容得到修改优化,同时修正原书中一些错误。

4. 强化练习

增大习题量,全书有习题 320 道以上,含有大量选择题,有力地促进教学基本训练。

二、修订版特色

修订版保留第一版的原有特点,基本特色更加鲜明:

1. 核心特征

历史告诉我们,测量科学是以人类土木工程建设的定位需要发展起来的重要学科。当代科学技术的飞速发展促使测量科学有着更为广泛的发展前景。然而测量科学的概念核心"地面点定位"与土木工程建设的"点位确定",在定位技术范畴上的一致性没有改变,土木测量技术作为土木工程建设主要导向技术的性质没有改变。土木工程建设应用测绘新技术、新仪器的速度明显加快。本书确立测绘科学"地面点定位"为核心特征的课程体系,在教育思想上很容易把测量技术与土木工程建设的定位技术需求结合起来,增强测量技术在土木专业的地位,增强受教育者学习测量技术的积极性。"地面点定位"的核心特征为拓宽本教材的技术面向提供依据,符合宽口径土木工程专业的教学改革需要。

2. 工程特征

测绘基本理论与技术原理在本书占有很大的部分,如何正确处理是教材改革的关键。工程特征,即本书以"地面点定位"核心特征为指导的土木化课程体系思想。土木化课程体系思想强调测量技术在土木工程的重要地位,强调测量技术原则的土木化表现形式,强调测绘技术原理在土木工程的应用,强调测量技术方法与土木工程的密切关系,正确处理了测量技术的立足点和应用问题。土木化课程体系思想:"立足土木,结合土木,服务土木",比较全面地反映测量技术发展现状,显示本书的土木工程基本技术特色。

3. 主干特征

指的是本书体系的技术主干思想,重点在土木工程测量技术。土木工程形式多样,等级丰富,工程测量技术方法繁杂。总结我国土木工程测量技术教学经验,研究适应宽口径土木专业改革需要,本书的主干特征注重土木工程测量技术特点,强调综合,突出发挥举一反三、触类旁通功能,尽量避免面面俱到的弊端。在教学内容安排中采取两个措施:1)按技术用途设分支,即设"工程用图、测设方法、工程测量、变形测量、仪器检验"五个分支;2)按工程特征定类型,定"线路工程、路面工程、桥址工程、建筑工程、隧道工程"五种类型。

4. 渐进特征

本书摈弃传统教学流程,强调以现代测绘技术为主导的渐进创新思路,在测绘基本技术的编排上,确立"角度测量、距离测量、高程测量、全站测量"的现代呼应联系,注重教材中现代测量技术原理、方法的新型逻辑关系、连续关系、互补关系,认真寻找、挖掘教材新体系的完整知识框架,开拓土木测量教材的技术视野,展示土木测量技术的最新发展。

5. 严密特征

本书的严密特征既反映教学内容体系结构的密切关系,同时又反映现代测量基本理论和技术原理应用于现代土木工程的必要性和完整性。主要措施是:合理引入大地测量、测量平差和精密测量等严密性内容;引入矩阵理论,扩展现代数学基础,加强测量计算技术应用;恰当处理新技术与常规技术的关系,优化知识结构;注意土木测量技术概念规范化,防止简单化。

6. 时代特征

本书瞄准21世纪发展需要,确立新的教育思想,关注教育改革的新发展、新要求,努力适应大土木专业改革等要求。以当代光电测量新技术为重点,增强全站测量技术、GPS技术、测绘数字化技术等新内容,力求充实最新技术素材,增强测绘新技术在教材中的地位。注重教学内容"全面、适当、先进、简明"的编写原则,科学优化的叙述方法,防止长篇大论,力求深入浅出,扩大新技术的潜在空间。探索教学新方法,简化教学过程。尤其是工程实践上比较繁杂的数据处理问题,在教材中力求实现电算方法,提供程序,促进训练,增强学习效果。吸取土木工程有关学科的成果,促进学科知识交融。

本书修订过程倾注着很多党政领导、专家、同事、朋友的关心和帮助,得到武汉大学出版社的大力支持。尤其是全国高等学校测绘学科教学指导委员会主任宁津生院士百忙之中全面细致审阅和精心指导《交通土木工程测量》修订版,并为《交通土木工程测量》修订版序言,全体编写人员备受鼓舞和鞭策。在此向宁津生院士,向关心和支持本书修订工作的领导、专家、同事、朋友,向武汉大学出版社表示衷心的感谢。同时感谢广州南方测绘仪器公司、广东现代测绘仪器公司、广东徕卡仪器维修中心等单位的大力支持。

《交通土木工程测量》是一部高等学校土木工程等专业的教学用书,也可作为有关工程技术人员的参考书。改造旧课程,建设新课程是一项艰巨工程,《交通土木工程测量》是一个改革尝试。由于我们的水平有限,书中会有不足之处,有待不断总结经验和提高,希望专家和读者多提宝贵意见。

编者
2003年6月于广州

第一版前言

本书以当代测绘新技术为主导,结合交通土木工程专业实际,改变传统的教材体系,寻求测绘技术循序渐进的新思路,构筑新的完整性体系,完善各篇章知识结构,实现教学内容的重组和扩充,较好地提高教学质量。试验性应用实践表明,该书有如下特点:

1. 以测量学概念核心——"定位"展开绪论的基本内容,恰当地把握绪论导向

绪论作为全课程的"导向纲目",抓住测量概念核心——"定位",简要地展开说明测量学科的产生和发展,同时回答现代测量科学在交通土木工程中的重要地位。根据"定位"概念的引入,绪论注重三个基本内容的叙述,即:地球体概念;点位的坐标系统、高程系统及其简明原理;定位的技术过程、定位基本工作及原则等。基本内容中加强高斯坐标系统和高程系统的应用基础原理,郑重提出测量定位技术工作四原则:等级、整体、控制、检核。

从"定位概念"到"定位原则",勾绘出测量技术的基本轮廓和特点,标明深入学习和掌握测量技术的基本方向。

2. 以测绘技术方法的渐进性过程构筑教材的新体系

绪论之后第二章以"角度测量"开始全书的基本内容。这种叙述形式来自于该书以测绘技术方法渐进性过程构筑的完整新体系。新体系中测量基本技术工作的完整顺序是"角度测量、距离测量、高程测量、全站测量"。本书"角度测量、距离测量、高程测量"连续三章知识结构及内容的扩充,改变"老三件"的传统思路,勾绘出测绘新技术条件下各种测量基本技术工作之间的密切关系,教学内容的叙述与扩充循序渐进步步深入,承前启后关系密切。"全站测量"作为独立一章安排在"控制测量""地形测量"之后,即在对地面点坐标、高程计算原理比较理解的基础上,重点叙述光电测角、全站仪及全站测量概念、数字化测量原理及 GPS 技术原理,把当今工程测量技术集中到现代"全站"意义上,有效地显示出测量技术渐进性深化过程的最新发展。

3. 注重测绘技术的严密性,加强交通土木工程测量技术的精密性

增设测绘技术的科学性、严密性内容,扩展教材基础广度和深度,是教材新体系追求的主要目标之一。《交通土木工程测量》以当代交通土木工程的技术需求为基础,把大地测量技术和精密工程测量技术适当地融入教材中。其中设立的第五章专门介绍测量数据初级处理的内容,第六章引入条件平差作为该书基本的严密计算理论,在第七章控制测量等章节中详细叙述精密计算原理与方法等,解决了一般旧课程中严密性内容的空白状态,成为教材新体系的重要组成部分。

4. 从教材完整性系统出发,健全知识结构,精练组合,扩充土木工程测量技术内容

健全知识结构,即根据教材新体系,结合交通土木工程基本要求和测绘技术特点,研究解决有关技术问题,加强各篇章突破口的选择,重视技术知识骨干,理顺关系增强教学目的,精练组合、扩充工测技术内容,增强教学内容的适应性。教材比较全面介绍地籍测量、竣工

测量、激光定向应用、路线测量、管线测量、道路施工测量、桥址工程测量、隧道测量、建筑轴线测量、垂直度测量、变形测量等技术,充分反映土木工测技术的发展。

5.合理利用技术进步成果,努力实现教学内容的先进性

坚持"全面、适当、先进、简明"的优化原则,以光电测距和全站测量技术为重点,大力加强光电测量技术内容,力求充实最新技术素材,着重提高测绘新技术在教材中的地位。教材中引入矩阵理论,简化条件平差原理及其他参数计算公式推证原理的叙述,加强课程的数学基础和计算新技术的应用,增强教材的知识密度。吸取交通土木有关学科的成果,论证和解决教材中的技术难点,努力改善教学内容,使测量技术原理的叙述和方法归纳等教学内容更加符合要求。

此外,书中的内容与大量的图表相结合,与最新规范要求相结合,示例详细,实践性强,计算表格完整,便于工程应用。书中各章备有习题和思考题,可供练习或复习用。

本书得到广东工业大学和人民交通出版社有关领导和专家的热心支持。全国高等学校测绘学科教学指导委员会和武汉测绘科技大学教务处十分关心和支持《交通土木工程测量》的教材改革尝试,及时组织评审。本书评审人是王侬教授、彭先进教授、高飞副教授,他们对教材提出很多宝贵意见,促进了教材改革和质量的提高。最后由全国高等学校测绘学科教学指导委员会审定通过。副教授杜宏彪博士对教材改革提出很多宝贵意见,郭汨汨同志参与了《交通土木工程测量》的编写全过程,在搜集资料、编绘图表、校核书稿等方面做了很多工作。作者对以上有关单位的领导和专家的指导和帮助,对关心和支持的同事、朋友表示衷心的感谢。

《交通土木工程测量》是一部高等学校交通土木专业的教学用书,也可作为有关工程技术人员的参考书。由于水平有限,书中会有不足之处,有待不断总结经验和提高,希望有关读者和专家多提宝贵意见。

张坤宜
1998年6月于广州

第一章 绪 论

学习目标:理解测量科学技术在土木工程的意义;掌握坐标系统、高程系统的概念和应用;理解测量定位概念与技术过程;把握绪论对于学习本书的基本导向。

第一节 测量学与交通土木工程

一、测量学概念

测量学是一门研究测定地面点位置,研究确定并展示地球表面形态与大小的科学。

人类在从事生产活动的过程中必然要涉及到测量科学。人类在地球上的存在总要有个生存、发展的场所,例如土地以及地面上土木构造物就是最基本的场所。这些场所的建造和使用,都离不开点位置的确定,离不开边界点、边界线的确定,离不开这些场所的面积以及土木工程的位置测定。测量科学正是适应人类生存、发展的需要和土木工程建设的定位技术需求而发展起来的,漫长人类文明史中的生产活动与测量科学息息相关。

在社会生产力和科学技术高度发展的今天,现代社会对测量科学的需求已遍及各行各业,测量学发展非常迅速,有着广阔的发展前景。20 世纪中期以后出现激光技术、微电子技术、航天技术、计算机技术等重大成就,极大地推动测量学科的飞跃和革新,主要贡献有激光红外测距、卫星全天候定位、摄影与遥感、数字化测量技术等。测量学已经是具有现代完整理论基础和现代先进技术的重要学科。

测量科学在应用中的主要技术表现是测量与绘图,故测量学又有"测绘学"之称。现代科技条件下的测绘学,是对地球整体及其表面和外层空间的物体与地理分布有关信息的采集,并赋予处理、管理、更新等过程的科学技术。测绘学获得的数据或图像成为可以储备、传播、应用的地球空间信息。地球空间信息是测绘学的成果。在现代测绘科学与计算机信息科学整合的条件下,地球空间信息科学由此发展起来。由于测绘学是实现地球空间信息的科学,在这个意义上,测量学又有地球空间信息工程学之称。

二、测绘学的分支学科

由于测量学所涉及的研究对象、方式、手段各有区别,因而测量学在自身的发展中形成了特色各异的其他分支测量学科,这些分支学科是:大地测量学、摄影测量与遥感学、海洋测量学、地图学和工程测量学。

1) 大地测量学。这是研究和确定地球形状、大小、整体与局部运动和地表面点的几何位置以及它们的变化的理论和技术的科学。

2) 摄影测量与遥感学。这是研究利用电磁波传感器获取目标物的影像数据,从中提取语义和非语义信息,并用图形、图像和数字形式表达的学科。

3) 地图学。这是研究模拟和数字地图的基础理论、设计、测绘、复制的技术方法以及应用的学科。

4) 海洋测绘。这是以海洋水体和海底为研究对象的测量理论与技术的学科。

5) 工程测量学。这是研究工程建设与自然资源开发中在规划、勘测设计、施工与管理各个阶段进行的测量理论与技术的学科。

三、测绘科学在土木工程建设中的地位

测量是交通土木工程规划建设的重要依据。例如现代城市化建设及交通网络的规划,确定一条交通线的走向,必须测量学科提供的地形图和有关的地理信息参数才能实现。地形图和有关的地理信息是优化城市建设规划、有效利用土地、提高规划建设效益、促进城市化建设的重要一环。

测量是交通土木工程勘察设计现代化的重要技术。对于一个区域地形或者一条待定交通线地面的高低平斜、河川宽窄深浅以及地面附属物,只有经过详细测量并获得大量地面基础信息,才能进行交通土木工程的设计。交通土木工程领域关注测量科技的发展,尽快应用测绘新技术。现代测量技术成为交通土木工程勘察设计现代化的重要技术。

测量是交通土木工程顺利施工的重要保证。一条设计的公路中心线的标定,一座设计的建筑物实际位置的确定,建筑构件的精确安装,地下隧道的准确开通,测量技术工作在其中发挥重要的保证作用。

测量是房产、地产管理的重要手段,是检验工程质量和监视重要交通土木工程设施安全营运的重要措施。

交通土木工程测量是现代化交通土木工程必不可少的基本技术。这门技术不仅包括有测量学科的基本理论和技术原理,而且具有工程测量学的意义。土木工程技术人员明确测量学科在交通土木工程建设中的重要地位,熟练掌握测量基本理论和技术原理,熟练掌握和应用工程测量基本理论和方法,是进行交通土木工程技术工作的基本条件。

[注解]

1. 信息采集。信息开始是通讯领域的术语,如信件、消息、新闻等。现代通讯技术的发展进程极大地扩大了信息的含义,即便是一个物体的位置、大小、形状也可以理解为信息。若随之记录下来,这就是信息采集。可以理解,对地球表面上某一物体的测量所得到的有关数据是信息,测量就是这种信息采集的技术手段。

2. 遥感。不与被测物体直接接触,由传感器感知并揭示被测物体的形状、性质等信息,这就是遥感。

3. 传感器。一种利用电磁感应原理测定被测物体的器件或仪器设备。

4. 模拟地图和数字地图。见第十二章。

第二节 地球体的有关概念

一、地球体的有关概念

测量在地球面上进行,测量技术工作与地球体有着密切关系,必然涉及地球体的有关

概念。

垂线:重力(万有引力)的作用线称为铅垂线,简称垂线。一条细绳系一个重物(图1.1),细绳在重物作用下形成下垂的方向线就是垂线。图1.1中的重物称为垂球。垂线是测量技术工作的一条基准线。

水准面:某一时刻处于没有风浪的海洋水面,称为水准面。水准面是一个理想化的静止曲面,性质有:①水准面处处与其相应的垂线互相垂直。②因海水有潮汐,静止曲面所处的高度随时刻不同而异,因此不同时刻的水准面存在不同的高度。③同一水准面上各点重力位能相等。故水准面又称为重力等位曲面。

大地水准面:在高度不同的水准面中选择一个高度适中的水准面作为平均海水面,这个没有风浪没有潮汐的平均海水面就称为大地水准面。大地水准面通过验潮站对海水面长期观测得到,我国验潮站设在山东青岛。

大地体:大地水准面包围的曲面形体称为大地体。大地测量学的研究表明,大地体是一个上下略扁的椭球体(图1.2)。从整个地球表面现状看:①海洋表面(约占71%)大于陆地表面(约占29%),大地水准面所依据的海洋表面在很大程度上可代表地球表面;②地球表面的高低不平程度与地球半径相比可忽略不计(如珠峰高8 848 m,与地球半径6 371 000 m的比值不足千分之二),因此大地体代表地球的表面形体。

图1.1

参考椭球体:大地水准面具有水准面的第一性质。由于地球内部物质的不均匀性,大地水准面各处重力线方向不规则(图1.3),因此,大地水准面是一个起伏变化的不规则曲面。由此可见,大地体表面也是不规则的曲面。

为了正确计算测量成果,准确表示地面点的位置,必须用一个近似于大地体的规则曲面体表示大地体,这个规则曲面体就是参考椭球体。参考椭球体可用一个简单数学公式表示,即

$$\frac{x^2}{a^2}+\frac{y^2}{a^2}+\frac{z^2}{b^2}=1 \tag{1-1}$$

式中 a、b 是参考椭球体的几何参数,a 是长半径,b 是短半径。参考椭球体扁率 α 满足下式

$$\alpha=\frac{a-b}{a} \tag{1-2}$$

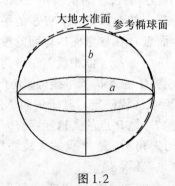

图1.2

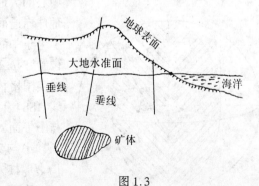

图1.3

二、参考椭球体的参数

参考椭球体必须与大地体较好地吻合,这种吻合又取决于世界各国实际采用的参考椭球体几何参数,如图1.2。

我国采用的参考椭球体几何参数有:

1) 1980年以后采用国际大地测量协会 IAG-75 参数:$a = 6378140$ m,$\alpha = 1/298.257$,推算值 $b = 6356755.288$ m。

2) 1954年北京坐标系曾经采用前苏联克拉索夫斯基参数,即 $a = 6378245$ m,$\alpha = 1/298.3$,推算值 $b = 6356863.019$ m。

1980年以后,我国采用 IAG-75 参数建立国家新的坐标系,不再采用克拉索夫斯基参数。若实际应用中采用1954年北京坐标系时,克拉索夫斯基参数仍有效。在工程应用上,若要求不高时,可以把地球当做圆球体,这时地球参数是平均曲率半径 R = 6371 km。

[注解]

1. 验潮站:记录海水潮位升降变化的观测站。
2. 克拉索夫斯基:前苏联科学家。
3. 大地体不规则:原因是大地水准面不规则[图1.3]。根据水准面的性质,大地水准面也是处处与相应的垂线互相垂直,因地球内部质量不同,垂线不可能都指向地心,因此大地水准面不规则,大地体也就不规则了[图1.2]。
4. 重力等位曲面的重力位能 $\omega = gh$。其中,g 为地点的重力加速度;h 为地点高度。

第三节 坐标系统的概念

坐标是表示地面点位置并从属于某种坐标系统的技术参数。用途不同,表示地面点位置的坐标系各有不同。在工程建设中经常应用的有三种坐标系统:大地坐标系统、高斯平面直角坐标系统和独立平面直角坐标系统。

一、大地坐标系统

大地坐标系统是以参考椭球体面为基准面的球面坐标系,通常以大地经度和大地纬度表示,简称经度(L),纬度(B)。图1.4表示以 O 为中心的大地椭球体,N 为北极,S 为南极,WDCE 是地球赤道面。P 是地球上的地面点,经 NPS 的平面称为子午面。p 是地面点 P 在参考椭球体面的投影位置,NpCS 是过 p 点的子午线。图中设 NGDS 为经过英国格林尼治天文台 G 的本初子午线(起始子午线,1884年国际经度会议决议确定),其子午面 NDS 与子午面 NPS 的夹角 L_p 是 P 点的大地经度,Pp 线(法线)与赤道平面的夹角 B_p 是 P 点的大地纬度。L_p、B_p 称为 P 点的大地坐标。

我国地理版图处在本初子午线以东的经度约 74°~135°,处在赤道 WDCE 以北的纬度约是

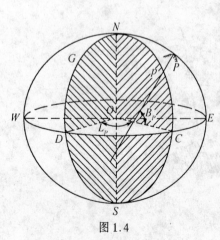

图1.4

3°～54°，因此在表示点位大地坐标时冠以"东经""北纬"的名称。例如，P 点的大地坐标 $L_p = 98°31'$，$B_p = 35°27'$，称 P 点的大地坐标为东经 98°31′，北纬 35°27′。

二、高斯平面直角坐标系统

大地坐标表示的是地面点位的球面坐标，工程设计上需要的是点位平面位置。工程建设在地球曲面上完成，工程设计计算均在平面上进行。可想而知，"平面"与"曲面"必然有矛盾。高斯平面直角坐标系是一种应用比较广泛的坐标系统，可以解决这类问题。

1. 高斯投影的几何意义

高斯投影理论是建立高斯平面直角坐标系的基础，其几何意义可理解为（见图 1.5）：

1) 沿 N、S 两极在参考椭球面均匀标出子午线（经线）和分带。如图 1.5a) 中 NAS、NBS、NCS 是其中标出的三条子午线，A、B、C 是三条子午线与赤道的交点，弧 AB、BC 的长度相等。子午线 NAS、NCS 构成的带状称为投影带。

2) 假想一个横椭圆柱面套在参考椭球面上，柱中心轴 OO 穿过地球中心 I，且与地球旋转轴 NIS 互相垂直，柱面与参考椭球面相密切于子午线 NBS。NBS 称为中央子午线。

3) 假想地球是透明体，中心 I 是一个点光源，光的照射使子午线 NAS、NBS、NCS 及其相应的地球表面投影到横椭圆柱面上。

4) 沿 N、S 轴及 OO 方向切开横椭圆柱面并展开成图 1.5b) 投影带平面，称为高斯投影带平面，简称高斯平面。

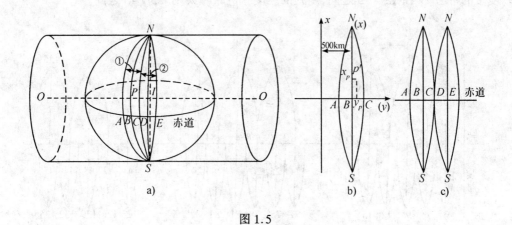

图 1.5

2. 高斯平面的特点

1) 投影后的中央子午线 NBS 是直线，长度不变。
2) 投影后的赤道 ABC 是直线，保持 $ABC \perp NBS$。
3) 离开中央子午线的子午线投影是以二极为终点的弧线，离中央子午线越远，弧线的曲率越大，说明离中央子午线越远投影变形越大。

3. 高斯平面直角坐标系的建立

根据高斯平面投影带的特点，高斯平面直角坐标系按下述规则建立：① X 轴是中央子午线 NBS 的投影，北方为正方向；② Y 轴是赤道 ABC 的投影，东方为正方向；③原

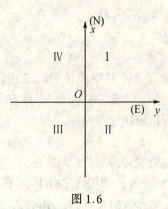

图 1.6

点,即中央子午线与赤道交点用 O 表示;④四象限按顺时针顺序Ⅰ、Ⅱ、Ⅲ、Ⅳ排列。见图 1.6。

4. 投影带的中央子午线与编号

投影带的宽度以投影带边缘子午线之间的经度差 Δl 表示。为避免高斯投影带的变形,投影带宽度 Δl 不能太宽,一般 Δl 宽度取 6°或 3°。高斯投影根据 Δl 逐带连续进行。例如,图 1.5a)中的①带投影完毕,转动椭球体使②带的中央子午线 NDS 与椭圆柱面相密切,并进行投影。①②带的投影结果如图 1.5c)。以此类推,按上述的几何意义对全球连续逐带高斯投影,即全球表面展开成如图 1.7 的高斯平面。

图 1.7 上半部表示以 6°作为宽度的六度带高斯投影平面,全球可分为 60 个六度投影带。各带的中央子午线的大地经度 L_0 与投影带的带号 N 有关系,即

$$L_0 = 6N - 3 \tag{1-3}$$

图 1.7 下半部表示以 3°作为宽度的三度带高斯投影平面,全球可分为 120 个三度投影带。各带的中央子午线的大地经度 L_0 与投影带的带号 n 的关系是

$$L_0 = 3n \tag{1-4}$$

根据我国在大地坐标系中的经度位置(74°~135°),从上述两公式可见,我国用到的六度带的带号 N 在 13~23 之间,用到的三度带的带号 n 在 25~45 之间。

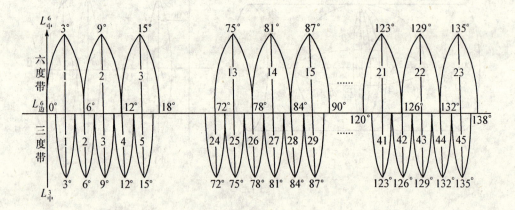

图 1.7

5. 高斯平面直角坐标表示地面点位置

我国的国家测量的大地控制点均按高斯投影计算其高斯平面直角坐标。如图 1.5a)中,球面点 p.大地坐标 L_p、B_p。在图 1.5b)中 p'点是 p 的高斯投影点,高斯平面直角坐标为 x_p, y_p。它们表示的意义:(1) x_p 表示 p 点在高斯平面上至赤道的距离;(2) y_p 包括有投影带的带号、附加值 500 km 和实际坐标 Y_p 三个参数,即

$$y_p = 带号 N(或 n) + 500 \text{ km} + Y_p \tag{1-5}$$

例如某地面点坐标 $x=2433586.693$ m,$y=38514366.157$ m。其中 x 表示该点在高斯平面上至赤道的距离为 2433586.693 m。根据式(1-5),该地面点所在的投影带带号 $n=38$,是三度带,地面点 y_p 坐标实际值 $Y_p=14366.157$ m(即减去原坐标中带号 38 及附加值 500),表示该地面点在中央子午线以东 14366.157 m;若 y 坐标实际值 Y_p 带负号,则该地面点在中央子午线以西。

根据 y_p 坐标的投影带带号,便可以按式(1-4)推算投影带中央子午线的经度为 $L_0=114°$。注意:如果投影带带号属于六度带,则按式(1-3)推算。

三、独立平面直角坐标系

独立平面直角坐标系的建立如图 1.6,但是这种坐标系没有高斯平面直角坐标系那样严格的规则,主要表现在:

1) 坐标系 X 轴所在的中央子午线的经度不一定满足式(1-3)、式(1-4),可按不同要求采用其他的经度,具有一定的随意性;
2) 坐标轴 X 轴的正方向不一定指向北极,可根据工作需要自行确定,具有某种实用性;
3) 坐标系原点不一定设在赤道上,一般设在有利于工作的范围内,具有相应的区域性。

四、测量平面坐标系与数学坐标系的异同点

测量平面坐标系,即高斯平面直角坐标系和独立平面直角坐标系。从图 1.6 可见,测量平面坐标系与数学坐标系的构形相同,主要区别是坐标轴的取名不同,坐标系的象限排序不同。这些区别不影响数学上各种三角公式的应用。如图 1.8a)是数学坐标系,α 角以 X 轴为起始方向按象限排序在第一象限,Op 的长度为 s,则 p 点的坐标为

$$x = s \times \cos\alpha \tag{1-6}$$
$$y = s \times \sin\alpha \tag{1-7}$$

图 1.8b)是测量平面坐标系,α 角是以 X 轴为起始方向按象限排序在第一象限,Op 长度为 s,则 p 点坐标计算式仍然是式(1-6)和式(1-7)。因此,数学上的三角公式适用于测量平面坐标系。

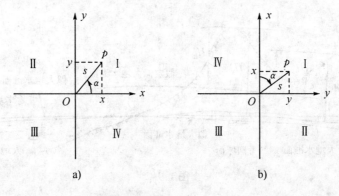

图 1.8

[注解]

1. 起始子午面:或称本初子午线,国际规定的经过格林尼治天文台的子午面,经过此处的经度为0°,1884年国际经度会议决议确定。
2. 高斯:高斯是德国数学家、物理学家、天文学家。高斯平面直角坐标有关的发明人还有德国大地测量学家克吕格等。
3. 中央子午线:与投影带边界子午线的经度差为$\Delta l/2$的子午线。球面按经度差分带,每投影带有三条特征经线,即两条带边界子午线和一条中央子午线,两条带边界子午线的经度差为Δl,中央子午线与带边界子午线的经度差为$\Delta l/2$。
4. 密切:是大地测量空间几何概念,是曲面上拉紧的曲线其法线与曲面相应法线重合的表现形式。

第四节 高程系统的概念

一、高程系统的一般概念

地面点高程,指的是地面点到某一高程基准面的垂直距离。地面点高程是表示地面点位置的重要参数。地面点高程基准面一经认定,地面点的高程系统就确定了。一般地,高程系统有大地高系统、正高系统、正常高系统等。

大地高系统:以参考椭球体面为基准面的高程系统。大地高表示地面点到参考椭球体面的垂直距离。正高系统:以大地水准面为基准面的高程系统。正高表示地面点到大地水准面的垂直距离。正常高系统:以似大地水准面为基准面的高程系统。正常高表示地面点到似大地水准面的垂直距离。

图1.9表示上述三个基准面的关系,其中大地水准面是在测定平均海水面中得到的高程基准面。我国在山东青岛设验潮站长期测定海水面高度得出我国大地水准面的位置,如图1.9的Q。通常可设参考椭球体面、大地水准面、似大地水准面在Q处重合。但是,由于地球内部的物质不均匀性,参考椭球体面、大地水准面、似大地水准面在其他地点不重合。如图1.9中P处,h_m是大地水准面与参考椭球体面的差距,h'_m是似大地水准面与参考椭球体面的差距。

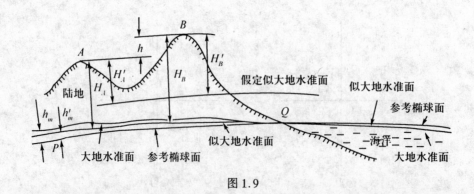

图1.9

一般地,大地水准面与参考椭球体面的差距h_m未知时,将无法把测得的地面点正高化算为大地高。在实际测量技术工作中,选用的似大地水准面是一个与参考椭球体面的差距

h_m' 可以得到的大地水准面。由此可见,差距 h_m' 可以求得,故可以将测得的地面点正常高化算为大地高。我国的国家高程测量采用正常高系统,国家高程点的高程是正常高。

根据图 1.9,大地高、正高、正常高三者关系由差距 h_m'、h_m 参数联系起来。另外,大地高是一个几何量,也可以利用现代 GPS 技术较精确求定,现代测绘技术可以精确求得 h_m'、h_m 参数。因此可以理解,大地高、正高、正常高均可用于工程测量。通常往往由于某种技术原因,在一般工程实际应用中采用正常高或正高,不用大地高。在要求不高时,往往忽略 h_m'、h_m 参数,不再有大地高、正高、正常高的区别。

二、实际应用中的地面点高程的概念

实际应用中的地面点高程有绝对高程、相对高程。

绝对高程:地面点沿其垂线到似大地水准面的垂直距离。如图 1.9 所示,H_A、H_B 表示 A、B 两点分别到似大地水准面的绝对高程。绝对高程是正常高系统所确定的地面点高程。按国家高程点推算地面点高程是正常高。

相对高程:地面点沿其垂线到假定的似大地水准面的垂直距离。如图 1.9 所示,H_A'、H_B' 表示 A、B 两点分别到假定的似大地水准面的相对高程。这里所说的相对高程是以假定的似大地水准面所确定的地面点高程,可以说是假定高程系统的地面点高程。

高差:两个地面点的高程之差,用 h 表示。如 A、B 两点高差 h_{AB} 为

$$h_{AB} = H_B - H_A = H_B' - H_A' \tag{1-8}$$

实际应用中,似大地水准面与参考椭球体面的差距 h_m' 由大地测量科学解决,在一般工程建设中未顾及这一因素,这时的绝对高程基准面可理解为参考椭球体面。

第五节 地面点定位的概念

一、技术过程

地面点定位,亦即以某种技术过程确定地面点的位置。在工程建设中,地面点定位的主要技术过程有:

1) 以测量技术手段测定地面点位置并用图像或图形和数据等形式表示出来,这种技术过程称为测绘。通常这一技术过程把球面地面点位表示为平面的形式。如图 1.10a)M、N、P 为地面上的三个点,经测绘技术过程表示为高斯平面上的点位置,如图 1.10b)的 m、n、p。

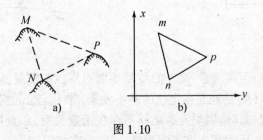

图 1.10

2）利用测量技术手段把设计上拟定的地面点测定到实地上，这种技术过程称为测设，或称为工程放样，简称放样。如图 1.11a）的 a、b、c、d 为图纸上设计的一座建筑物的四个角点，放样技术过程将把它们标定在实地上，即 A、B、C、D，如图 1.11b）。

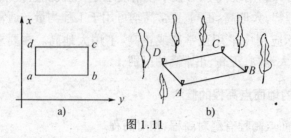

图 1.11

二、地面点定位元素

1. 定位元素的概念

以坐标（x、y）和高程（H）表示的地面点定位参数，又称为三维定位参数，其中把坐标（x、y）称为二维定位参数。

从图 1.12 可知，在坐标系中 m、n、p 三个地面点之间具有边长（D_1、D_2、D_3）和构成的角度（β_1、β_2、β_3），根据初等数学原理可知，只要测量这些地面点之间的边长和角度，便可以确定 m、n、p 三个点之间的相互关系。测量学的理论和实践表明，只要测量了这些地面点之间的边长和角度，就可以为地面点坐标参数 x、y 的求得提供重要的数据基础。

图 1.13 中可见，地面点的高程 H 也是通过测量点位之间的高差 h 推算得到的。A 点为已知点，高程为 H_A，B 点为未知点，只要测量了 A 至 B 的高差 h，便可以确定 B 点的高程，即

$$H_B = H_A + h \tag{1-9}$$

图 1.12   图 1.13

由此可见，角度测量、距离测量、高差测量是地面点定位的测量基本工作。测量得到的角度（β）、距离（D）、高差（h）是地面点定位的基本元素，称为定位元素。由于这些定位元素具有独立性（即某一元素与其他同类元素之间不存在函数关系）和直接可量性（即可利用测量仪器直接测量其大小），故称之为直接观测量，或称为直接定位元素。一般地，地面点的定

位参数 x、y、H 不能直接测量得到,但可以利用地面点的直接定位元素按某种规定的法则推算得到,故又称地面点的定位参数 x、y、H 为间接观测量或间接定位元素。

2. 观测量的单位制

1)角度观测量的单位制:见表 1-1。

表 1-1　　　　　　　　角度观测量的单位制

60 进位制	弧 度 制	100 进位制
1 圆周 = 360° 1° = 60′ 1′ = 60″	1 圆周 = 2π 弧度 $\rho° = 57.29577951°$ (即 $180/\pi$) $\rho' = 3437.746771'$ (即 $180 \times 60/\pi$) $\rho'' = 206264.8''$ (即 $180 \times 3600/\pi$)	1 圆周 = 400 g 1g = 100c 1c = 100cc

本书后续课程提到的 ρ 是一个常数,即 $\rho'' = 206265''$。

2)长度单位制:距离、高差、坐标等都涉及到的长度单位制列于表 1-2。

表 1-2　　　　　　　　长度单位制

国际制	市 制	英 制
1km(公里) = 1000m(米) 1m = 10dm(分米) = 100cm(厘米) = 1000mm(毫米)	1 市里 1 市尺 1km = 2 市里 1m = 3 市尺	1 英里(mile) 1 英尺(foot) = 12 英寸 1km = 0.621388181 mile 1m = 3.2808 foot

三、地面点定位的工作原则

上述内容可见,地面点的定位涉及到技术过程和相应的测量技术手段,在后续的本书课目中将会逐步明确与定位技术过程和技术手段相适应的基本技术工作内容。为了保证基本工作内容的实现,定位必须遵循的工作原则有:

1. 等级原则

测量技术工作的等级有三种,即:

1)国家测量的技术等级,即一、二、三、四等级。

2)工程测量的基本等级和扩展级。基本等级是二、三、四、五等级,以此为基础的扩展级是一、二、三级。

3)工程应用等外级。

在后续课程中将会学习有关技术等级的规定。等级的规定有高低之分,技术要求的严密程度必然有差别。等级的规定是工程建设中测量技术工作成果质量的标准,也是严格科学态度与实际测量技术水平的象征;离开甚至违背技术等级要求的不合格测量工作是不能容许的。

2. 整体原则

所谓整体，其一，指的是测量对象是一个个互相联系的个体（或称为工程建设中的某一局部、细部；或是地表面上的碎部）所构成的完整测量基地；其二，指的是测定地面点位置的有关参数（如定位元素）不是孤立的，而是从属于工程建设整体对象的参数。地面点定位的整体原则是：1) 从工程建设的全局出发实施定位的技术过程；2) 定位技术过程得到的点位置必须在数学或物理的关系上按等级原则符合工程建设的整体要求。

3. 控制原则

所谓控制，实际上是等级原则下为工程建设自身提供定位的基准，这是后续课程"控制测量技术"所述的内容。以控制测量技术建立的基准设施是工程建设的基础，是工程建设中地面点定位的测量保证。一般地，只有工程建设自身整个基准设施的控制测量完成之后，才有可能进行工程建设的其他地面点定位技术工作，这就是所谓的"先控制"原则。

4. 检核原则

地面点的定位元素测定工作是以"正确"为前提的。实现正确的地面点定位必须通过比较，即进行检核的环节才可以证明正确与否。检核原则贯穿于整个定位过程。一个工程测量工作者必须以高度的工作责任感对测量的技术过程进行认真的检验，对得到的测量成果进行严格的检核，消除不符合要求的测量成果，消灭错误，消灭虚假，保证测量的成果绝对可靠、绝对准确，满足法规要求。实践证明，测量成果准确可靠是测量工作以及所涉及的土木工程优质的基础，没有经过检核证明是正确的测量成果是不可取的。

[注解]

1. 工程的定位基准。指的是点位坐标、高程，点位之间的长度、高差等定位的统一参数标准。
2. 弧度与度分秒的关系。数学上多以弧度为单位，测量多以度分秒为单位。测量计算应用数学公式时必须注意这些关系。例如，数学上 $d(D\cos\alpha) = \cos\alpha dD - D\sin\alpha d\alpha$，测量应用时，该式应为

$$d(D\cos\alpha) = \cos\alpha dD - D\sin\alpha \frac{d\alpha}{\rho}$$

原因是测量应用时 $d\alpha$ 不是弧度，而是秒，此时 $d\alpha/\rho = d\alpha/206265''$，成为弧度才符合数学逻辑。

习 题

1. 测量学是一门研究测定_____(A)，研究确定并展示_____(B)的科学。
   答案：(A) ①地面形状　　　　　(B) ①地物表面形状与大小
   　　　　②地点大小　　　　　　　②地球表面形态与大小
   　　　　③地面点位置　　　　　　③地球体积大小

2. 工程测量学是研究_____。
   答案：①工程基础理论、设计、测绘、复制的技术方法以及应用的学科
   　　　②工程建设与自然资源开发中各个阶段进行的测量理论与技术的学科
   　　　③交通土木工程勘察设计现代化的重要技术

3. 从哪些方面理解测绘科学在土木工程建设中的地位？

4. 概念：垂线、水准面、大地体、大地水准面、参考椭球体。

5. 参考椭球体的常用参数有哪些？

6. 投影带带号 $N=18$，$n=28$，问所在投影带中央子午线 L_0 分别是多少？

7. 国内某地点高斯平面直角坐标 $x=2053410.714$ m，$y=36431366.157$ m。问该高斯平面直角坐标的意义？

8. 已知 A、B 点绝对高程是 $H_A=56.564$ m、$H_B=76.327$ m，问 A、B 点相对高程的高差是多少？

9. 试述似大地水准面的概念。

10. 测量有哪些技术原则？

11. 为什么测量需要检核？

12. 1.25 弧度等于多少度分秒？58 秒等于多少弧度？

第二章 角度测量

学习目标:在学习角度测量基本概念的基础上,明确经纬仪的结构原理,掌握经纬仪应用的基本方法,掌握水平角、竖直角测量基本技术。

第一节 角度测量的概念

角度测量是最基本的测量技术工作,地面点之间的水平角和竖直角是角度测量的对象。

一、水平角

水平面上两条相交直线的夹角,或者说,两个相交竖直面的二面角,称为水平角。

如图2.1,M、N、P 是三个高度不同的地面点,在 N 点的水平面上设一个水平度盘,水平度盘的刻度为360度,如图2.1按顺时针刻画。在 N 分别观测 M、P 两点得视线 NM、NP,并投影在 N 点的水平面上得 Nm、Np 两条水平线。两条水平线在水平度盘上获得相应的度盘刻度值 m'、p',是视线 NM、NP 在水平度盘上的水平方向观测值,简称水平方向值。

根据水平角的概念,图2.1 Nm、Np 两条水平线的夹角 $\angle mNp$ 是水平角,也是竖直面 E_1、E_2 在 N 点垂线上的二面角,视线 NM、NP 分别在 E_1、E_2 竖直面上。其水平角角度值 β 为

$$\beta = p' - m' \tag{2-1}$$

两方向之间的水平角是相应两个水平方向值的差值。

二面角。立体几何学的概念,图2.1中,Nm、Np 都垂直于竖直面相交线 NT,故 $\angle mNp$ 是二面角。

二、竖直角

竖直角及有关的仰角、俯角、天顶距也是角度测量的角度量。

竖直角:在同一竖直面内观测视线与水平线的夹角,称为竖直角。如图2.1中竖直面 E_1、E_2 内 $\angle MNm$,$\angle PNp$ 是在 N 点观测 M、P 点的竖直角。竖直角又有垂直角、高度角之称。

仰角:竖直面内观测视线在水平线之上的竖直角,如图2.1 $\angle MNm$。

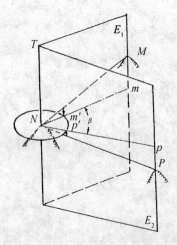

图2.1

俯角:竖直面内观测视线在水平线之下的竖直角,如图2.1 $\angle PNp$。俯角为负值。

天顶距:地面点的垂线上方向至观测视线的夹角。如图2.1中NT与NM的夹角$\angle TNM$,NT与NP的夹角$\angle TNP$,分别是在N点观测M、P点的天顶距。

设在N观测M的天顶距为Z,竖直角为α,因为$\angle TNm=90°$,故天顶距Z与竖直角α的关系为

$$\alpha = 90° - Z \tag{2-2}$$

式中,当$Z<90°$时,α为正,是仰角;当$Z>90°$时,α为负,是俯角。

第二节 光学经纬仪

一、经纬仪种类

经纬仪是角度测量的重要仪器,在工程建设中常用的经纬仪种类:光学经纬仪和光电经纬仪。

光电经纬仪是一种现代的精密测角仪器,其测角装置采用当代新型光电技术测量角度,储存、传送角度信息,测量速度快,精度高,是一种自动化测角仪器。光电经纬仪的内容在本章第七节介绍。

光学经纬仪是一种精密光学测角仪器,采用光学玻璃度盘,应用光学测微系统,精密度高,操作方便,应用广泛。我国各种等级经纬仪有DJ_{07}、DJ_1、DJ_2、DJ_6等。D是dadi(大地)的第一个字母,J是jingwei(经纬)的第一个字母。DJ_6的6,即6″;DJ_2的2,即2″,是指经纬仪的测量精密度。

二、光学经纬仪的基本构件

工程建设上应用比较普遍的有DJ_6(图2.2)、DJ_2(图2.3)两种光学经纬仪,它们的基本组成部分主要是照准部、度盘和基座(图2.4)等。

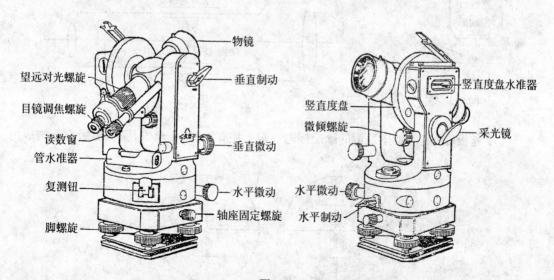

图2.2

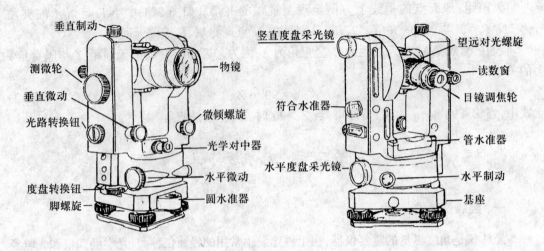

图 2.3

1. 照准部

照准部是经纬仪的重要组成部分,主要有望远镜、水准器、横轴、支架、竖轴等部件,此外还有水平制动、微动,垂直制动、微动,微倾螺旋操作部件。

1) 望远镜。望远镜是经纬仪看清目标和瞄准目标的重要部件,结构上与横轴安装在一起。

望远镜的结构:如图 2.5,望远镜的基本构件有物镜、凹透镜、十字丝板和目镜,这些构件组合在镜筒中。

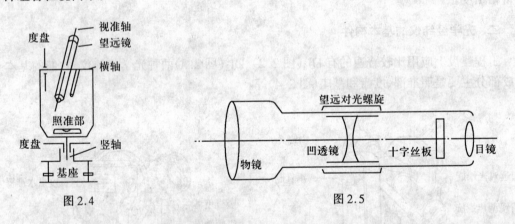

图 2.4　　　　　　　图 2.5

十字丝板(图 2.6)是望远镜的瞄准标志。板上注有双丝、单丝以及上、下短横丝构成的

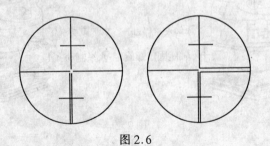

图 2.6

十字丝刻画,纵丝与横丝互相垂直,与垂线互相平行。物镜、目镜是凸透镜组。目镜上带有目镜调焦轮。物镜的光心 o 与十字丝板的中心 o' 连成的直线称为望远镜视准轴(图2.7)。调焦镜是凹透镜,凹透镜与镜筒上的望远对光螺旋(套在镜筒外壁上)相连并将受望远对光螺旋的控制前后移动,以便调整物像的成像质量。

望远镜的成像过程:如图2.7,(1)物镜前的物像 A 经物镜成为缩小的倒立实像,并经凹透镜的调焦作用落在十字丝板的焦面上。(2)目镜将倒实像和十字丝像一起放大成虚像 B。此时眼睛在目镜处可看到放大的倒立虚像;若光路中设有转像装置,则看到的是放大的正立虚像。望远镜放大倍率随仪器而异,DJ_6、DJ_2 经纬仪望远镜放大倍率为28倍左右。

实现成像过程必须做好对光操作,即:(1)转动目镜调焦轮,眼睛看清楚十字丝像;(2)转动望远对光螺旋,眼睛看清楚物像 A。(3)消除视差。视差,即移动眼睛可发现十字丝像与虚像 B 的相对变动现象。视差的存在表明物像 A 可能没有落在十字丝板焦面上。操作人员正确重复(1)(2)对光动作可消除视差。

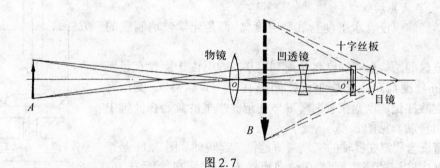

图2.7

2)水准器。水准器是测量仪器整平指示装置。该玻璃制品内装酒精(或乙醚),内液面有一个气泡,其表面有指示整平的刻画标志,一般经纬仪配置管水准器和圆水准器两种。管水准器(图2.8)呈管状,内液面气泡呈长形,内壁顶端是一个半径 R 约 $20\sim 40$ m 的圆弧($L'L'$),表面刻画间隔 2mm,零点中心隐设在刻画线的中间。当气泡心移到零点中心时,称水准气泡居中(图2.8b)。居中时过圆弧零点的法线必与垂线平行,这时过零点作直线 LL 与圆弧相切,则 LL 必然垂直于垂线,直线 LL 称为管水准轴。管水准轴是管水准器水平状态的特征轴。

管水准器格值:水准器表面刻画间隔所对应的圆心角 τ,称为管水准器格值,或称分画值。图 2.8c)中,间隔 2mm 的圆弧所对应的圆心角:

$$\tau = \frac{2\text{mm}}{R}\rho \qquad (2-3)$$

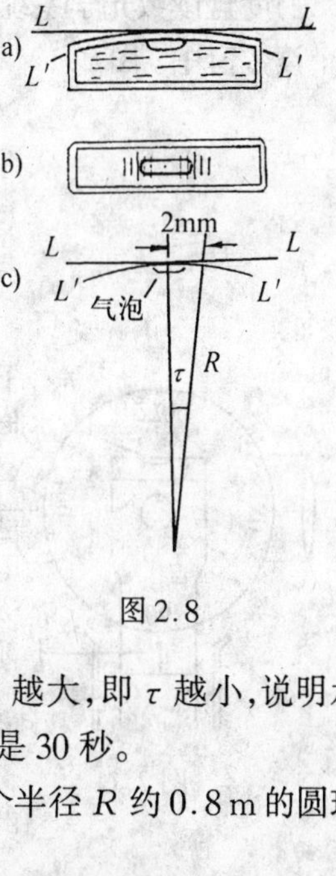

图2.8

式中 $\rho=206265$ 秒。由式(2-3)可知,在间隔为2mm 的范围内,R 越大,即 τ 越小,说明水准器的整平灵敏度越高。DJ_2 经纬仪的 τ 是 20 秒,DJ_6 经纬仪的 τ 是 30 秒。

圆水准器(图2.9)呈圆状,内液面有圆形气泡,内壁顶端是一个半径 R 约 0.8m 的圆球

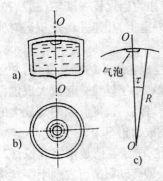

面,表面有一个小圆圈标志,零点标志隐设在小圆圈中心,见图2.9a)。水准气泡居中时,过零点作圆球面法线 OO, OO 必然与垂线平行,故称 OO 为圆水准轴。圆水准轴是圆水准器表示水平状态的特征轴。

圆水准器格值: τ 仍按式(2-3)计算,式中 $2\ mm$ 表示水准气泡偏离零点的间隔,当 R 约有 0.8 米时, τ 约有 8 分,圆水准器的整平灵敏度较低。

3) 基本轴系。照准部的望远镜视准轴、横轴、竖轴和管(圆)水准轴构成经纬仪的基本轴系。如图2.10, CC,望远镜视准轴; HH,横轴; VV,竖轴; LL,管水准轴。这些轴在经纬仪结构的关系必须满足: $CC\perp HH$; $HH\perp VV$; $LL\perp VV$。此外,十字丝板的纵丝平行于竖轴 VV。

2. 度盘及其读数机构

光学经纬仪设有水平度盘和竖直度盘,都是光学玻璃制成的圆盘。

1)度盘的结构形式。度盘全周刻度 $0\sim360°$,由于度盘直径不大($90\ mm$),度盘刻画的最小读数间隔有 $20'$、$1°$ 等格式,度盘有 $0\sim359$ 度数注记。度盘按顺时针顺序注记。水平度盘套在竖轴中可以自由转动。见图2.4。

竖直度盘固定在横轴的一端与望远镜一起转动。图2.11是按顺时针顺序注记的竖直度盘,$0°$注在目镜方,$180°$注在物镜方,$0°$、$180°$刻度就在视准轴方向上。图中指标线与竖直度盘水准器结合挂在横轴上,水准器气泡居中则指标线在垂线方向上,当视准轴水平时指标线所指为 $90°$。

图2.9 / 图2.10

2)度盘读数光学系统。利用几何光学原理,把水平度盘和竖直度盘的刻画影像传送到一个读数窗中。图2.12,表示一种光学经纬仪的度盘读数光学系统。图中 A、B 是两个有

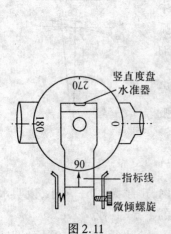

图2.11

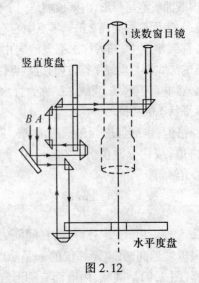

图2.12

各种光学器件的光路系统，A 光路用于获取水平度盘角度读数，B 光路用于获取竖直度盘的角度读数。A、B 两个光路最后带着各自的角度信息与光路中的测微读数组合并放大在同一个读数窗中。

3）水平度盘配置机构。配置机构有两种，即度盘变换钮和复测钮。度盘变换钮是一个带有齿轮的转动装置，通过齿轮的连接带动度盘转动，度盘转动的角度值可在读数窗中看到。复测钮是一种控制水平度盘与照准部联系的控制机构，其操作与控制作用可用表 2-1 表示。

表 2-1 复测钮操作与控制作用

复测钮的一般操作	度盘与照准部的联系	转动照准部度盘的动作	读数窗的情况
开	连接	随之转动	度数不变
关	脱离	不随之转动	度数变化

3．基座

基座主要由轴套、脚螺旋、连接板、固定旋钮等构成，是经纬仪照准部的支承装置。经纬仪照准部装在基座轴套以后必须扭紧固定旋钮，一般在应用时不得松开。

4．其他

1）光学对中器（图 2.13）：主要由目镜、分画板、直角转向棱镜、物镜等部件构成。直角转向棱镜使水平光路转成垂直光路。

2）旋钮机构：(1) 水平制动、微动旋钮，控制照准部水平转动；(2) 垂直制动、微动旋钮，控制望远镜纵向转动；(3) 微倾旋钮，调整竖直度盘水准器气泡居中，使指标线处于垂线方向上。见图 2.11。

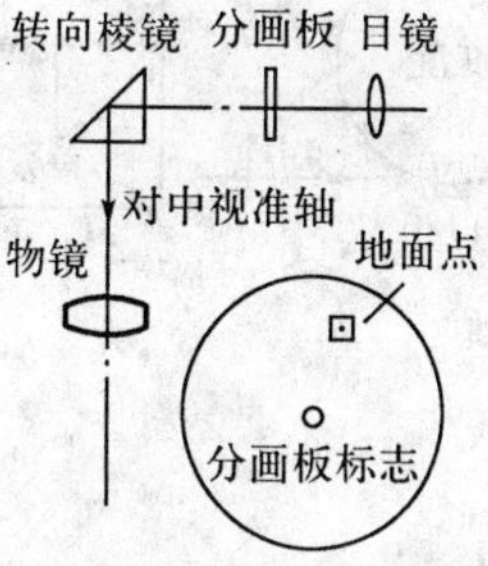

三、光学经纬仪的角度测微

由于光学经纬仪度盘直径很短，度盘周长有限，如 DJ_6 经纬仪水平度盘周长不足 300 mm，在这种度盘刻上 360°的条纹，但是要直接刻上更密的条纹就很难了。为了实现精密测角，可以借助光学测微技术获得 1′以上的精细角度。

图 2.13

1．分微尺测微

1）装置。在读数光路系统中，分微尺是一个光学装置，刻有 60 条分画，表示 60′，有 0～6 的注记。在光路设计上，对度盘而来的 1°间隔影像进行放大，使之与分微尺的 60′相匹配。图 2.14 是放大的水平度盘分画间隔 214°～215°与分微尺的 60′匹配的图像。

2）分微尺测微读数方法。根据图 2.14 的读数窗口，读数方法：

(1) 读取分微尺内度分画的度数；

(2) 读取分微尺 0 分画至该度分画所在分微尺上的分数。

(3) 计算以上两数之和为读数窗的角度读数。

如图 2.14 的水平度盘(注有"H"的读数窗)的角度读数是 215°06.5′(即 215°06′30″),竖直度盘(注有"V"的读数窗)的角度读数是 78°52.4′(即 78°52′24″)。

2. 对径符合测微

1)测微装置

高精度的角度测量要求采用对径读数方法,即在水平度盘(或竖直度盘)相差 180°的两个位置取得角度观测值的方法。对径符合测微的主要装置包括有测微轮(设在照准部支架上,见图 2.3)、一对光楔和测微窗。图 2.15a)中 α 及 $\alpha+180°$ 是度盘对径读数值,反映在读数窗中是正像 163°20′+a,倒像 343°20′+b。图像中度盘刻画最小间隔为 20′。

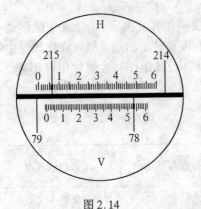

图 2.14

对径符合测微是通过光楔的折光作用移动光路实现的,其最终结果是

$$\beta = \frac{(163°20′+a)+(343°20′+b)-180°}{2} = 163°20′+\frac{a+b}{2}$$

此处的 $(a+b)/2$,在对径符合微动控制中称为二分之一读数原理。

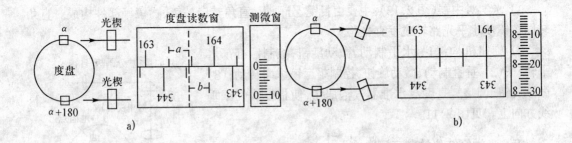

图 2.15

2) 对径符合测微的二分之一读数原理方法

(1) 当读数窗为图 2.15a)时,转动测微轮控制两个光楔同时偏转,其折光作用使光线相对移动,度盘对径读数分画线对称重合,如图 2.15b)。

(2) 在读数窗中读取视场左侧正像度数,如图中 163°。

(3) 读整十分。数正像度数分画与相应对径倒像度数(相差 180°)分画之间的格数 n,得整 10′ 的角值为 $n×10′$,图中是 30′ 即 3×10′。有的仪器将数格数 n 得整 10′ 的方法改进为直读整 10′ 的数字,如图 2.16 调整为图 2.17 后直读度盘读数窗的 4,得 40′。

(4) 读取测微窗分、秒的角值,图 2.15b)是 8′16.3″。

(5) 计算整个读数结果,得 163°38′16.3″。

水平、竖直度盘对径符合测微光路各自独立,测微前必须利用光路转换钮选取相应的光路。

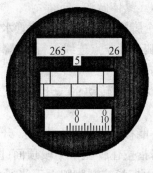
图 2.16

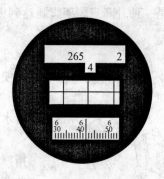
图 2.17

第三节 光学经纬仪基本操作

角度测量是利用经纬仪在相应的地面点(一般设有固定标志)上对另一地面点上的目标进行观测的过程,整个过程涉及到经纬仪的基本操作方法和角度观测技术方法。

一、经纬仪的安置

经纬仪安置的基本目的是:经纬仪的中心在地面点中心的垂线上;经纬仪的水平度盘处于水平状态。经纬仪的安置又称为对中整平。由于经纬仪设有光学对中器,经纬仪的安置方法以光学对中器进行对中整平为常见,具体方法:

1. 三脚架对中

三脚架是安放经纬仪的支架,将三脚架安置在地面点上,要求:高度适当,架头概平,大致对中,稳固可靠。伸缩三脚架的架腿可调整三脚架高度,三脚架安置时在架头中心处自由落下一块小石头,观其落下点位与地面点的偏差在 3 cm 之内,则实现大致对中。在较松软的地面,三脚架的架腿尖头应稳固地插进土中。

2. 经纬仪对中

这是精密对中的工作。

1)安置经纬仪:从仪器箱中取出经纬仪放在三脚架架头上(手不放松),位置适中。另一只手把中心螺旋(在三脚架头内)旋进经纬仪的基座中心孔中,使经纬仪牢固地与三脚架连接在一起。

2)脚螺旋对中:这是利用基座的脚螺旋进行精密光学对中的工作。

(1)光学对中器对光(转动或拉动目镜调焦轮),使之看清光学对中器的分画板和地面,同时根据地面情况辨明地面点的大致方位。

(2)两手转动脚螺旋,同时眼睛在光学对中器目镜中观察分画板标志与地面点的相对位置不断发生变化的情况(图 2.13),直到分画板标志与地面点重合为止,则用脚螺旋光学对中完毕。

3. 三脚架整平

这是一种升降三脚架脚腿达到概略整平目的的工作。具体做法：

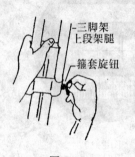

图 2.18

1）任选三脚架的两个脚腿，转动照准部使管水准器的管水准轴与所选的两个脚腿地面支点连线平行，升降其中一脚腿使管水准器气泡居中。

2）转动照准部使管水准轴转动 90°，升降第三个脚腿使管水准器气泡居中。

注意：升降脚腿时不能移动脚腿地面支点。升降时左手指抓紧脚腿上半段，大拇指按住脚腿下半段顶面（图 2.18），并在松开箍套旋钮时以大拇指控制脚腿上下半段的相对位置实现渐进的升降，管水准气泡居中时扭紧箍套旋钮。整平时水准器气泡可偏离零点 2~3 格。整平工作应重复 1~2 次。

4. 精确整平

1）任选两个脚螺旋，转动照准部使管水准轴与所选两个脚螺旋中心连线平行，相对转动两个脚螺旋使管水准器气泡居中，如图 2.19a）。管水准器气泡在整平中的移动方向与转动脚螺旋左手大拇指运动方向一致。

2）转动照准部 90°，转动第三个脚螺旋使管水准器气泡居中，如图 2.19b）。重复 1）、2）使水准器气泡精确居中。

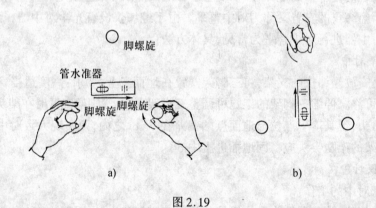

图 2.19

二、瞄准

瞄准的实质是安置在地面点上的经纬仪的望远镜视准轴对准另一地面点的中心位置。一般地，被瞄准的地面点上设有观测目标，目标中心在地面点的垂线上，目标是瞄准的主要对象。

1. 一般人工瞄准方法

1）大致瞄准，即松开水平、垂直制动螺旋（或制动卡），按水平角观测要求转动照准部使望远镜的准星对准目标，旋紧制动螺旋（或制动卡）。

2）正确做好对光工作，先使十字丝像清楚，后使目标像比较清楚。

3)精确瞄准,即转动水平、垂直微动螺旋,使望远镜的十字丝像的中心部位与目标有关部位相符合。精确瞄准时应注意微动螺旋的操作,一旦转不动,不得再继续扭转,重新调整后再操作。

2. 水平角测量的精确瞄准

要求目标像与十字丝像靠近中心部分的纵丝相符合(图 2.20)。如果目标像比较粗,则用十字丝的单纵丝平分目标;如果目标像比十字丝的双纵丝的宽度细,则目标像平分双纵丝。图 2.20 是目标倒像与纵丝相符合的情况。由于测量仪器不同,或者是观测方法不同,或者是观测要求有差异,瞄准的具体方法也有区别,瞄准工作应与具体观测情况相结合。

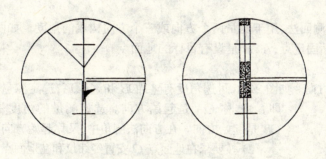

图 2.20

三、读数

在经纬仪瞄准目标之后从读数窗中读水平方向值。读数时应注意:

读数窗的视场明亮度好。读数前应调整采光镜,使读数窗明亮,视场清晰。

按不同的角度测微方式读数,精确到测微窗分划的 0.1 格。如分微尺测微方式,直接读度数和分微尺上的分,估读到 0.1′。

读数与记录有呼有应,有错即纠。应,即记录者对读数回报无误再记;纠正记错的原则"只能画改,不能涂改"。画改,即将错的数字画上一斜杠,在错字附近写上正确数字。

最后的读数值应化为度、分、秒的单位。

四、水平度盘的配置

水平度盘的配置是使度盘的起始读数位置在起始方向上满足规定的要求。方法有度盘变换钮配置和复测钮配置两种。

度盘变换钮配置:1)转动照准部使望远镜瞄准起始方向目标;2)打开度盘变换钮的盖子(或控制杆),转动变换钮,同时观察读数窗的度盘读数使之满足规定的要求;3)关闭度盘变换钮的盖子(或控制杆)。

复测钮配置:复测钮控制着度盘与照准部的关系(见表 2-1),复测钮配置度盘的具体方法:1)关复测钮,打开水平制动旋钮转动照准部,同时在观察读数窗的度盘读数使之满足规定的要求;2)开复测钮,转动照准部照准起始方向,并用水平微动旋钮精确瞄准起始方向。3)关复测钮,使水平度盘与照准部处于脱离状态。

[注解]

1. 经纬仪安置的四个步骤：三脚架对中、经纬仪对中、三脚架整平、精确整平。四个步骤应步步为营，稳扎稳打。上步未成，下步不行。上步完成，下步可行。下步不满足要求，上步必然不合格。最后检查对中不合格，应从第二步开始重来。

2. 仪器安全（见附录七）。仪器安置必须以安全第一。1) 确认经纬仪与三脚架牢固地连接在一起。2) 安置经纬仪之后不得离人。3) 明确仪器操作部件功能与操作方法，方可细心使用，不清楚应查问清楚。

第四节　水平角观测技术方法

一、方向法

方向法，或称测回法，用于测量两个方向或三个方向构成的角度。如图2.21，O点是安置好经纬仪的地面固定点，A、B是设有目标的地面点。

1. 准备工作

1) 选定起始方向。如图2.21，可选角度有$\angle AOB$和$\angle BOA$，选定测量的角度是$\angle AOB$，即α角，称OA是起始方向。选定测量的角度是$\angle BOA$，即β，称OB是起始方向。在方向法测角中，又称起始方向为后视方向。

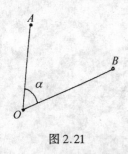

图 2.21

2) 按要求在地面点O安置经纬仪和在地面点A、B树立目标。

3) 根据观测方向的相应距离做好望远镜的对光。图2.21中距离$OA<OB$，对光时选择OA、OB的平均距离上的假定目标作为对光的对象。如果OA、OB的距离大于500 m，可认为同等距离长度对待。

4) 根据需要进行水平度盘配置。初始观测瞄准起始方向时，度盘读数应比度盘配置值稍大些。

2. 观测方法

选定测量的角度是$\angle AOB(\alpha)$。

1) 盘左观测：经纬仪的竖直度盘在望远镜瞄准视线左侧的位置，该盘位称为盘左。在盘左位置观测的基本方法：(1) 按顺时针转动照准部的方向瞄准目标；(2) 在分别瞄准目标后立即读数，记录。如图2.21，按顺时针转动照准部先瞄准A目标，后瞄准B，记录见表2-2。

2) 盘右观测：经纬仪的竖直度盘在望远镜瞄准视线右侧的位置，该盘位称为盘右。完成盘左观测之后在盘右位置观测的基本方法：(1) 沿横轴纵转望远镜180°，转动照准部使仪器处于盘右位置；(2) 按逆时针转动照准部的方向瞄准目标；(3) 在分别瞄准目标后立即读数，记录。如图2.21，按逆时针转动照准部先瞄准B目标，后瞄准A目标，记录见表2-2。

表2-2　　　　　方向法观测水平角的记录

测站	盘位	目标	水平度盘 水平方向值读数 ° ′ ″			水平角 半测回值 ° ′ ″			水平角 一测回值 ° ′ ″			备　注
O	盘左	A	0	01	18							$\Delta\alpha = \alpha_{左} - \alpha_{右} = 24''$
		B	49	50	12	49	48	54	49	48	42	$\Delta\alpha_{容} = 30''$
	盘右	B	229	50	18	49	48	30				
		A	180	01	48							

3. 计算与检核

以上盘左观测称为上半测回,盘右观测称为下半测回,两个半测回构成一个测回,称为一测回观测。计算与检核工作步骤:

1) 计算半测回角度观测值。

盘左:$\alpha_{左} = 49°50'12'' - 0°01'18'' = 49°48'54''$,

盘右:$\alpha_{右} = 229°50'18'' - 180°01'48'' = 49°48'30''$。

2) 检核,即计算 $\Delta\alpha = \alpha_{左} - \alpha_{右}$,检核 $\Delta\alpha$ 是否大于容许误差 $\Delta\alpha_{容}$。若 $\Delta\alpha > \Delta\alpha_{容}$ 则说明这个测回中的观测值有错误,不符合要求,应重新观测。

3) 检核结果 $\Delta\alpha < \Delta\alpha_{容}$,计算一测回 $\alpha_{平}$。

$$\alpha_{平} = \frac{\alpha_{左} + \alpha_{右}}{2} \tag{2-4}$$

二、全圆方向法

全圆方向法也称全圆测回法。当测站上观测方向数超过 4 个(包括 4 个)时,水平角测量采用全圆方向法。如图 2.22,O 是测站,A、B、C、D 是四个与测站 O 距离不等的地面点。

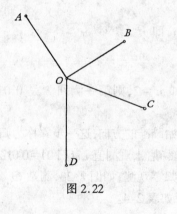

图 2.22

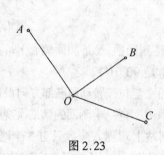

图 2.23

1. 准备工作

1) 按要求安置经纬仪和树立目标。

2) 选定起始方向(或称零方向),做好对光工作。

在 A、B、C、D 这四个点中选一个与 O 点距离适中,目标比较清楚的点位作为起始方向,如 A 方向。接着做好对光工作,同时检查其他方向的清晰程度。

3) 进行水平度盘配置。

2. 观测步骤

1) 盘左观测:(1) 按顺时针转动照准部的方向依次瞄准目标 A、B、C、D、A;(2) 在分别瞄准每一目标后立即读数和记录。

2) 盘右观测:(1) 沿横轴纵转望远镜 $180°$,转动照准部使仪器处于盘右位置;(2) 按逆时针转动照准部的方向依次瞄准目标 A、D、C、B、A;(3) 在分别瞄准每一目标后立即读数和记录。

3. 说明

1) 如同方向法,盘左、盘右观测构成完整一测回观测,表 2-3 是两个测回观测成果。

表 2-3 全圆方向法观测记录

测站	测回数	目标	水平度盘读数 盘左观测 ° ′ ″	水平度盘读数 盘右观测 ° ′ ″	2C	盘左、盘右平均值 ° ′ ″	归零后水平方向值 ° ′ ″	各测回平均水平方向值 ° ′ ″
1	2	3	4	5	6	7	8	9
O	1	A	Δ_0 (24) 0 01 00	Δ_0 (6) 180 01 12	−12	(0 01 14) 0 01 06	0 00 00	0 00 00
		B	91 54 06	271 54 00	+06	91 54 03	91 52 49	91 52 47
		C	153 32 48	333 32 48	0	153 32 48	153 31 34	153 31 34
		D	214 06 12	34 06 06	+06	214 06 09	214 04 55	214 04 56
		A	0 01 24	180 01 18	+06	0 01 21		
	2	A	Δ_0 (24) 90 01 12	Δ_0 (12) 270 01 24	−12	(90 01 27) 90 01 18	0 00 00	
		B	181 54 06	1 54 18	−12	181 54 12	91 52 45	
		C	243 32 54	63 33 06	−12	243 33 00	153 31 33	
		D	304 06 26	124 06 20	+06	304 06 23	214 04 56	
		A	90 01 36	270 01 36	0	90 01 36		

2)根据记录表格,一个测回盘左观测按从上到下的顺序记录;盘右观测按从下到上的顺序记录。

3)水平度盘配置按下式计算各测回的起始读数 δ,即

$$\delta = \frac{180}{n} + \Delta \quad (2-5)$$

式中,n 是测回数,Δ 是测微窗微小的读数(正值)。如 $n=2$,则第一测回 δ 是 $0°01'00''$,第二测回 δ 是 $90°01'12''$。

4)每个盘位按转动照准部方向最后的瞄准回到开始瞄准的方向,这一步骤称为归零观测。如表 2-3 中第 4 栏,半测回的第二次观测 A 方向就是归零观测,观测值 L_0(归0)$=0°01'24''$。

当测站上观测方向数只有 3 个时,每个盘位不必归零观测,如图 2.23,测站 O 有三个方向 A、B、C,这种情况的观测方法是方向法,观测记录如表 2-4。

表 2-4 方向法观测记录

测站	测回数	目标	水平度盘读数 盘左观测 ° ′ ″	水平度盘读数 盘右观测 ° ′ ″	2C	盘左、盘右平均值 ° ′ ″	归零后水平方向值 ° ′ ″	各测回平均水平方向值 ° ′ ″
1	2	3	4	5	6	7	8	9
O	1	A	0 01 00	180 01 12	−12	0 01 06	0 00 00	0 00 00
		B	91 54 06	271 54 00	+06	91 54 03	91 52 57	91 52 56
		C	153 32 48	333 32 48	0	153 32 48	153 31 42	153 31 42
	2	A	90 01 12	270 01 24	−12	90 01 18	0 00 00	
		B	181 54 06	1 54 18	−12	181 54 12	91 52 54	
		C	243 32 54	63 33 06	−12	243 33 00	153 31 42	

4. 计算与检核

全圆方向法的计算与检核项目有:

1)归零差的计算与检核。归零差 Δ_0 是半测回中起始方向观测值与归零观测值的差值。如 DJ_2 经纬仪 $\Delta_0 \leqslant \pm 8''$，$DJ_6$ 经纬仪 $\Delta_0 \leqslant \pm 18''$。

2)二倍照准差 $2C$ 及 $2C$ 互差 $\Delta 2C$ 的计算与检核。

$$2C = L_{盘左} - L_{盘右} \pm 180° \tag{2-6}$$

$$\Delta 2C = 2C_i - 2C_j \tag{2-7}$$

式中 $L_{盘左}$、$L_{盘右}$ 是同一方向的盘左观测值和盘右观测值；i、j 是不同方向的标志。一般说来，经纬仪的 $2C$ 不能太大，如 DJ_2 经纬仪的 $2C \leqslant \pm 30''$。对 $\Delta 2C$ 有严格的要求，如 DJ_2 经纬仪的 $\Delta 2C \leqslant \pm 13''$，$DJ_6$ 经纬仪的 $\Delta 2C \leqslant \pm 35''$。

3)方向平均值 L'_i 的计算。

$$L'_i = \frac{L_{盘左} + L_{盘右} \pm 180°}{2} \tag{2-8}$$

4)零方向平均值的计算。

$$L'_0 = \frac{L_0 + L_0(归0)}{2} \tag{2-9}$$

表 2-3 第 7 栏第一测回 $L_0 = 0°01'06''$，$L_0(归0) = 0°01'21''$，则 $L'_0 = 0°01'14''$。

5)归零方向值的计算。

$$L_i = L'_i - L'_0 \tag{2-10}$$

6)测回差的计算与检核。

不同测回的同方向归零方向值的差值，称为测回较差，简称测回差，用 $\Delta\beta$ 表示。例如，DJ_2 经纬仪 $\Delta\beta \leqslant \pm 9''$；$DJ_6$ 经纬仪 $\Delta\beta \leqslant \pm 24''$。

上述的计算与检核中如发现有超限的项目(见表 2-5)，则说明该项目不合格，应根据有关规定重新观测。如归零差超限则该半测回重测；又如 $\Delta 2C$ 超限则该方向重测。

表 2-5 角度测量方向观测的技术要求

等级	仪器型号	光学测微器两次符合读数之差(″)	半测回归零差(″)	一测回中 $2C$ 互差的限值(″)	同一方向值各测回互差(″)
四等及以上	DJ_1	1	6	9	6
	DJ_2	3	8	13	9
一级及以下	DJ_2	—	12	18	12
	DJ_6	—	18	(35)	24

三、复测法

装备有复测钮(参见表 2-1 复测钮的控制作用)的经纬仪可以采用复测法测量两个方向构成的角度，如图 2.24，在 O 点安置经纬仪，做好对光工作。在 A 方向上使读数窗读数略大于 $0°$，开始测量 $\angle AOB$，方法：

1)瞄准 A 方向并读数，设读数为 L_0；

2)瞄准 B 方向并读数，设读数为 L_1；

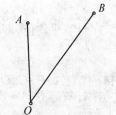

图 2.24

3)开复测钮，松水平制动旋钮，逆转照准部粗瞄 A 方向；水平制动后用水平微动旋钮精

瞄 A 方向,不读数;

4)关复测钮,松水平制动旋钮,顺时针转照准部粗瞄 B 方向;水平制动后用水平微动旋钮精瞄 B 方向,并读数,设读数为 L_2;

5)按上述 3、4 两个步骤可以得读数 L_3、L_4、…、L_n 等;如表 2-6。

6)按上述步骤完成 n 次复测法测量,计算水平角平均值:

$$\alpha = \frac{k \times 360 + L_n - L_0}{n} \quad (2\text{-}11)$$

式中,n 是复测次数,k 是观测值超过 360°的次数,L_n 是第 n 次复测超 360°的 B 方向观测值。

表 2-6　　　　　　　　　　复测法角度测量记录

测站	目标	复测次数	观测值 ° ′ ″	水平角平均值 ° ′ ″	k
O	A	0	0　02　30		
	B	1	40　23　30	40　21　00	0
	B	2	80　44　40	40　21　05	
	B	3	121　05　54	40　21　08	

四、对光方向法

上述测角方法,要求在测回中不能重新对光。在工程建设中,测量所用的点位之间的距离往往可能比较悬殊,一次对光不可能同时看清楚所有目标,上述测角方法将存在较大的瞄准误差,难以较好地解决高精度角度测量问题。采用对光方向法可以较好地实现高精度的测量。如图 2.25 有 5 个距离悬殊的方向,在 O 点安置经纬仪,按要求配置水平度盘位置。对光方向法的测角方法:

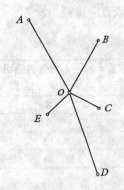

图 2.25

1) 粗瞄目标 A(O 方向),对光看清楚目标 A。

2) 盘左观测:顺时针转动照准部瞄准 A,读数,记录观测值 L_A,见表 2-7。

3) 盘右观测:沿横轴纵转望远镜 180°并逆时针转动照准部瞄准 A,读数记录 R_A。

4) 按上述 1、2、3 步骤依次分别观测 B、C、D、E、A,记录见表 2-7。

5) 计算平均值,即

$$L'_i = \frac{L_i + R_i \pm 180°}{2} \quad (2\text{-}12)$$

式中 i 代表 A、B、C、D、E、A。

6) 计算零方向平均值,即

$$L'_0 = \frac{L_0 + L_0(归0)}{2} \quad (2\text{-}13)$$

7) 计算一测回方向值,即

$$L_i = L'_i - L'_0 \quad (2\text{-}14)$$

表 2-7　　　　　　　　　测站_____

观测目标	观测盘位	观测值 °	'	"	2C	平均值 °	'	"	一测回方向值 °	'	"
A	盘左	0	01	23.3	1.9	(0	01	23.4)	0	00	00.0
	盘右	180	01	21.4		0	01	22.4			
B	盘左	84	35	46.8	3.6	84	35	45.0	84	34	21.6
	盘右	264	35	43.2							
C	盘左	145	53	25.6	-1.1	145	53	26.2	145	52	02.8
	盘右	325	53	26.7							
D	盘左	216	27	42.9	-1.3	216	27	43.6	216	26	20.2
	盘右	36	27	44.2							
E	盘左	324	16	51.8	3.6	324	16	50.0	324	15	26.6
	盘右	144	16	48.2							
A	盘左	0	01	25.3	2.1	0	01	24.4			
	盘右	180	01	23.2							

[注解]

同方向盘左观测值与盘右观测值相差180°。

这种情况在表2-2的观测值中随处可见。如果某方向盘左观测值超过180°,此时盘右观测值一定是超过360°,只不过角值是小于盘左观测值的小角。如盘左观测值是194°,盘右观测值是194° + 180° = 374° = 360° + 14° = 14°。这是因为水平度盘对超过360°的角度在度盘上自动减去360°。

第五节　竖直角观测技术方法

一、竖直角观测方法

竖直角观测方法有中丝法和三丝法。中丝法,即以十字丝中横丝瞄准目标的观测方法。

1. 准备工作

1) 做好经纬仪与目标安置工作。

2) 根据选定的方向做好对光。

2. 盘左观测

1) 瞄准目标。如同一般的瞄准方法,但精确瞄准的部位与水平角测量的情况不同。竖直角测量要求望远镜视场目标像的顶面与十字丝像靠近中间的中横丝相切,见图2.26a);或目标像的顶面平分十字丝像靠近中间部分的双横丝,见图2.26b);或十字丝的单横丝平分目标像的中间位置。

2) 精平,即转动微倾旋钮,使竖直度盘的水准器气泡居中。

3) 读数。与水平角测量的读数方法相同。

3. 盘右观测

观测步骤同上述盘左观测。

二、竖直角的计算

竖直角计算原理:

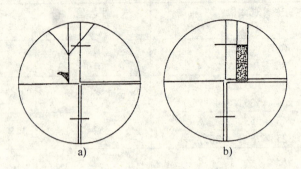

图 2.26

1) 盘左观测的竖直角

根据图 2.11 可知,望远镜、竖直度盘和横轴三者结合在一起,望远镜绕横轴转动,按顺时针顺序刻画的竖直度盘也一起转动。指标线和竖直度盘水准器连在一起,水准气泡居中指标线在垂线方向上指示望远镜瞄准目标时的度盘读数 L。由于某种原因指标线不可能严格处于垂线方向上,指标线在度盘读数中少了一个角度差 x,则望远镜瞄准目标时的准确度盘读数应加上角度差 x,即为 $L+x$,见图 2.27a)。在这里 x 称为指标差。

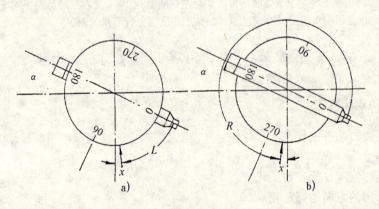

图 2.27

根据竖直角的定义,按图 2.27a) 可知,望远镜瞄准目标时盘左观测的竖直角 $\alpha_\text{左}$ 为

$$\alpha_\text{左} = 90° - (L + x) \tag{2-15}$$

2) 盘右观测的竖直角

根据盘左观测的竖直角的分析可知,指标线在度盘读数中少了一个角度差 x,盘右观测时望远镜瞄准目标的准确度盘读数应为 $R+x$(见图 2.27b)),因此,盘右观测的竖直角 $\alpha_\text{右}$ 为

$$\alpha_\text{右} = R + x - 270° \tag{2-16}$$

3) 角度计算

根据式(2-15)、式(2-16)得

$$\alpha_\text{平} = \frac{\alpha_\text{左} + \alpha_\text{右}}{2} \tag{2-17}$$

即

$$\alpha = \frac{R - L - 180°}{2} \tag{2-18}$$

令 $\alpha_{左} = \alpha_{右}$，利用式(2-15)、式(2-16)相减，可得

$$x = \frac{360° - L - R}{2} \tag{2-19}$$

以上式(2-18)、式(2-19)是利用盘左、盘右观测竖直角的计算公式，表2-8是算例。

表2-8　　　　　　　　竖直角测量的记录与计算

测站及仪器高	目标及高度	测回	盘左观测值	盘右观测值	指标差 "	竖直角 ° ′ ″	竖直角平均值 ° ′ ″
1.543m	A 2.675m	1	90 30 18	269 29 49	− 04	−0 30 14	−0 30 13
		2	90 30 15	269 29 51	− 03	−0 30 12	
	B 2.435m	1	73 44 08	286 16 10	− 09	16 16 01	16 16 00
		2	73 44 12	286 16 09	− 10	16 15 58	

4) 计算中的限差

(1) x 及 Δx 的限差：一般说来，经纬仪的 x 不要太大，$x \leq 1'$。Δx 称为指标差之差。观测竖直角对 Δx 有严格的要求，如 DJ_2 经纬仪 $\Delta x \leq 15″$，DJ_6 经纬仪 $\Delta x \leq 25″$（低等级）。

(2) 竖直角互差 $\Delta \alpha$ 的限差：同 Δx 的限差。

三、三丝法观测竖直角

所谓三丝法，即利用十字丝的上、中、下丝分别瞄准目标获得竖直角的观测方法。

1. 观测方法

1) 盘左观测：按上、中、下丝的顺序分别瞄准目标（图2.28），并分别获得竖直度盘的读数 $L_上, L_中, L_下$。记录见表2-9，在记录栏的记录顺序是自上而下。

2) 盘右观测：按上、中、下丝的顺序分别瞄准目标（图2.29），并分别获得竖直度盘的读数 $L_上, L_中, L_下$。记录见表2-9，在记录栏的记录顺序是自下而上。

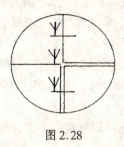

图2.28

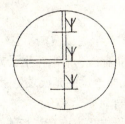

图2.29

注意：盘右观测时所见的上、中、下丝与盘左观测时所见的下、中、上丝相对应，故盘左、盘右的瞄准顺序相同，但记录顺序相反。

2. 计算

1) 三丝法计算方法与中丝法相同，应用的公式相同；

2) 各丝观测得到的垂直角如同中丝法得到的垂直角，最后得到各丝垂直角的平均值；

3)上、中、下丝的指标差不相同,指标差的差异只能同一丝各测回比较。

表2-9　　　　　　　　　　三丝法观测竖直角的记录与计算

测站及仪器高	测回	瞄准丝位	盘左观测值 °	′	″	盘右观测值 °	′	″	指标差 ″	竖直角 °	′	″	竖直角平均值 ° ′ ″
O 1.567m	1	上丝	90	47	16	269	46	43	−17 00	−0	30	16	−0 30 15
		中丝	90	30	18	269	29	49	− 04	−0	30	14	1.856m
		下丝	90	12	53	269	12	20	+17 24	−0	30	16	
	2	上丝	90	47	18	269	46	44	−17 01	−0	30	17	−0 30 16
		中丝	90	30	21	269	29	46	− 04	−0	30	18	平均竖直角
		下丝	90	12	49	269	12	20	+17 26	−0	30	14	−0 30 16

四、竖直度盘指标线自动归零原理

图 2.11 的竖直度盘结构表明,竖直度盘水准器气泡居中时,指标线处在垂线方向上。这时若视准轴处于水平状态,指标线指示是 90°,这种指示状态称为指标线归零。竖直角观测中的精平属于指标线人工归零操作。现设置一种自动归零装置代替竖直度盘水准器,竖直角观测中能自动实现上述的指标线归零,称为指标线自动归零。图 2.30 是自动归零原理图,其中悬挂式(摆式)光学透镜是自动归零的部件。光学透镜与指标线⊕构成自动归零的整体装置。自动归零是利用装置自身重力作用实现的。

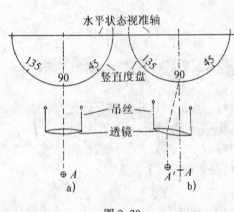

图 2.30

图 2.30a)表示自动归零装置处在正确位置;指标线⊕处在垂线 A 的位置,悬挂式光学透镜两端吊丝的挂位同高。这时光投射使指标线⊕沿垂线方向经过光学透镜指在 90°的位置。

图 2.30b)表示自动归零装置因整平不足的不正确位置:指标线⊕在偏离垂线($\varepsilon < 3'$)的 A' 处,悬挂式光学透镜两端吊丝挂位不同高,自身重力作用使光学透镜的主平面倾斜。这时光投射使指标线⊕沿平行垂线方向到达光学透镜。由于到达光线不垂直光学透镜的主平面,故经过光学透镜的光线发生折射,从而使指标线⊕指在 90°的位置,实现指标线⊕的自动归零或称为自动补偿。

经纬仪设有竖直度盘指标线自动归零装置,竖直角测量可以省略精平工作,提高竖直角测量的工作效率。

五、竖直角简易测量与计算

若要求不高,指标差 $x < \pm 1'$,视 x 为零,式(2-15)竖直角观测以盘左观测值 L 即可,这时

$$\alpha = 90 - L \qquad (2\text{-}20)$$

比较式(2-2),此时式(2-20)的 L 就是天顶距 Z。

第六节 角度测量误差与预防

影响角度测量的误差来源主要是仪器误差、观测误差和外界环境条件。

一、仪器误差

主要包括：三轴误差（视准轴误差、横轴误差、竖轴误差）、照准部偏心差和度盘误差等。

1. 视准轴误差

如图 2.31，视准轴 OC' 与横轴 HH 不垂直，存在 c 角误差，即视准轴误差。据推证，这种误差对水平方向影响为

$$\Delta c = \frac{c}{\cos\alpha} \tag{2-21}$$

式(2-21)可见观测方向竖直角 α 越大，Δc 越大。一般 α 约 $1°\sim10°$，$\cos\alpha\approx1$，故可认为

$$\Delta c = c \tag{2-22}$$

据研究，若盘左观测 c 为正值，则盘右观测 c 为负值。因此，在盘左盘右观测取水平方向平均值时，视准轴误差 c 的影响被抵消，亦视准轴误差被抵消。

2. 横轴误差

这种误差表现在横轴不垂直于竖轴 OZ，竖轴在垂线上，横轴处在 $H'H'$ 位置，如图 2.32，横轴 $H'H'$ 与水平状态 HH 的夹角 i 就是横轴误差。据推证，夹角 i 对观测方向水平角的影响为

$$\Delta i = i\tan\alpha \tag{2-23}$$

设盘左观测时 i 为正，则盘右观测时因横轴位置处在相反位置，故 i 为负。因此 Δi 的存在与 Δc 有相同性质，在盘左盘右观测取水平方向平均值时，可抵消横轴误差的影响。

3. 竖轴误差

竖轴不平行垂线而形成的误差，如图 2.33，OV 是垂线，OV' 是出现偏差的竖轴，OV 与 OV' 的夹角 δ 就是竖轴误差。据推证，竖轴误差 δ 引起的测角误差可表示为

$$\Delta\delta = \delta\cos\beta\tan\alpha \tag{2-24}$$

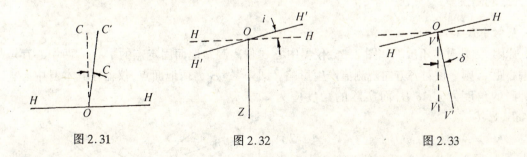

图 2.31　　　　图 2.32　　　　图 2.33

式中 α 是观测目标的竖直角，β 是以 HH 为零位置到观测目标的水平角。

必须指出，由于竖轴误差 δ 的存在，竖轴位置不变，与竖轴保持垂直关系的横轴位置便不可能在盘左、盘右观测中发生变化，所以同一方向上 $\Delta\delta$ 是不变量，在盘左、盘右观测中符

号不变。因此不能指望通过盘左、盘右观测抵消 $\Delta\delta$ 的影响。

解决的办法:1) 在实际工作中,只要严格整平仪器,特别在测回之间发现水准气泡偏离一定的限差,必须重新整平,以便削弱竖轴误差的影响。2) 在精密测角中,可以通过测定水准气泡偏离零点的格值 n,以 $n\tau''$ 代替式(2-24)中的 $\delta\cos\beta$,即

$$\Delta\delta = n\tau''\tan\alpha \qquad (2-25)$$

式中 τ'' 是管水准器的格值。计算的 $\Delta\delta$ 值对水平方向值进行改正,可削弱竖轴误差的影响。

4. 仪器构件偏心差

主要是照准部偏心差和度盘偏心差。

1) 照准部偏心差:如图 2.34,照准部旋转中心 O' 和度盘刻画中心 O 不重合的距离 d,称为照准部偏心差。照准部偏心差对各个方向的影响是不一样的。但是对一个方向来说,在盘左、盘右观测值的影响在数值上相等,符号相反。图 2.34 的方向,照准部偏心差的影响为 x,盘左观测时的观测值为 $L+x$,盘右观测时的观测值为 $R-x$。故取盘左、盘右观测值的平均值便可以消除照准部偏心差的影响。

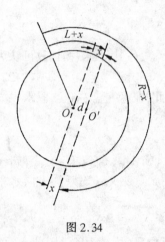

图 2.34

2) 度盘偏心差:度盘的旋转中心 O' 和度盘的刻画中心 O 不重合。度盘偏心差对观测值的影响性质同照准部偏心差,可以盘左、盘右观测值取平均值进行消除。

在对径符合测微读数方式的仪器中,一次读数可消除以上两种误差的影响。

5. 度盘分画误差

包括有长周期误差和短周期误差,现代精密光学经纬仪的度盘分画误差约 $1\sim2''$。在工作上要求多测回观测时,各测回配置不同的度盘位置,其观测结果可以削弱度盘分画误差的影响。

6. 竖直度盘指标差

理论和实践说明,竖直度盘指标差与望远镜视准轴误差同性质,故可通过盘左、盘右观测取平均值的方法消除指标差对竖直角观测的影响。

二、观测误差

1. 对中误差

原因:测站对中不准。如图 2.35,仪器中心 o' 偏离测站地面固定点的中心 o,两中心存在偏心距 e,则 e 便对各方向观测值产生影响。图中 A、B 为两地面点,仪器在其本身中心 o' 所测的角度为 $\angle Ao'B$,而实际的角度应为 $\angle AoB$,显然

$$\angle AoB = \angle Ao'B + \varepsilon_1 + \varepsilon_2 \qquad (2-26)$$

式中 ε_1、ε_2 是偏心距 e 对观测值的对中误差影响。

分析:图中,oa、ob 分别平行 $o'A$、$o'B$,oA、oB 的距离长度分别是 d_1、d_2。设 $\angle Ao'o = \theta$,

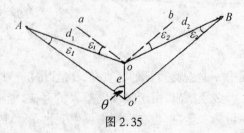

图 2.35

故 $\angle oo'B = \angle Ao'B - \theta$。在 $\triangle Ao'o$ 和 $\triangle o'Bo$ 中，根据正弦定理可知

$$\varepsilon_1 = \frac{e \times \sin \theta}{d_1} \rho \tag{2-27}$$

$$\varepsilon_2 = \frac{e \times \sin(\angle Ao'B - \theta)}{d_2} \rho \tag{2-28}$$

式中 $\rho = 206265$。

为了说明偏心距 e 对观测值的影响，令 $\sin \theta = \sin(\angle Ao'B - \theta) = 1$，$d_1 = d_2 = d$，则这种影响为

$$\varepsilon = \varepsilon_1 + \varepsilon_2 = \frac{2e}{d} \rho \tag{2-29}$$

式(2-29)中，ε 与 e 成正比，与 d 成反比。ε 与 e、d 误差关系见表2-10。从表中可见，对中误差在短边的情况下随偏心距 e 的增长而迅速增大。

解决的办法:1)在测角中必须精确做好仪器对中。2)如果在测角中由于客观原因仪器必须偏离地面点的中心观测，这种情况下必须测定偏心距 e 及 θ，以便对观测值改正，消除对中误差的影响。

表2-10　　　　　　　　　　　对中误差 ε 表

e \ d	100m	200m	300m	500m
100mm	412″	206″	137″	41″
50mm	206″	103″	69″	21″
10mm	41″	21″	14″	4″
5mm	21″	10″	7″	2″

2. 目标偏心差

误差性质:如图2.36b)，目标是标杆，底端虽然与地面点重合，但标杆树立不垂直，这时标杆顶端的瞄准位置存在偏离地面点中心的偏心距 e。e 的存在对在 O 点观测水平角的误差影响和对中误差有相同的性质，即

$$\varepsilon = \frac{e \sin \beta}{d} \rho \tag{2-30}$$

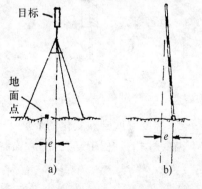

图2.36

目标偏心距 e 对测角的影响可参考表2-10的情况。目标偏心往往不能通过精确对中来解决，例如有的目标(寻常标)一旦固定在地面上以后，目标偏心就可能客观存在，如图2.36a)。解决办法:1)可适当测定偏心距 e 等参数，计算偏心改正数，消除对中误差影响。2)树直标杆，或者尽量瞄准标杆底部。

3. 瞄准误差

瞄准目标与人眼的分辨率 P 及望远镜的放大倍率 V 有关，瞄准误差一般为

$$m = \frac{P}{V} \tag{2-31}$$

当 $P = 10″ \sim 60″$，$V = 25 \sim 30$，则瞄准误差 $m = 0.5″ \sim 2.4″$。但是由于对光时视差未消除，

或者目标构形和清晰度不佳,或者瞄准的部位不合理,实际的瞄准误差可能要大得多。如表2-3中$\Delta 2c$或竖直角测量的$\Delta \alpha$、Δx的大小可以反映水平角、竖直角测量中瞄准的质量。因此,在观测中,选择较好的目标构形,做好对光和瞄准工作,是减少瞄准误差影响的基本方法。

4. 读数误差

读数装置的质量、照明度以及读数判断准确性等,是产生读数误差的原因。DJ_6经纬仪观测时估读误差最大可达0.2′,即12″。而DJ_2经纬仪的估读误差最大可达2″~3″。一般说来,增加读数次数可以减少读数误差的影响,如对径符合测微的读数,采用两次读数法可削弱读数误差的影响。

三、外界环境的影响

外界环境的影响包括:大气密度、大气透明度的影响;目标相位差、旁折光的影响;温度湿度对仪器的影响等。

大气密度随气温而变化,便造成目标成像不稳定。大气中的尘埃影响大气透明度,便造成目标成像不清楚,甚至看不清目标。观测中应当避免这些不利的大气状况。

太阳光使圆形目标形成明暗各半的影像(图2.37),瞄准时往往以暗区为标志,这样便产生目标相位差Δ的影响。

在地表面、水面及地面构造物表面附近,大气密度的非均匀性表现比较突出,观测视线通过时就不可能是一条直线(图2.38),存在的Δ称为旁折光的影响。解决办法是,观测视线应离开地表及地面构造物表面一定的距离,不应紧贴地表面、水面及地面构造物表面通过。

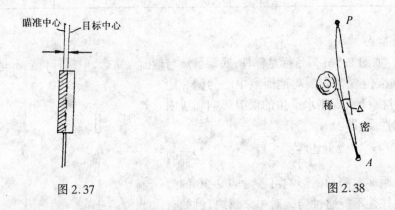

图2.37　　　　　　　　　　图2.38

在温度湿度剧烈变化的环境中会引起仪器原始稳定状态发生变化,使角度观测受到影响。在使用的过程中,应当注意仪器的防日晒、防雨淋、防潮湿,使仪器处于可靠状态。

第七节　光电经纬仪

一、光电测角、光电经纬仪原理和特点

光电测角即以光电技术进行角度测量,以光电信号的形式表达角度测量结果的技术过程。以光电测角技术为武装实现角度测量技术过程的经纬仪就是光电经纬仪,或称为电子经纬仪。

图 2.39 是一台南方测绘光电经纬仪的外貌。图中可见,望远镜、水准器、光学对中器和相应的操作旋钮等仍然是仪器的重要机件。其中的水平、垂直制动与微动螺旋是同轴机构。与光学经纬仪的不同之处,外貌上望远镜右侧不再设立读数显微窗口,增设了电子显示窗,配有若干角度测量的操作按键。

图 2.40 是内部光电测角原理结构示意图。图中可见,光电经纬仪仍具备光学经纬仪照准部、度盘、基座以及相应轴系的结构形式。实现光电测角的技术原理有格区式度盘动态测角技术、编码度盘测角技术、光栅度盘测角技术、条码度盘测角技术等。光电经纬仪具有光学经纬仪无可比拟的特点:

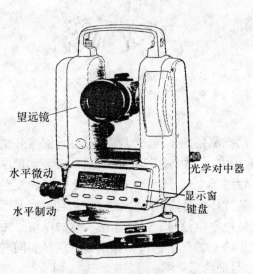

图 2.39 光电经纬仪

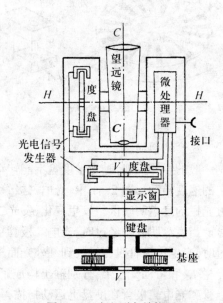

图 2.40 光电测角结构原理

1) 光电度盘。完全摒弃光学经纬仪光学度盘的角度表达形式,采用与光电技术相适应的光电度盘。所谓光电度盘是角度信息形式便于与光电技术、通讯技术相适应的度盘,这是光电测角获得角度信息的依据。

2) 光电读数系统。改变光学系统读数机构,由光电信号发生器、光电传输电路及相应的光电测微机构形成新的光电读数系统。图 2.40 可见,光学经纬仪原有的光路读数系统已被光电读数系统所代替。光电信号发生器是获取度盘角度信息的重要器件。

3) 直接显示测量结果。由微处理器处理光电测角的角度信息,根据键盘提供的操作指令直接在显示窗显示测量结果。

本节介绍格区式度盘动态测角技术和编码度盘测角技术,以期对光电测角的技术有初步了解。

二、格区式度盘动态测角原理

图 2.41 是一种格区式(或称增量式)玻璃度盘。图中度盘上的刻画是明暗的间隔,间隔宽度和数目按设计要求确定。度盘内侧设有固定光栏 L_S,外侧设有可动光栏 L_R,光栏上装

有发光二极管和光电二极管,用于传递度盘刻画信息。可动光栏 L_R 随光电经纬仪照准部转动,可以想象,L_S 与 L_R 之间的度盘明暗间隔数目是角度 φ 大小的标志。

1. 度盘结构

度盘上设有两种明暗区格刻画,即一般刻画和标志刻画。图2.42标志刻画 A、B、C、D 4组,各组标志刻画依次以 90° 的间隔分度盘为四个区间,一般刻画设在这四个区间中。

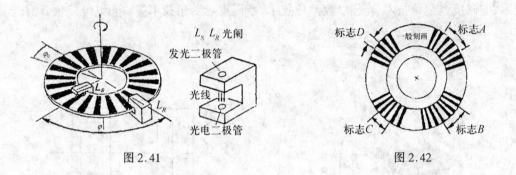

图2.41　　　　　　　　　　　　图2.42

2. 度盘的扫描

一般的经纬仪测角,光学度盘不能转动。动态测角则不同,一旦启动测角,度盘必须按一定的速度转动。图2.41中,光电二极管接收由发光二极管发出红外光。度盘转动使原来经过光栏的度盘明暗区格发生变化,发光二极管的不变信号因明暗区格变化而成为变动的信号。当度盘明区格经过时,光电二极管接收到红外光而输出高电平电信号;当度盘暗区格经过时,光电二极管没有接收到红外光而输出低电平电信号。这种连续变化的电信号由固定光栏 L_S 和可动光栏 L_R 分别输出构成了图2.43的波形。这种传输出去的信号如同发光二极管和光电二极管在度盘上运动扫描得到信号的情形一样。

3. 角度的数据处理

图2.43可见,光栏 L_S、L_R 输出的方波一周期波形等价于图2.41中两个暗色格区(或两个明色格区)之间的宽度,在角度值上等于 φ_0。在设计上度盘有1024个格区,故

$$\varphi_0 = \frac{360 \times 3600}{1024} = 1265.625''$$

由于固定光栏 L_S 与可动光栏 L_R 相隔角值为 φ,根据图2.43可见

$$\varphi = n\varphi_0 + \Delta\varphi \tag{2-32}$$

1) n 的测定:n 的测定是在度盘设立标志刻画解决的。上述可知,测角时度盘按一定的速度转动一圈,则所设的4组标志刻画必然分别经过光栏 L_S、L_R 各一次。由于标志刻画的特殊性,故任一标志刻画经过 L_S、L_R 之间的时间 T 是可以测定的。设 A 标志刻画由固定光栏 L_S 到可动光栏 L_R 的对应时间为 T_A,则 T_A 包含 φ_0 的个数 n_A 为

$$n_A = \frac{T_A}{T_0} (\text{取整}) \tag{2-33}$$

式中 T_0 是与 φ_0 相对应的一周期时间。同理,n_B、n_C、n_D 相对应于 T_B、T_C、T_D 也可推算得到。全站仪的微处理机可以比较 n_A、n_B、n_C、n_D 的差异,获得准确的 n 值,即

$$n = \frac{n_A + n_B + n_C + n_D}{4} \tag{2-34}$$

第二章 角度测量

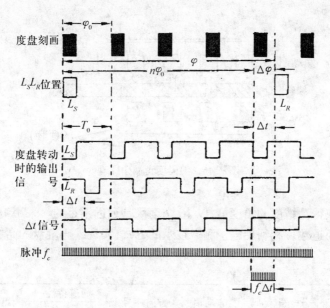

图 2.43

式(2-34)表明,φ 的获得是多盘位角度平均值,其结果有效地消除度盘刻画误差的影响。

2) $\Delta\varphi$ 的测定:$\Delta\varphi$ 在设计上由数字脉冲电路的测定方式获得。由于 L_S、L_R 之间的 φ 中存在 $\Delta\varphi$,在脉冲电路中可以得到与 $\Delta\varphi$ 相对应的脉冲数。例如以脉冲信号 $f_c = 1.72$ MHz 为填冲脉冲,角度值为 φ_0 的一周期时间宽度 $T_0 = 325 \times 10^{-6}$ 秒,获得的脉冲数为 $f_c \times T_0 = 559$。这时每个脉冲代表的角值是 $2.26''$(即 $1265.625''/559$)。$\Delta\varphi$ 是 φ_0 范围内不足一周期的角度值,同样可以利用脉冲电路获得的脉冲数得到准确的角度值。如某一 $\Delta\varphi$ 不足一周期的时间宽度 $\Delta t = 125 \times 10^{-6}$ s,获得的脉冲数为 $f_c \times \Delta t = 215$,转换为角度值 $485.9''$(即 $2.26'' \times 215$)。例如 $n = 225$,$f_c \times \Delta t = 215$,按式(2-32)算得 $\varphi = 225 \times 1265.625'' + 215 \times 2.26'' = 79°14'33.9''$。

三、度盘编码测角原理

度盘的刻画采用二进制代码的形式,如图 2.44 所示。从图可见,沿度盘直径方向将度盘全周分为 16 个同心角扇形,度盘各同心圆又将各扇区分成等间隔的环带。这样各扇区构成 4 个通道,如图 2.45,度盘上方设置发光二极管,各通道存在透光与不透光的状态特征。如果用光电二极管接受这种不同的透光状态,便形成高低电位的信息特征,这种特征与二进制代码"1"、"0"相联系,便形成相对应的二进制代码角度信息。构成这种二进制代码表示角度信息的度盘就是编码度盘。例如表 2-11 所列的通道不同特征形成的二进制代码,有机地与相应的角度值联系起来。

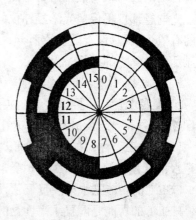

图 2.44 编码度盘

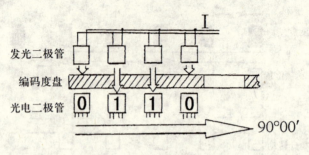

图 2.45 编码度盘测角原理

编码度盘要获得高精度的角度值,以 16 个扇区是远远不足的。采用编码度盘的全站仪主要以增加度盘通道数目和利用电子测微技术的方式,实现编码度盘的高精度测角。

表 2-11

方向序号	通道特性				代码	方向值	方向序号	通道特性				代码	方向值
	1	2	3	4				1	2	3	4		
0	□	□	□	□	0000	00°00′	8	■	■	□	□	1100	180°00′
1	□	□	□	■	0001	22°30′	9	■	■	□	■	1101	202°30′
2	□	□	■	■	0011	45°00′	10	■	■	■	■	1111	225°00′
3	□	□	■	□	0010	67°30′	11	■	■	■	□	1110	247°30′
4	□	■	■	□	0110	90°00′	12	■	□	■	□	1010	270°00′
5	□	■	■	■	0111	112°30′	13	■	□	■	■	1011	292°30′
6	□	■	□	■	0101	135°00′	14	■	□	□	■	1001	315°00′
7	□	■	□	□	0100	157°30′	15	■	□	□	□	1000	337°30′

注:□表示无电信号,■表示有电信号。

四、光电经纬仪的应用

1. 光电经纬仪一般应用新特点

光电经纬仪仍保留光学经纬仪的基本操作,新特点是引用计算机键盘及其功能,通过键盘的有限个按键(设置随仪器而异),实现若干角度测量指令的自动发送和数据记录,同时自动显示角度测量的结果。

2. 光电经纬仪一般操作

1) 度盘配置。不再以度盘变换钮进行度盘配置,而是利用键盘设置的按键功能进行度盘配置。一般光电经纬仪设有 HR、HL、OSET、HSET 的度盘配置。

HR 和 HL。称为盘序配置,HR 的功能把水平度盘的记度配置为顺时针顺序;HL 的功能把水平度盘的记度配置为逆时针顺序。

OSET 的功能把水平度盘显示设置为零。

HSET 的功能是配置水平度盘的角度显示,启动 HSET 的功能可根据需要输入角度值实现水平度盘的配置。有的仪器设 HOLD 键,功能相当于光学经纬仪的复测钮,可用于水平度盘的配置。

2) 瞄准。光电经纬仪与光学经纬仪的望远镜基本相同,成像原理一样,对光方法一样,因此瞄准的一般方法也一样。不同的是水平、垂直制动与微动螺旋已采用同轴机构,应用较为方便。如图 2.39,应用时应注意制动螺旋设在内侧,微动螺旋设在外侧。

3) 读数。瞄准之后,启动光电经纬仪角度测量按键,光电经纬仪的光电读数系统及时获取瞄准目标的角度信息,由微处理器处理后直接在显示窗显示出来。有的光电经纬仪处在启动状态时,瞄准之后就显示瞄准后的角度。

4) 数据记录。数据记录可以从显示窗手抄录,由于光电经纬仪设有的电子存储器,数据将由键盘设置的按键功能实现自动记录。观测者可以在瞄准之后,启动自动记录按键,光电读数系统获取角度信息,由微处理器处理后直接显示和数据记录。

[注解]

1. 发光二极管是一种半导体发光器件,有一定电流便发出一定的光强度。
2. 光电二极管是一种半导体光电器件,具有内光电效应功能,对接收到的光信号转化为电信号,在输出电路中反映出来。
3. 光电信号发生器与角度信息。这是获取度盘角度信息的重要器件,发光二极管、光电二极管是其中的主要部件。如图 2.45,编码度盘处在表 2-11 序号 4 的位置,发光二极管的光线在"2、3"位通过,在"1、4"位被挡,则 4 个光电二极管的光电转换产生的电位是"低、高、高、低",与之对应的电信号二进制代码便是"0、1、1、0",代表角度信息是 90°00′。

习　题

1. 图 2.1 的水平角是_____。
   答案:①∠mNp　②∠MNp　③∠MNP
2. 图 2.1 中观测视线 NM 得到的水平方向值 $m' = 59°$,观测视线 NP 得到的水平方向值 $p' = 103°$,问水平角 ∠mNp = ?
3. 图 2.1 中,NT 至 NP 的天顶距 $Z = 96°$,观测视线 NP 的竖直角 α 等于多少? α 是仰角还是俯角? NT 至 NM 的天顶距 $Z = 83°$,观测视线 NM 的竖直角 α 等于多少? α 是仰角还是俯角?
4. 光学经纬仪基本结构由_____。
   答案:①照准部、度盘、辅助部件三大部分构成
   　　　②度盘、辅助部件、基座三大部分构成
   　　　③照准部、度盘、基座三大部分构成
5. 水准器的作用是什么? 管水准器、圆水准器各有什么作用?
6. 光学经纬仪的正确轴系应满足_____(A)。
   (A)答案:①视准轴⊥横轴、横轴∥竖轴、竖轴∥圆水准轴
   　　　　②视准轴⊥横轴、横轴⊥竖轴、竖轴∥圆水准轴
   　　　　③视准轴∥横轴、横轴∥竖轴、竖轴⊥圆水准轴
7. 望远镜的目镜调焦轮和望远对光螺旋有什么作用?
8. "水平度盘与竖轴固定安装,随竖轴转动,竖直度盘套在横轴可自由转动"。这句话

是否正确?

9. 望远镜的一般对光动作是_____(A)。
(A)答案:①转动望远对光螺旋看清目标;转动目镜看清十字丝;注意消除视差
②转动目镜看清十字丝;注意消除视差;转动望远对光螺旋看清目标
③转动目镜看清十字丝;转动望远对光螺旋看清目标;注意消除视差

10. 图 2.14,读数窗"V"竖直角窗口的分微尺测微读数过程是_____。
答案:①78°～52.3′～78°52′18″
②52.3′～78°～78°52′18″
③79°～52.3′～79°52′18″

11. 测站上经纬仪对中是使经纬仪中心与_____(A),整平目的是使经纬仪_____(B)。
(A)答案:①地面点重合。②三脚架中孔一致。③地面点垂线重合。
(B)答案:①圆水准器气泡居中。②基座水平。③水平度盘水平。

12. 经纬仪安置的步骤应是_____(A)。
(A)答案:①经纬仪对中、三脚架对中、三脚架整平、精确整平。
②三脚架对中、经纬仪对中、三脚架整平、精确整平。
③三脚架整平、经纬仪对中、三脚架对中、精确整平。

13. 一般瞄准方法应是_____(A)。
(A)答案:①正确对光、粗略瞄准、精确瞄准。
②粗略瞄准、精确瞄准、正确对光。
③粗略瞄准、正确对光、精确瞄准。

14. 水平角测量的精确瞄准的要求是什么?

15. 如果经纬仪照准部有两个管水准轴互相垂直的管水准器,三脚架在第二步整平时是否要转动照准部 90°?

16. 光学经纬仪水平制动、微动旋钮机构的主要作用是什么?

17. 什么是盘左?什么是盘左观测?

18. 以方向法、全圆方向法角度测量一测回,各有哪些检验项目?

19. 如何进行方向法两测回观测水平角的第二测回度盘配置?

20. 试计算下表的角度观测值。在 $\Delta\alpha_容 = \pm 30''$ 时查明哪个测回观测值无效?

测回	竖盘位置	目标	水平度盘读数 ° ′ ″	半测回角度 ° ′ ″	一测回角度 ° ′ ″	备注
1	2	3	4	5	6	7
1	左	1	0 12 00			$\Delta\alpha = \alpha_左 - \alpha_右$ =
		3	181 45 00			
	右	3	1 45 06			$\Delta\alpha_容 = \pm 30''$
		1	180 11 42			
2	左	1	90 11 24			各测回角度平均值 ° ′ ″
		3	271 44 30			
	右	3	91 45 26			
		1	270 11 42			

21. 说明一般竖直角观测方法与自动归零的竖直角观测方法的差别。
22. 式(2-18)与式(2-20)在计算竖直角中有什么不同？
23. 试述以中丝法竖直角的测量方法，计算下表的竖直角、指标差。

竖直角测量的记录

测站及仪器高	目标高度	测回	盘左观测值 ° ′ ″	盘右观测值 ° ′ ″	指标差 ″	竖直角 ° ′ ″	竖直角平均值 ° ′ ″
A	M	1	93 30 24	266 29 30			
		2	93 30 20	266 29 26			

24. 说明下表经纬仪各操作部件的作用。

操作部件	作 用	操作部件	作 用
目镜调焦轮		水平制动旋钮	
望远对光螺旋		水平微动旋钮	
脚螺旋		微倾旋钮	
垂直制动旋钮		水平度盘变换钮	
垂直微动旋钮		光学对中器	

26. 光学经纬仪在盘左、盘右观测中可以消除哪些误差的影响？
27. 如果对中时偏心距 $e=5mm, d=100m$，则对中误差 ε 是多少？
28. 光学经纬仪在盘左、盘右观测中可以消除_____。
答案：①视准轴误差 Δc、横轴误差 Δi、度盘偏心差照、准部偏心差
　　　②视准轴误差 Δc、横轴误差 Δi、对中误差 ε、竖轴误差 $\Delta \delta$
　　　③视准轴误差 Δc、旁折光的影响、对中误差 ε、竖轴误差 $\Delta \delta$
29. 在水平角测量中，如何避免竖轴误差的影响？
30. 什么是光电测角？
31. 什么是光电经纬仪？
32. 与光学经纬仪相比，光电经纬仪具有哪些特点？
33. 光电经纬仪瞄准目标后的读数是_____。
答案：①记录显示结果
　　　②光电读数系统获取瞄准目标的角度信息，由微处理器处理后直接显示
　　　③在瞄准之后，启动自动记录按键进行数据记录

第三章 距离测量

距离测量的方法主要有光电测距、尺子量距和光学测距三种方法。光电测距是一种现代化的量距方法,主要仪器是光电测距仪。尺子量距是一种传统的量距方法,主要工具是皮尺、钢尺和因瓦线尺。光学测距是一种利用光学原理和尺子相配合的量距方法。

学习目标:学习光电测距、尺子量距和光学测距三种距离测量的原理与方法,在掌握现代光电测距技术原理与方法的基础上,掌握钢尺量距、光学测距的基本方法。

第一节 光电测距原理

一、基本原理

1. 概念

光电测距即是以光和电子技术测量距离。光电测距是 20 世纪科学技术发展的重大成就之一,这一技术主要是利用光的速度测量距离,早期(20 世纪 40 年代)的实验样机以惊人的速度和精密度获得测量结果,由此极大地吸引世界科学家和测量学家的注意和研究。由于光的速度就是电磁波的速度,故光电测距又统称为电磁波测距。当今光电测距技术已成为现代测量的主要技术。

2. 原理

见图 3.1,设 A、B 为地面上的两个点,待测距离为 D。A 点上安置一台测距仪,称为测站。B 点上安置一个反射器(或称反光镜),称为镜站。测距开始,测距仪向 B 处反射器发射光束,光以近 30 万 km/s 的速度 c 射向反射器后便反射,被测距仪所接收。在这一过程中,光束经过了两倍的距离,即 $2D$;同时,测距仪测出光束从发射到接收期间的时间 t_{2D}。根据速度乘以时间得路程的原理,便可知,$2D = c \times t_{2D}$,故 A、B 两地面点之间的距离为

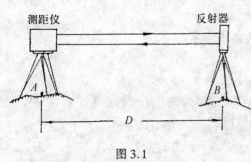

图 3.1

$$D = \frac{1}{2} c t_{2D} \qquad (3-1)$$

式(3-1)是光电测距最基本的原理公式。

3. 实现式(3-1)的基本条件

1) $c_\text{真}$ 的测定。人类几百年奋斗的结果得到真空光速 $c_\text{真} = 299792458 \text{m/s}$。根据折射

定理可知式(3-1)的光速 c 为

$$c = \frac{c_真}{n} \qquad (3-2)$$

式中 n 是光在大气中的折射率,可实地测定。

2) 时间 t_{2D} 的测定。这是测距仪本身必须具备的关键条件。

根据式(3-1)可见,测距仪测定光在一公里路程的往返时间约为十五万分之一秒。准确测定这样短的瞬时时间,有相位法、脉冲法等技术,本节主要介绍相位法测距原理。

二、相位法测距原理

相位法测距的实质是利用测定光波的相位移 φ 代替测定 t_{2D} 实现距离的测量。

1. 光的调制

光的调制,亦即对光的发射或发射的光进行改造,使光的传输特征按照某种特定信号出现有规律的变化。如图 3.2a),一种称为 GaAs(砷化镓)发光二极管的光源接受了按正弦变化的激发电流 I,由于光源具有图 3.2b)的光强～电流($J \sim I$)特性曲线,光源 GaAs 便发出强度按交变电流特征变化的光波,见图 3.2c)。由此可见,光的发射接受了电流信号的传输特征,亦即发射的光束成为一种光强度有规律明暗变化的调制光波。调制光波是相位法测距的基本条件。

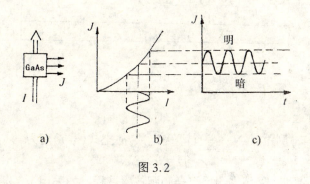

图 3.2

2. 距离 D 与相位移 φ 的关系

1) 光波传播时间 t_{2D} 与相位移 φ 的关系:现将图 3.1 光束的发射和接收的过程以调制光波的形式展开成图 3.3 的情形,A 是测距仪的发射点,A' 是测距仪的接收点,两点之间的长度就是光束经过的两倍距离 $2D$,B 是反射器的位置。从图可见,调制光波经过 $2D$ 路程的相位移为 φ,根据波的传播理论,波传播的相位移 φ 与时间 t_{2D} 的关系为

$$\varphi = 2\pi f t_{2D} \qquad (3-3)$$

式中 f 是调制光波明暗变化的频率,在数值上等于正弦波电流的频率,故已知的正弦波电流的频率是调制光波的频率,称为调制频率。根据式(3-3)得

$$t_{2D} = \frac{\varphi}{2\pi f} \qquad (3-4)$$

式(3-4)表明光波传播时间 t_{2D} 与相位移 φ 的关系。

2) 距离 D 与相位移 φ 的关系:将式(3-4)代入式(3-1)得

$$D = \frac{1}{2} \times c \times \frac{\varphi}{2\pi f} \qquad (3\text{-}5)$$

式(3-5)表示距离 D 与相位移 φ 的关系，这是相位法测距的原理公式。该式表明，在调制频率 f 已知的情况下，只要通过测定相位移 φ，便可以实现距离 D 的测定。

3. 测尺和尺段

由图 3.3 可见，整个波形的 φ 包含 N 个整波和一个尾波 $\Delta N(\Delta N<1)$，故

$$\varphi = 2\pi(N + \Delta N) \qquad (3\text{-}6)$$

将式(3-6)代入式(3-5)经整理得

$$D = u \times (N + \Delta N) \qquad (3\text{-}7)$$

其中

$$u = \frac{c}{2f} \qquad (3\text{-}8)$$

u 称为测尺，u 的长度值取决于光速 c 和调制频率 f。N 称为整尺段，ΔN 称为尾尺段。

从式(3-7)可见，相位法测距相当于以一把测尺 u 一尺段一尺段丈量距离，获得 N 个整尺段和一个尾尺段 ΔN，然后按式(3-7)计算距离 D。

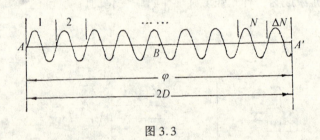

图 3.3

4. 组合测距过程

相位法按式(3-7)测距时 N 是一个不确定数，故把式(3-7)变为

$$D = u \times \Delta N \qquad (3\text{-}9)$$

相位法按式(3-9)测距时，采用多测尺组合测距技术过程。如采用 u_1、u_2 两把测尺，按式(3-8)可知

$$u_1 = \frac{c}{2f_1} \qquad (3\text{-}10)$$

$$u_2 = \frac{c}{2f_2} \qquad (3\text{-}11)$$

在测距仪的设计上 u_1 用于保证测距精确度，称为精测尺；u_2 用于保证测距的长度，称为粗测尺。一般地设 $f_1 \approx 15\text{MHz}$，精测尺 $u_1 = 10\text{m}$，$f_2 \approx 150\text{kHz}$，粗测尺 $u_2 = 1000\text{m}$。两把测尺组合测距的基本过程为：

1) 以 u_1 测量距离得 ΔN_1。例如 $\Delta N_1 = 0.8654$，把 ΔN_1 及 u_1 代入式(3-9)得 $D_1 = 8.654\text{m}$。
2) 以 u_2 测量距离得 ΔN_2。例如 $\Delta N_2 = 0.9875$，把 ΔN_2 及 u_2 代入式(3-9)得 $D_2 = 987.5\text{m}$。
3) 组合完整的距离值。将 u_1、u_2 测量距离值组合为完整的距离值，如图 3.4，其中的 7.5 不显示，则组合的距离值是 988.654m。

上述组合过程类似于光学经纬仪测角读取度和读取分秒的组合形式，但是光电测距的上述三步过程以电子电路为条件进行全自动交替测量，同时又在数字电路中完成数据处理，并直接从屏幕上显示测距的成果。

u_1测量值	8.654
u_2测量值	987.5
组合显示值	988.654

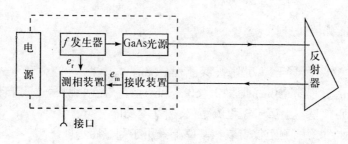

图 3.4

三、相位法测距仪的基本结构

图 3.5 是相位法测距仪的基本结构图。

图 3.5

光源：一般采用砷化镓(GaAs)发光二极管，发射红外光束(若采用 He-Ne 激光器则发射红色激光)，直接受调制信号(频率为 f)的控制发射调制光波。

接收装置：接收反射回测距仪的调制光波，并利用光敏物质的内光电效应，把接收的光转换为电信号 e_m，该信号 e_m 提供给测相装置。

调制频率 f 发生器：发出调制信号(电流 I)对光源进行调制；同时发出参考信号 e_r 给测相装置。以上电信号 e_m、参考信号 e_r 的频率与电流 I 的频率 f 相同。

测相装置：在测相装置通过对电信号 e_m、参考信号 e_r 进行相位比较测定 N 和 ΔN，在处理方法上利用自动数字测相电子电路技术把相位移 φ 转换成距离 D 直接显示出来。

电源：提供测距仪正常工作的电量，一般有蓄电池和稳压电源组成。

反射器：精密测距的合作目标，能够把测距仪射来的光反射给测距仪接收。

[注解]

1. 数字电路。源于脉冲电路、逻辑门电路及其器件，是现代计算机、电子电讯和自动化等技术发展的基本电路技术。数字电路应用于光电测量仪器设备，是测量自动化的重要条件。

2. 调制频率 f 发生器。这是电子技术领域的一种电路器件，启动后便会按设计要求产生有一定频率和功率的电信号，在光电测距仪中可作为调制信号。

第二节 红外测距仪及其使用

一、红外测距仪的优良特点及类型

1. 优良特点

红外测距仪，是以发射红外光的光源装备的光电测距仪。1962 年砷化镓(GaAs)发光二极管研制成功以及发展迅速的微电子技术、计算机技术和物理光学,为红外测距仪的发展提供了极为有利的条件。以当代最新科学技术成果武装起来的红外测距仪在应用上具有很多优良特点:

1) 仪器的形体小,重量轻,便于携带。现代红外测距仪主机不到1kg,是当代高新技术的集成。

2) 自动化程度高,测量速度快。仪器一旦启动测距,必须完成信号判别,调制频率转换,自动数字测相等一系列的技术过程,最后把距离直接显示出来,其间只需几秒钟的时间。

3) 功能多,使用方便。测距仪有各种测距功能以及可以满足各种不同要求的测量功能。

4) 功耗低,能源消耗少。

2. 类型

测距仪种类繁多,型号千差万别,按其测程分类有:短程测距仪,测程1～3km;中程测距仪,测程3～10km;远程测距仪,测程10～60km;超远程测距仪,测程达几千千米以上。

各种红外测距仪基本上属于短程测距仪,按基本功能分类有:

1) 专用型:如图3.6,测距仪安装在基座上只用于测量距离。

2) 半站型:如图3.7,测距仪与光学经纬仪按一定的形式组合安装在三脚架上,称为半站型仪器。测距仪与光学经纬仪组合后的功能较强,便于及时距离测量和角度测量,便于进行其他数据处理等工作。

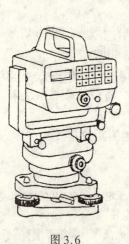

图3.6

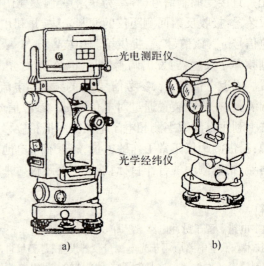

a)　　　　　b)

图3.7

3) 全站型:测距仪与光电经纬仪安装成为组合式的仪器,或者测距仪与光电经纬仪结合成为一体化的仪器,称为全站型仪器(见第六章)。这种仪器能够及时快速完成距离、角度测量和其他数据处理等工作。

二、D3000红外测距仪的技术指标

1. 测距精度:光电测距仪的精度表达的通式为:

$$m = \pm(a + b \cdot D) \tag{3-12}$$

关于精度的概念将在第八章中阐述,这里可以将测距误差大小的程度理解为测距精度。式中 a 称为非比例误差;b 称为比例误差;D 是以 km 为单位的测距长度。通过检验测定,一台光电测距仪有具体的测距精度表达式,D3000 红外测距仪的测距精度用下式表示,即

$$m = \pm(5\text{mm} + 5\text{ppm} \cdot D) \tag{3-13}$$

式中 ppm 是百万率,5ppm 是 5mm/1km 的意思;D 是测距的公里数。

2. 测程:所谓测程指的是在满足测距精度的条件下测距仪可能测得的最大距离。一台测距仪的实际测程与大气状况及反射器棱镜数有关。D3000 红外测距仪测程为 1.2~3.2km。

3. 测尺频率:一般红外测距仪设有 2~3 个测尺频率,其中有一个是精测频率,其余是粗测频率。有的仪器说明书标明这些频率值,便于用户使用。

4. 测距时间:正常测距 4 秒钟;跟踪测距 1 秒钟。

红外测距仪的技术指标还有功耗、工作温度、测距分辨率、光束发散角、发光波长、测尺长度、仪器重量体积等。

三、D3000 红外测距仪的主要设备

1. 测距仪主机

1) D3000 红外测距仪与经纬仪组合方式有两种,即:支柱装载组合方式,如图 3.7a),测距仪安装在照准部支柱上;望远镜装载组合方式,如图 3.7b),测距仪安装在望远镜上。

图 3.7a) 的 D3000 红外测距仪是我国常州市大地测距仪厂的产品,图中的支柱装载组合方式有如下特点:(1) 经纬仪保持原有的测角功能和运转方式。如望远镜的纵转和水平旋转方式不会受到测距仪的影响;(2) 测距仪的水平旋转方式接受经纬仪的控制;(3) 测距仪和经纬仪望远镜的两个纵转中心保持一定的高差。

2) 主机的外貌:

前面板:见图 3.8a),有发射、接收的物镜及数据接口。该仪器采用发射接收的同轴设计,即红外光的发射光轴及返回光信号的接收光轴同轴,光信号的发射和接收都在同一个物镜出进。测距的结果可通过数据接口与有关的电缆连接输出。

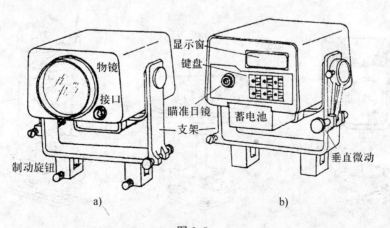

图 3.8

操作面板:见图3.8b),D3000的操作面板包括有目镜、显示窗和操作键盘。目镜用于精确瞄准目标,瞄准的视线按同轴设计的要求从前面板的物镜通过,而且与发射光轴及接收光轴同轴。

(1) 显示窗:在测距过程中,显示窗有全屏幕显示,加常数、乘常数显示和电量、回光强度显示三种基本内容。

全屏幕显示。仪器启动后将有全屏幕显示,以便检查各项显示的正常状态。其中距离显示值由七位数码表示,末位最小值为毫米。

加常数、乘常数显示。在本章第三节将知道光电测距仪的观测值应加上有关的改正数,即

$$\Delta D = k + RD' \tag{3-14}$$

式中 k 是加常数,单位 mm;R 是乘常数或称为比例改正数,单位 mm/km;D' 为观测值,单位 km。

式(3-14)的 k、R 可以预先安置在测距仪内部,测距时将在显示窗中显示出来。如果仪器更换机内 RAM 的保存电池,k、R 值将丢失。

电量、回光强度显示。电量显示可检查蓄电池的供电情况;回光强度显示可检查往返所测距离的光强度的强弱。这二种显示在 0~99 之间。电量显示为"LO"表示蓄电池电量不足。

(2) 操作键盘:图3.9是D3000红外测距仪的操作键盘,有六个操作键,功能如下:

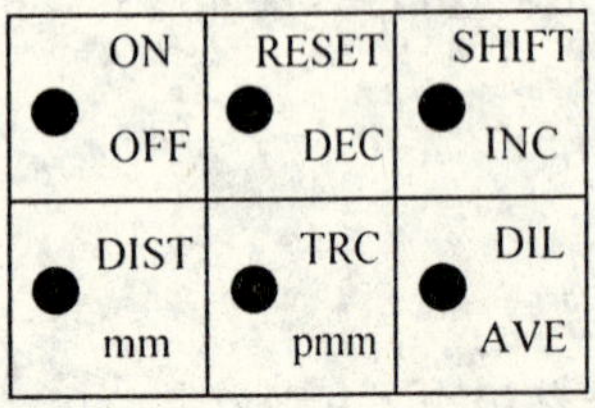

图3.9

ON OFF	接通测距仪的电源 断电关机	RESET SHIFT	恢复原始状态 功能变换
DEC INC	减数(加常数、乘常数预置) 加数(加常数、乘常数预置)	DIST mm	单次正常测距 加常数预置
TRC ppm	跟踪测距 乘常数预置	DIL AVE	连续测距 平均测距

2. 反射器

图3.10c)是与D3000红外测距仪配套的反射器。这是一种以直角棱镜构成的光学玻

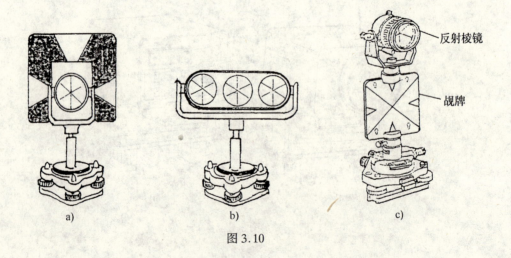

图3.10

璃器件,如图3.11。反射器有三个特点:1)反射器的入射光线和反射光线的方向相反,且线径互相平行。这一特点在使用上有利于瞄准目标,只要反射器的直角棱镜受光面大致垂直测线方向,反射器就会把光反射给测距仪接收。2)可以根据测程的长短增减棱镜的个数。测距仪的测程与棱镜的个数有关,如图3.10a)只有一个棱镜,称为单棱镜反射器;用于短距离测量;图3.10b)有三个棱镜,称为三棱镜反射器,可用于较长的距离测量。3)反射器有本身的规格参数。反射器与测距仪配合使用,不要随意更换。

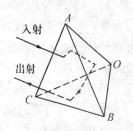

图 3.11

3. 蓄电池、充电器

蓄电池是适合测距仪的一种小型化学电源,具有电池本身电能与化学能相互转化性能,在反复充放电中具有重复应用功能。充电则把电能转化为化学能储存在蓄电池中;蓄电池对负载供电则是把化学能转化为电能释放出来。

D3000红外测距仪配套的小型蓄电池盒装5节1.2V、1.2AH(安时)的镍铬电池。如果测距的工作时间长,应备用多个盒装小型蓄电池或采用较大容量的蓄电池。

充电器是对蓄电池充电的专用设备,D3000红外测距仪配套的充电器可接入AC 220V市电,经降压和整流电路输出DC6V,120mA的充电电流对蓄电池充电,一次充电14~15小时。若利用快速充电器充电2小时即可。具体充电方法参看充电说明书。

4. 气象仪器

主要的气象仪器是空盒气压计和温度计(图3.12),用以测量测线两端的大气压力 p 和温度 t。在精密的光电测距中,必须配备精密度较高的通风干湿温度计,用以测量空气干温 t 和湿温 t'。

四、D3000红外测距仪的使用

1. 基本操作

D3000红外测距仪与经纬仪组合使用的基本操作步骤:

1)经纬仪和反射器的安置。安置(即对中整平)方法见第二章,这里不再重述。

2)测距仪的安置。

(1)安装电池。如图3.8b),将充满电量的盒装蓄电池插入测距仪下方的槽位。

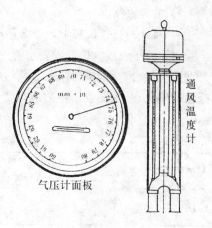

图 3.12

(2)把测距仪装载在经纬仪的支柱上。D3000红外测距仪安放在经纬仪支柱上(不松手)与柱上接合栓绞合,旋紧座架制动旋钮,检查固定后才松手。

3)瞄准反射器。

(1)经纬仪瞄准反射器。由于反射器的构造形式不同,瞄准的位置也有区别。反射器如图3.10a)、3.10b),瞄准的位置是反射器棱镜(或棱镜组)的中央。反射器如图3.10c),瞄准位置是觇牌中心。瞄准的方法如同测角的瞄准方法。

(2) 测距仪瞄准反射器。不论反射器的构造形式如何,瞄准的位置均是反射器棱镜(或棱镜组)的中央。测距仪的瞄准在经纬仪瞄准反射器之后进行,瞄准时,利用座架的垂直制动手轮和微动手轮,同时观察目镜内十字丝中心正确与反射器中央重合。

4) 开机检查。

按 $\boxed{\text{ON/OFF}}$ 键,在 8 秒钟的时间段内可依次看到全屏幕显示,加常数、乘常数显示和电量回光信号显示的内容。在仪器工作正常的情况下,回光信号显示在 40~60 之间,并有连续的蜂鸣声响。

5) 测距。

根据不同的测距要求,按下相应的键盘按钮,便可完成规定的光电测距工作。

(1) 正常测距:按 $\boxed{\text{DIST}}$ 键一次,启动正常测距功能,4 秒钟内显示单次测距的倾斜距离。一次瞄准反射器之后进行 2~4 次正常测距便是一测回观测。

(2) 跟踪测距:按 $\boxed{\text{TRC}}$ 键一次,启动跟踪测距功能,以 1 秒钟的间隔连续测距和显示每次测距的倾斜距离,显示距离最小值为 cm。中断跟踪测距应按 $\boxed{\text{RESET}}$ 键。

(3) 连续测距:按 $\boxed{\text{DIL}}$ 键一次,启动连续正常测距功能,以正常测距的规定动作,每 4 秒钟内显示单次测距的倾斜距离。中断连续测距应按 $\boxed{\text{RESET}}$ 键。

(4) 平均测距:按 $\boxed{\text{SHIFT}}$ 键,再按 $\boxed{\text{AVE}}$ 键一次,启动平均测距功能,连续进行 5 次正常测距,然后显示 5 次正常测距的平均值。中断平均测距应按 $\boxed{\text{RESET}}$ 键。

6) 测量气象元素:按气象仪器说明书的操作要求进行测量。长距离的精密测距,测距前后各测量气象元素一次。一般测距,可在测距前测量气象元素一次。

7) 关机收测。

2. 红外测距仪使用中的注意问题

(1) 操作规程。按规程要求使用仪器,保证安全生产。做好避日晒、雨淋准备工作。红外测距仪组合部件和附件多,工作过程的组合与拆卸必须有步骤地进行。注意电源连接的极性准确无误,测距仪通电后应有 2~3 分钟的预热时间。测距成果应满足表 3-1 的要求。

表 3-1　　　　　　　　　光电测距的主要技术要求

控制网等级	仪器精度等级	观测次数(往)(返)	总测回数	一测回读数较差(mm)	单程各测回较差(mm)	往返较差
四 等	Ⅰ	1　　1	4~6	≤5	≤7	≤$2(a+b \cdot D)$
	Ⅱ	1　　1	4~8	≤10	≤15	
一 级	Ⅱ	1　　—	2	≤10	≤15	
	Ⅲ	1　　—	4	≤20	≤30	
二、三级	Ⅱ	1　　—	1~2	≤10	≤15	
	Ⅲ	1　　—	2	≤20	≤30	

注:仪器精度等级:Ⅰ级,测距精度 < ±5mm;Ⅱ级,测距精度在 ±(5~10)mm;Ⅲ级,测距精度在 ±(11~20)mm。"控制网等级"概念见第九章。

(2) 光电瞄准。上述基本操作中的"瞄准反射器",以望远镜的十字丝中心对准反射器标志中央,称为光学瞄准。光电瞄准则是以测距仪光的发射与接收位置及光电转换最佳状态为标准。这种最佳状态又是以最大回光强度显示值为标志。一般情况下,由于测距仪的发射和接收的光轴与视准轴同轴,因此光学瞄准之后,光电瞄准也会同时实现。但是,如果同轴状态不佳,无法实现最大回光强度显示,甚至回光强度不足,故应注意在光学瞄准之后进行光电瞄准。

以 D3000 红外测距仪为例说明光电瞄准方法:在光学瞄准之后按 $\boxed{\text{ON}}$ 开机,微动测距仪座架垂直微动旋钮和经纬仪水平微动旋钮;观察回光强度显示值为最大,则实现了光电瞄准。

(3) 回光强度控制。光电测距需要满足要求的回光强度。回光强度太大、不足或者没有,不利于测距。测距仪自动信号判别和减光功能在某种条件下能够自动控制回光强度,使之满足测距的要求。如果客观情况超出限定的条件,自动信号判别和减光功能将无法保证测距的要求。这时应有相应的辅助方法,如手动减光法等,以便得到符合要求的回光强度。

D3000 红外测距仪采用手动减光法。按 $\boxed{\text{SHIFT}}$ 键,显示窗显示电量和回光强度,按 $\boxed{\text{RESET}}$ 键,按 $\boxed{\text{INC}}$ 键回光强度增大,按 $\boxed{\text{DEC}}$ 键回光强度减小,直到回光强度满足要求为止。

(4) 测线状态的监察。红外光测距对测线环境的要求:大气透明度比较好,测线上没有影响测距的障碍物;测线上只能架设一个反射器,不得存在多个反射器或向测距仪反射光的物体;测线上不存在强烈光源,更不能有强烈太阳光对射测距仪。测距时不能盲目依赖测距仪的自动化功能,应该增强监察,保证测距顺利进行。

(5) 加强仪器保存期间的供电检查。除一般光学仪器的防潮、防尘、防霉措施之外,在保存期间应定期对光电测距仪器进行通电检查,定期对蓄电池充电检查,考查性能稳定情况。

[注解]
1. 同轴设计。发射轴,测距仪发射光的光轴;接收轴,从反射器返回光的光轴;视准轴,测距仪瞄准反射器的光轴。测距仪的设计使这三根轴合为一轴,称为同轴。
2. 测线。光电测距光波往返的路线。
3. 测距功能的转换。以跟踪测距、正常测距为例。开始按 $\boxed{\text{TRC}}$ 按键(有的仪器按 $\boxed{\text{Repeat}}$ 按键),进行跟踪测距,经过若干次跟踪测距,按 $\boxed{\text{RESET}}$ 按键(有的仪器按 $\boxed{\text{Stop}}$ 按键),跟踪测距即时中断。此时按 $\boxed{\text{DIST}}$ 按键,启动正常测距功能,实现跟踪测距与正常测距功能的转换。

第三节 光电测距成果处理

光电测距成果处理是一项观测成果改化的计算工作,主要任务是获得准确可靠的距离值。成果处理的主要内容有:仪器改正、大气改正和平距化算。

一、仪器改正

从光电测距仪器本身现状出发,找出原理、结构等因素对测距的影响及改正的内容和方法,是仪器改正的任务。

仪器改正的主要内容是加常数改正。假设在一条已知边的两端安置测距仪和反射器,测距的结果总与已知边相差一个固定值,这个固定值就是测距仪(包括反射器)的加常数,用

k 表示。产生测距仪加常数 k 的主要原因是:测距仪发射与接收的等效中心偏心;反射器接收与反射的等效中心偏心;仪器内部光路、电路的时间延迟等。

一般地,k 值是通过对测距仪(包括反射器)的检定得到的。在光电测距的观测值中加入 k 值,可消除加常数的影响。

此外,还有频率改正、周期误差改正、光轴不合改正等仪器改正的内容。

频率改正是调制频率发生变化时对光电测距成果的改正,频率改正的公式是

$$\Delta D_f = D \times \frac{f_1 - f_1'}{f_1} \tag{3-15}$$

式中 ΔD_f 是频率改正数,f_1 是测尺 u_1 的调制频率设计值,f_1' 是测尺 u_1 的调制频率实际值,D 是光电测距的观测值。

一般说来,如果一台测距仪的性能稳定合格,结构合理,则频率改正、周期误差改正、光轴不合改正等仪器改正内容的改正数很小,可以忽略不计。这里不详细讨论,读者可参考《光电测距》等书籍。

二、气象改正

1. 气象改正的原理公式

将式(3-2)代入式(3-5)得

$$D = \frac{c_{真}}{2nf} \times \frac{\varphi}{2\pi} \tag{3-16}$$

研究表明,折射率 n 与测距时的气象元素大气压力 p、温度 t 关系密切,式(3-16)的距离 D 必然是随大气压力 p、温度 t 而变的测量值。但是仪器设计上采用参考气象元素 p_0、t_0 相应的折射率 n_0,故测距仪按设计的测距公式是

$$D_0 = \frac{c_{真}}{2n_0 f} \times \frac{\varphi}{2\pi} \tag{3-17}$$

显然测距仪按设计公式完成测距任务,没有也不可能按式(3-16)要求获得距离的实际值。由此可见,式(3-16)与式(3-17)存在差值,称为气象改正,即 $\Delta D_{tp} = D - D_0$,经推证可知

$$\Delta D_{tp} = D_0(n_0 - n) \tag{3-18}$$

式中 D_0 是按设计要求测得的距离值,n_0 是参考大气状态的折射率,n 是测距时的实际大气状态的折射率,ΔD_{tp} 是气象改正值。式(3-18)就是气象改正的原理公式。

2. 气象改正的实用公式

由于测距仪所用的光源波长不同,设定的参考气象元素不同,则按气象改正的原理公式推证的实用公式也不同。这里列举两个推证结果:

1) D3000 红外测距仪的气象改正的实用公式:

$$\Delta D_{tp} = D_{0km}\left(278.96 - \frac{793.12p}{273.16 + t}\right) \tag{3-19}$$

2) wild DI1600 红外测距仪的气象改正的实用公式:

$$\Delta D_{tp} = D_{0km}\left(281.80 - \frac{793.94p}{273.16 + t}\right) \tag{3-20}$$

3. 气象改正的注意事项

1) 气象改正公式中的气压 p 单位为 kpa,温度单位为摄氏℃,ΔD_{tp} 的单位为毫米,D_{0km}

以公里为单位。其中 kpa(千帕)与 mmHg(毫米汞柱)的关系是 $1mmHg = 0.1333224$ kpa。有些测距仪器和气象仪器没有采用国际单位制,在公式的应用上应注意单位换算。

2) 气象改正的方法以公式计算的精密度为最高,其他方法,如查表法、内插诺模图法和刻度盘法,都是来自气象改正公式,但改正精密度不高,应用时慎重对待。

3) 气象改正和频率改正一起可表示为以 mm/km 为单位的比例改正,如式(3-14)的 R 值。

$$R = \frac{\Delta D_f + \Delta D_{tp}}{D'_{km}} \tag{3-21}$$

式中 D'_{km} 是以公里为单位的光电测距值。若频率改正 $\Delta D_f = 0$,则 $R = \frac{\Delta D_{tp}}{D'_{km}}$。如 D3000 处理后的 R 是

$$R = 278.96 - \frac{793.12p}{273.16 + t} \tag{3-22}$$

4) 上述公式均未考虑大气湿度的影响。在短距离测距或在精度要求不高的情况下,可以忽略不计。在重要工程的精密测距中大气湿度引起的改正是:

$$\Delta D_e = D_{0km} \times \frac{112.68e}{273.16 + t} \tag{3-23}$$

式中 e 称为大气中水蒸气分压力,是空气干温 t、湿温 t' 和大气压力 p 的函数。

当湿温计不结冰时,

$$e = E' - 0.000662(t - t')p(1 + 0.001146t') \tag{3-24}$$

式中 $E' = 0.61075 \times 10^{\frac{7.5t'}{237.3 + t'}}$。

当湿温计结冰时,

$$e = E' - 0.000583(t - t')p(1 + 0.001146t') \tag{3-25}$$

式中 $E' = 0.61075 \times 10^{\frac{9.5t'}{265.5 + t'}}$。

三、平距化算

1. 概念

一般情况下,光电测距边两端点不可能同高程,光电测距边是一条倾斜边。把倾斜的测距边化算为端点同高程的直线距离的工作,称为平距化算。

图 3.13 中 A、B 是地面上两个点,A 点上设测距仪,仪器高是 i,B 点上设反射器,反射器高是 l,O 表示地球中心,R 表示地球半径,H_A、H_B 分别表示 A、B 两地面点高出似大地水准面的高程。AB 是经过仪器改正和气象改正以后的光电测距边,用 D 表示。

2. 平距化算的辅助参数

1) 地球曲率影响参数:图 3.13 中,B' 是 B 点在 OB 垂线上且与 A 点同高程的点。连结 AB' 弧和 AB' 弦,过 A 作 AO 垂线的垂直线 AI,则弦切角 $\angle IAB'$ 实际上就是在 A 处的水平线 AI 与 AB' 的夹角,这个角就称为地球曲率影响参数,用 C 表示,即

$$C = \frac{AB'}{2R}\rho \approx \frac{AB}{2R}\rho = \frac{\rho}{2R}D \tag{3-26}$$

式中 $\rho = 206265''$,地球半径 $R = 3761$ km,下同。则 $C = 16.19''D_{km}$。

2) 折光角：大气密度随着空中的高度增加由密向稀变化，因此，在 A 点观测 B 点的视线行程按折射原理成为一条向上弯曲的弧线。过 A 点作弧线的切线 AJ，则 AJ 与 AB 直线的夹角称为折光角，用 γ 表示，按弦切角原理折光角满足下式，即

$$\gamma = \frac{AB}{2R}\rho k = \frac{D}{2R}\rho k = \frac{k\rho}{2R}D \tag{3-27}$$

式中 k 称为大气折光系数，一般取 $k=0.13$（特殊情况按当地的实际参数）。仿式(3-26)，则 $\gamma = 2.10'' D_{km}$。

3) 竖直角：根据竖直角的概念，从图 3.13 可见，在 A 处观测的竖直角实际上是 A 点的 AB 弧的切线 AJ 与水平线 AI 的夹角，用 α 表示。则天顶距 $Z = 90 - \alpha$。α 可在测距时由经纬仪测得。

3. 平距化算的几个公式

在图 3.13 中，过 B 作 AB' 的平行线交 OA 延长线于 A'，过 B 作 AB' 延长线的垂线 BE 交于 E，过 E 作 OA 的平行线交 BB' 于 B''，过 B'' 作 AB' 的平行线交 AA' 于 A''。根据作图，除 A、B' 两点同高程之外，还有 A''、B'' 两点同高程和 A'、B 两点同高程；$\triangle AB'O$ 是等腰三角形，$\triangle ABE$ 是直角三角形，$\angle B'BE = C$。根据平距化算概念，可知图中有三条平距 AB'、$A''B''$ 和 $A'B$，平距化算如下：

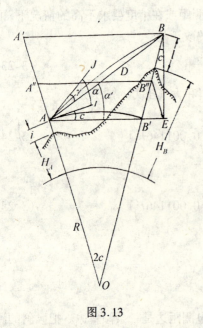

图 3.13

1) 平均型平距化算公式。

图 3.13 中 $A''B''$ 是 A、B 两点平均高程上的平距，平均高程是 $H_m \left(= \frac{H_A + H_B}{2} \right)$。直角 $\triangle ABE$ 中，设 $\angle BAE = \alpha'$，则 $A''B'' = AE = AB \times \cos\alpha'$，即

$$D_{A''B''} = AB \times \cos(\alpha + C - \gamma) \tag{3-28}$$

经推证平均型平距化算公式为：

$$D_{A''B''} = D \times \cos(\alpha + 14.09'' D_{km}) \tag{3-29}$$

式中 D_{km} 是以公里为单位的光电测距边长(下同)。

2) 测站型平距化算公式。

从图可见，AB' 是处在 A 点测距仪高程上的平距，高程是 H_A。在 $\triangle ABB'$ 中，根据正弦定理，则 $AB'/\sin\angle ABB' = AB/\sin\angle AB'B$。根据图中角度的几何关系，$\angle ABB' = Z - 2C + \gamma$，$\angle AB'B = 90 + C \approx 90$（$C$ 角很小）。则 $AB' = AE = AB \times \sin\angle ABB'$，即

$$D_{AB'} = AB \times \sin(Z - 2C + \gamma) \tag{3-30}$$

经推证，得测站型平距化算公式：

$$D_{AB'} = D \times \sin(Z - 30.30'' D_{km}) \tag{3-31}$$

3) 镜站型平距化算公式。

从图可见，$A'B$ 是处在 B 点反射器高程上的平距，高程是 H_B。在 $\triangle ABA'$ 中，根据正弦定理，$A'B/\sin\angle A'AB = AB/\sin\angle BA'A$。根据图中角度的几何关系，$\angle A'AB = Z + \gamma$，$\angle BA'A = 90 - C \approx 90$。则 $A'B = AB \times \sin\angle A'AB$，即

$$D_{A'B} = AB \times \sin(Z + \gamma) \tag{3-32}$$

经推证,得镜站型平距化算公式:

$$D_{A'B} = D \times \sin(Z + 2.10''D_{km}) \tag{3-33}$$

4. 平距化算中的注意事项

1) 平距化算的结果与所在的高程相对应。上述三种平距化算公式的计算结果是不相同的,原因在于平距化算的结果与所在的高程相对应,因此平距化算不能与高程混淆。

2) 平距化算涉及的端点高程是顾及仪器高、目标高的参数,故在完成光电测距和的竖直角测量的同时,应丈量仪器高 i 和目标高 l。

3) 同高归化。有时竖直角测量与光电测距不同时进行,或者由于仪器结构等原因,竖直角测量与光电测距的仪器高和目标高各不相同,如图 3.14。

图 3.14 中 A 是测距仪,i 是测距仪的高度;B 是反射器,l 是反射器的高度;T 是经纬仪,I 是经纬仪的高度;S 是目标,L 是目标高度。从图可见,经纬仪测量的竖直角 α 不等于在测距仪 A 测量反射器 B 的竖直角。为了获得平距化算所需的竖直角,必须对经纬仪测量的竖直角进行归化,称为同高归化,即得 $\alpha - \varepsilon$ 为测距垂直角。据研究,同高归化的公式为:

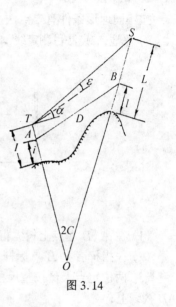

图 3.14

$$\varepsilon = \frac{\Delta}{D}\rho\cos\alpha \tag{3-34}$$

$$\Delta = (L - l) - (I - i)$$

第四节 钢尺量距原理与方法

一、概述

传统上所谓的尺子量距方法是以皮尺、钢尺(图 3.15)和因瓦线尺为工具,皮尺、钢尺是长带形的尺子,长度有 20m、30m、50m 等,带面上有 m、dm、cm、mm 的长度注记。皮尺易于受潮和拉伸,可用于要求不高的场合。因瓦线尺是高精度标准丈量工具,工程上应用不多。钢尺是较为精密的丈量工具,比较适用于短距离测量。本节主要介绍钢尺量距。

1. 钢尺量距的方法:有一般量距方法和精密量距方法两种。

图 3.15

2. 丈量的基本工作:

1) 定线:钢尺本身长度有限,当丈量的长度超过钢尺本身长度时,必须对丈量的场地按钢尺长度进行分段。定线就是一项把分段点确定在待量直线上的工作。

2) 长度丈量:按要求利用钢尺逐段丈量距离。

3) 计算与检核:按要求对丈量成果进行检查和计算。

二、定线的方法

1. 目测法

按不同地形条件有二点法、趋近法和传递法。

1) 平地,二点法目测定线,二端为准,概量定点。如图 3.16,A、B 是平坦地面两点,方法是:

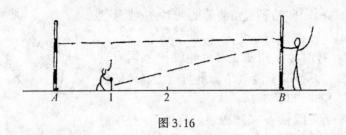

图 3.16

(1) 在 A、B 端点上树立标杆;

(2) 一指挥者立 B 点标杆后瞄 A 点的标杆;

(3) 两位定点人员按整尺段长 l_0 从 A 概量至 1 号点,根据指挥确定 1 号点位置立在 AB 视线上;

(4) 按(3)的做法依次把 $2,3,4,\cdots$ 分段点定在 AB 线上。

2) 在山头,趋近法目测定线,概略定中,依次拉直。如图 3.17,A、B 是山脚下的两点,在不通视的 AB 线上定线确定 C、D 点,定线的方法:

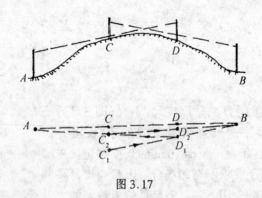

图 3.17

(1) 可在靠近 A 点又能看到 B 点的位置上初定 C 点(即 C_1),同时立标杆;

(2) 按二点法在 CB 线上定 D 点(即 D_1),D 点立标杆并能看到 A 点;

(3) 按二点法在 DA 线上重新定 C 点,移动原来的标杆到新定的 C 点上(即 C_2);

(4) 按二点法在 CB 线上重新定 D 点,移动原来的标杆到新定的 D 点上(即 D_2);

(5) 按(2)(3)的步骤重复定点,逐渐趋近,最后使 C、D 点落在 AB 线上。

3) 在山谷，传递法目测定线，直线选点，逐点传递。如图 3.18，在山谷两边山顶上的两点 A、B 立有标杆，在 AB 线上定线确定 C、D、E、F 等点位，定线的方法：

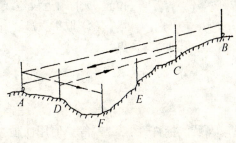

图 3.18

(1) 按二点法在 AB 线概略 C 处立标杆，在 B 点指挥使之落在 AB 线上，定 C 点；
(2) 按二点法在 CA 线概略 D 处立标杆，在 C 点指挥使之落在 CA 线上，定 D 点；
(3) 按二点法在 DC 线概略 E 处立标杆，在 D 点指挥使之落在 DC 线上，定 E 点；
(4) 按上述方法逐级传递，使所有的分段点落在山谷的 AB 线上。

在地面起伏较大的地段定线，分段长度不要求是整尺段，分段点应立挂有垂球的竹杆三脚架，以垂球线作为分段的标志。

2. 经纬仪法

这是一种精密的定线方法，具体有纵丝法和分中法。

1) 纵丝法：即以经纬仪望远镜十字丝纵丝为准，概量定点。如图 3.19，具体方法：

(1) 在丈量直线的一端 A 安置经纬仪，经纬仪望远镜精确瞄准另一端 B 树立的目标，此时照准部在水平方向上不得转动；
(2) 沿 BA 方向按尺段长 l_0 概量 $B1$；
(3) 纵转望远镜瞄到 1 处，指挥 1 号分段点测钎(见图 3.22)定在十字丝的纵丝影像上，如图 3.20；
(4) 仿步骤(2)、(3)，依次将分段点 2,3,4,…定在 AB 线上。

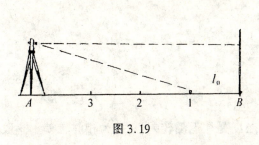

图 3.19

图 3.20

2) 分中法：即以经纬仪望远镜盘左盘右，平均取中。如图 3.21，A、B、C 在同一直线上，要求把 D 点定在 BC 线上。方法：

(1) 在 C 点安置经纬仪，盘左瞄准 A 目标；

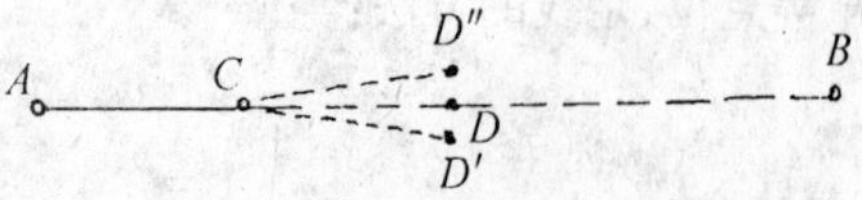

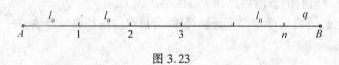

图 3.21

(2) 纵转望远镜在概量位置 D 的附近设定线点 D'；

(3) 盘右瞄准 A 目标，纵转望远镜在概量位置 D 的附近设定线点 D''；

(4) 取 D'、D'' 的平均位置 D 作为最后定线点。

三、钢尺一般丈量法

1. 准备工作

1) 主要工具：钢尺、垂球、测钎、标杆（图 3.22）等。使用前检查钢尺完好，刻画清楚。

2) 工作人员组成：主要工作人员是拉尺、读数、记录共 2~3 人。

3) 场地：一般比较平坦，各分段点已定线在直线上，并插有测钎，如图 3.23。

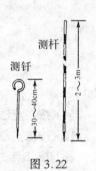

图 3.22

图 3.23

2. 丈量工作

1) 逐段丈量整尺段，尺段长为 l_0；最后丈量零尺段长 q。

2) 返测全长。步骤 1) 丈量工作从 A 丈量至 B，称为往测，往测长度为 $D_{往}$；在此基础上再按步骤 1) 的丈量工作从 B 丈量至 A，称为返测，返测长度为 $D_{返}$。

3. 计算与检核

1) 计算往测 $D_{往}$、返测 $D_{返}$ 全长，即

$$D_{往} = nl_{0往} + q_{往} \tag{3-35}$$

$$D_{返} = nl_{0返} + q_{返} \tag{3-36}$$

2) 检核：检核计算按下列公式：

$$\Delta D = D_{往} - D_{返} \tag{3-37}$$

$$D = \frac{D_{往} + D_{返}}{2} \tag{3-38}$$

$$k = \frac{\Delta D}{D} = \frac{1}{\dfrac{D}{\Delta D}} \tag{3-39}$$

上述公式中，n 是尺段长为 l_0 的整尺段数；ΔD 是往返测较差，k 称为相对较差。一般工程要求 k 在 1/2000~1/1000 之间。

3) 计算总长平均值 D。在 k 满足要求时，按式 (3-38) 计算的 D 作为总长平均值。

4. 钢尺一般丈量法的基本要求

1) 尺段丈量注意调整分段点，使尺段长度与钢尺的整尺长相等。调整时只移动前尺端

的分段点,把测钎插在移动后的分段点上即可。

2) 丈量时应尽量做到"直、平、准"。

(1) 直,即沿直线方向丈量,尺端偏离直线的偏差少于 5 cm。

(2) 平,即读数时应有一定的拉力(100 N 左右),尺端同高。特别注意倾斜地段的丈量。

倾斜地段的丈量:尺端分段点应立标杆三脚架(或竹杆三脚架),吊有垂球对准分段点,如图 3.24。丈量时以钢尺对准垂球线读取钢尺刻画计算尺段距离,即

$$q_i = l_i - l_{i-1} \tag{3-40}$$

式中 l_i 是钢尺前端读数;l_{i-1} 是钢尺后端读数;q_i 是第 i 零尺段距离丈量值。

(3) 准,即读数准确可靠,没有错误。

3) 丈量时应有统一口令,保证丈量工作步调一致。

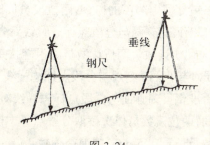

图 3.24

四、精密量距方法

1. 准备工作

1) 主要丈量工具:钢尺、弹簧秤、温度计等。用于精密丈量的钢尺必须经过检定,而且有其检定的尺长方程式,即

$$l = l_0 + \Delta l_0 + \alpha(t - t_0)l_0 \tag{3-41}$$

式中 l_0 为钢尺的名义长度;Δl_0 为钢尺的尺长改正数;α 为钢尺的线膨胀系数,取 0.000012 m/m ℃;t 为丈量时的环境空气温度,单位℃;t_0 为检定时的温度,单位℃,一般 $t_0 = 20$℃;l 为钢尺的实际长度。

如表 3-3 的算例,钢尺的尺长方程式为:

$$l = 30.000 \text{ m} + 12.5 \text{ mm} + 0.012 \text{ mm}(t - 20℃) \times 30 \tag{3-42}$$

2) 工作人员组成:通常主要工作人员 5 人,其中拉尺员 2 人,读数员 2 人,记录员 1 人,他们的分工安排如图 3.25。

3) 场地:(1) 经整理便于丈量;(2) 定线后的分段点设有精确的标志,如图 3.26,分段点设有木桩顶面的定线方向有"十"字标志(或小钉)。(3) 测量各分段点顶面尺段高差 h_i(测量方法见第四章)。

图 3.25

图 3.26

2. 精密量距

丈量必须有统一的口令,如采用"预备"、"好"的口令来协调全体人员的工作步调。现以一尺段丈量为例介绍丈量方法:

1) 拉尺。拉尺员在尺段两个分段点上拉着弹簧秤摆好钢尺,其中钢尺零端在后分段点,整尺端在前分段点。前方拉尺员发出"预备",同时进行拉尺准备,后方拉尺员在拉尺准备就绪回声"好"的口令,两拉尺员同时用力拉弹簧秤,30 m 钢尺的弹簧秤拉力指示为 100 N,钢尺面刻画与分段点标志纵线对齐。

2) 读数。两位读数员两手轻扶钢尺,在钢尺刻画与分段点标志相对稳定时,前方读数员使钢尺 cm 刻画与分段点标志横线对齐,同时发出"预备"口令。后方读数员预备就绪(即看准钢尺刻画面与分段点标志横线对齐的读数)发出"好"的口令。就在"好"的口令之后瞬间,两位读数员依次读取分段点标志横线所对的钢尺刻画值。前端读数员读至 cm,后端读数员读至 0.5 mm,如前端读数 $l_{前} = 29.9800$ m,后端读数 $l_{后} = 75.5$ mm。

3) 记录。记录 $l_{前}$、$l_{后}$,计算尺段丈量值 $l' = l_{前} - l_{后}$。

4) **重复丈量**。按步骤 1)、2)、3)重复丈量和记录,计算获得 l''、l'''。

5) 检核。比较 l'、l''、l''',观察各尺段丈量值之差 Δl,$\Delta l < \pm \Delta l_{容}$。在精密钢尺丈量中,$\Delta l_{容} = \pm (2 \sim 3)$ mm。检核合格,计算尺段丈量平均值 l'_i,即

$$l'_i = \frac{l' + l'' + l'''}{3} \tag{3-43}$$

把计算的尺段丈量平均值 l'_i 填写到表格中。

6) 记录温度 t_i,抄录尺段高差 h_i。

3. 计算

1) 二项改化计算:这是精密钢尺量距的观测成果处理工作。

(1) 各尺段尺长改正数 Δl_i 计算:即

$$\Delta l_i = \frac{\Delta l_0}{l_0} l'_i \tag{3-44}$$

(2) 各尺段温度改正数 Δl_{ti} 计算:即

$$\Delta l_{ti} = \alpha(t_i - t_0) l'_i \tag{3-45}$$

以上二项改正后的尺段长为:

$$l_i = l'_i + \Delta l_i + \Delta l_{ti} \tag{3-46}$$

2) 平距化算:从图 3.27 可见,在尺段 AB 两端 A、B 存在尺段高差 h_i 的情况下,尺段丈量值 l_i 是倾斜边长(已加上尺长改正数 Δl_i 和温度改正数 Δl_{ti}),A、B 的平距 D_i 按勾股定理得

$$D_i = \sqrt{l_i^2 - h_i^2} \tag{3-47}$$

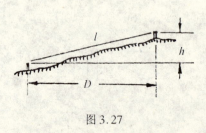

图 3.27

3) 计算与检核:检核的有关技术要求列于表 3-2 中,其中相对较差检核计算如下:

表 3-2　　　　　　　　　　　外业钢尺量距的技术要求

钢尺丈量相对较差	作业尺数	丈量总次数	定线最大偏差(mm)	尺段高差较差(mm)	读数次数	估读值至(mm)	温度读数值至 °C	同尺或同段的尺差(mm)
1:30000	2	4	50	≤5	3	0.5	0.5	≤2
1:20000	1~2	2	50	≤10	3	0.5	0.5	≤2
1:10000	1~2	2	70	≤10	2	0.5	0.5	3

(1) 计算往测 $D_{往}$、返测度 $D_{返}$ 总长，即

$$D_{往} = \sum D_{i往} \tag{3-48}$$

$$D_{返} = \sum D_{i返} \tag{3-49}$$

(2) 检核：检核计算与式(3-37)、式(3-38)、式(3-39)相同。相对较差 k 容许值在 1/30000~1/10000 之间。在 k 满足要求时，按式(3-38)计算的 D 作为总长平均值。表 3-3 是一段精密钢尺丈量的例子。

表 3-3　　　　　　　　　　　精密钢尺丈量与计算的例子

尺段起讫	丈量次数	后端读数(mm)	前端读数(m)	尺段长度(m)	尺长改正	温度改正数	改正后尺段长度	高差平距化算
A~1	1	76.5	29.9300	29.8535				
	2	65.5	29.9200	29.8545				
	3	86.0	29.9400	29.8540		25.8		0.567
	平均			29.8540	12.4	2.1	29.8685	29.863
1~2	1	18.0	29.8900	29.8720				
	2	9.0	29.8800	29.8710				
	3	27.5	29.9000	29.8725		27.4		0.435
	平均			29.8718	12.4	2.7	29.8869	29.884
⋮	⋮	⋮	⋮	⋮	⋮	⋮	⋮	⋮
14~15	1	35.5	28.7300	28.6945				
	2	26.5	28.7200	28.6935				
	3	55.0	28.7500	28.6950		30.7		0.932
	平均			28.6943	12.0	3.7	28.7100	28.695
15~B	1	80.0	18.9700	18.8900				
	2	61.5	18.9500	18.8885				
	3	50.5	18.9400	18.8895		30.5		0.873
	平均			18.8893	7.9	2.4	18.8996	18.879

五、钢尺量距的误差

钢尺丈量误差包括有钢尺本身误差、操作误差和外界影响误差。

1. **钢尺本身误差**：包括尺长误差和检定误差。一般地，这类误差少于 0.5 mm。
2. **操作误差**：包括温度误差、拉力误差、定线误差、垂曲误差、对点读数误差等。

1) 温度误差：严格地，丈量中得到的温度应是钢尺本身温度，由点温度计测定。但是常规读温方法是以温度计悬空得到的空气温度。然而钢尺本身温度与空气温度往往相差较大，特别在夏季晴天暴晒时，这种温度相差可达 10°C 以上，由此引起的尺长误差超过 3.6

mm。为了减少温度误差影响,应在环境空气温度比较接近于钢尺检定温度的情况下丈量,或者在阴天丈量,避免烈日暴晒钢尺。

2) 拉力误差:根据虎克定理的推证,钢尺受拉力的弹性伸长可表示为

$$\Delta l_p = \frac{L \times \Delta p}{E \times S} \tag{3-50}$$

式中 L 是钢尺长度,$E = 2 \times 10^7 \text{ N/cm}^2$,$S$ 是钢尺横截面积,Δp 是拉力变化量,Δl_p 是钢尺拉力误差。设 $L = 30 \text{ m}$,$S = 0.1 \text{ cm}^2$,$\Delta p = 30 \text{ N}$,则 $\Delta l_p = 0.45 \text{ mm}$。一般地,精密丈量时以弹簧秤指示拉力,拉力误差可忽略不计;否则拉力误差难以估计,因此精密丈量时应有拉力指示。

3) 定线误差:即分段点不在丈量的直线上所引起的误差。如图 3.28,1、2 两个分段点不在 AB 直线上,分别与直线的偏距为 e,故实际丈量长度 l 不能代表 1、2 在 AB 直线上的长度 l',这样引起的误差为

$$\Delta l = l - l' = l - \sqrt{l^2 - (2e)^2} \tag{3-51}$$

按式(3-51)推证,令 $l = 30 m$,为了使 $\Delta l < 0.5 \text{ mm}$,则应当使 $e < \pm 8 \text{ cm}$。精密量距的要求越高,对 e 的要求也越高,一般要求 $e < \pm 5 \text{ cm}$。

4) 垂曲误差:钢尺在一定拉力的情况下因钢尺自重产生线状下垂形成的曲线,称为悬链线。所谓垂曲即悬链线低点处与两个同高端点连线的距离 f,如图 3.29。30 m 钢尺的垂曲约 0.267 m。由于垂曲的存在,图中 ACB 的弧长即钢尺的长度与 AB 弦长不相等。尽管如此,钢尺若以图 3.29 的形式悬空检验钢尺,应用上也是以悬空的拉力形式丈量距离,这种情况下则不存在垂曲误差。但是在其他条件下丈量距离垂曲误差是存在的,有时可达厘米级。为此,要求应根据钢尺检验条件丈量距离,否则应进行垂曲改正。

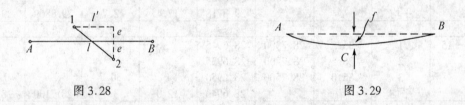

图 3.28　　　　　　　　　　图 3.29

5) 对点读数误差:这是受人的感官能力限制而存在的误差,如钢尺刻画对点不准,读数不准等,通常应限制在 ±2 mm 以内。

3. 外界影响误差:主要是风力、气温的影响,一般在阴天、微风的天气,外界环境对钢尺丈量的误差影响比较小。

第五节　光学测距原理与方法

一、概述

1. 基本原理

光学测距是根据几何光学原理,应用三角定理进行测距的技术。如图 3.30,A、B 两个

地面点，A 点设经纬仪，B 点设立一把尺子。利用视线构成等腰三角形 $\triangle AMN$，其中 $MN \perp AB$，$MB = BN$，$\angle MAN = \gamma$，$MN = l$。根据余切定理可知 A、B 两点的距离 D 为

$$D = \frac{1}{2} \cot \frac{\gamma}{2} \quad (3\text{-}52)$$

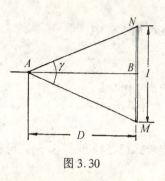

图 3.30

从式(3-52)可见，光学测距的基本原理：光学测得角度 γ，读取尺子长度 l，利用式(3-52)计算 A、B 两点的距离 D。在距离不长(100～300 m)、要求不高的情况下，光学测距是一种可行的测距方法。

2．光学测距的方式

光学测距的方式依角度 γ 和尺长 l 的测量方法不同而异，主要有：

1) 定角测距方式：即角度 γ 是一个常数，只要测量尺子的长度 l 就可以获得距离 D，这种方式称为定角测距方式。如视距法和视差法就是属于定角测距方式。

2) 定长测距方式：即尺子长度 l 不变，只要用经纬仪测量角度 γ 就可以获得距离 D，这种方式称为定长测距方式。如横基线尺法就是定长测距方式。

此外还有测角 γ 测尺子 l 的方式等。本节介绍视距法。

二、视距法测量距离

1．视距原理

视距法测距是利用测量仪器望远镜十字丝的上、下丝获得尺子刻画读数 M、N，从而实现距离测量技术。图 3.31 表示经纬仪望远镜的几何光路原理，图中：L_1 是目镜前的十字丝板，a、b 是上下丝的位置，二者相距宽度为 p。L_2 是望远镜的凹透镜。L_3 是望远镜的物镜，F 是物镜焦点。

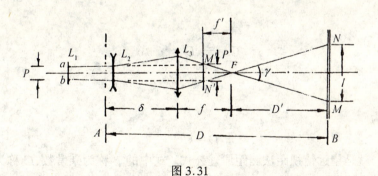

图 3.31

A，经纬仪的安置中心。B，树立尺子的点位。M、N 是上、下丝在尺面截获的刻画值，且 $N > M$。M、N 的间隔长度 l 称为视距差，即

$$l = N - M \quad (3\text{-}53)$$

图中可见，由于十字丝板上下丝 a、b 的间隔 p 一定，故根据光线的几何路径所构成的角 γ 也一定(一般 γ 约 34′)。在 $\triangle MFN$ 中

$$D' = \frac{l}{2}\cot\frac{\gamma}{2} \qquad (3\text{-}54)$$

在 △M′FN′ 中,

$$f' = \frac{M'N'}{2}\cot\frac{\gamma}{2} \qquad (3\text{-}55)$$

因为 $M'N' = ab = p$,则

$$f' = \frac{p}{2}\cot\frac{\gamma}{2} \qquad (3\text{-}56)$$

比较式(3-54)和式(3-56),可得

$$D' = \frac{f'}{p}l \qquad (3\text{-}57)$$

式中 f' 是物镜与调焦镜的等效焦距。由式(3-57)可见,D' 的长度决定于视距差 l。

2. 望远镜视距法测距原理公式

从图 3.31 可见,经纬仪中心 A 到立尺点 B 的距离为

$$D = D' + f + \delta \qquad (3\text{-}58)$$

把式(3-57)代入式(3-58)得

$$D = \frac{f'}{p}l + f + \delta \qquad (3\text{-}59)$$

式中 f 是物镜的焦距,δ 是经纬仪中心到物镜主平面的距离。

在实用上,经纬仪望远镜瞄准看清目标必须预先调焦对光,式(3-59)中的 l 是调焦后得到的视距差,调焦后公式的形式也相应发生变化,即

$$D = \frac{f'_0}{p}l + \left(\frac{\Delta f'}{f'}D' + f + \delta\right) \qquad (3\text{-}60)$$

式中 f'_0 是假定瞄准无穷远目标的望远镜等效焦距。

$$\Delta f' = f' - f'_0 \qquad (3\text{-}61)$$

令

$$C = \frac{\Delta f'}{f'}D' + f + \delta \qquad (3\text{-}62)$$

$$k = \frac{f'_0}{p} \qquad (3\text{-}63)$$

则式(3-60)为

$$D = kl + C \qquad (3\text{-}64)$$

式(3-64)就是望远镜视距法测距原理公式。式中的 k 称为乘常数,C 称为加常数。在望远镜的设计上可以使加常数 $C=0$,乘常数 $k=100$,故式(3-64)简化为:

$$D = 100l \qquad (3\text{-}65)$$

3. 平视距测量方法

1) 经纬仪望远镜视准轴处于水平状态瞄准直立的尺子(如木制标尺),如图 3.32;
2) 利用望远镜读取上、下丝所截的尺面上刻画值 M、N(即图 3.32 的 $l_上$、$l_下$);
3) 按式(3-53)计算 l,按式(3-65)计算距离 D。

第三章 距离测量　　67

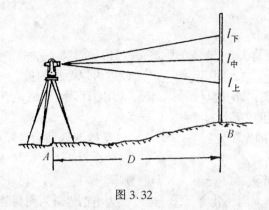

图 3.32

4. 斜视距测量平距计算公式

图 3.33 中，A 点安置经纬仪，望远镜视准轴 SO（S 是望远镜旋转中心）处于倾斜状态；其竖直角为 α，望远镜十字丝的上下丝在 B 点标尺上位置是 M、N，读数为 $l_上$、$l_下$，中丝在标尺上位置是 O，读数为 $l_中$。图中可见，A、B 两点的平距是

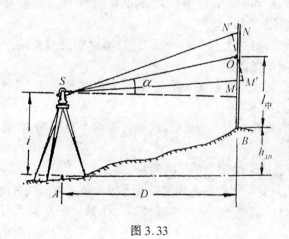

图 3.33

$$D_{AB} = SO \times \cos\alpha \quad (3\text{-}66)$$

过 O 作 $M'N'$ 垂直 SO，则根据望远镜的视距原理

$$SO = 100 \times M'N' \quad (3\text{-}67)$$

因为从 △MOM' 和 △NON' 可知，$M'N' = MN \times \cos\alpha$，故

$$SO = 100 \times MN \times \cos\alpha \quad (3\text{-}68)$$

把式(3-68)代入式(3-66)，整理得平距计算公式

$$D_{AB} = 100(l_下 - l_上) \times \cos^2\alpha \quad (3\text{-}69)$$

或根据式(2-2)

$$D_{AB} = 100(l_下 - l_上) \times \sin^2 Z \quad (3\text{-}70)$$

习 题

1. 光速 c 已知,测量 $D=1$ km 的距离,光经历的时间 $t_{2D}=?$
2. 光电测距是_____(A)瞄准_____(B)以后可以距离测量。
答案:(A)①经纬仪;②测距仪;③望远镜。(B)①目标;②地面点;③反射器。
3. 测距仪的基本组成部分有哪些?
4. 图3.5,测距仪的光源发射_____(A),经反射器返回后经接收装置_____(B)与 e_r 比较_____(C)。
答案:(A)①调制光波。②光束。③调制频率。
　　　(B)①直接进入测相装置。②光电转换为电信号进入测相装置。③测得时间 t_{2D}。
　　　(C)①计算距离 D。②计算。③并由数字电路把距离 D 显示出来。
5. 说明某红外测距仪的测距精度表达式 $m=\pm(3mm+2ppm\cdot D)$ 的意义?
6. D3000 红外测距仪应用中的一般基本过程是_____。
答案:①安置仪器,启动测距仪电源开关,瞄准反射器,测距,测量气象元素,关机
　　　②安置仪器,瞄准反射器,启动测距仪电源开关,测距,测量气象元素,关机
　　　③安置仪器,启动测距仪电源开关,瞄准反射器,测量气象元素,测距,关机
7. 红外光测距测线上应该_____。
答案:①没有障碍物;测线上只架一个反射器;不存在强烈光源,严禁强烈光对射测距仪;测距时应加强监察
　　　②有障碍物;测线上可架多个反射器,不存在强烈光源,不能有强光对射,测距有自动化功能不必监察
　　　③有障碍物;测线上架一个反射器,也可有多个反射器,有强烈光对射测距仪,测距时应监察
8. 下述应用反射器的说法哪个是正确的?
应用反射器时,①只要反射器的直角棱镜受光面大致垂直测线方向,反射器就会把光反射给测距仪接收。②可以根据测程长短增减棱镜的个数。③反射器与测距仪配合使用,不要随意更换。
9. 已知测距精度表达式(3-13),问:$D=1.5$ km 时,m_D 是多少?
10. 测距仪的加常数 ΔD_k 主要是_____引起的。
答案:①测距仪对中点偏心;反射器对中点偏心;仪器内部光路、电路的安装偏心
　　　②通过对测距仪和反射器的鉴定
　　　③测距仪等效中心偏心;反射器等效中心偏心;仪器内部光路、电路信号延迟时间
11. 已知 $t=29.3℃$,$p=99.6$kpa,试计算 DI1600 测距仪的比例改正。
12. 接上题,求 DI1600 测距仪在 1.656 km 的气象改正。
13. 按下表成果处理。光电测距得到的倾斜距离 $D=1265.543$ m,竖直角 $\alpha=3°36'41''$,气压 $p=98.6$ kpa,空气温度 $t=31.3$ ℃,仪器的加常数 $k=-29$ mm,已知气象改正公式是

$$\Delta D_{tp}=D_{0km}\left(281.8-\frac{793.94p}{273.16+t}\right)$$

第三章 距离测量

项　　目	数　　据	处理参数	处理后的距离	说　　明
距离观测值	$D:$　　m	m	m	未处理的倾斜距离
	$D_{km}:$　　km			以公里为单位的倾斜距离
仪器加常数	mm	$k:$	m	加常数改正后倾斜距离
气象元素	$t:$ ℃　$p:$ kpa	$\Delta D_{tp}:$ mm	m	气象改正后倾斜距离
平均型平距	$\alpha:$ °　′　″	$+14.1''D_{km}$	m	平均高程面的平距
测站型平距	$Z:$ °　′　″	$-30.3''D_{km}$	m	测站高程面的平距

14. 钢尺量距的基本工作是_____。

答案:①拉尺,丈量读数,记温度。②定线,丈量读数,检核。③定线,丈量,计算与检核。

15. 图3.20是定线时分段点测钎在望远镜里的倒像,说明测钎位置在观测者方向 AB 的_____。

答案:①AB线上。②左侧。③右侧。

16. 一般量距一条边,$D_{往}=56.337$ m,$D_{返}=56.346$ m。问相对较差 $k=?$

17. 平视距测量步骤是经纬仪望远镜水平瞄准远处_____(A),读取_____(B)。计算_____(C)。

答案:(A)①反射器。②目标。③尺子。

　　(B)①读数为 $l_{中}$。②上、下丝所截尺面上读数。③竖直角 α。

　　(C)①平距 $D=100\times l$。②斜距 D。③视距差。

18. $l=l_{下}-l_{上}=1.254$ m,按式(3-65)计算平距 D。

19. 斜视距测量平距计算公式可以是 $D_{AB}=100(l_{下}-l_{上})\times \sin^2 L$?

20. $l=l_{下}-l_{上}=1.254$ m,竖直度盘读数 $L=88°45′36″$,按上题答案求 $D_{AB}=?$

21. 接上题,1)$\alpha=90°-L=1°14′24″$,$D_{AB}=?$ 2)如果 $L=90°$,$D_{AB}=?$

22. 钢尺精密量距计算题:尺段长度、尺段平均长度、温度改正、尺长改正、倾斜改正的计算。总长及相对误差计算。(计算数据在下表,尺长方程式:$l=30$ m$+0.008$ m$+\alpha(t-20)\times 30$)

尺段	丈量次数	后端读数 (mm)	前端读数 (m)	尺段长度 (m)	尺长改正	温度改正数	改正后尺段长度	高差 平距化算
1	2	3	4	5	6	7	8	9
A~1	1 2 3 平均	0.032 0.044 0.060	29.850 29.863 29.877			27.5℃		0.360 m
1~2	1 2 3 平均	0.057 0.076 0.078	29.670 29.688 29.691			28.0℃		0.320 m
2~B	1 2 3 平均	0.064 0.072 0.083	9.570 9.579 9.589			29.0℃		0.250 m

长度、相对误差计算　　　　　　　　　　AB 平均长度:

改正后 AB 往测总长:　　　　　　　　　较差:

改正后 AB 返测总长:68.950 m　　　　　相对误差:$k=$

第四章 高程测量

地面点的高程测量是确定地面点位置的基本工作,这一工作的主要技术方法有水准测量和三角高程测量。此外还有流体静力水准测量、气压高程测量和 GPS 高程测量等。本章主要阐述水准测量和三角高程测量。

学习目标: 明确高程测量是确定地面点位置的基本工作;掌握地面点高程测量的两种技术:水准测量和三角高程测量的原理与方法。

第一节 水准测量原理

一、基本原理

水准测量是一种利用水平视线测量两个地面点高差的方法。实现这种方法的仪器称为水准仪。如图 4.1 所示,A、B 是两个树立尺子的地面点,两个地面点之间安置一台水准仪,单实线是水准仪的水平视线,a、b 是水平视线在尺子面上得到的观测数据。过 A、B 两点各作水平视线的平行线,则两条平行线的距离就是 A、B 两个地面点的高差 h_{AB}。从图 4.1 可见,h_{AB} 是尺子面上观测数据 a、b 的差值,即

$$h_{AB} = a - b \tag{4-1}$$

式(4-1)是水准测量的基本原理公式。该式表明,水准测量的原理实质上是利用水准仪的水平视线测量立在地面点上的尺面数据,求其数据之差实现地面点之间的高差测定。

地面点高程可以利用已知高程和测定的高差推算得到。如图 4.1,设 A 点已知高程为 H_A,则 B 点的高程为

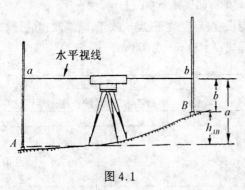

图 4.1

$$H_B = H_A + h_{AB} \tag{4-2}$$

二、水准测量的仪器工具

1. 水准仪

水准仪是水准测量的主要仪器设备。我国的水准仪系列型号有 DS_{05}、DS_1、DS_3、DS_{10} 四个等级。尽管仪器型号等级不同,仪器精密度各有区别,但是基本结构大致是相同的。如工程上应用较多的 DS_3 型水准仪,基本结构主要有瞄准部和基座两大部分(见图4.2)。基座与经纬仪相同,略。

第四章 高程测量

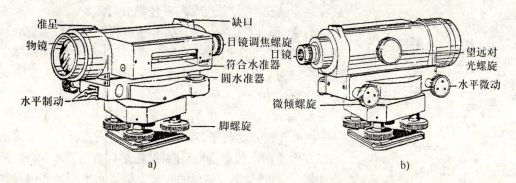

图 4.2

瞄准部是水准仪的重要部分,主要有望远镜、水准器、托架及竖轴。此外,还有水平制动、微动旋钮及微倾旋钮等操作部件。

1) 望远镜:水准仪的望远镜内部构件,如物镜、调焦镜、十字丝板和目镜在望远镜筒中的位置与经纬仪望远镜相同。不同的是:水准仪望远镜的望远对光螺旋设在望远镜右侧;水准仪望远镜水平设置在托架的上方(图 4.4),望远镜可在托架上与托架一起作水平转动,但不能如同经纬仪望远镜那样自由纵转。

2) 水准器:在水准仪瞄准部上设有圆水准器和符合水准器。

符合水准器是调整水准仪观测视线处于水平状态的精密整平装置,它安置在托架上并紧贴在望远镜左侧,内部由一个管水准器和一个棱镜组构成,如图 4.3。符合水准器利用棱镜组的几何光学反射原理,使水准气泡 A 端半影像按图中 1、2、3、4 的方向反映在显示面上,B 端半影像从另一个棱镜开始按 A 端同样方式反映在显示窗上。如果管水准器处于水平状态,则显示面上气泡两半影像组合成为图 4.3c)的形式,称为气泡符合。如果管水准器未实现水平状态,显示面上气泡两半影像未能符合,如图 4.3b)。转动微倾旋钮可以精确整平管水准器,可实现 A、B 气泡影像符合成图 4.3c)的形式。

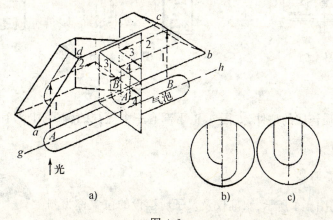

图 4.3

3) 托架与竖轴:如图4.4,托架支承着望远镜、水准器及各种旋钮,并和竖轴结合在一起装在基座轴套中,使瞄准部与基座结合起来。

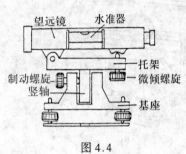

图4.4

4) 基本轴系:瞄准部的基本轴系包括有:视准轴(cc)、管水准轴(LL)、圆水准轴($L'L'$)、和竖轴(vv)。瞄准部基本轴系在结构上必须满足:①$L'L' // vv$;②$LL // cc$;③$LL \perp vv$;④十字丝的中横丝与竖轴vv互相垂直,见图4.5。

2. 标尺

图4.1所示的尺子,称为水准标尺,简称标尺。常用的标尺有木质标尺和金属标尺两种,造形有整形直尺和分节组合的塔尺,如图4.6。整形的直尺有普通水准标尺和因瓦水准尺(图4.21)。工程上日常应用比较多的标尺有普通双面水准尺和塔尺。

1) 普通水准标尺:长3m。两个尺面分别按黑、红色注记,单位m、dm、cm,称为双面标尺。双面标尺的黑、红面刻画零点相差一个常数,一测站所用的一对尺子的常数不相同。如图4.7,这把标尺的黑、红面相差的常数是4.687m,而另一把标尺的常数便是4.787m。

2) 塔尺:总长5m,单面刻画,尺的应用长度可根据需要缩短。塔尺可用于精密度比较低的水准测量。

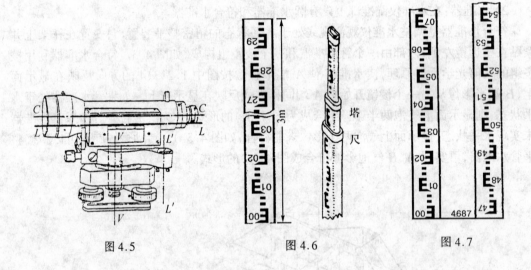

图4.5　　　　　图4.6　　　　　图4.7

3. 尺垫

它是一种铁质铸成的垫件,如图4.8,下部有三个短钝的脚尖,上部有一个突出的半球状体。

三、几个基本概念

1. 测站　如图4.1所示,水准仪及尺子所摆设的位置称为测站,这种摆设测站所进行的水准测量工作,称为测站观测。式(4-1)中的h_{AB}是一次测站观测的高差观测值。

图4.8

2. 水准路线 连续若干测站水准测量工作构成的高差观测路线,称为水准路线。如图 4.9,A 点是起点,B 点是终点,其间设有 5 个测站,观测的前进方向自 A 至 B(图中箭头指的方向),各个测站依次由立尺点 ZD_1、ZD_2、ZD_3、ZD_4 联系起来,构成 A 至 B 的水准路线。

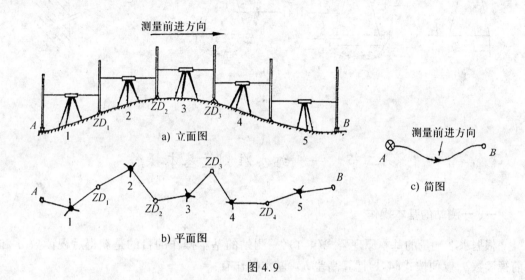

图 4.9

3. 后视 一测站中与水准路线前进方向相反的水平观测视线,称为后视。后视所瞄的尺子称为后视尺,后视从后视尺面上得到的观测数据称为后视读数,用 a 表示。

4. 前视 一测站中与水准路线前进方向相同的水平观测视线,称为前视。前视所瞄的尺子称为前视尺,前视从前视尺面上得到的观测数据称为前视读数,用 b 表示。

5. 视线高程 后视尺立尺点的高程与后视读数之和,称为水准仪的视线高程。将式(4-1)代入式(4-2)得

$$H_B = H_A + a - b \tag{4-3}$$

式中的 $H_A + a$ 就是图 4.1 中水准仪的视线高程。

6. 视距 水准仪到立尺点的水平距离,称为视距。视距按视距测量方法测得。水准仪到后视尺的视距称后视距,水准仪到前视尺的视距称前视距。一测站视距长度指的是前后视距之和。

7. 水准点 用于水准测量而设有固定标志的高程基准点。如图 4.10 所示。

在水准测量中通常的水准点是:1) 已知水准点,即具有确切可靠高程值的水准点;2) 未知水准点,即没有高程值的待测水准点。水准点固定标志通常固埋在混凝土桩顶面中心,这种混凝土桩称为水准标石。水准点设置在地面下,或露设地面,或设于建筑墙边(图 4.10)。

水准点的高程指的是固定标志顶面的高程。

8. 高程转点 水准测量的转点指的是具有高程传递作用的立尺点,如图 4.9 中的 ZD_1、ZD_2、ZD_3、ZD_4,是水准路线中各测站传递高程的转点。在水准测量中,尺垫安置于所设转点位置上,标尺被扶立在尺垫的半球状体顶面上。初学者应注意,转点往往并非土质坚

实可用,故应把尺垫压紧于转点位置,保证坚实稳固。

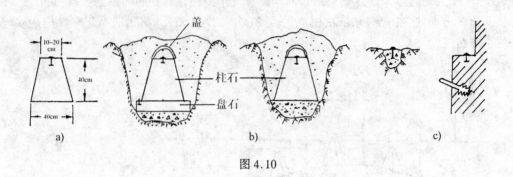

图 4.10

第二节 一测站水准测量基本操作

一、一测站的基本操作

根据水准测量的基本原理公式(4-1),一测站的基本操作的目的是获得后视读数 a 和前视读数 b,以便按式(4-1)计算高差 h。基本操作有:

1. 安置仪器

1)水准仪的安置:和经纬仪一样,水准仪必须安置在三脚架上。要求是:三脚架高度适当,架头面大致水平,三脚架脚腿稳固,仪器的连接可靠。从仪器箱取出水准仪安放在三脚架上(不放手)并用中心螺旋扭紧使仪器与三脚架头连接起来。

2)竖立标尺:要求:①竖直;②稳当。一般说来,竖立的标尺处于悬垂位置时,则比较竖直,而且易于扶稳。初学者必须注意,标尺应竖立于水准点上;或竖立于待测的高程点上;或竖立于转点位置的尺垫上。

2. 粗略整平

转动水准仪基座的三个脚螺旋,使圆水准气泡居中实现粗略整平。粗略整平基本步骤:

1)相对转动两个脚螺旋,使圆水准气泡移向两脚螺旋的中间位置。中间位置,即两脚螺旋中心连线的垂直平分线的位置。如图 4.11a),"Ⅰ"、"Ⅱ"是任选的脚螺旋,圆水准气泡位于图中"中间位置"的左侧,从左手在"Ⅰ"的转动方向(箭头→)可知,气泡按箭头的方向移动到"中间位置"。

2)转动第三个脚螺旋,使气泡移到圆水准器的中心。如图 4.11b),左手大姆指在"Ⅲ"脚螺旋的转动方向(箭头→)使气泡移向圆水准器的中心。

操作熟练以后,可在相对转动两个脚螺旋的同时转动第三个脚螺旋,使圆水准气泡居中。

3. 瞄准标尺

即瞄准后视尺,开始的瞄准工作要经历粗瞄、对光、精瞄的过程。

1)粗瞄:松开水平制动,转动瞄准部,利用水准仪的准星对准标尺,水平制动旋钮固紧。

2)对光:如同经纬仪望远镜的对光,先转目镜调焦旋钮使十字丝像清楚,后转动望远调焦旋钮使标尺像清楚。在对光中应注意消除视差。

3）精瞄：转动水平微动旋钮，使望远镜十字丝纵丝对准标尺的中央，见图4.12。

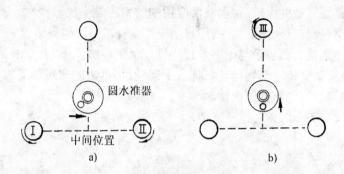

图4.11

4．精确整平

从水准仪轴系结构可知，望远镜视准轴（cc）平行于符合水准器的管水准轴（LL）。但是，由于圆水准器的整平精确度不高，故粗略整平时符合水准器的管水准轴LL和望远镜的视准轴（cc）不可能处于严格的水平状态。为了保证水准仪视准轴处于水平状态，精确整平是一项重要工作。方法：转动微倾旋钮，观察符合气泡影像如图4.3c)的图像，实现望远镜视准轴（cc）精确整平。

5．读数和记录

根据望远镜视场中十字丝横丝所截取的标尺刻画，读取该刻画的数字。读数的方法：先估读mm，后读m、dm、cm。当望远镜视场的影像是倒像时，标尺的刻画数字是自上而下增大的，读数时应注意这种成像特点。如图4.12，先估读不足一厘米的4mm，后读1.88m，整个读数为1.884m。记录，则按读数的先后顺序回报，回报无异议及时记录。

以上3至5步骤是观测后视尺的操作，获得一次后视读数 a。后续是观测前视尺的操作。

6．瞄准标尺，即瞄准前视尺

如图4.1，水准仪完成观测后视尺的操作之后，松开水平制动旋钮，转动水准仪的瞄准部粗瞄前视尺，接着关水平制动旋钮，转动水平微动旋钮精瞄前视尺。在一测站观测中，由于前、后视距基本相等，不必重新对光。

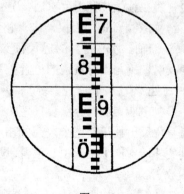

图4.12

7．精确整平

方法同4步骤。

8．读数和记录

方法同5步骤。

二、水准仪自动安平的基本原理与操作

1. 补偿装置

由于符合水准器灵敏度比较高,水准仪应用中的精密整平比较费时。补偿的意义是在粗略整平的条件下,仪器自动精确整平,即自动安平。补偿装置起自动安平的作用。补偿装置安装在水准仪望远镜的调焦镜与十字丝板之间(如图4.13)。图4.14a)是悬吊式自动安平补偿装置示意图,屋脊棱镜与物镜、调焦镜、十字丝板、目镜的相对位置不变,直角反射棱镜由金属丝悬挂,可以在限定范围内摆动。

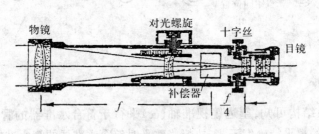

图4.13

2. 自动安平的基本原理

自动安平原理过程:

1) 如图4.14a),望远镜视准轴处于水平状态,补偿装置的直角棱镜处于原始悬垂状态。如果没有补偿装置,视准轴的水平状态可获得正确标尺读数 L_0。如果补偿装置存在,水平观测视线在补偿装置内反射后,仍然落在原来十字丝中央 A,读数仍然是 L_0。

2) 如图4.14b),因仪器未严格整平,视准轴处于倾斜状态(即与水平线存在 α 角,$\alpha <10'$),视准轴非水平得到的标尺读数是 L'_0。图中可见,客观上存在一条实际水平视线,在直角反射棱镜与屋脊棱镜的位置关系不变时,实际水平视线正确读数 L_0 在补偿装置内反射落在 B 处,不为人眼所观察。

3) 如图4.14c),补偿装置直角反射棱镜的重力起作用使直角反射棱镜摆向悬垂位置,这时直角反射棱镜与屋脊棱镜的相对位置发生变化,使水平视线在补偿装置内的反射方向得到调整而射向十字丝中心位置(设计上必须满足这一要求),人眼可观察到水平视线的标尺读数 L_0。

自动安平的原理实质:在仪器视准轴粗平时,补偿装置在自身重力的作用下自动为水准仪提供一条实际的水平观测视线,及时获得标尺读数 L_0。

3. 自动安平水准仪的基本操作

自动安平水准仪的基本操作是:一测站一般操作的"精确整平"步骤省去不做,其余的操作步骤与微倾水准仪的操作相同。就DSZ3自动安平水准仪而言,粗瞄时利用仪器的磨擦制动功能,水平转动仪器瞄准部粗瞄标尺,再利用水平微动精确瞄准。"精确整平"步骤省去了,水准测量效率提高了。

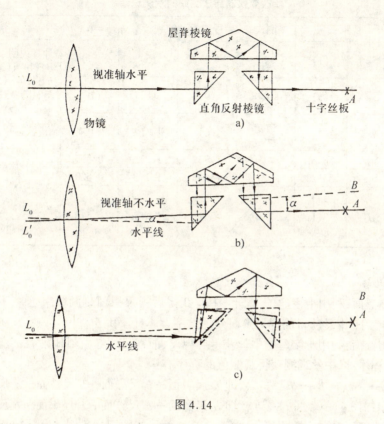

图 4.14

第三节 水准测量高差观测技术

一、测站高差观测方法

1. 改变仪器高法

该法在测站观测中获得一次高差观测值 h' 之后,变动水准仪的高度再进行二次高差观测,获得新的高差观测值 h''。具体观测步骤如下:

1) 一次观测:观测顺序为:后视距 $S_后$—后视读数 a'—前视距 $S_前$—前视读数 b'。
2) 变动三脚架高度(10cm 左右),重新安置水准仪。
3) 二次观测:前视读数 b''—后视读数 a''。
4) 计算与检核:按表 4-1 的顺序 (1),(2),…,(11) 进行,其中视距差 d、高差变化值 δ_2 是主要限差。检核合格则计算 h,即 $h = \dfrac{h' + h''}{2}$;否则重测。表 4-1 是一测站的观测记录。

变动三脚架高度约 10cm 的二次观测,目的在于检核和限制读数(尤其是分米读数)的可能差错,提高观测的可靠性和精确性。

2. 双面尺法

即按一定程序对黑、红双面标尺分别进行观测的方法。

表 4-1　　　　　　　　　改变仪器高法测站的观测记录

测站	视距 s		测次	后视读数 a	前视读数 b	h = a − b	备注
	$S_后$	(1)	1	(2)	(5)	(7)	计算说明 $d:(1)-(3)\rightarrow(4)$ $h':(2)-(5)\rightarrow(7)$ $h'':(9)-(8)\rightarrow(10)$ $\delta_2=h'-h''$ $h=(h'+h'')/2\rightarrow(11)$ "→":记入的意思
	$S_前$	(3)	2	(9)	(8)	(10)	
	d	(4)	$\sum d$	(6)	平均 h	(11)	
1	$S_后$	56.31	1	1.731	1.215	0.516	一般技术要求 $S_后$、$S_前$ < 100m d < 5m, $\sum d$ < 10m $\delta_容 = \pm 6mm$
	$S_前$	53.20	2	1.693	1.173	0.520	
	d	3.1	$\sum d$	3.1	平均 h	0.518	

1) 观测步骤:

(1) 观测黑面:利用十字丝的上、下、中丝获得后视尺黑面刻画数字上$_黑$、下$_黑$和 $a_黑$;利用十字丝的上、下、中丝获得前视尺黑面刻画数字上$_黑$、下$_黑$和 $b_黑$;

(2) 观测红面:利用十字丝的中丝获得后视尺、前视尺的红面刻画数字 $a_红$ 和 $b_红$。

2) 观测程序:以中丝观测获得观测值的程序有:

(1) 程序一:$a_黑$—$b_黑$—$b_红$—$a_红$,即 a 尺黑面—b 尺黑面—b 尺红面—a 尺红面。

(2) 程序二:$a_黑$—$a_红$—$b_黑$—$b_红$,即 a 尺黑面—a 尺红面—b 尺黑面—b 尺红面。

3) 记录、计算与检核:按程序一,表 4-2 是双面尺法的记录实例,表头说明观测、记录的内容,其中(1),(2),…,(18)表示记录计算的顺序。表 4-3 根据记录计算的顺序说明记录、计算、检核的步骤和方法。

表 4-2　　　　　　　　　双面尺法观测记录实例

测站编号	后视尺 下丝 上丝 后视距 视距差 d	前视尺 下丝 上丝 前视距 $\sum d$	方向及尺号	标尺读数 黑面	标尺读数 红面	黑+k 减红	高差中数	备注
	(1)	(4)	后	(3)	(8)	(14)		记录计算 检核说明
	(2)	(5)	前	(6)	(7)	(13)		
	(9)	(10)	后-前	(15)	(16)	(17)	(18)	
	(11)	(12)						
1	1.574	0.735	后 NO.5	1.384	6.171	0		NO.5 k=4.787 NO.6 k=4.687
	1.193	0.367	前 NO.6	0.551	5.239	−1		
	38.1	36.8	后-前	0.833	0.932	1	0.8325	
	1.3	1.3						
2	2.225	2.302	后 NO.6	1.934	6.621	0		
	1.642	1.715	前 NO.5	2.008	6.796	−1		
	58.3	58.7	后-前	−0.074	−0.175	+1	−0.0745	
	−0.4	0.9						

第四章 高程测量

表4-3　　　　　　　　　　双面尺法记录计算的顺序说明

步骤	目标	观测丝	记录	计 算 与 记 入	检 核	备 注
1	后视黑面	下丝 上丝 中丝	(1) (2) (3)	$((1)-(2))\times 100 \rightarrow (9)$	$(9)\leqslant D$	"→":记入的意思 此处将(1)(2)栏的数据之差乘以100记入(9)栏,下同。
2	前视黑面	下丝 上丝 中丝	(4) (5) (6)	$((4)-(5))\times 100 \rightarrow (10)$ $(9)-(10)\quad\rightarrow (11)$ $(11)+$ 前站$(12)\rightarrow (12)$ $(3)-(6)\quad\rightarrow (15)$	$(10)\leqslant D$ $(11)\leqslant d_1$ $(12)\leqslant d_2$	D:视距长度限值 d_1:前后视距差限值 d_2:视距差累计限值
3	前视红面	中丝	(7)	$K+(6)-(7)\rightarrow (13)$	$(13)\leqslant \delta_1$	δ_1、δ_2:较差限值 见表4-4说明
4	后视红面	中丝	(8)	$K+(3)-(8)\rightarrow (14)$ $(8)-(7)\quad\rightarrow (16)$ $(14)-(13)\rightarrow (17)$ $(15)-(16)\pm 0.1=(17')$ $((15)+(16)\pm 0.1)/2\rightarrow (18)$	$(14)\leqslant \delta_1$ $(17)\leqslant \delta_2$ $(17)=(17')$	检核是否相等、取平均以(15)为准,(16)参考。

二、一测站的视距测量

根据视距测量原理,水准测量视距 s 按式(3-53)和式(3-65)计算,即

$$s=100(N-M) \tag{4-4}$$

在这里,上$_黑=M$、下$_黑=N$,故上式为

$$s=100(下_黑-上_黑) \tag{4-5}$$

图4.15中,下$_黑=1.747$m,上$_黑=1.200$m,按上式得视距 $s=54.7$m。

在图4.15中,从上$_黑=1.200$m 的刻画开始往下数厘米数,一直数到下$_黑=1.747$m 的位置,得54.7cm,即54.7m(54.7cm$\times 100=54.7$m)。由此可见,视距的直接测量方法可以是:

1)先转微倾旋钮,使上丝与视场内最近标尺中某一整分米刻画相切合。

2)从相切合的位置开始往下计数厘米的刻画数,一直数到下丝所切的刻画数为止。

3)把数得的厘米数转为米单位的视距长度。

一测站视距的直接测量方法可用于四等级以下的快速视距测量。初学者必须注意,在后视读数 $a_黑$(或前视读数 $b_黑$)之前,仍然必须按要求进行精确整平工作。

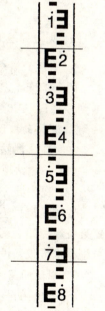

图4.15

三、测站观测的限差控制

表4-4是水准测量测站观测的主要容许误差的限值要求,水准测量的测站观测限差控制特点是"伴随观测,逐一检核,随时控制,逐步放行"。根据表4-4有关限差随时检核。观测一开始就要接受检核,不能等到测站观测完毕再检核,这就是"伴随观测,逐一检核"的意

思。而且检核合格之后才容许下一步的观测工作,这就是"随时控制,逐步放行"的意思。典型例子,按标准双面尺法的四等水准测量。在整个观测过程中,记录与观测互相配合互相监督,两者的熟练程度将有利于水准测量工作的顺利进行。

在精密度要求比较高的水准测量中,采用电子记录的方法,即以一台功能较强、内存较大的袖珍计算机代替记录手簿,可加快测站观测的限差控制及计算等工作的速度。

表 4-4 水准测量测站观测的主要容许误差

等级	水准仪型号	视距长度限值 D (m)	前后视距差限值 d_1 (m)	前后视距差累计限值 d_2 (m)	视线离地面最低高度 (m)	基本分画与辅助分画的较差或黑面与红面读数的较差 δ_1 (mm)	基本分画与辅助分画或黑面、红面所测高差的较差 δ_2 (mm)
二等	DS1	50	1	3	0.5	0.5	0.7
三等	DS1	100	3	6	0.3	1.0	1.5
三等	DS3	75	3	6	0.3	2.0	3.0
四等	DS3	100	5	10	0.2	3.0	5.0
五等	DS3	100	(10)	(50)	—	(4.0)	(6.0)

注:表中"五等"带括号的数字是一般的参考数字。

四、测段高差的观测

1. 测段的概念

两个水准点之间构成的水准路线,称为测段。如图 4.9,地面上 A、B 埋设了水准点,从 A 到 B 经过 5 个测站连成一个测段。

2. 测站的搬设

在测段多测站连续观测中,水准仪、标尺必须按前进方向逐一搬设测站,方法:

(1) 一测站观测、记录、检核无误,由记录员发出"搬站"口令;

(2) 观测员、扶尺员按口令搬站:①前视尺扶尺员不离开原立尺点,确保尺垫不变动(标尺可暂时脱离尺垫),准备作为下一测站的后视尺;②观测员将水准仪搬到下一测站适当位置准备新测站观测,搬动的距离少于表 4-4 的 D 值;③后视尺在下一测站成为前视尺,扶尺员根据水准仪新设站的后视距确定前视尺的位置。

3. 测段的高差计算

1) 概念:如图 4.9,前进方向从 A 到 B 的逐站水准测量称为往测;前进方向从 B 到 A 的逐站水准测量称为返测。一般地,一个测段的高差必须往返测。

2) 测段高差计算:

(1) 往返测高差计算:根据表 4-1,一测段高差观测值整理在表 4-5,往测高差为 $h_往$,即 $h_往 = \sum h_{i往}$。检核:$\sum h_{i往} = \sum a_{i往} - \sum b_{i往}$。同样,返测高差为 $h_返$,即 $h_返 = \sum h_{i返}$。检核:$\sum h_{i返} = \sum a_{i返} - \sum b_{i返}$。

(2) 测段高差计算:若 h 往符号为正,则 h 返必为负,故高差检核公式是

$$\Delta h = h_往 + h_返 \tag{4-6}$$

测段高差即高差平均值计算公式是：

$$h = \frac{h_{往} - h_{返}}{2} \quad (4\text{-}7)$$

表 4-5　　　　　　　　　测段往返测高差计算

测站	往 测			返 测		
	后 视	前 视	高 差	后 视	前 视	高 差
1	a_1	b_1	h_1	a_1	b_1	h_1
2	a_2	b_2	h_2	a_2	b_2	h_2
⋮	⋮	⋮	⋮	⋮	⋮	⋮
n	a_n	b_n	h_n	a_n	b_n	h_n
$\sum$	$\sum a_{i往}$	$\sum b_{i往}$	$\sum h_{i往}$	$\sum a_{i返}$	$\sum b_{i往}$	$\sum h_{i返}$

第四节　水准测量误差及其消除

如同测角一样，水准测量的误差也是来自仪器、操作和外界环境三个方面。

一、仪器误差

1. 视准轴与管水准轴不平行误差

根据水准仪基本轴系，水准仪的视准轴与管水准轴必须严格平行。实际上，仪器的装配和校正不可能严格实现这种平行，因此两轴将构成一个角度，称为 i 角，如图 4.16。由于 i 角的存在，则在精确整平时，水准仪视准轴不是处于严格水平状态。设这种状态下给测站观测造成的误差影响为 Δa、Δb，即

$$\Delta a = S_{后} \times \tan i \quad (4\text{-}8)$$
$$\Delta b = S_{前} \times \tan i \quad (4\text{-}9)$$

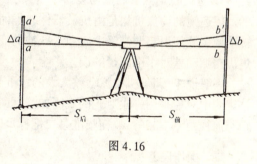

图 4.16

故测站的后视读数和前视读数便是 a'、b'，即

$$a' = a + \Delta a \quad (4\text{-}10)$$
$$b' = b + \Delta b \quad (4\text{-}11)$$

式中的 a、b 是水平视线严格水平时的标尺读数；$S_{后}$、$S_{前}$ 是测站的后视距、前视距。根据式(4-1)，这时的测站观测高差为

$$h' = a' - b' \quad (4\text{-}12)$$

把式(4-10)、式(4-11)代入上式，经整理得

$$h' = h + S_{后} \times \tan i - S_{前} \times \tan i = h + \Delta h \quad (4\text{-}13)$$

式中

$$\Delta h = S_{后} \times \tan i - S_{前} \times \tan i \quad (4\text{-}14)$$

式(4-14)表明了 i 角的存在引起视准轴与管水准轴不平行误差对观测高差的影响。当 i 角等于零,或 $S_后 = S_前$,则 $\Delta h = 0$。由此可见,减少这种不平行误差影响的办法是:

1) 在测站观测中,测站前、后视距应尽可能相等,前、后视距差不要超出表 4-4 的规定。

2) 对水准仪的 i 角检验校正,使 i 角少于规定的要求(DS_1,少于 $15''$;DS_3,少于 $20''$)。

2. 水准标尺的误差

水准标尺的误差包括有一米真长误差、标尺零点不等差、标尺弯曲误差等。为了减少标尺误差的影响,应当对标尺进行检验,找出和判断有关误差的影响程度,按照有关规定,如按表 4-6 的限定参数进行相应的处理。其中零点不等差可在水准路线的连续成对设站(即一条水准路线所设测站数是偶数站)的观测方法中调整消除。

表 4-6 水准标尺的限差

项目	限差		超限处理方法
	因瓦标尺	木质标尺	
一米真长误差	0.15mm	0.5mm	禁止使用
标尺弯曲 f^*	4.0mm	8.0mm	施加改正
零端不等差	0.1mm	1.0mm	调整

*注:f 是标尺两端连线至尺面的距离,施加改正公式:

$$l = l' - \frac{8f^2}{3l'} \tag{4-15}$$

l' 是标尺名义长度,l 是标尺实际长度。

3. 望远镜调焦机构隙动差

望远镜的调焦机构是由机械器件装配而成,装配器件之间存在间隙。这种间隙将通过转动调焦旋钮引起调焦镜中心和视准轴的变化,从而给测站观测带来误差,这就是望远镜调焦机构隙动差对水准测量的误差影响。

一般说来,调焦机构隙动差太大的水准仪不应投入使用。即使一台合格的水准仪在测站观测中只能采用一次对光的观测方法,即在一测站瞄准第一把标尺调焦对光后,由于后视距与前视距基本相等,故在瞄准第二把标尺时不必再调焦对光。

二、操作误差

1. 管水准器气泡居中误差

据推证,管水准器气泡居中误差可表示为

$$m_中 = \frac{\tau}{25U} \frac{s}{\rho} \tag{4-16}$$

式中 U 是观察符合气泡的放大倍数,取 $U = 3$。当 $\tau = 20''$,$s = 100m$,理论上 $m_中 = \pm 0.1mm$,很小。因管水准器的格值很小,灵敏度很高,整平难度就大。稍不注意,气泡的居中误差将超出这个数字。因此,认真做好精确整平工作,提高整平稳定性,是减少管水准器气泡居中误差的重要措施。自动安平水准仪可避免管水准器气泡居中误差影响。

2. 标尺瞄准误差

水准测量的瞄准是以获得标尺面刻画读数为目的,标尺瞄准误差包括有对标尺的瞄准

误差和读数的估读误差。据分析,这种瞄准误差为

$$m_{瞄} = \frac{60''}{U}\frac{s}{\rho} \qquad (4\text{-}17)$$

当望远镜的放大倍数 $U=30$,$s=100\text{m}$,$m_{瞄}=\pm 1\text{mm}$。但是,视距 s 越长,$m_{瞄}$就越大。因此,在水准测量中必须对视距长度进行限制,使之满足表 4-4 的规定;同时认真读取标尺面的数字,防止读错,减少其影响。

3. 水准标尺的倾斜误差

从图 4.17 可见,立尺不直,水准标尺倾斜,观测视线在标尺面的读数必然偏大。减少水准尺的倾斜误差的有效方法是立尺人员应认真可靠的竖立标尺。

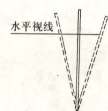

图 4.17

三、外界环境影响

1. 地球曲率的影响

严格地,地面点之间的高差,是两地面点的水准面之间的高差。如图 4.18,设 A、B 分别是后视尺、前视尺立尺点,E 是水准仪视准轴中心点,三者各有相应的水准面,a、b 是中心点 E 的水准面在标尺上获得的读数。

但是,水准测量的实际是经 E 点的水平观测视线从标尺获得的读数,即 a'、b',故获得的高差是

$$h'_{AB} = a' - b' \qquad (4\text{-}18)$$

上式高差与式(4-1)的不同是因为 c_a、c_b 的存在,这就是地球曲率的影响。显然,式(4-18)应是

$$h'_{AB} = a' - b' = (a + c_a) - (b + c_b)$$

即

$$h'_{AB} = h_{AB} + c_a - c_b \qquad (4\text{-}19)$$

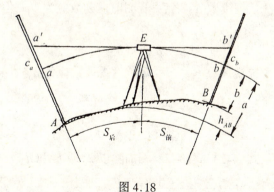

图 4.18

根据式(3-26)可得 $c_a = \dfrac{S_{后}^2}{2R}$,$c_b = \dfrac{S_{前}^2}{2R}$,由此上式

$$h'_{AB} = h_{AB} + \frac{S_{后}^2 - S_{前}^2}{2R} \qquad (4\text{-}20)$$

式(4-20)的 $S_后$、$S_前$是测站观测的前、后视距,R是地面半径。从式(4-20)可知,减少地球曲率的影响,办法是前、后视距尽可能相等。

2. 大气折射的影响

在第三章中,已知光线在空中视线行程因大气折射是一条向上弯曲的弧线。然而光线在贴近地表的视线行程可能是向下弯曲的弧线。原因是日晒地表温度较高,受地表热辐射影响,近地表层空气密度分布下稀上密。水准测量的观测视线比较接近地面,而且所在地段存在一定的坡度,观测视线的一端离地面比较高,而另一端则贴近地面。这种情况下的观测视线可能一端向下弯曲,另一端向上弯曲,如图4.19。大气折射影响将造成水准仪观测视线不再是一条水平直线,高差观测结果将受大气折射的复杂影响。

减少大气折射影响的措施:

1) 水准测量的观测视线不能紧贴地面,特别在等级水准测量中,观测视线离开地面的高度应符合表4-4的规定。

2) 尽量在大气状况比较稳定的阴天观测,在气温高的晴天,中午不测为宜。

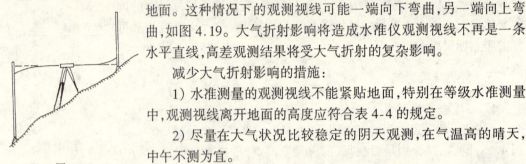

图4.19

3) 观测视线经过水面时,水蒸汽变化引起大气折射影响大,观测时应尽量提高视线高度,选择有利的天气和时间观测。

3. 温度的影响

主要反映在仪器本身受到热辐射引起水准仪视准轴发生变化,影响了观测高差的正确性。为了削弱温度的影响,晴天水准测量必须打测伞遮住阳光。精密的测量还要注意刚取出箱的仪器与外界温度的一致性过程(一般取出箱后需要半小时的时间才进行测量)。

4. 仪器标尺升沉的影响

指的是在水准测量中仪器和标尺的升沉,即一方面是仪器和标尺重力引起的位置下降;另一方面是地面土壤的回弹引起仪器和标尺的上升。

1) 水准仪的升沉影响:以"$a_黑—b_黑—b_红—a_红$"观测顺序,设升沉影响与时间成比例。

(1) 黑面读数:观测后视读数 $a_黑$ 之后,观测前视读数应为 $b_黑$,但仪器下沉 Δ,则前视读数为 $b_黑+\Delta$,故黑面高差 $h_黑$ 为

$$h_黑 = a_黑 - (b_黑 + \Delta) \tag{4-21}$$

(2) 红面读数:观测前视读数 $b_红$ 之后,观测后视读数应为 $a_红$,但仪器下沉 Δ,则前视读数为 $a_红+\Delta$,故红面高差 $h_红$ 为

$$h_红 = a_红 + \Delta - b_红 \tag{4-22}$$

(3) 测站高差计算:式(4-21)式(4-22)相加除以2,即 $h=(h_黑+h_红)/2$,经整理得

$$h = \frac{a_黑-(b_黑+\Delta)+a_红+\Delta-b_红}{2} = \frac{a_黑-b_黑+a_红-b_红}{2} \tag{4-23}$$

上式表明,按"$a_黑—b_黑—b_红—a_红$"的观测顺序可减少水准仪升沉的影响。

2) 标尺的升沉影响:假设在测站搬设时发生标尺升沉。

(1) 往测:如第一测站观测得 h_1 之后搬设第二测站,原第一测站前视尺下沉 Δ,则在第二测站观测的高差将增加 Δ,即为 $h_2+\Delta$。以此类推可知整个测段往测的高差比实际高差

增大。

(2) 返测:按往测的分析可知,整个测段返测的高差比实际高差增大。但是与往测相比这种增大是反号的增大。因此,往返测高差取平均可减少标尺的升沉影响。

第五节 精密水准仪

一、精密水准仪

型号 DS_1、DS_{05} 的水准仪(国外的 N_3、Ni_{002})属于精密水准仪,图 4.20 是我国北京测绘仪器厂的产品 DS_1 精密水准仪。

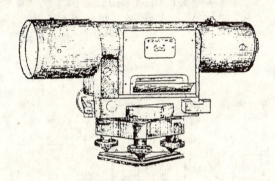

图 4.20

1. 精密水准仪的特点

1) 设有精密可靠的测微设施。以 DS_1 精密水准仪为例,这种仪器的标尺精确读数可达到 0.01mm。实现这一读数精密度,精密水准仪具备的条件:

(1) 标尺稳定性能好,刻画精密。与精密水准仪配套的水准尺是因瓦水准尺,如图 4.21。标尺中间木槽装有一条因瓦合金带,带的两边注有厘米刻画(或 0.5 厘米刻画),一边是基本刻画,另一边是辅助刻画。

(2) 水准仪设有平板测微器。测微器可直接读取 0.05mm 读数。

(3) 望远镜十字丝板采用楔形十字丝分画。如图 4.22,在放大倍率比较大的望远镜视场中,用楔形十字丝分画更能精确平分标尺分画线,提高瞄准精确度。

2) 精确整平的灵敏度高。精密水准仪仍然采用符合水准器作为精确整平的标志,但是管水准器的格值只有 10″。

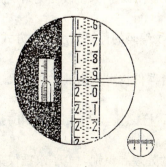

图 4.22

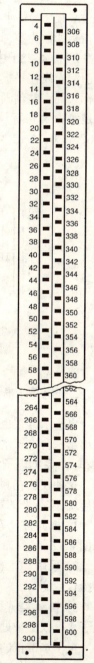

图 4.21

3) 抗干扰能力强。为了避免外界环境的影响，水准仪的望远镜、符合水准器以及平板测微器均安装在防热筒内，避免阳光热辐射的影响。

2. 平板测微的工作原理

图4.23是精密水准仪的平板测微器，其中设在望远镜物镜前方的平板是一个两面平行的光学平板玻璃，该平板玻璃通过连接杆与测微轮、测微尺相连。测微尺有100个分格，各分格间隔为0.01cm。

1) 图4.23a)中，AB是瞄准标尺的水平视线，平板玻璃的平面处于悬垂位置，视线垂直穿过平板。c)是水平视线在观测影像中楔形十字丝与标尺刻画重合的情形。图中设测微尺的指标读数为零，此时的楔形十字丝在标尺上的读数为$1.62m + a$。a是不足1cm的读数。

2) 图4.23b)中，平板之前的视线发生平移，这是在转动测微轮使平板玻璃发生偏转，由此引起光线在平板玻璃中产生折射而实现的。图4.23d)可见，这种平移可以使楔形十字丝与标尺的完整刻画切合，即楔形丝与1.62m刻画切合。图中视线平移间隔为a，a的实际宽度是测微尺指标读数26格，即0.26cm。故水平视线在标尺的实际读数是1.6226m（即$1.62m + 0.26cm$）。

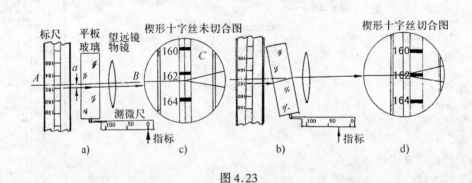

图 4.23

二、电子水准仪

电子水准仪也称为数字水准仪，是一种自动化水准测量仪器，在1990年徕卡公司率先推出第一台电子水准仪之后(图4.24a)，1994年蔡司和拓普康又相继推出了自己的DiNi系列和DL系列电子水准仪。至今，市场上已出现多家厂商、多种型号的电子水准仪。

这种仪器在测量原理上与一般水准测量相同。电子水准仪新的观测系统改变测站观测的传统，实行新的观测过程：

1) 摈弃常规等分画区格式标尺的长度注记方式，采用条纹编码的标尺长度注记方式。如图4.25。

2) 采用CCD(Charge-Coupled Device)摄像技术(电荷耦合器件技术)，测量时对标尺进行摄像观测。

3) 自动实现图像的数字化处理以及观测数据的测站显示、检核、运算等。图4.24b)是电子水准仪图像处理的基本过程。

电子水准仪的核心和关键技术，就是对所获得的波信号的处理和识别。电子水准仪采用CCD相机代替人眼在标尺上读取数据。测量时，仪器驱动CCD相机对条码标尺进行照相，

第四章 高程测量　　87

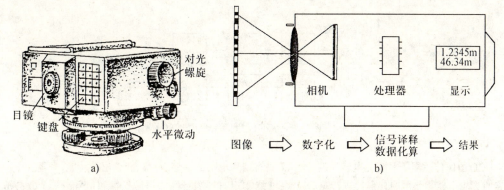

图 4.24

标尺上十字丝横丝上下一定范围的条码将成像到排列成竖直线阵的 CCD 光敏元阵列上，光敏元根据影像的不同亮度将影像转化为高低不同的电平信号。这样，整个光敏元阵列将获得对应于该条码范围的明暗变化的波信号，处理器对波信号进行滤波、增强、比较等一系列处理后，得出视距和仪器视线标尺读数。不同的厂家采用了不同的信号的处理和识别技术，较为典型的方法有相位法、相关法和几何法。

电子水准仪的特点：

1) 采用电荷耦合器件技术，实现光、机、电、测一体化和水准测量自动化；

2) 实现了数据的读取、记录、计算、存储、通信等功能完全自动化，避免人为错误；

3) 测量精度高。电子水准仪每公里往返测量中误差已可达 ±0.3mm，属于精密测量精度；

4) 可视化操作界面具备重复测量、跟踪测量、高程放样，自检校等功能，适用多种测量环境；

5) 标尺采用条形编码分画。根据不同的精度要求，选用铟钢标尺或玻璃钢标尺与仪器配套；

6) 光学系统采用了光学自动安平水准仪的基本形式，设置分光器件，使电子水准仪保留了传统光学水准仪的读数功能。即使在仪器掉电等特殊情况下，使用传统标尺也可进行水准测量。

[注解]

电子水准仪的摄像系统：电子水准仪的摄像系统主要由 CCD 图像传感器、定时逻辑电路、驱动电路、信号处理电路和电源等部分组成。如图 4.26 是电子水准仪摄像系统的原理框图。

CCD 图像传感器是构成电子水准仪摄像系统的关键部件，它由许多个 CCD 光敏元呈单行排列拼接，或者呈面状排列拼接，形成 CCD 线阵光敏区或 CCD 面阵光敏区。电子水准仪一般采用线阵 CCD 器件。光敏元(即像元)的几何尺寸和间距决定了系统的成像分辨率，目前最高精度的线阵 CCD 像元间距可达 7 微米，而像元数达 5000 位以上。感光灵敏度高、光谱响应宽、功耗小是 CCD 器件最为突出的优点。

图 4.25

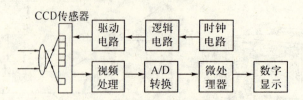

图4.26 电子水准仪摄像系统原理框图

CCD图像传感器既具有光电转换的功能,又具有信号电荷的存储、转移、和读出的功能,只需加上一组由定时逻辑电路提供的时序脉冲进行驱动控制,就能实现对被测目标的一维扫描和信号读出。CCD光敏元就是一个感光电容器(光电二极管),当目标通过光学系统在CCD光敏区上成像时,入射光子被吸收,同时产生一定数量的光生电荷。每个像元所积累的光生电荷与曝光量成正比,且被转移到与像元对应的移位寄存器中,然后在传输脉冲控制下,依次转移到输出端,形成一行对应整个线阵的完整的图像视频信号。

第六节 水准路线图形和计算

一、水准路线的布设图形

在工程建设中,以水准测量方法确定地面点高程,往往需要设立更多的水准点,水准点之间形成的水准路线构成多种图形。

1. **闭合水准路线** 如图4.27,从已知水准点 BM 开始的水准路线沿各测段经过若干未知水准点 A、B、C、D,最后回到已知水准点 BM(Bench Mark),形成一个闭合环,称为闭合水准路线。

2. **附合水准路线** 如图4.28,从已知水准点 BM_1 开始的水准路线沿各测段经过若干未知水准点 A、B、C,最后在另一已知水准点 BM_2 结束,这种水准路线称为附合水准路线。

3. **水准支线** 从一个水准点开始,沿有关测段经过一些未知水准点,但不再回到原水准点,也不附合到其他水准点,这种水准路线称为水准支线,如图4.29。水准支线的布设不宜延伸太长,沿线水准点1至2个。

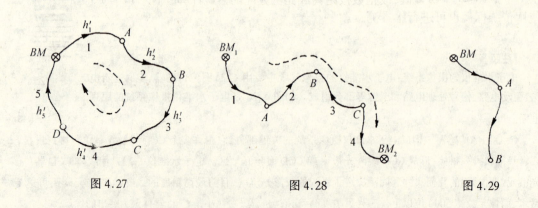

图4.27   图4.28   图4.29

第四章 高程测量

4. 水准网　由多个闭合水准路线及附合水准路线构成的网状形式,称为水准网,如图4.30。

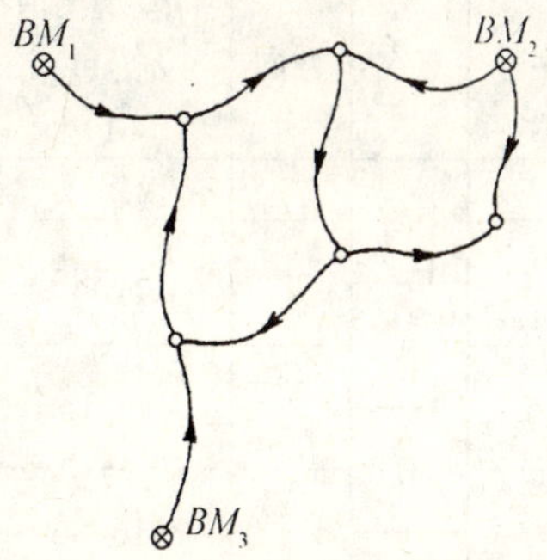

二、水准路线的计算

1. 闭合水准路线

表4-7是图4.27所示的闭合水准路线观测数据,计算工作按表中(1),(2)…,(10)是计算顺序。

1) 闭合差 W 计算:图4.27可见,从已知水准点 BM 开始沿虚线方向推算各个未知水准点的高程,最后回到 BM 点的高程应为

$$H_{BM} + h'_1 + h'_2 + h'_3 - h'_4 + h'_5 = H_{BM}$$

图 4.30

式中 h'_i 是测段高差的观测值,方程中的正负号应根据图4.28中测段的方向箭头与虚线箭头的异同来决定,相同者为正,相反者为负。经整理上式为

$$\sum h'_i = h'_1 + h'_2 + h'_3 - h'_4 + h'_5 = 0$$

上式表明,如果 h'_i 没有误差,闭合水准路线的各段观测高差之和应为零。但是误差的存在,这种情况一般是不可能的,也就是说,$\sum h'_i$ 不可能为零,这就是闭合差,即

$$W = \sum h'_i = h'_1 + h'_2 + h'_3 - h'_4 + h'_5 \qquad (4\text{-}24)$$

式中 W 称为闭合差。上式说明:按顺时针虚线方向的各测段观测高差之和就是闭合水准路线的闭合差。计算时测段方向箭头与虚线箭头相同者,测段高差符号为正,相反者为负。

2) 检核:$W_容 = \pm 30\sqrt{[D]}$〔平缓地区〕,或 $W_容 = \pm 9\sqrt{N}$〔高差起伏大地区〕。表4-7例中 $W_容 = \pm 30\sqrt{5.34} = \pm 70$mm,说明 $W \leqslant W_容$,W 有效。$[D]$ 各测段水准路线总长,图4.27,$[D] = D_1 + D_2 + D_3 + D_4 + D_5$。

3) 观测高差改正数计算:

(1) 应用于高差起伏大的地区,改正数按测站数成比例分配的公式计算,即

$$v_i = -W\frac{n_i}{N} \qquad (4\text{-}25)$$

上述 n_i 是 i 测段的测站数,N 是各测段测站数总和。

(2) 应用于平缓地区,改正数按距离成比例分配的公式计算,即

$$v_i = -W\frac{D_i}{[D]} \qquad (4\text{-}26)$$

式中 D_i 是 i 测段的水准路线长。表4-7的算例按式(4-26)计算。

注意,第 i 段的方向箭头与虚线箭头相反时,改正数 v_i 的符号应与式(4-25)或式(4-26)相反。

4) 测段高差计算:测段高差等于测段高差观测值加观测高差改正数,即

$$h_i = h'_i + v_i \qquad (4\text{-}27)$$

5) 水准点高程计算:从 BM 点开始,以 BM 点的高程加上逐段改正后的高差得各水准点高程。

表 4-7 闭合水准路线的计算

序号	点名	方向	高差观测值 h'_i(m) (1)	测段长 D_i(km) (3)	测站数 n_i (4)	高差改正 $v_i = -WD_i/[D]$ (mm)(7)	高差最或然值 (m)(8)	高程 (m) (9)
1	BM	+	15.583	1.534	16	−9	15.574	67.648
	A							83.222
2		+	3.741	0.380	5	−2	3.739	
	B							86.961
3		+	−16.869	1.751	20	−11	−16.880	
	C							70.081
4		−	8.372	0.842	10	5	8.377	
	D							61.704
5		+	5.950	0.833	11	−6	5.944	
	BM							67.648
		(2) $W = \sum h'_i = 33$mm $W_容 = \pm 70$mm	(5)[D] = 5.34km	(6) N = 62	(10) −33	$\sum h = 0$		

2. 附合水准路线

表 4-8 是图 4.28 所示的附合水准路线的观测数据。表中(1),(2)…,(9)是计算顺序。

表 4-8 附合水准路线的计算

序号	点名	方向	高差观测值 h'_i(m) (1)	测段长 D_i(km) (3)	测站数 n_i (4)	高差改正 $v_i = -Wn_i/N$ (mm)(7)	高差最或然值 (m)(8)	高程 (m) (9)
1	BM_1	+	45.078	1.560	20	−13	45.065	175.639
	A							220.704
2		+	134.663	1.054	31	−21	134.642	
	B							355.346
3		−	127.341	1.370	25	17	127.358	
	C							227.988
4		+	−30.621	0.780	11	−7	−30.628	
	BM_2							197.360
		(2) $W = 58$mm $W_容 = \pm 84$mm	(5)[D] = 4.76km	(6) N = 87	(10) −58	21.721		

1) 闭合差的计算:图 4.28 中虚线方向推算闭合差。仿闭合水准路线计算方法,从已知水准点 BM_1 开始沿虚线方向推算各个未知水准点的高程,最后推算到 BM_2 点的高程应为

$$H_{BM_1} + h'_1 + h'_2 - h'_3 + h'_4 = H_{BM_2} \quad (4-28)$$

上式表明,如果 h'_i 没有误差,附合水准路线各段观测高差之和应等于 $H_{BM_2} - H_{BM_1}$。但是

误差的存在,这种情况一般是不可能的,就是说,$\sum h'_i$ 不可能等于 $H_{BM_2} - H_{BM_1}$,必有闭合差存在,即

$$W = \sum h'_i - (H_{BM_2} - H_{BM_1}) = h'_1 + h'_2 - h'_3 + h'_4 - (H_{BM_2} - H_{BM_1}) \qquad (4-29)$$

式中 W 称为闭合差。

2) 检核:$W \leqslant W_容$。$W_容$ 的计算方法与闭合水准路线相同。按题〔表 4-8〕$N = 87$,计算 $W_容 = \pm 9\sqrt{87} = \pm 84$mm,说明 W 计算有效。

3) 观测高差改正数计算:改正数按式(4-25)或式(4-26)及相应的要求计算。

附合水准路线的其他计算见表 4-8。

3. 水准支线计算

水准支线未知水准点高程按测段往返测计算方法求解,这里不重述。

4. 水准网计算

将在后续课程中学习。

第七节 三角高程测量与高程导线

一、概念

在地面点所设的测站上测量目标的竖直角及边长,并结合丈量的仪器高和目标高,应用三角几何原理公式推算测站点与目标点的高差,这种地面点之间高差的测量方法称为三角高程测量。由于长距离精密测量的优势,三角高程测量便成为现代高效率的大跨度高程测量技术。

二、光电三角高程测量

这是利用光电测距边的长度进行三角高程测量的技术。

图 4.31(或图 3.13)中 i 是仪器(经纬仪或测距仪)高,l 是目标高,其他符号的意义与图 3.13 相同。

1. 精密公式

1) 单方向测量公式

由图可见,在地面点 A 观测地面点 B 的高差 h_{AB} 可通过 BB' 长度的推算得到。在 $\triangle ABB'$ 中,根据正弦定理得

$$\frac{BB'}{\sin \angle BAB'} = \frac{AB}{\sin \angle BB'A} \qquad (4-30)$$

根据第三章平距化算原理可知 $\angle BAB' = \alpha_A + c - \gamma$,$\angle BB'A = 90° + c \approx 90°$,$\alpha_A$ 是 A 测站的竖直角。

设 $D_{AB} = AB$,则式(4-30)经推证为

$$h_{AB} = D_{AB} \times \sin(\alpha_A + c - \gamma) \qquad (4-31)$$

顾及仪器高 i、反射器高 l 及式(3-29),则

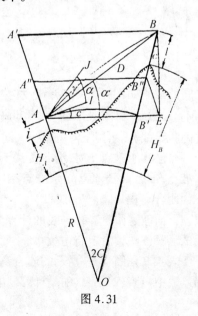

图 4.31

$$h_{AB} = D_{AB} \times \sin(\alpha_A + 14.1''D_{km}) + i_A - l_B \tag{4-32}$$

式(4-32)就是光电三角高程测量的单方向测量公式。

2) 对向测量公式

根据上述讨论可知,地面点 B 观测地面点 A 的高差 h_{BA} 是

$$h_{BA} = D_{BA} \times \sin(\alpha_B + 14.1''D_{km}) + i_B - l_A \tag{4-33}$$

根据式(4-32)和式(4-33)可得对向测量的高差公式:

$$h_{AB} = 0.5[D_{AB} \times \sin(\alpha_A + 14.1''D_{km}) - D_{BA} \times \sin(\alpha_B + 14.1''D_{km})] + 0.5[(i_A - i_B) + (l_A - l_B)] \tag{4-34}$$

2. 近似公式

令 $c - \gamma = 0$,光电三角高程测量的高差近似计算公式为

$$h_{AB} = D_{AB} \times \sin\alpha + i - l \tag{4-35}$$

三、平距三角高程测量

这是利用地面点间的平距进行三角高程测量的技术。

1. 精密公式

平距 $\overline{D}$(即 AB')为已知,如图4.31,仿式(4-30) A、B 两点高差可推证得

$$h_{AB} = \overline{D}\,\frac{\sin(\alpha + 14.1''D_{km})}{\cos(\alpha + 30.3''D_{km})} + i - l \tag{4-36}$$

2. 近似公式

令上式竖直角修正值为零,则

$$h_{AB} = \overline{D}\tan\alpha + i - l \tag{4-37}$$

如图4.32,测定高压电线高度(悬高),可在高压电线下安置反射器,光电测距获得平距 $\overline{D}$,然后用经纬仪观测高压线的竖直角 α。这时高压线离地面的高度为

$$h_{AB} = \overline{D}\tan\alpha + i \tag{4-38}$$

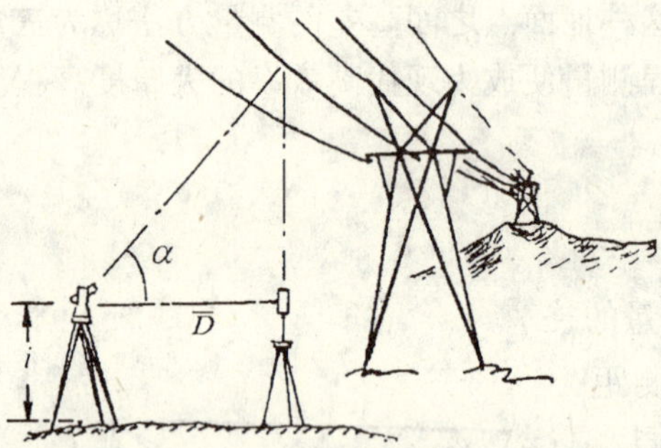

图 4.32

四、高程导线及其计算

沿地面点进行光电三角高程测量,地面点之间便构成如图4.33的折线,称为高程导线。由于该高程路线开始于一个已知水准点 BM_1,沿各折线测段经过若干未知高程点 A、B、C、D,最后在另一已知水准点 BM_2 结束,这种高程导线称为附合高程导线。同样高程路线开始于一个已知水准点 BM,沿各折线测段经过若干未知水准点,最后回到原已知水准点 BM,这种高程导线称为闭合高程导线。

下面叙述附合高程导线的计算方法,闭合高程导线的计算方法读者自行仿效。

表4-9是图4.33所示的附合高程导线的观测数据。表中(1),(2),…,(8)是计算顺序。

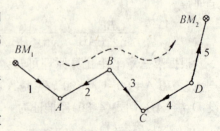

图 4.33

表 4-9　　　　　　　　　　　附合高程导线的计算

序号	点名	方向	高差观测值 h'_i(m) (1)	测段长 D_i(km) (2)	高差改正 $v_i = -WD^2/[DD]$ (5)	高差最或然值 $h_i = h'_i + v_i$ (7)	高　程 H(m) (8)
1	BM_1	+	30.561	1.560	-11	30.550	231.566
2	A	-	51.303	0.879	3	51.306	262.116
3	B	+	120.441	2.036	-18	120.423	210.810
4	C	+	78.562	1.136	6	78.568	331.233
5	D	+	-36.760	0.764	-3	36.763	252.665
	BM_2						215.902
	(3) $W=41$mm $W_容 = \pm 50$mm			(4) $[D]=6.375$ $[DD]=9.226$	(6) -41mm		

1. 闭合差计算

按图 4.34 中虚线方向推算闭合差。仿附合水准路线计算方法,闭合差为

$$W = h'_1 - h'_2 + h'_3 - h'_4 + h'_5 - (H_{BM_2} - H_{BM_1}) \tag{4-39}$$

2. 检核

$W \leqslant W_容$。$W_容 = \pm 20\sqrt{[D]}$(mm),本例 $[D] = D_1 + D_2 + D_3 + D_4 + D_5$,$W_容 = \pm 50$mm。

3. 观测高差改正数计算

改正数按距离平方成比例分配的公式计算,即

$$v_i = -W \frac{D_i^2}{[DD]} \tag{4-40}$$

式中,D_i 是第 i 测段的距离,$[DD] = D_1^2 + D_2^2 + D_3^2 + D_4^2 + D_5^2$。

注意,第 i 段方向箭头与虚线箭头相反时,改正数 v_i 的符号应与式(4-40)相反。

有关测段高差计算,高程点的高程计算方法可参考水准路线计算。

五、视距三角测量高程计算公式

在图 3.33 中,AB 两地面点的高差 h 为

$$h_{AB} = D_{AB} \times \tan\alpha + i - l_中 \tag{4-41}$$

$l_中$ 是经纬仪望远镜十字丝中丝瞄准标尺位置的读数。设 A 点的已知高程是 H_A,B 点的高程 H_B 是

$$H_B = H_A + D_{AB} \times \tan\alpha + i - l_中 \tag{4-42}$$

将式(3-69)代入式(4-42)整理得视距三角测量高程计算公式

$$H_B = H_A + 50 \times (l_下 - l_上) \times \sin 2\alpha + i - l_中 \tag{4-43}$$

六、三角高程测量的仪器高测量

式(4-32)中仪器高 i、目标高 l，一般用小钢尺丈量至 mm。仪器高测量可采用水准测量法。如图 4.34，仪器望远镜视准轴处于水平测得小标尺读数 a。仪器搬站后测得 a'、a''。此时，仪器高 i 为

$$i = a - (a' - a'') \tag{4-44}$$

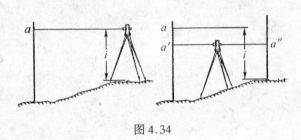

图 4.34

习 题

1. 水准仪基本结构由_____(A)构成。
(A)答案：①瞄准部、托架和基座
　　　　②望远镜、水准器、基座
　　　　③瞄准部、基座

2. 一测站的后视读数是_____(A)，前后视读数是_____(B)。
(A)答案：①b。②a。③$a-b$。(B)答案：①b。②a。③$b-a$。

3. 水准仪的正确轴系应满足_____(A)。
(A)答案：①视准轴⊥管水准轴、管水准轴//竖轴、竖轴//圆水准轴
　　　　②视准轴//管水准轴、管水准轴⊥竖轴、竖轴//圆水准轴
　　　　③视准轴//管水准轴、管水准轴//竖轴、竖轴⊥圆水准轴

4. 说明一测站视距长度的计算方法。

5. 尺垫"顶面"是获取标尺读数的参照面，因此当在水准点立尺时，应在水准点标志上放上尺垫。这句话对吗？为什么？

6. 一测站水准测量基本操作中的读数之前的操作是_____(A)。
(A)答案：①必须做好安置仪器，粗略整平，瞄准标尺的工作
　　　　②必须做好安置仪器，瞄准标尺，精确整平的工作
　　　　③必须做好精确整平的工作

7. 一测站水准测量 $a<b$，则 $h<0$。那么_____
答案：①后视立尺点比前视立尺点低。②后视立尺点比前视立尺点高。③$b-a$。

8. 自动安平水准测量一测站基本操作是_____(A)。
(A)答案：①必须做好安置仪器，粗略整平，瞄准标尺，读数记录

②必须做好安置仪器,瞄准标尺,精确整平,读数记录

③必须做好安置仪器,粗略整平,瞄准标尺,精确整平,读数记录

9. 说明下表水准仪各操作部件的作用。

操作部件	作　用	操作部件	作　用
目镜调焦轮		水平制动旋钮	
望远对光螺旋		水平微动旋钮	
脚螺旋		微倾旋钮	

10. 水准仪与经纬仪应用脚螺旋的不同是_____。

答案:①经纬仪脚螺旋应用于对中、精确整平,水准仪脚螺旋应用于粗略整平

②经纬仪脚螺旋应用于粗略整平、精确整平,水准仪脚螺旋应用于粗略整平

③经纬仪脚螺旋应用于对中,水准仪脚螺旋应用于粗略整平

11. 表4-10是改变仪器高观测法一测站的观测记录数据,判断哪些数据超限。

表 4-10

测站	视距 s		测次	后视读数 a	前视读数 b	$h=a-b$	备　注
1	$s_后$	56.3	1	1.737	1.215	0.522	
	$s_前$	51.0	2	1.623	1.113	0.510	
	d	5.3	$\sum d$	5.3	平均 h	0.516	

12. 改变仪器高观测法一次观测的观测值是_____。

答案:①后视距读数 $l_上$ 和 $l_下$,a,前视距读数 $l_上$ 和 $l_下$,b。②$s_后$,a,$s_前$,b。③d,a,$\sum d$,b。

13. 在测站搬设中,为什么前视尺立尺点尺垫不得变动?

14. 表4-11是一测段改变仪器高法往测各测站观测记录,计算各测站观测结果及测段往测高差。计算的检核标准见表4-1。

表 4-11

测站	视　距 s		测次	后视读数 a	前视读数 b	$h=a-b$	备　注
1	$s_后$	56.3	1	1.731	1.215		
	$s_前$	53.2	2	1.693	1.173		$\delta=$　mm
	d		$\sum d$		平均 h		
2	$s_后$	34.7	1	2.784	2.226		
	$s_前$	36.2	2	2.635	2.082		$\delta=$　mm
	d		$\sum d$		平均 h		
3	$s_后$	54.9	1	2.436	1.346		
	$s_前$	51.5	2	2.568	1.473		$\delta=$　mm
	d		$\sum d$		平均 h		

15. 上题的测段起点为已知水准点 A，高程 $H_A = 58.226$m，终点为未知水准点 B。利用上题的测段往测高差计算未知水准点 B 高程 H_B。

16. 测站前、后视距尽量相等可削弱或消除_____误差影响。

答案：① 视准轴与管水准轴不平行和标尺升沉

②水准标尺和视准轴与管水准轴不平行

③视准轴与管水准轴不平行和地球曲率

17. 自动安平水准仪是否有管水准器气泡居中误差？

18. 阴天观测可减少大气折光影响，为什么？

19. 光电三角高程测量原理公式 $h_{AB} = D_{AB} \times \sin(\alpha_A + 14.1'' D_{km}) + i_A - l_B$ 各符号的意义_____。

答案：① h_{AB}：B 点高程；D_{AB}：A、B 之间平距；α_A：A 观测 B 的垂直角；i_A：i 角；l_B：目标高

② h_{AB}：A、B 之间高差；D_{AB}：A、B 之间平距；α_A：A 观测 B 的垂直角；i_A：仪器高；l_B：目标高

③ h_{AB}：A、B 之间高差；D_{AB}：A、B 之间斜距；α_A：A 观测 B 的垂直角；i_A：仪器高；l_B：目标高

20. 利用光电三角高程测量精密公式计算下表各镜站点位的高程。

测站	镜站	光电测距斜距 m	竖直角 ° ′ ″	仪器高 m	目标高 m	高差 m	高程 m
A H_A:76.452m	1	1253.876	1 26 23.7	1.543	1.345		
	2	654.738	1 04 43.2	1.543	1.548		
	3	581.392	0 56 32.6	1.543	1.665		
	4	485.142	0 47 56.8	1.543	1.765		
	5	347.861	0 38 46.3	1.543	1.950		

21. 三角高程测量的方法有_____。

答案：①光电三角高程测量，平距三角高程测量，视距三角高程测量

②光电三角高程测量，平视距三角高程测量，视距三角高程测量

③光电三角高程测量，平距三角高程测量，斜视距三角高程测量

22. 写出用天顶距代替竖直角的视距三角高程测量计算公式。

23. 说明双面尺法测量高差的工作步骤和计算检核项目。

24. 水准路线有哪些形式？

25. 计算图 4.35 闭合水准路线各水准点的高程，表 4-12。

26. 计算图 4.36 附合高程导线各高程点的高程，表 4-13。

27. 第三章"习题"13题，设 A 点高程 $H_A = 142.436$m，仪器高 $i = 1.562$m，反射器高 $l = 1.800$m，按光电三角高程测量原理求 B 点的高程 H_B 及测线 AB 的平均高程。

28. 电子水准仪具有哪些特点？

29. 简述电子水准仪的测量原理。

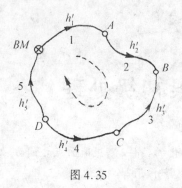

图 4.35

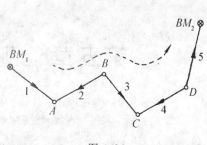

图 4.36

表 4-12　　闭合水准路线的计算

序号	点名	方向	高差观测值 h'_i(m) (1)	测段长 D_i(km) (3)	测站数 n_i (4)	高差改正 $v_i = -Wn_i/N$ (mm)(7)	高差最或然值 (m)(8)	高程 (m) (9)
	BM							67.648
1	A		1.224	0.535	10			
2	B		-2.424	0.980	15			
3	C		-1.781	0.551	8			
4	D		1.714	0.842	11			
5	BM		1.108	0.833	12			67.648
(2) $W = \sum h'_i =$　mm　$W_{容} = \pm 58$mm				(5)[D] = 　km	(6) $N =$	(10)　mm	$\sum h =$	

表 4-13　　附合高程导线的计算

序号	点名	方向	高差观测值 h'_i (m) (1)	测段长 D_i(km) (2)	高差改正 $v_i = -WD^2/[DD]$ (5)	高差最或然值 $h_i = h'_i + v_i$ (7)	高　程 H(m) (8)
	BM_1						231.566
1	A		·30.461	1.560			
2	B		51.253	0.879			
3	C		120.315	2.036			
4	D		78.566	1.136			
5	BM_2		-36.560	1.764			215.921
(3) $W =$　mm　$W_{容} = \pm 54$mm				(4)[D] = 　[DD] =	(6)　mm		

第五章 测量成果初级处理

学习目标:掌握测量成果改化的原理和不改化的条件;掌握地面点之间方位角的测量原理、计算方法;理解高斯坐标换带的意义和作用等内容。

第一节 观测值的改化

我们已经知道,测量的边长和角度均是在地球表面得到的,或者说,测量的边长和角度均是球面特征的观测值。一般地,这类球面观测值要满足设计平面需要,必须进行适当的改化工作,使之成为平面的定位元素。另外高程测量的观测值也存在有关的换算问题。

一、距离的改化

距离改化的目的,是把某一高程面上的平距化算为高斯平面上的长度。主要内容有:参考椭球体投影改化和高斯距离改化。

1. 椭球体投影改化

1) 投影在参考椭球体面的改化公式

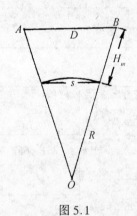

图 5.1

改化的目的是把地球表面某一高程面上的平距化算为参考椭球体面或似大地水准面上的平距。图 5.1 中,A、B 两点的平距长度为 D_{AB};H_m 是平距 D_{AB} 两端点的绝对高程平均值。设 s 是 D_{AB} 投影在参考椭球体面上(忽略图 1.9 中的 h'_m)的平距长度,地球曲率半径为 R。根据几何原理可知,

$$\frac{s}{D_{AB}} = \frac{R}{R+H_m} = 1 - \frac{H_m}{R+H_m} \tag{5-1}$$

故改化为参考椭球体面上的平距长度是

$$s = D_{AB} \times \left(1 - \frac{H_m}{R+H_m}\right) = D_{AB} - D_{AB}\frac{H_m}{R+H_m} \tag{5-2}$$

式(5-2)就是参考椭球体面平距的投影改化公式。
令

$$\Delta D = -D_{AB}\frac{H_m}{R+H_m} \tag{5-3}$$

ΔD 称为投影改正数,则

$$s = D_{AB} + \Delta D \tag{5-4}$$

2) 平距投影到假定似大地水准面上的改化公式

图 5.2 中,设假定似大地水准面到似大地水准面的高程为 H,s' 是 D_{AB} 投影在假定似大

地水准面的平距长度，H'_m 是 D_{AB} 的相对高程，则 $H_m = H'_m + H$，$H'_m = H_m - H$。根据式(5-2)可得

$$s' = D_{AB} \times \left(1 - \frac{H_m - H}{R + H_m}\right) = D_{AB} - D_{AB}\frac{H_m - H}{R + H_m} \quad (5-5)$$

$$\Delta D' = -D_{AB}\frac{H_m - H}{R + H_m} \quad (5-6)$$

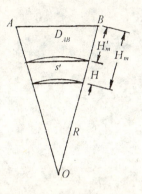

图 5.2

从式(5-3)和式(5-6)可见，投影改正数 ΔD、$\Delta D'$ 的计算是工程日常距离测量较多的改化工作。

应该看到，因为式(5-6)中的 H 可人为设定使 $(H_m - H)$ 减少，因而改正数 $\Delta D'$ 也变小，甚至为零。故当工程建设处在绝对高程 H_m 的高地区时，可采用假定似大地水准面的高程系统减少 H'_m，避免投影改化工作。

2. 高斯距离改化

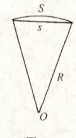

图 5.3

据推证，参考椭球体面投影改化后的平距 s 与相应高程面的弧长 S 相差甚小（图 5.3），因此在一般工程中，距离不长时（$s < 10\text{km}$），把改化后的平距 s 当做参考椭球体面上的弧长 S。

根据高斯投影的几何意义和高斯平面的特点，参考椭球体面上的边（弧长）投影成高斯平面上时的边长会变形，如图 5.4 所示，x 轴、y 轴分别由中央子午线和赤道投影而成。

虚线 ab 表示椭球体面上的弧线长度为 S，实线 $a'b'$ 表示高斯平面的长度 l，S 在高斯投影后伸长为 l（取直线）的数据处理工作就是高斯距离改化。设伸长的变形为 ΔS，则

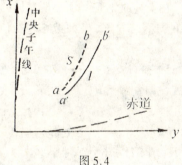

图 5.4

$$\Delta S = l - S \quad (5-7)$$

ΔS 称为高斯距离改正数。根据高斯投影理论，ΔS 的计算公式为

$$\Delta S = S\left(\frac{y_m^2}{2R^2} + \frac{\Delta y^2}{24R^2}\right) \quad (5-8)$$

式中，R 是地球曲率半径（取 6371km）；S 是两个地面点在参考椭球体面上的长度；y_m 是地面点 a、b 在高斯平面直角坐标系横坐标 y 的平均值，即

$$y_m = \frac{y_a + y_b}{2} \quad (5-9)$$

y_a、y_b 为地面点 a、b 的横坐标近似值，一般计算到米位即可。

$$\Delta y = y_a - y_b \quad (5-10)$$

称为地面点 a、b 的横坐标增量。

在一般的工程建设中，把得到的球面距离 S 投影到坐标平面上，平面距离改化采用高斯距离改化公式。由于地面点之间 Δy 很小，故式(5-8)括号内第二项可忽略，应用的高斯

距离改化公式为

$$\Delta S = S\left(\frac{y_m^2}{2R^2}\right) \quad (5\text{-}11)$$

式(5-11)在几何意义上如图 5.5 所示。该图从纵坐标平面(图 1.6)的下方往上看,坐标平面成一条直线,即 y 轴,O' 点是平面坐标的原点。设 S 是球体面上的弧长,投影到平面的直线伸长为 l_S(图 5.4 中 $a'b'$),伸长变形 ΔS,这就是平面距离改化。图上可见改化后高斯平面上的长度 l 为

$$l_S = S + \Delta S = S + S\left(\frac{y_m^2}{2R^2}\right) \quad (5\text{-}12)$$

值得注意的是,当 $S=1\,000\text{m}$,$y_m<20\text{km}$ 的高斯距离改化 $\Delta S<5\text{mm}$,在一般工程建设中可以忽略不计。也就是说,应用上可以把 $y_m<20\text{km}$ 的曲面区域当做平面,不再进行高斯距离改化。同样,在独立平面直角坐标系统中,可以把 $y_m<20\text{km}$ 的曲面区域当做平面,不再进行高斯距离改化。

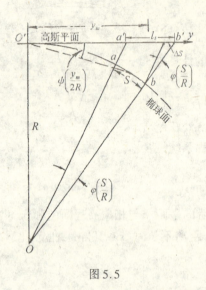

图 5.5

3. 抵偿投影面的选择

由上述改化工作可见,椭球体的投影改正 ΔD 符号为负,如式(5-6);高斯距离改正 ΔS 符号为正,如式(5-11)。考虑式(5-6) $H_m \ll R$,分母中的 H_m 可为零。如果使 $\Delta D + \Delta S = 0$,即

$$-D_{AB}\frac{H_m - H}{R} + S\frac{y_m^2}{2R^2} = 0 \quad (5\text{-}13)$$

在式(5-13)中取 $D_{AB} = S$,并设 $H = H_d$,经整理得

$$H_d = H_m - \frac{y_m^2}{2R} \quad (5\text{-}14)$$

把 $R = 6\,371$ km 代入上式,得

$$H_d = H_m - 7.8\times10^{-8} y_m^2 \quad (5\text{-}15)$$

式(5-15)是 $\Delta D + \Delta S = 0$ 的条件。也就是说,选择高程为 H_d 的高程面作为投影面,可认为在适当的 y_m 范围内高程面地表的距离与高斯平面的相应长度一致。那么以半径为 $R + H_d$ 的椭球面称为抵偿椭球面或称为抵偿投影面。按式(5-15)得到的 H_d 称为抵偿投影面高程。抵偿投影面的选择可以简化椭球体投影改化与高斯距离改化的工作。

二、角度的改化

就其球面特征而言,球面上地面点之间的水平角是观测视线在球面上投影线的夹角,这种球面上投影线实际上是一条球面弧线,如图 5.6a)中的 ab 弧。根据高斯投影的特点,ab 弧投影在高斯平面是 $a'b'$ 弧,如图 5.6b)所示。

根据式(2-1)可知,水平角度大小由水平方向观测值所决定,因此,角度的改化主要是水平方向的改化。把 $a'b'$ 弧的切线方向改化为弦线(虚线)方向就是在水平方向观测值上加上方向改正数 ε_{ab},根据高斯投影理论的推证

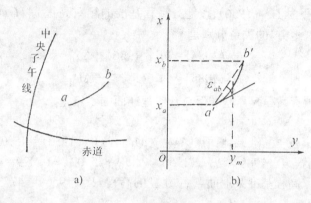

图 5.6

$$\varepsilon_{ab} = \rho(x_a - x_b)\frac{y_m}{2R^2} \tag{5-16}$$

式中，x_a、x_b 分别是 a、b 点的 x 坐标近似值，y_m 与式（5-9）相同，R 是地球曲率半径（6 371km）。

根据式（5-16），当 $y_m = 20$km，$x_a - x_b = 2$km，方向改正数 $\varepsilon_{ab} = 0.1''$。对于要求不高的一般工程建设，当 $y_m < 20$km，$x_a - x_b = 2$km，亦即把曲面当做平面，不进行方向改化工作。

三、零点差的概念及其地面点高程的换算

1. 零点差

从图 1.9 可见，绝对高程和相对高程的区别是高程基准面不同。绝对高程基准面与相对高程基准面之间存在差距，用 Δh_0 表示，称为基准面零点差，简称零点差。表 5-1 列出我国现有的几种零点差。如图 1.9 所示，零点差可表示为同一地面点（如 A 点）按不同高程基准面的高程之差，即

$$\Delta h_0 = H'_A - H_A \tag{5-17}$$

式中的 H_A 当做地面点的绝对高程，H'_A 当做地面点的相对高程。

表 5-1　　　　**1985 国家高程起算基准面与其他基准面的零点差**　　　　（单位:m）

高程起算基准	1985 国家基准	1956 国家基准	珠江基准	广州基准	吴淞基准	大沽基准	旧黄河基准
Δh_0	0	-0.029	0.557	-4.443	-1.856	-1.952	-0.092

2. 地面点高程参数的换算问题

我国已经确定新的正常高系统的高程起算基准面，即 1985 国家高程基准。由于历史的原因，我国现有多种高程基准：1956 国家高程基准和各地方高程基准。如果在同一地区存在多种基准的已知高程点，由此将存在地面点高程参数换算问题，这些换算问题主要是：(1) 1985 国家高程基准与 1956 国家高程基准的换算；(2) 国家高程基准与地方高程基准的换算；(3) 各个地方高程基准之间的换算。

由式(5-17)可见,设 A 点按 1985 国家高程基准的绝对高程为 $H_A(1985)$,按 1956 国家高程基准的相对高程为 $H'_A(1956)$,按地方高程基准的相对高程为 $H'_A(地方)$,$H_A(1985)$ 与 $H'_A(1956)$、$H'_A(地方)$ 的关系分别是

$$H_A(1985) = H'_A(1956) - \Delta h_0$$

$$H_A(1985) = H'_A(地方) - \Delta h_0 \tag{5-18}$$

式中,Δh_0 是 1985 国家高程起算基准面与其他基准面的零点差。

3. 算例

1) 以 1956 国家高程基准某地面点 A 建立的高程 $H'_A(1956)=45.021$ m,按 1985 国家高程基准 A 点的高程 $H_A(1985)=H'_A(1956)-\Delta h_0=45.021+0.029=45.060$ m。

2) 以 1956 国家高程基准某地面点 A 建立的高程 $H'_A(1956)=47.372$ m,换算成珠江高程基准的高程,方法为:

(1) 用式(5-18)换算成按 1985 国家高程基准的高程,即

$$H_A(1985) = H'_A(1956) - \Delta h_0 = 47.372 + 0.029 = 47.401 \text{ m}$$

(2) 用式(5-18)换算成按珠江高程基准的高程,即

$$H'_A(珠江) = H_A(1985) + \Delta h_0 = 47.401 + 0.557 = 47.958 \text{ m}$$

[注解]

1. 1985 国家高程基准面。我国现阶段的法定高程基准面。表 5-1 的其他基准是假定的高程基准面。
2. 不改化的条件。指边长化为平面长度时涉及的要求。一是 $y_m < 20$km,即所在区域不大;二是工程上要求不高。
3. 零点差的正负。表 5-1 中的零点差有正有负。正,假定的高程基准面低于 1985 国家高程基准面。负,假定的高程基准面高于 1985 国家高程基准面。

第二节 方位角的确定

一、方位角及其类型

1. 方位角的概念

方位角是地面点定位的重要参数。方位角指的是两个地面点构成的直线段与指北方向线之间的夹角。通常,方位角是以指北方向线为基准方向线,并按顺时针旋转方向转至直线段所得的水平角。如图 5.7 所示,地面上 A、B 两点的直线段 AB,过 A 有一指北方向线 AN,则 AN 按顺时针旋转方向转至直线段 AB 的 $\angle NAB$ 表示为 AB 的方位角。

2. 三北方向线

指北方向线,有真北方向线、磁北方向线、轴北方向线,即所谓的三北方向线。

1) 真北方向线:即真北子午线。地面上一点真子午线指向北极 N 的方向线,称为真北方向线,简称真北线。

2) 磁北方向线:即磁北子午线。地面上一点磁针指向地球磁场北极 N' 的方向线,称为磁北方向线,简称磁北线。由于地球南北极与地球磁场南北极不一致,地面点真北线与磁北线不重合,两线夹角 δ 称为偏磁角,如图 5.8 所示。若磁北线在真北线以东,δ 为正;磁北线在真北线以西,δ 为负。

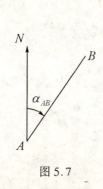
图 5.7

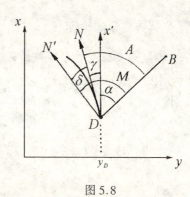
图 5.8

3) 轴北方向线:即平面直角坐标系的 x 轴方向线,简称轴北线。过坐标系中地面点作平行于 x 轴的方向线(x'),该方向线和 x 轴方向线一样都是该地面点的轴北方向线。

3. 子午线收敛角

根据高斯投影几何意义,投影带中央子午线投影是高斯坐标系的 x 轴,离开中央子午线的真子午线是以南北极为终点的弧线,弧线上的地面点的轴北方向线与经过该点的真北子午线不一致,两者存在一个夹角称为子午线收敛角,用 γ 表示,如图 5.8 所示。

图 5.8 中,地面点 D 的轴北方向线 Dx',在 D 点存在一条真北子午线,过 D 点作该子午线的切线 DN,则 DN 与 Dx' 的夹角就是地面点 D 的子午线收敛角 γ。根据高斯投影理论,γ 与地面点 y 坐标实际值同符号,大小与 y 坐标实际值成正比,可以利用地面点近似坐标 (x,y) 求得。用计算机法求取 γ 比较方便,具体方法见附录二。

把真北、磁北、轴北三方向综合在一起,便构成三北方向图,即图 5.9。

4. 方位角的类型

基准方向线不同,方位角的类型也不同。

1) 真方位角:以真北方向线为基准方向线的方位角,称为真方位角,用 A 表示。

2) 磁方位角:以磁北方向线为基准方向线的方位角,称为磁方位角,用 M 表示。

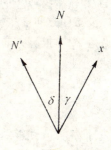
图 5.9

3) 坐标方位角:以轴北方向线为基准方向线的方位角,称为坐标方位角,用 α 表示。

由于磁偏角 δ 和子午线收敛角 γ 的存在,真方位角 A 与磁方位角 M,真方位角 A 与坐标方位角 α 有一定的关系,即

$$A = M \pm \delta \tag{5-19}$$

$$A = \alpha + \gamma \tag{5-20}$$

$$\alpha = A - \gamma = M \pm \delta - \gamma \tag{5-21}$$

例,真方位角 $A = 46°$,子午线收敛角 $\gamma = 2'34''$,磁偏角 $\delta = -1'23''$。试计算磁方位角 M、坐标方位角 α。

分析:根据关系式(5-19)、式(5-20)、式(5-21),磁方位角 $M = A - \delta = 46° + 1'23'' = $

$46°01'23''$。坐标方位角 $\alpha = A - \gamma = 46° - 2'34'' = 45°57'26''$。

二、坐标方位角的确定

1. 已知点之间的坐标方位角的计算

即利用已知点的坐标反算 A 至 B 的坐标方位角 α_{AB}。

1) 计算公式：如图 5.10，A、B 两点坐标是 (x_1, y_1)、(x_2, y_2)，坐标反算坐标方位角 α_{AB} 是

$$\alpha_{AB} = \arccos\left(\frac{\Delta x}{s}\right) \tag{5-22}$$

式中，$\Delta x = x_2 - x_1$，$\Delta y = y_2 - y_1$。s 是 A、B 两点的边长，即

$$s = \sqrt{\Delta x^2 + \Delta y^2} \tag{5-23}$$

2) 注意事项：

① 当 $\Delta y < 0$ 时，α_{AB} 的实际值应是

$$\alpha_{AB} = 360° - \arccos\left(\frac{\Delta x}{s}\right) \tag{5-24}$$

② 坐标方位角 α_{BA} 与 α_{AB} 的关系公式是

$$\alpha_{BA} = \alpha_{AB} \pm 180° \tag{5-25}$$

称式(5-25)中的 α_{BA} 是 α_{AB} 的反方位角，则 α_{AB} 是 α_{BA} 的正方位角。

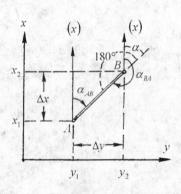

图 5.10

2. 利用已知方位角和水平角计算观测边的坐标方位角

1) 实例：图 5.11 中，地面点有 A、B、1、2、3，已知坐标方位角 α_{AB}，水平角 β_1、β_2、β_3，D_1、D_2、D_3 各边相应的坐标方位角是 α_{B1}、α_{12}、α_{23}。

设推算方向依次沿 B、1、2、3 的路线，水平角 β_1、β_3 在推算方向线的左侧，称为左角。水平角 β_2 在推算方向线的右侧，称为右角。

$$\alpha_{B1} = \alpha_{BA} + \beta_1 = \alpha_{AB} + 180° + \beta_1$$

$$\alpha_{12} = \alpha_{1B} - \beta_2 = \alpha_{B1} + 180° - \beta_2 = \alpha_{AB} + 2 \times 180° + \beta_1 - \beta_2$$

$$\alpha_{23} = \alpha_{AB} + 3 \times 180° + \beta_1 - \beta_2 + \beta_3$$

同理，推算方向线继续延长到第 n 点，则 $\alpha_{n-1,n}$ 为

$$\alpha_{n-1,n} = \alpha_{AB} + n \times 180° + \sum \beta_{左} - \sum \beta_{右} \tag{5-26}$$

式中，$\sum \beta_{左}$ 是左角值之和；$\sum \beta_{右}$ 是右角值之和。

2) 注意：① 每条边坐标方位角的计算依次进行，其结果应是少于 360° 的正数；② 计算中应顾及正反方位角的关系。

3. 坐标方位角是计算点位坐标的重要参数

图 5.11 中，D_1、D_2、D_3 是 B—1、1—2、2—3 的边长，α_{B1}、α_{12}、α_{23} 是边 B—1、1—2、2—3 的坐标方位角。1 号点的坐标为 x_1、y_1，即

$$\begin{array}{l} x_1 = x_B + \Delta x_{B1} = x_B + D_1 \cos\alpha_{B1} \\ y_1 = y_B + \Delta y_{B1} = y_B + D_1 \sin\alpha_{B1} \end{array} \tag{5-27}$$

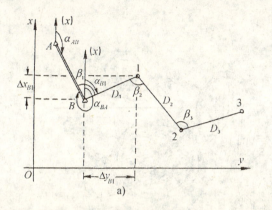
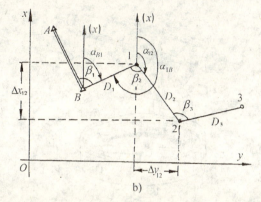

图 5.11

2 号点的坐标为 x_2、y_2，即

$$x_2 = x_1 + \Delta x_{12} = x_1 + D_2\cos\alpha_{12} = x_B + D_1\cos\alpha_{B1} + D_2\cos\alpha_{12} = x_B + \sum_1^2 D_i\cos\alpha_i$$

$$y_2 = y_1 + \Delta y_{12} = y_1 + D_2\sin\alpha_{12} = y_B + D_1\sin\alpha_{B1} + D_2\sin\alpha_{12} = y_B + \sum_1^2 D_i\cos\alpha_i$$

同理，第 i 点的坐标可表示为

$$\begin{aligned} x_i &= x_B + \sum_1^i D_i\cos\alpha_i \\ y_i &= y_B + \sum_1^i D_i\sin\alpha_i \end{aligned} \tag{5-28}$$

例，图 5.11 中 1、2、3 点位边长、方位角列在表 5-2 中，按式(5-27)坐标计算列于表 5-2 中。

表 5-2

点	坐标方位角 α	边长	Δx	Δy	x	y
B					100.000	100.000
	32°11′41.3″	$D_1 = 56.76$	48.033	30.242		
1					148.033	130.242
	127°45′56.3″	$D_2 = 61.54$	−37.689	48.649		
2					110.344	178.891
	44°33′10.3″	$D_3 = 65.34$	46.562	45.840		
3					156.906	224.731

三、罗盘仪测定磁方位角

1. 罗盘仪的基本构造

罗盘仪的型号式样很多，但其构造基本相同，图 5.12a)是罗盘仪的一种。这种罗盘仪的基本组成部分为：罗盘盒，望远镜，基座。

罗盘盒的主要构件是装在圆盒里的度盘、磁针。盒中还装有水准器、磁针固定钮。

度盘注有刻度，随罗盘仪型号不同而各异。图 5.13 是按逆时针顺序排列的 0～360°刻度。磁针就是通常的指南针，用于指示磁方位角。水准器可以表示度盘的水平情况。罗盘

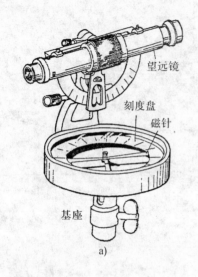
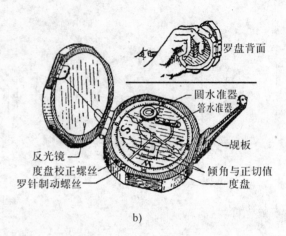

图 5.12

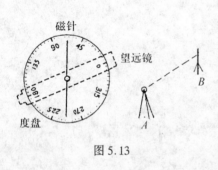

图 5.13

盒装有磁针固定钮,为了减少磁针的磨损,不用时利用固定钮把磁针固定起来。

罗盘仪望远镜样式小,构造与经纬仪望远镜基本相同。罗盘仪望远镜通过支柱与罗盘盒连接,视准轴与度盘 0°至 180°的连线平行,并且该连线跟随望远镜转动。

基座是一种球臼结构,可以装在小三脚架上。利用球臼结构中的接头螺旋可以摆动罗盘盒,使水准器气泡居中,整平罗盘仪。罗盘仪的磁针指向磁北,提供磁北方向线。由于望远镜视准轴与度盘 0°至 180°的连线平行,且在水平转动时带动度盘一起转动,故当磁针指在度盘 0°时,望远镜视准轴与磁针同指磁北。在测定磁方位角时,磁针的磁北指向是磁方位角的指标线。

2. 罗盘仪测定磁方位角的方法

1)安置罗盘仪和目标。如图 5.13 所示,罗盘仪在地面点 A 对中整平,目标立在另一地面点 B 上。

2)瞄准目标。利用罗盘盒下方的制动微动机构,转动罗盘仪的望远镜瞄准目标。

3)读数。打开磁针固定钮,磁针自由摆动正常,读取磁针静止时所指的度数,用 M 表示。

4)返测磁方位角。按上述 1)、2)、3)的步骤在另一地面点返测磁方位角 M',用以检核磁方位角测量的准确性(M 与 M' 相差 180°)。

罗盘仪结构简单,应用方便,但在磁方位角测量时应避开铁质物和高压电场的影响,用完罗盘仪后应锁定磁针固定钮。

四、陀螺经纬仪测定真方位角

1. 陀螺经纬仪测定真方位角的基本思想

陀螺经纬仪是一种将陀螺仪与经纬仪结合成一体的用于测定真方位角的测量仪器。如

图 5.14 所示,是我国生产的 DJ6-T60 陀螺经纬仪的外貌,上半部是陀螺仪,下半部是光学经纬仪。

陀螺仪是测定真方位角的核心设备,其基本任务是按自身的指北原理为真方位角提供真北方向。从图 5.14 可见,陀螺仪的观测镜筒能提供真北 N 的方向。可以设想,若经纬仪望远镜的视准轴处在真北 N 方向的竖直面内,并且水平度盘读数为的 0°,那么当经纬仪瞄准其他目标方向时得到的水平方向值便是仪器所在地面点至目标的真方位角。

2. 陀螺仪的指北原理

图 5.15 是陀螺仪灵敏部的原理结构图。图中表明灵敏部处于未锁定的悬挂状态,此时陀螺房中的陀螺沿 x 轴高速旋转,陀螺房可沿悬挂带转动和自由摆动。

陀螺仪自动指向真北的功能在于陀螺仪具有定轴性和进动性:

1) 高速旋转的陀螺在没有外力矩作用时,陀螺转轴(x 轴)的空间方位保持不变,这就是定轴性。如图 5.16 所示,陀螺在 A 处的状态中高速旋转,没有外力矩作用,x 轴的空间方位始终不变。

2) 高速旋转的陀螺,在外力矩作用下,x 轴的空间方位将发生变动,这种方位变动是陀螺的特种运动性质称之为进动性。

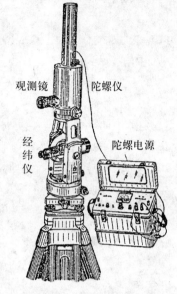

图 5.14

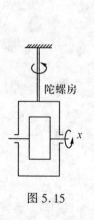

图 5.15

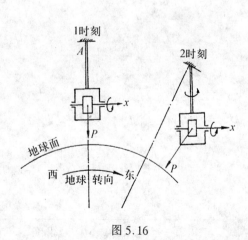

图 5.16

如图 5.16 所示,陀螺处于 1 时刻,陀螺仪处于重力平衡的情形,x 轴处于水平状态,没有外力矩的存在,故高速旋转的 x 轴保持定轴性,并与垂线互相垂直。

因为地球自西向东自转,地面点上摆设的悬挂状态中的陀螺所处的情况就随着时刻的变化而发生变化。例如图 5.16 中 1 时刻到 2 时刻的情形:

(1) 由于定轴性的原因,陀螺的 x 轴企图保持原有的定轴方位;

(2) 定轴性的延续引起 x 轴与垂线不垂直,即 2 时刻的陀螺离开重力平衡的位置;

(3) 地球引力的作用,力图把陀螺拉回到重力平衡的位置,这时便产生了外力矩对陀螺的作用;

(4) 外力矩的作用,引起 x 轴发生向北偏转,直至 x 轴与外力矩都在陀螺所在地点的子午平面内。陀螺 x 轴的这种运动形式就是进动,进动的结果使陀螺 x 轴指向真北方向。

五、象限角

1. 象限角的概念

指北方向线与地面点之间的直线所构成的锐角,称为象限角,用 R 表示。如图 5.17 平面直角坐标系中指北方向线是轴北方向线,锐角 R_{01} 是 01 方向在第一象限的象限角。

2. 象限角与坐标方位角的关系

用式(5-29)表示,即

$$\begin{aligned} R_{01} &= \alpha_{01} & &\text{称北东 } R_{01} \\ R_{02} &= 180° - \alpha_{02} & &\text{称南东 } R_{02} \\ R_{03} &= \alpha_{03} - 180° & &\text{称南西 } R_{03} \\ R_{04} &= 360° - \alpha_{04} & &\text{称北西 } R_{04} \end{aligned} \qquad (5\text{-}29)$$

R_{01}、R_{02}、R_{03}、R_{04} 作为各线段象限角的角值运算,在应用上冠以相应的技术名称,如图 5.18 和表 5-3 所示。

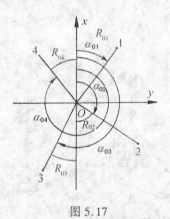

图 5.17

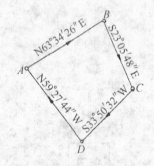

图 5.18

表 5-3　　　　　　　　　　象限角计算

线段名称	坐标方位角 α	象限角 R	技术名称 1	技术名称 2	象限
AB	63°34′26″	63°34′26″	北东 63°34′26″	N 63°34′26″E	1
BC	156°54′12″	23°05′48″	南东 23°05′48″	S 23°05′48″E	2
CD	213°50′32″	33°50′32″	南西 33°50′32″	S 33°50′32″W	3
DA	300°32′16″	59°27′44″	北西 59°27′44″	N 59°27′44″W	4

第三节 地面点坐标换带的概念

一、换带的目的

1. 解决投影带的统一性

所谓投影带的统一性,即工程建设需要的地面点坐标必须统一于同一个投影带,或者说必须统一于同一个高斯投影面。工程建设经常用到国家基础测绘已建立的地面固定点,但这些点位坐标属于各自的高斯平面投影带。如图 5.19a)、b)中,M、N、O 三个地面点,M、O 的坐标分别在带号为 20、21 的 6°带中,见图 5.19c)。地面点 N 的坐标在带号为 40 的 3°带中,见图 5.19d)。各点坐标见表 5-4。这种不同投影带的地面点平面直角坐标不便为工程建设所应用,因此必须进行换带计算,使所需的地面点的坐标符合投影带的统一性原则。

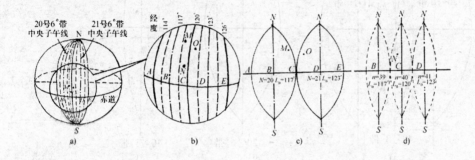

图 5.19

表 5-4　　M、N、O 三个地面点的大地坐标及所在投影带的高斯平面坐标

点　　名		M	N	O
大地坐标系统	B	29°33′45.″803 6	29°29′26.″859 7	29°33′21.″757 6
	L	119°51′28.″744 1	119°52′45.″2203	120°02′48.″011 4
高斯平面直角坐标	X	3 275 110.535	3 263 732.959	3 274 601.170
	Y	20 777 021.233	40 488 287.915	21 213 713.998
投影带带号		20 号 6°带	40 号 3°带	21 号 6°带

2. 解决投影变形大的问题

图 5.20b)中,M、N 两点投影在 20 号 6°带,Y 坐标平均值为 y_{20}。在图 5.20c)中,M、N 两点可投影在 40 号 3°带,Y 坐标平均值为 y_{40}。从图 5.20 中可见,按不同的高斯投影带的投影结果得 $|y_{20}| > |y_{40}|$。以 Y 坐标平均值按式(5-11)计算各自的投影变形,则 $\Delta S_{20} > \Delta S_{40}$。

由上述情况可见,若通过坐标换带为地面点提供新的投影带,使换带后的点位新坐标比较靠近新的投影带中央子午线(见表 5-5),其平均 Y 坐标引起的变形 ΔS 很小,甚至可忽略不计。由此可见,坐标换带可解决投影变形大的问题。

表 5-5　　　　　　　M、N 两个地面点所在投影带的高斯平面坐标

点　名		M	N
20 号 6°带	X	3 275 110.535	3 267 183.168
	Y	20 777 021.233	20 779 278.980
	y_{20} :	278 150.106	
40 号 3°带	X	3 271 708.378	3 263 732.959
	Y	40 486 237.537	40 488 287.915
	y_{40} :	−12 737.274	

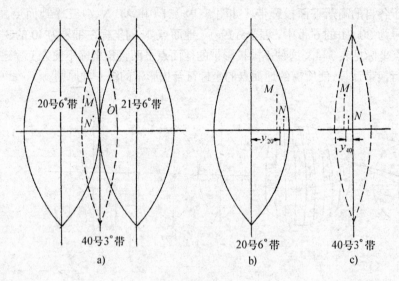

图 5.20

二、换带的基本思路

换带计算有直接法和间接法,由于篇幅的限制,这里不对换带计算理论、计算公式及具体方法进行详细论述,仅以间接法为例介绍换带的基本思路。

1. 正算

以椭球体面地面点的大地坐标(B、L),按高斯投影理论公式计算该地面点的高斯平面直角坐标(x、y),称为正算。计算公式见附录三。正算的步骤:

1) 根据点位大地经度 L 选投影带中央子午线 L_0。

2) 求经差 l,即

$$l = L - L_0 \tag{5-30}$$

式中,L 是地面点所在子午线的经度;L_0 是所选定的投影带中央子午线经度。

3) 计算地面点的坐标 x、y。即以地面点的大地纬度 B 及经度差 l,按高斯投影理论公式求出地面点的坐标 x、y。

例如根据表 5-4 中 M 点的大地坐标正算:

(1) 选 M 点所在 6°带,$N = 20$,按式(1-3)得 $L_0 = 117°$,按式(5-30)得经度差 $l = 2°51′28.″7441$。把 M 点纬度 B 及经度差 l 代入高斯正算公式得 M 点在 20 号 6°带的坐标

(列在表 5-5 中)。M 点位置如图 5.20b)所示,M 点的实际坐标 $y'(6) = 277\ 021.233$ m。

(2) 选 M 点所在 3°带,$n = 40$,按式(1-4)得 $L_0 = 120°$,按式(5-30)得经度差 $l = -0°08'31.''2599$。把 M 点纬度 B 及经度差 l 代入高斯正算公式得 M 点在 40 号 3°带的坐标(列在表 5-5 中)。M 点位置如图 5.20c)所示,M 点的实际坐标 $y'(3) = -13\ 762.463$ m。

M 点的两种正算例表明:

选择的投影带不同,即中央子午线经度 L_0 不同,则按式(5-30)的经差 l 不同,故正算变换得到的高斯平面直角坐标(x、y)也不同。选择投影带是正算的关键。

选择两种投影带得到的 M 点 y 坐标实际值差别很大,如 $|y'(3)| < |y'(6)|$。表明通过选择不同的投影带,可改变 M 点的位置参数,使之更靠近所选择的投影带中央子午线。

2. 反算

把高斯平面位置变换成椭球体面大地点位置的计算工作,称为反算。这一计算的结果是把地面点的高斯平面直角坐标(x、y)变换为大地坐标(B、L)。计算公式见附录三,反算涉及反算的理论公式,运算比较复杂,但是对于电子计算机来说已不成问题。

3. 间接法换带计算的顺序

1) 将原投影带地面点的高斯平面直角坐标(x、y)反算为椭球体面的大地坐标(B、L)。在几何意义上,反算的结果是把地面点的高斯平面位置搬回椭球面位置上。

2) 选择新的投影带,确认新投影带的中央子午线的经度 L_0,按式(5-30)计算经差 l。

3) 利用反算得到的地面点大地纬度 B 及经度差 l 正算,最后获得新投影带的高斯平面直角坐标。在几何意义上,正算结果按选择的新投影带把椭球面的地面点位置搬回新中央子午线所定的高斯平面直角坐标系中。

地面点坐标换带计算的电算方法见附录三。

第四节 数的凑整与留位

一、有效数字

1. 概念

有效数字是描述一个十进制数有现实意义的数字,亦即仿该十进制数用首位不为零的有限个自然数字构成的正整数数字。例如:

1) 180.05 的有效数字是 18005;

2) 6.0356 的有效数字是 60356;

3) 0.03040 的有效数字是 3040;

4) 12.56×10^6 的有效数字是 1256;

5) 9.647×10^{-6} 的有效数字是 9647。

2. 有效数字的有效数位

有效数字确定的数字位数称为有效数位。如 180.05 的有效数字 18005 的有效数位为 5,故称 180.05 的有效数字 18005 是五位有效数字。

一个十进制数的有效数位与该数的小数点无关,与该数所表示的 10 的乘方数无关,与该数首部零的个数无关,但是与该数尾部零的个数有关。例如:

1) 180.05 与 6.0356 的有效数字都是五位有效数字;
2) 12.56×10^6 与 1.256×10^8,两数的有效数字都是 1256;
3) 0.0304 与 0.03040,两数的有效数字分别是 304、3040。

二、数的凑整规则

一般地说,在观测及计算中得到的数都要根据不同的要求经过数的凑整,即经过数的四舍五入。例如,用钢尺丈量距离得到的观测值 25.746 m,若要求观测值表示到厘米位即可,则按一般四舍五入的要求凑整为 25.75 m。

在观测与计算中,数的凑整规则为:

1) 数值被舍去部分,小于保留末位数为 1 时的 0.5,则保留位数不变。如数 56.15346,保留两位小数,取 56.15。这个规则简称为"四舍"规则。

2) 数值被舍去部分,大于保留末位数为 1 时的 0.5,则保留位数加 1。如 $\pi =$ 3.141 592 653,保留四位小数取 3.141 6。这个规则简称为"五入"规则。

3) 数值被舍去部分等于保留末位数为 1 时的 0.5,若末位数为奇数时加 1;若末位数为偶数时不变。如数 56.765,保留两位小数,凑整为 56.76;如数 56.735,保留两位小数,凑整为 56.74。这个规则简称为"奇进偶不进"规则。

三、近似数在四则运算中的凑整

根据凑整后的结果可见,一个数的末位后仍存在不准确的数字。例如,56.735 凑整为 56.74,"4"的后面存在 -0.5 差值,用"?"表示不准确的数位,则 56.74 可表示为 56.74?。由此可见,经过凑整的数字又称为近似数。严格地说,现实观测得到的数字(不包括常数)属于凑整后的近似数。可以想像,由于近似数不准确数位的存在,近似数在四则运算中得到的结果必定受到制约,研究这种制约关系就是四则运算的凑整规则。这种规则简称为"多保留一位"规则,其运算过程称为"多保留一位运算"。

1. 加、减运算结果的凑整规则

一组数相加、相减,以小数位最少的数为标准,其余各数及其运算结果均比该数多保留一位小数位。例如:

一般运算	多保留一位运算
+184.32?	+184.32?
+358.4?	+358.4?
+ 12.358?	+ 12.36?
-114.74?	-114.74?
+467.338?	+467.34?
???	??
结果: 467.338	结果: 467.34

上例中 385.4 的小数位是一位。12.358 的小数位是三位,比 385.4 多保留一位即凑整为 12.36,其余的数的小数位均保持原来比 385.4 多一位的状态,运算结果 467.34 也比 385.4 多保留一位。对"一般运算"结果按多保留一位的规则得到的结果与"多保留一位运算"的结果相同。根据"多保留一位"的规则可见,加、减运算中数的最少小数位一经确定,其

他数的小数位可以多保留一位,多余的小数位在运算中是没有意义的。

2. 乘、除运算结果的凑整规则

两个数的相乘(或相除),以最少有效数位的有效数字为标准,另一数及其运算结果的有效数位(从首位数起)均比该数的有效数位多保留一位。例如:

一般运算	多保留一位运算
232.12?	232?
× 0.34?	×0.34?
??????	????
92848?	928?
69636?	696?
789208??	7888??
????	??
结果: 78.9208	结果: 78.88 凑整为 78.9

上例中 0.34 的有效数位是两位,232.12 的有效数位是五位,按多保留一位规则凑整为 232,运算结果是 78.9,有效数位均是三位。对"一般运算"结果按多保留一位的规则得到的结果与"多保留一位运算"的结果相同。

根据"多保留一位"的规则可见,乘、除运算中数的最少有效数位一经确定,其他数的有效数位可以多保留一位,尾部多余有效数位在运算中是没有意义的。

四、测量数字结果的取值要求

见表 5-6。

表 5-6　　　　　　　　　测量数字结果的取值要求

等 级	观测方向值及各项修正数(")	边长观测值及各项修正数(m)	函数位数	边长与坐标(m)	方位角(")
二 等	0.01	0.0001	8	0.001	0.01
三、四等	0.1	0.001	7	0.001	0.1
一级及以下	1	0.001	7	0.001	1

习 题

1. 设图 5.1 中,光电边 $D=561.334$ m,所处高程 $H_m=1\,541.30$ m。设高程基准面的地球曲率半径 $R=6\,371$ km,求光电边投影到高程基准面的改正。若投影到假定的高程基准面的相对高程是 $H'_m=41.30$ m,求这时的投影改正。

2. 接上题。$S=561.334$ m,$y_m=15\,451.56$ m,$R=6\,371$ km。计算高斯平面距离改化 ΔS 的值。

3. 试述地球面上边长和角度不进行高斯改化的条件。

4. 按 1956 高程基准的某地面点 A 的高程 $H'_A(1956)=54.021$ m,换算为 1985 国家高

程基准面绝对高程。

5. 按1956高程基准某地面点 A 的相对高程 $H'_A(1956)=74.372$ m，换算成珠江高程基准的相对高程。

6. 已知珠江高程系统、广州高程系统的高程零点差分别为 $+0.557$ m 和 -4.443 m，P 点的珠江高程系统相对高程 $H'_{珠江}=56.368$ m，求 P 点的广州高程系统相对高程 $H'_{广州}$。

7. 某直线段的磁方位角 $M=30°30'$，磁偏角 $\delta=0°25'$，求真方位角 A 的值。若子午线收敛角 $\gamma=2'25''$，求该直线段的坐标方位角 α 的值。

8. 直线段的方位角是_____。
答案：①两个地面点构成的直线段与方向线之间的夹角
②指北方向线按顺时针方向旋转至线段所得的水平角
③指北方向线按顺时针方向旋转至直线段所得的水平角

9. 式(5-19)的 δ 本身符号有正负，说明 $A=M+\delta$ 的大小意义。

10. 图5.8中，设 D 点的子午线收敛角 $\gamma=11'42''$，过 D 点 DB 边的真方位角 $A_{DB}=91°55'45''$，试计算 DB 的坐标方位角 α_{DB}。

11. 某线段磁方位角 $M=30°30'$，磁偏角 $\delta=0°25'$，求真方位角 A 的值。若子午线收敛角 $\gamma=0°02'25''$，求该直线段的坐标方位角 α 的值。

12. 图5.21中，A 点坐标 $x_A=1345.623$ m，$y_A=569.247$ m；B 点坐标 $x_B=857.322$ m，$y_B=423.796$ m。水平角 $\beta_1=15°36'27''$，$\beta_2=84°25'45''$，$\beta_3=96°47'14''$。求方位角 α_{AB}，α_{B1}，α_{12}，α_{23}。

13. 罗盘仪是一种_____。
答案：①用于测定直线段磁方位角的仪器
②测量真方位角的测量仪器
③可计算坐标方位角的计算工具

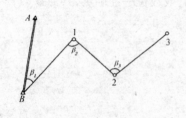

图5.21

14. 试述磁方位角的测量方法。

15. 在罗盘仪测定磁方位角时，磁针指示的度盘角度值是_____。
答案：①磁北方向值
②磁偏角 δ
③望远镜瞄准目标的直线段磁方位角

16. 一测回角度测量，得上半测回 $A_左=63°34'43''$，下半测回 $A_右=63°34'48''$。求一测回角度测量结果，结果取值到秒。

17. 水准测量改变仪器法高差测量得一测站 $h_1=0.564$ m，$h_2=0.569$ m。求该测站测量结果，结果取值到毫米。

18. $S=234.764$ m，$\alpha=63°34'43''$，求 Δx，Δy。结果取值到毫米。

19. 试述陀螺经纬仪的指北特点和原理。

20. 试述坐标换带计算的意义，试述间接法换带计算的基本思路和电算换带的计算步骤。

21. 说明近似数的凑整原则，说明测量计算"多保留一位运算"的原理。

第六章 全站测量

学习目标：明确全站测量技术的技术原理与方法；明确全站仪的基本结构、功能和现代全站测量技术的作用和意义；掌握几种全站仪基本应用和地面点定位的速测技术手段。

第一节 全站测量技术概念

一、全站测量概念

测量人员在测站上对地面点的坐标、高程等参数进行同时测定的方法称为全站测量。测量人员在测站上快速测定地面点的坐标、高程等参数的技术称为全站测量技术。

全站测量技术有光学速测法、半站光电速测法和全站光电速测法三种类型。

二、光学速测法

利用光学经纬仪及视距法原理迅速测定地面点位置的方法。光学速测法技术过程是：

1) 在地面点 A 安置经纬仪，量经纬仪高 i，瞄准起始方向 B（或称后视点），水平度盘置零。同时在 P 点立标尺，如图 6.1a)所示。

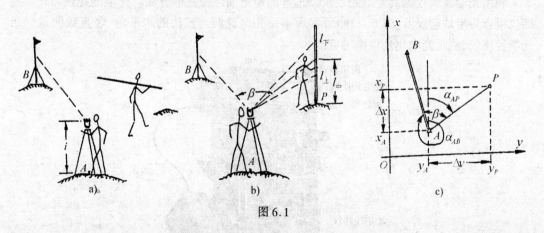

图 6.1

2) 经纬仪以盘左状态转照准部瞄准待测点 P 标尺（或称前视点），如图 6.1b)所示。测量水平角 $\beta(\angle BAP)$，计算 AP 方位角 α_{AP}，即

$$\alpha_{AP} = \alpha_{AB} + \beta \tag{6-1}$$

式中，α_{AB} 是已知方位角。

3) 经纬仪按视距法测量标尺视距差 l。l 满足式(3-53)，即

$$l = N - M \tag{6-2}$$

或

$$l = l_下 - l_上 \tag{6-3}$$

4) 在 A 点经纬仪测量竖直角 α_A,或测量得竖直度盘读数 L_A。按式(2-20)得

$$\alpha_A = 90 - L_A \tag{6-4}$$

5) 按原理式(3-65)、式(3-69)、式(3-70)测量 A 点至 P 点的平距 D_{AP}。即

$$D_{AP} = 100\ l \tag{6-5}$$

$$D_{AP} = 100\ l\cos^2\alpha_A \tag{6-6}$$

$$D_{AP} = 100\ l\sin^2 L_A \tag{6-7}$$

6) 仿式(5-27),以 α_{AP}、D_{AP} 及 A 点坐标求 P 点坐标,如图 6.1c)所示。即

$$x_P = x_A + \Delta x_{AP} = x_A + D_{AP}\cos\alpha_{AP} \tag{6-8}$$

$$y_P = y_A + \Delta y_{AP} = y_A + D_{AP}\sin\alpha_{AP} \tag{6-9}$$

式中,x_A、y_A 是 A 点的坐标。

7) 经纬仪测量 $l_中$,按视距法原理式(4-43),利用 A 点高程及其他测量参数计算 P 点高程。即

$$H_P = H_A + 50(l_下 - l_上)\sin(2L_A) + i - l_中 \tag{6-10}$$

上述以经纬仪及视距法原理可同时获得地面点坐标、高程,在这里,经纬仪就是一台速测仪,故光学速测法又称经纬仪速测法。

如果用的是光电经纬仪,$l_下$、$l_上$ 按视距法测得,水平角 β,竖直角 α_A 由光电经纬仪快速测得,光电经纬仪速测法也可有效获得地面点坐标、高程。

三、半站光电速测法

利用光学经纬仪器及光电测距仪器迅速测定地面点位置的方法。光电测距仪与光学经纬仪组合为半站型仪器(图 6.2)便可实现半站光电速测。该法的水平角、竖直角测量仍是光学经纬仪,测距光电化是该法的特点。

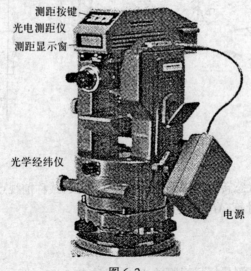

图 6.2

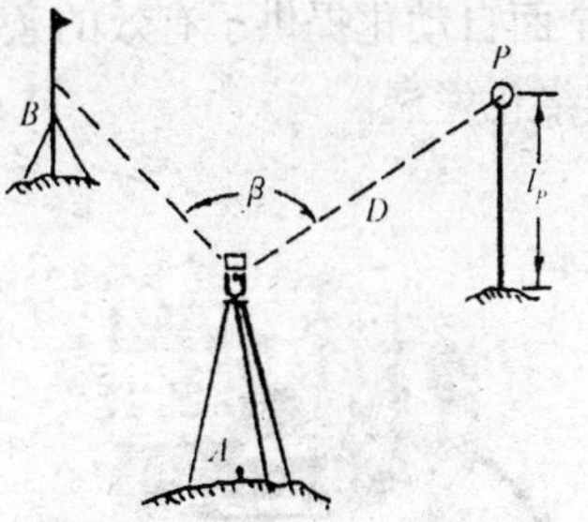

1) 在 A 点安置光学经纬仪和光电测距仪，量经纬仪高 i，瞄准起始方向 B，水平度盘置零，如图 6.3 所示。

2) 在 P 点安置反射器，量反射器高 l_P，如图 6.3 所示。

3) 按光学速测法测量水平角 $\beta(\angle BAP)$，计算 AP 方位角 α_{AP}，即

$$\alpha_{AP} = \alpha_{AB} + \beta \tag{6-11}$$

4) 经纬仪测量 P 点反射器竖直角 α_A，或测量得竖直度盘读数 L_A。按式(2-20)得

$$\alpha_A = 90 - L_A \tag{6-12}$$

图 6.3

5) 光电测距仪测量获得 AP 的平距 D_{AP}。平距 D_{AP} 的获得有成果处理的内容，其中：

(1) 加常数改正和气象改正

$$D = D' + k + \Delta D_{tP} \tag{6-13}$$

式中，D' 为光电测距长度，k 为加常数改正，ΔD_{tP} 为气象改正，可根据测距仪功能自动进行改正。

(2) 平距化算

$$D_{AP} = D \times \cos(\alpha_A + 14.1'' D_{km}) \tag{6-14}$$

(3) 必要的测量成果初处理，平距 D_{AP} 应得到球面投影改化和平面距离改化。

6) 以 α_{AP}、D_{AP} 及 A 点坐标求 P 点坐标。

$$x_P = x_A + \Delta x_{AP} = x_A + D_{AP}\cos\alpha_{AP} \tag{6-15}$$

$$y_P = y_A + \Delta y_{AP} = y_A + D_{AP}\sin\alpha_{AP} \tag{6-16}$$

7) 利用 A 点高程及其他测量参数计算 P 点高程。即

$$H_P = H_A + h_{AP} = H_A + D\sin(\alpha_A + 14.1'' D_{km}) + i - l_P \tag{6-17}$$

半站光电速测法改变了光学速测法测距短、精度低的缺点，可用计算器快速计算地面点的平面坐标和高程。

四、全站光电速测法

这是利用光电经纬仪（或称电子经纬仪）及光电测距仪迅速测定地面点位置的方法。所谓全站仪，就是由光电经纬仪及光电测距仪组合而成（图 6.4），或者由光电经纬仪及光电测距仪集成而一的全站测量仪器（图 6.5）。以全站仪的全站光电速测法获得地面点坐标和高程的基本模式与半站光电速测法相同，但却有半站光电速测法无法比拟的特点。

1. 测量光电化

以光电度盘和高速度光电角度数据处理系统为武装的光电经纬仪，摆脱了传统角度测量的弊病，实现测角光电化，使地面测量工作与方法为之一新。全站仪瞄准目标（反射器）以后启动测量，测角、测距、数据记录与处理几乎同步自动进行，并根据需要快速给出地面点的位置参数来，这就是现代的全站测量。

2. 备有数据群的存储设备

存储设备的形式与容量大小因机而异。早期全站仪多半有外设存储设备，近期全站仪

的存储设备大多随机内设。存储设备的数据群存取方便,为全站测量快速数据记录和测绘工作的全面自动化提供了有效的条件。有的全站仪器内装有小型计算机,全站仪正在向智能化、网络化发展。

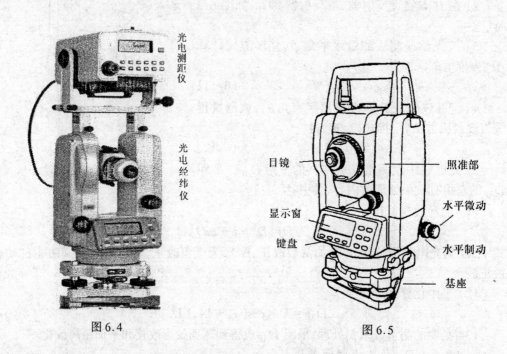

图 6.4　　　　　　　　　　　　　　　图 6.5

五、光学速测法与半站、全站光电速测法的基本公式比较

见表 6-1。

表 6-1　　　　光学速测法与半站、全站光电速测法的基本公式比较

项　目	光学速测法	半站、全站光电速测法
水平角	β	β
方位角 α_{AP}	$\alpha_{AP} = \alpha_{AB} + \beta$	$\alpha_{AP} = \alpha_{AB} + \beta$
竖盘读数 L	竖直角 $\alpha_A = 90 - L_A$	竖直角 $\alpha_A = 90 - L_A$
距离测量	视距测量 $l_下, l_上$,视距差 $l = l_下 - l_上$	光电测距 D'
成果处理与距离改化	$D_{AP} = 100\ l$ $D_{AP} = 100\ l\cos^2\alpha_A$ $D_{AP} = 100\ l\sin^2 L_A$	$D = D' + \Delta D_k$(加常数) $+ \Delta D_{tP}$(气象改正) $D_{AP} = D\cos(\alpha_A + 14.1''D_{km})$ $\Delta D = -D_{AP}(H_m - H)/(R + H_m)$(投影改化) $S = D_{AP} + \Delta D$ $\Delta S = S \times y_m^2/(2R^2)$ (高斯平面改化) 改化后距离 l_S(平面长度) $= S + \Delta S$
坐标计算	$x_P = x_A + \Delta x_{AP} = x_A + D_{AP}\cos\alpha_{AP}$ $y_P = y_A + \Delta y_{AP} = y_A + D_{AP}\sin\alpha_{AP}$	$x_P = x_A + \Delta x_{AP} = x_A + D_{AP}\cos\alpha_{AP}$ $y_P = y_A + \Delta y_{AP} = y_A + D_{AP}\sin\alpha_{AP}$ 注:如果有投影改化、高斯平面改化,此处 D_{AP} 是改化后距离平面长度 l_S。
高程计算	$H_P = H_A + 50(l_下 - l_上)\sin(2L_A) + i - l_中$	$H_P = H_A + D\sin(\alpha_A + 14.1''D_{km}) + i_A - l_P$

第二节 全站仪基本技术装备

一、全站仪基本结构

20世纪70年代,随着光电测距技术与光电测角技术的发展及其结合,全站型仪器——全站仪是发展的必然。当时我国已有研究的样机,世界各国名厂也竞相发展全站仪。综观现有各类全站仪(表6-2),虽然性能各有差别,但基本原理、结构相同(图6.6)。

表6-2　　　　　　　　部分全站仪的技术参数

仪器型号	制造厂家	测距精度 a	测距精度 b	测程 km(棱镜)	测角精度	精确整平补偿器	数据记录存储
TC2003	瑞士 Leica	1	1	5.0(11)	0.5″	液体补偿 10′	PC卡 512K
TC1610	瑞士 Leica	2	2	5.0(11)	1.5″	摆式补偿 3′	GRE4
TCA1800	瑞士 Leica	1	2	2.5(1)	1.0″	液体补偿 3′	内设数据库
GDM540	瑞典捷创力	2	2	4.7(8)	1.0″	3′	
EltaC	德国蔡司	2	2	3.0(3)	0.6″,1″	液体补偿 3′	REC记录器
FALDY	日本 JEC	2	2	3.6(3)	2″	3′	DATA卡(512K)
E2+DM503	瑞士 Kern	3	2	5.5(7)	0.5″	液体补偿 3′	Alphocord
SET2	日本测机舍	3	5	4.2(9)	2″	液体补偿 3′	磁卡(32K)
GTS-300	日本 Topcon	2	2	4.4(9)	2″	液体补偿 3′	数据存储器
NTS-310	中国南方	3	2	2.3(3)	2″	液体补偿 3′	数据存储器
PTS	日本 PENTAX	5	3	3.2(9)	2-3″	液体补偿 3′	DC-1Z存储器

1. 全站仪结构形式

沿用了光学经纬仪的基本特点。

1) 在外形结构上,比较图2.2、图2.39、图6.5,全站仪增设有键盘按钮和显示屏,但保留有类似光学经纬仪的照准部、基座的特点,照准部中有望远镜、水准器等部件。有的全站仪配有电子水准气泡(图6.15),屏幕可显示气泡图形和精确整平的情况,是水准器的新形式。

2) 在内部结构关系上,全站仪保留光学经纬仪的基本轴系 CC,望远镜视准轴 HH,横轴 VV,竖轴 LL 及管水准器轴。这些轴关系必须满足:$CC \perp HH$,$HH \perp VV$,$LL \perp VV$。

3) 用于人工操作的基本操作部件、旋钮的功能与经纬仪基本相同。

2. 全站仪基本技术装备

图6.6是全站仪的基本结构方框图。从图6.6可见,全站仪基本技术装备包括有光电测量系统、光

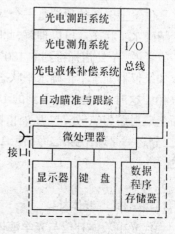

图6.6

电液体补偿技术、测量计算机系统。具有基本技术装备的全站仪属于基本型全站仪。有的仪器还设有光电自动瞄准和跟踪系统,属于自动型全站仪。

二、全站仪测量系统

图 6.6 上半部是全站仪的测量两大光电系统,即光电测距系统、光电测角系统,统称为全站仪测量系统。光电测角系统,即水平角、竖直角的光电测量系统,和光电测距系统一起,并通过 I/O 接口与测量计算机联系起来,受测量指令指挥。全站仪测量系统是全站仪的技术核心。

在现代全站仪光电测距系统中,有的还装备有无棱镜激光测距技术,如 Leica 的 TCR 型全站仪。

无棱镜激光测距,即目标不设反射器的光电测距方式。光电测距时光射向目标,光在目标表面的光反射,是反射方向杂乱的漫反射,如图 6.7 所示。虽然漫反射的光损失严重,如果返回的反射光强度足够,测距仪可探测到反射光实现距离测量,这就是无棱镜光电测距。一般地说,无棱镜激光测距采用激光高亮度和光

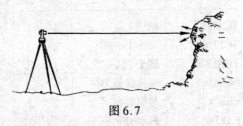

图 6.7

探测的高灵敏性能,可以精确测量目标距离。全站仪装备无棱镜激光测距技术,扩大了全站仪在土木工程特殊环境中的应用,如对危险区域的探测等。

三、光电液体补偿技术

1. 补偿

即对仪器存在不精密水平状态的一种修正,这是第二章第五节竖直角测量自动归零系统的基本功能。图 2.30 是一种机械摆式的补偿。

2. 液体补偿

光学经纬仪早已有之。在原理上,液体补偿把自身重力转化为液体自身液平面的形式提供水平补偿功能。如图 6.8 所示,以对径符合读数技术为例;为方便起见,把读数指标放在水平位置上。图的顶端是一个"液体盒",图中设仪器处于精确水平状态,对径指标(箭头)处于精确水平状态。可以理解,此时对径指标得到的 0°、180°反映在读数窗口上应是正确符合。或者说,A 处指标得到的 180°光线射入液体盒,在液平面全反射后与 B 处指标 0°重合。

如果仪器处于不精确水平状态,如图 6.9 所示,对径指标(箭头)偏离水平位置,存在一个 δ 角。这时,A 处指标得到的 180°光线射入液体盒,由于液体盒存在一个 δ 角,光线在液平面全反射后为 A' 处,与 B 处指标 0°不重合,偏离值等于 2δ 角。设计上,对径符合读数技术(二分之一原理,见第二章)使 A' 与 B 处指标重合起来,实现对 δ 角的测定,达到补偿的目的。

3. 双轴光电液体补偿

1) 单轴光电液体补偿

现代光电液体补偿与光学液体补偿的主要区别,是图 6.9 A' 处设有光电二极管探测 A'

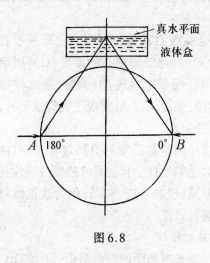 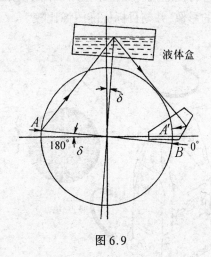

图 6.8　　　　　　　　　　图 6.9

的指标值,并与 B 处的指标值比较。在技术上通过电子精密测斜得到 δ 角,进而对不水平状态自动补偿。由于这种补偿只对竖直角进行修正,故称为单轴光电液体补偿。一般全站仪都装备有单轴光电液体补偿。

2) 双轴光电液体补偿

上述 δ 角又称为竖轴误差。从式(2-24)可见,只要能测定 δ,就可以利用水平角 β 及竖直角 α 修正竖轴误差 δ 对水平角的影响。这就是全站仪在对竖直角进行修正的基础上对水平角的修正。所谓的全站仪双轴光电液体补偿就是对竖直角、水平角同时误差修正的精密补偿系统。表 6-2 的液体补偿器的液体是水银、硅绝缘油,用于形成真水平面(见图 6.8,液体所在位置的水准面)。全站仪在粗平后的光电自动补偿功能是以光电传感技术、倾斜测微技术为基础的,实现双轴自动误差修正(图 6.10)。双轴光电液体补偿是全站仪高精度测量的基本条件之一。

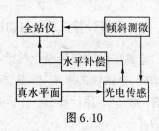

图 6.10

除双轴光电液体补偿之外,有的全站仪还有视准差、横轴误差、指标差的修正等,在单盘位测量中可提高观测值精度。

四、自动瞄准与跟踪

全站仪正在向着测量机器人的方向发展,自动瞄准与跟踪是重要的技术标志。

1. 自动瞄准

全站仪的自动瞄准技术,或称为自动识别目标技术,在原理上有三个基本技术环节。

1) 目标标准位置图像的存储。一般地说,全站仪以棱镜反射器作为瞄准目标,棱镜反射器的基本图像按全站仪精确瞄准方式作为标准位置图像内存在全站仪中,同时便于瞄准过程的随时取用。

2) 初次瞄准目标的图像获取与识别。初瞄,即通过角度、距离、坐标、高程等初值设置方式进行预定位。测量中全站仪按预定位初瞄目标,此时启动望远镜内的CCD摄像机获取目标的影像,并与目标标准图像比较。

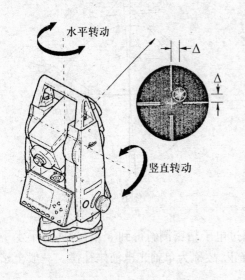

图 6.11

3) 全站仪自动寻标瞄准。比较获取目标影像中心与内存图像中心的差异 Δ,同时启动全站仪内部伺服电机转动(调整)全站仪照准部、望远镜,减少差异 Δ,实现正确瞄准目标,如图 6.11 所示。

比较与调整是反复的自动过程,同时伴随有自动对光等动作。自动寻标瞄准过程往往存在微小差异,仪器可以将其转化为改正数对测量结果进行修正。

2. 自动跟踪

第三章光电测距的跟踪测距,启动 TRC 键后的不间断测距,则手动测距仪跟踪瞄准移动的反射器,测距的结果随反射器移动而变化,整个过程离不开人工跟踪操作。现代全站仪的自动跟踪,以 CCD 摄像技术和自动寻标瞄准技术为基础,完全是全站仪按设计要求自身进行图像判断、指挥自身照准部和望远镜的转动寻标、瞄准、测量的全自动的跟踪测量过程。全自动的跟踪要解决过程异常情况分析和跟踪速度的调整等问题。

五、测量计算机系统与功能

全站仪的测量光电化技术与计算机技术的有机结合,是全站仪测量自动化、智能化的发展基础,全站仪的形成、发展与计算机技术密切相关。图 6.6 下半部(虚线框)实际是全站仪配有的测量专用计算机。不同的全站仪配备的计算机不尽相同,图方框中的基本器件是必备的。

微处理机是全站仪的核心部件,它如同计算机的 CPU,主要由寄存器系列(缓冲寄存器、数据寄存器、指令寄存器)、运算器和控制器组成。微处理机的主要功能是根据键盘指令启动全站仪进行测量工作,执行测量过程的检验和数据的传输、处理、显示、储存等工作,保证整个光电测量工作有条不紊地完成。输入、输出单元是与外部设备连接的装置(接口)。数据存储器是测量成果数据库。为便于测量人员设计软件系统,处理某种用途的测量参数,全站仪的计算机还设有程序存储器。

显示屏幕可提供数行的测量信息,键盘有限个按键可提供测量过程的指令控制。测量人员按动键盘的按键便启动内部键盘指令指挥全站仪的全部测量技术过程。

全站仪型号众多,按键功能丰富,但其基本功能相似:

1. 快速测量功能

1) 单测量:即单次测角或单次测距的功能。

2) 全测量:即角度、距离的全部同时测量。

3）跟踪测量：如同跟踪测距，也可跟踪测角。

4）连续测量：角度或距离分别连续测量，或同时连续测量。

5）程式测量：即按设计的程序进行快速间接测量，如坐标测量、悬高测量、对边测量（见第九章）等。

2. 参数输入储备功能

1）角度、距离、高差的输入储备。

2）点位坐标、方位角、高程的输入储备。

3）修正参数（如距离改正数）的输入储备。

4）测量术语、代码、指令的输入储备。

四种参数储备基本功能，为整个测量技术工作数据与图表处理及应用提供充分的准备。

3. 计算与显示功能

1）观测值（水平角、竖直角、斜距）的显示。

2）水平距离、高差的计算与显示。

3）点位坐标、高程的计算与显示。

4）储备的指令与参数的显示功能

全站仪的参数输入储备功能、计算与显示功能，为整个测量技术过程解决最基本的数据处理及结果显示，服务于整个测量技术过程。

4. 测量的记录、通讯传输功能

全站仪的通讯传输功能是以有线形式或无线形式与有关的其他设备进行测量数据的交换。

第三节 几种全站仪及其基本应用

一、TC600 全站仪

1. 概述

"TC"是瑞士 Leica 公司全站仪系列型号的标名之一，如 TC1 全站仪是其中的一种早期产品。"T"是 Theodolite（经纬仪）或 Total Station（全站）的英文首字母；"C"是 Classical（典型的）的英文首字母。近期产品如 TC 2000、TC 2003、TCA 1800 等全站仪。

TC 600 全站仪是一种功能较多的工程测量基本型全站仪，外观如图 6.12 所示。

TC 系列全站仪的技术指标随仪器而异，一般测距精度在 $\pm(2mm+2ppm \cdot D)$、测角精度 $\pm 1.5''$ 以上的是精密型全站仪。TC 600 全站仪是普通型全站仪，测距精度 $\pm(3mm+3ppm \cdot D)$，测程在 1~2km。一次正常测距时间为 3s。光电测角精度为 $\pm 5''$，一次测角时间为 0.3s。TC 600 全站仪在测量过程中内部记录器可记录 2 000 个测量标准组数据。

TC 600 全站仪操作旋钮功能与一般光学经纬仪相同，不同的是水平和垂直的制动、微动旋钮采用同轴机构，运用比较方便。

2. 键盘与显示窗

图 6.13 是 TC 600 键盘与显示窗。任何一台全站仪必有键盘与显示窗，只是设计样式、功能的差异。

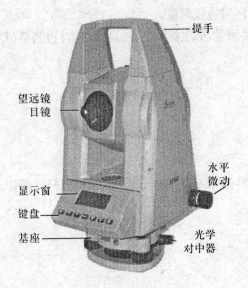
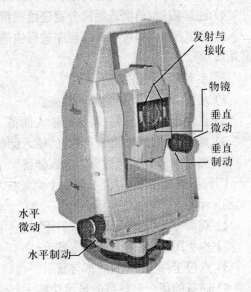

图 6.12

1) 显示窗。TC 600 开机(按"ON"键)后显示窗显示测量样式。显示窗有 4 个显示行,分别表示点号、水平方向值、天顶距、斜距。

2) 按键的主要功能。

由图 6.13 可见,TC 600 键盘设有 7 个键钮,分别设白色、黄色两种键名。其中"白色键名"表示键钮的主功能。"白色键名"与"MENU"组合为第二功能。按键的主功能:

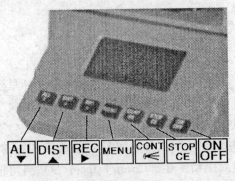

图 6.13

ALL:起动测量,光电测距,光电测角,记录全部测量成果。

DIST:光电测距,光电测角。

REC:记录测量成果。

MENU:调用第二功能,返回第一功能。

CONT:照明开关。

STOP:清除错误,终止功能,退出输入等。

ON/OFF:电源开关。

3) 按键第二功能与显示形式。

按键第二功能有多层次的步骤和显示。这里列举两个层次的第二功能与显示形式。

(1) 一层次步骤和显示。图 6.14 是一层次步骤的显示。实现的步骤有:

①项目显示。按"MENU"键,原测量显示样式就转换为图 6.14 项目显示形式。图中虚线框是隐藏待显示的项目,共有 9 个一层次的项目显示。

②项目选择。按"MENU"键之后,按黄色键名"▲"、"▼"上查、下查,光标"→"随之移动,根据需要选择。

③项目认可。项目选择之后,按"▶"键便认可所选的项目。如图 6.13 所示,按黄色键名"▲"、"▼"上查、下查,光标"→"跟着注明"LEVEL"(精确整平)。此时按"▶"键便认可"LEVEL"(精确整平)项目,随之显示图 6.15 中精确整平的电子水准气泡形式。图中的黑三角形图像是纵、横两个管水准气泡的精平形式。

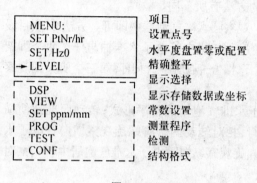

图 6.14

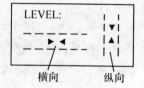

图 6.15

④项目设定。按黄色键名"CONT"键,所选的项目被设定,仪器显示窗转入测量显示方式,设定的项目应用于整个测量过程。在"项目认可"之后按"MENU"键,仪器显示窗也转入测量显示方式。

(2) 两层次步骤和显示。以测量显示 3 种方式为例。

①项目显示。按"MENU"键,项目显示形式如图 6-9 所示。

②项目选择。按黄色键名"▲"、"▼"上查、下查,光标"→"移至"DSP",如图 6-16 所示。

③项目认可。按"▶"键便认可选"DSP"项目。这是两层次测量显示 3 种方式(图 6.17)的认可与设定的开始。在此基础上按"▲"、"▼"上查、下查可任选其中一项,如选图 a),项目认可为测量显示图 a)方式,显示点号、水平方向值、天顶距、斜距。

图 6.16

④项目设定。按黄色 CONT 键,再按 CONT 键,所选的测量显示图 a)方式被设定,仪器显示窗转入测量显示图 a)方式应用于整个测量过程。

a) 标准显示 b) 平高显示 c) 三维显示

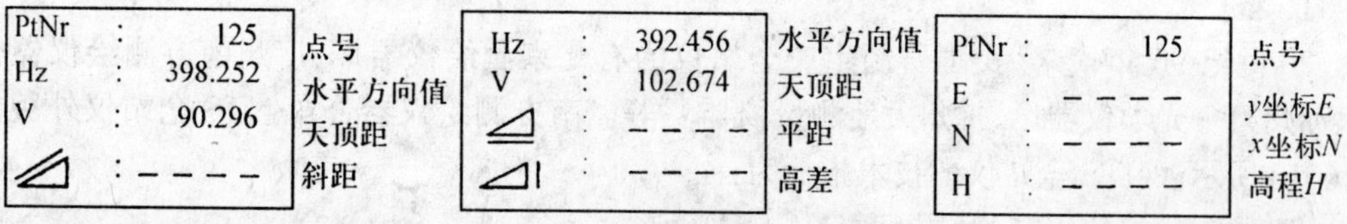

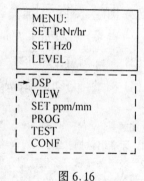

图 6.17

3. TC 600 的使用

1) 准备工作。

(1) 仪器的安置。

TC 600 全站仪装好蓄电池安置在三脚架上,做好仪器对中、整平,基本操作如同光学经纬仪。反射器按光电测距要求安置。量好仪器高 i 和反射器高 l 。

TC 600 有圆水准器和管电子水准器,整平的方法有所不同。

①脚架整平。方法 1:逐一升降任一脚架腿,观察圆水准气泡居中即可。方法 2:项目设定"LEVEL"电子水准气泡精确整平形式;转动照准部使横向管电子水准轴与任选两个脚架腿支点连线平行,升降一个脚架腿观察横向管电子水准气泡居中;再升降第三个脚架腿观察纵向管电子水准气泡居中。

②精确整平。方法:项目设定"LEVEL"电子水准气泡精确整平形式;转动照准部使横向管电子水准轴与任选两个脚螺旋中心连线平行,相对转动两个脚螺旋观察横向管电子水准气泡居中(▶、◀对称显示);再转动第三个脚螺旋观察纵向管电子水准气泡居中(▲、▼对称显示)。

(2) 测量前的仪器测量显示图 a)样式确定,设置测距改正数、地面点号码、坐标、高程及点名代码等参数的设置。

2) 瞄准反射器。利用同轴操作旋钮,按瞄准方法瞄准反射器中心。

3) 测量与记录。

(1) 测角:TC 600 开机就测角,如图 6.17a)方式显示 PtNr(点号)、Hz(水平方向值)、V(天顶距)。按 REC 键记录测角的结果。

(2) 测距:按 DIST 键,3 s 后显示距离。其间也测水平方向和天顶距。如图 6.17a)显示 PtNr(点号)、Hz(水平方向值)、V(天顶距)、斜距。按 REC 键记录测角的结果。

(3) 跟踪测量:按 DIST 键 2 s,跟踪测量开始。跟踪测距也测角。

(4) 测量与自动记录:按 ALL 键完成一次边角全部测量与记录。

[注解]

1. 标准组数据。TC 系列仪器设定,记录地面点号、水平方向值、天顶距和斜距,称为测量标准组数据。

2. 多层次显示。多层次显示有其相应的结构形式,可参考 TC 600 说明书,这里不详细介绍。

3. 全站仪 TC 600 的安置。在操作上仍然是经纬仪安置的 4 个基本步骤,只是有了双轴电子水准器,方法更简便快速。

二、南方 NTS 全站仪

1. 概述

20 世纪 90 年代末,我国研制生产全站仪的有北京测绘仪器厂、广州南方测绘仪器公司、苏州第一光学仪器厂、常州大地测量仪器厂等。南方测绘仪器公司 NTS 全站仪外貌如图 6.18 所示。NTS 全站仪的技术指标为:

角度测量:显示 1″(5″),精度 ±2″(±5″)。

距离测量:精度,±(5mm+5ppm·D);测程,1.5~2.5km;测量时间,正常测距 6s,连续测距 3s,跟踪测距 1s。

2. 键盘操作键功能

键盘见图6.19。

PWR 开关。按2s可开可关。仪器安置后按 PWR 开，屏幕显示"OSET"，应初始化，松开垂直制动，纵转望远镜可实现。

R/L 左右旋选择键。按一次，屏幕左下角显示"HR"，顺时针转动方向增加水平度盘记数；按一次，屏幕左下角显示"HL"，逆时针转动方向增加水平度盘记数。

OSET 水平角置零键。连续按两次，水平角显示为0。按一次不起作用。

HOLD 水平角固定键。连续按两次，水平角显示被固定，即水平度盘与照准部联系起来。 HOLD 键相当于复测键。按一次不起作用。

V% 竖直角与坡度变换键。按一次变换。

MODE 角、距变换键。按一次变换。

☼ 屏幕照明键。

REC 记录键。

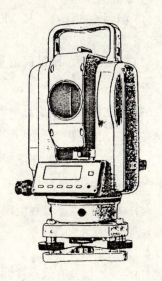

图6.18

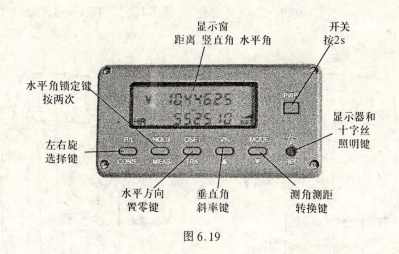

图6.19

3. 基本应用操作

1) 仪器安置。注意：(1) 仪器对中整平后应纵转望远镜的初始化操作，此时屏幕显示两行角度值。(2) 应用中未关机，电池不得卸下。(3) 仪器不平时屏幕将显示不平情况。

2) 测量准备。(1) 角度测量：HR、HL的设定；方向值置零；度盘配置。(2) 距离测量：反射器常数、气象改正的设定。(3)加常数、乘常数的设定。

3) 角度测量。从显示窗获得瞄准目标后的方向值，或按 REC 键。

4)距离测量。

(1)测距方式选择。按 MODE 键一次。测距方式选择后,按 V% 键可改变"斜距、平距、高差"的显示方式。

(2)连续测距。瞄准反射器后,显示窗有"*"标志,按 MEAS 键,每 3s 测距。中断按 MODE 键。

(3)单次测距。瞄准反射器后,显示窗有"*"标志,连续按 MEAS 键两次,每 6s 测距。连续按 MODE 键两次,回到角度测量。

(4)跟踪测距。瞄准反射器后,显示窗有"*"标志,按 TRK 键,每 1s 测距。中断按 MODE 键。

NTS 全站仪具有参数设定、程式测量等专项操作,可参考 NTS 全站仪说明书,这里不一一说明。

4.记录

NTS 全站仪设有数据存储器。早期仪器采用外接数据存储器(或称电子手簿)。近期仪器机内设数据存储器,可存 1 000 组测量数据。

三、Topcon 全站仪

1.概述

光电测距技术的问世,就开始了以全站仪光电测量技术风行土木工程领域的时代,世界各地相继出现全站仪研制、生产热潮,除瑞士 Leica 公司、德国蔡司、瑞典捷创力以外,还有日本的托普康(Topcon)、宾得(PENTAX)、索佳、尼康等厂家。TopconGTS-220 型全站仪如图 6.20 所示。

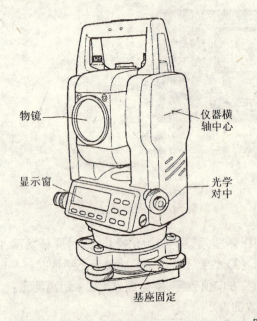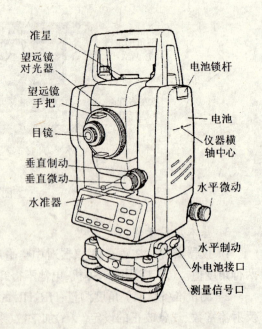

图 6.20

GTS-220 型全站仪技术指标:角度测量:显示 5～10″,精度 ±2″～±9″。距离测量:精度,±(2mm+2ppm·D);测程一般为 1.5～3.5km;测量时间,正常测距 3s。

2. 显示窗与键盘

TopconGTS-220 型全站仪是普通型全站仪,仪器的安置没有特别之处,但显示窗与键盘具有应用方便的特点。

1) 键盘硬键控制功能状态。GTS-220 型全站仪的键盘设有硬键和软键,其中显示窗右侧 6 个按键有固定的功能,称为硬键,如图 6.21 所示。图中有三个测量键:坐标测量键、距离测量键和角度测量键。坐标测量键控制全站仪处于 $x、y、H$(坐标、高程)三维坐标测量功能状态。距离测量键控制全站仪处于 $H、D、h$(高程、距离、高差)距离测量功能状态。角度测量键控制全站仪处于 $V、H$(天顶距、水平角)角度测量功能状态。

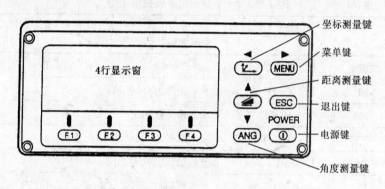

图 6.21

2) 键盘软键执行确定功能。图 6.21 中的 F1、F2、F3、F4 四键称为软键。F1、F2、F3、F4 四键功能由硬键状态和相应的页码决定。F1、F2、F3、F4 四键功能列于表 6-3、表 6-4、表 6-5 中。其中 F4 是页码键。在 GTS-220 型全站仪处于测量状态下,F1、F2、F3、F4 四键功能均由显示窗第 4 行指定。

表 6-3 坐标测量状态

页码	软键名	显示窗英文符号	功　　能
1	F1	MEAS	启动测量
	F2	MODE	设置测量模式:精测/粗测/跟踪
	F3	s/A	设置音响等模式
	F4	P1↓	显示第二页软键功能
2	F1	R.HT	输入设置的反射镜高度
	F2	INS.HT	输入设置的仪器高度
	F3	OCC	输入设置的仪器站坐标
	F4	P2↓	显示第三页软键功能
3	F1	OFSET	偏心测量模式
	F2	m/f/I	米、英尺或英尺、英寸单位变换
	F4	P3↓	显示第一页软键功能

表 6-4　　　　　　　　　　　　　　　距离测量状态

页码	软键名	显示窗英文符号	功　　能
1	F1	MEAS	启动测量
	F2	MODE	设置测量模式:精测/粗测/跟踪
	F3	s/A	设置音响等模式
	F4	P1↓	显示第二页软键功能
2	F1	OFSET	偏心测量模式
	F2	S.O	放样测量模式
	F3	m/f/I	米、英尺或英尺、英寸单位变换
	F4	P2↓	显示第一页软键功能

表 6-5　　　　　　　　　　　　　　　角度测量状态

页码	软键名	显示窗英文符号	功　　能
1	F1	OSET	水平角置为 0°00′00″
	F2	HOLD	水平角读数锁定
	F3	HSET	输入水平角
	F4	P1↓	显示第二页软键功能
2	F1	TILT	设置倾斜改正开关,ON 显示倾斜改正
	F2	REP	角度重复测量
	F3	V%	垂直角、百分度(坡度)显示
	F4	P2↓	显示第三页软键功能
3	F1	H-BZ	仪器每转动水平角 90°蜂鸣声设置
	F2	R/L	水平角右/左计数方向设置
	F3	CMPS	竖直角显示格式(高度角/天顶距)的切换
	F4	P3↓	显示第一页软键功能

四、TC 2000 全站仪

1. 概述

TC 2000 是一种精密型全站仪,外观如图 6.22 所示。TC 2000 测距精度为 $\pm(3mm+2ppm \cdot D)$,测程在 4km 以上,一次正常测距时间为 8s。测角精度为 $\pm 0.5″$,一次测角时间为 0.9s。该全站仪采用动态扫描测角原理,测角时度盘高速旋转,测角过程可以消除度盘分画误差和度盘偏心差的影响。仪器采用硅油液体自动补偿器,电子系统可以检测"三轴误差",对观测值可进行改正。

TC 2000 的操作旋钮功能与一般光学经纬仪相同,不同的是水平和垂直的制动、微动旋钮采用同轴的组合机构,运用比较方便。

第六章 全站测量

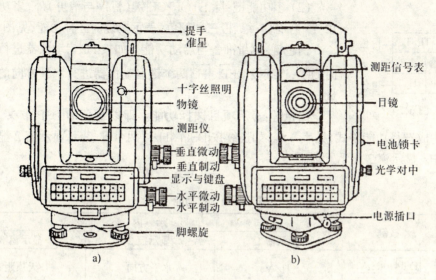

图 6.22

2. 键盘

TC 2000 键盘面如图 6.23 所示。

1) 显示窗。键盘上方有三个显示窗口：显示窗 1，显示输入或输出的项目名称；显示窗 2、3，显示输入或输出的数据。

2) 按键类型。键盘面共有 18 个按钮，按功能分类有单功能键、双功能键和多功能键。

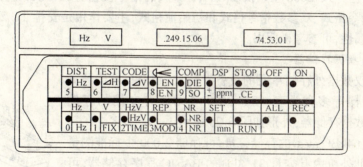

图 6.23

(1) 单功能键：

|ON|—开机；

|OFF|—关机；

|REC|—启动记录储存数据功能；

|ALL|—启动测量并储存数据；

|RUN|—回车键。启动执行工作指令。

(2) 多功能键:除 STOP/CE 键(暂停与清屏)外,多功能键有12个,各有白、绿、橙三种颜色,表示按键的三种功能,见图6.24。

白色键:测量准备与启动功能。如按 Hz 启动仪器进行水平方向测量;连续按 REP 、Hz 两个键启动仪器进行水平方向的重复测量。

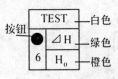

图 6.24

绿色键:显示项目选择功能。即以绿色键 DSP 带头,与一个绿色键构成选择功能格式,见表6-6。如连续按 DSP 、HzV 两个键,表示显示窗2显示水平方向值 Hz;显示窗3显示天顶距 V。

表 6-6　　　　　　　　　　显示项目选择功能

格式	按键		显示内容		
			显示窗1	显示窗2	显示窗3
1	DSP	HzV	Hz V	水平方向	天顶距
2	DSP	Hz∠	Hz∠	水平方向	水平距离
3	DSP	∠V	∠V	倾斜距离	天顶距
4	DSP	∠H	∠H	高差	镜站高程
5	DSP	EN	EN	镜站 y 坐标	镜站 x 坐标
6	DSP	DIFF			

橙色键:指令设置功能。以按 SET 键带头,后接有关的按键实现指令设置。

3) 指令设置。TC 2000全站仪以 SET 键带头的指令设置有三种以相应按键的设置格式,即单参数指令格式、双参数指令格式和初始值格式,主要作用是安排 TC 2000 全站仪在应用中的工作属性,可参考说明书。

3. GRE4a 数据存储器

构成全站仪数据外存储单元的设备有磁盘(磁卡)、袖珍计算机和专用存储器等多种类型。TC 2000 全站仪有专用的存储器——GRE4a 数据存储器,外形如图 6.25 所示。

GRE4a 有 64kB(cmos)的存储容量,可存储 2 000 个标准测量格式数据段。此外机内有容量 31.3kB 的 BASIC 程序存储器,可通过计算机将程序存入 GRE4a 中。GRE4a 面板有键盘、显示窗。键盘按键32个,显示窗液晶显示2行(每行16个字符)信息。利用键盘可输入命令、数据、字符型说明或操作 GRE4a 内部 BASIC 程序。

图 6.25

4. TC 2000 的使用

1) 准备工作。

(1) 仪器的安置。

TC 2000、GRE4a 以及电池安置在三脚架上,如图 6.26 所示,并做好仪器对中、整平,电池与 TC 2000、GRE4a 按孔位标志插入对接(不得扭转对接)。反射器按光电测距要求安置。

(2) 测量前的仪器状态准备。

供电检查:按[TEST]、[0]两个键,显示窗有电压指示,少于11V不能测量。

测量状态的选择:包括记录格式、测量单位、显示项目与时间的选择和度盘配置等。

参数设置:测距改正数、地面点号码、坐标、高程及点名代码等。

(3) 信号检查。仪器瞄准反射器后,按[TEST]、[5]两键,观察回光信号的大小。信号不足不测距。

2) 测量及其数据存储。

(1) 单测角:按[Hz]、[V]或[HzV]键一次实现角度的单次测量,时间为0.9s。

(2) 跟踪测角:按[REP]键后再按[Hz](或[V]或[HzV])键一次,实现水平方向(或天顶距或同时水平方向与天顶距)的跟踪测量。每0.3s跟踪测量一次。

(3) 测距:单次测距,按[DIST]键,8s后显示距离。其间也测水平方向和天顶距。跟踪测距,按[REP]后,按[DIST]键就跟踪测距,其间也测角。

(4) 记录:一次测量完毕,按[REC]则记录一次测量的成果。

(5) 自动记录:按[ALL]键完成一次边角的全部测量与记录。

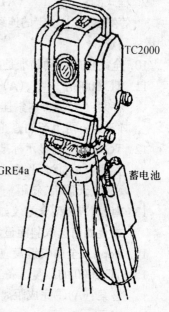

图 6.26

习　题

1. 全站测量是对地面点_____(A)的同时测量。
   答案:(A)①地形、地貌;②坐标、高程;③距离、角度。
2. 全站测量的地面点至测站点的方位角按图6.1c)_____(A)计算。
   答案:(A)①β;②$\alpha_{AB}+\beta$;③$\alpha_{AB}+\beta+180°$。
3. 用光电经纬仪以光学速测法全站测量,其中_____(A)。
   答案:(A)①水平角、竖直角、距离由光电经纬仪自动测量;②水平角、竖直角由光电经纬仪自动测量;③距离由光电经纬仪自动测量。
4. 光学经纬仪以光学速测法全站测量的直接测量参数是_____(A)。
   答案:(A)①水平角β,标尺读数$l_上$、$l_下$、$l_中$,竖盘读数L_A;②距离D,水平角β,竖直角α;③平距$\bar{D}$,方位角α_{AP},高差h。
5. 半站速测法与全站速测法在数据处理中的不同之处是什么?
6. 与光学经纬仪相比,全站仪有哪些特点与光学经纬仪相似?
7. 基本型全站仪的主要技术装备包括_____(A)。
   答案:(A)①照准部、基座;②光电测量系统、光电液体补偿技术、测量计算机系统;③望远镜、水准器、基本轴系。
8. 双轴液体补偿可以实现_____(A)。

答案:(A)①仪器精平;②距离修正;③水平角、竖直角的修正。
9. 程式测量是_____(A)。
   答案:(A)①设定的连续测量;②按设计的程序控制的快速间接测量;③设定的跟踪测量。
10. 全站仪的自动瞄准是如何实现的?
11. TC 600 是_____(A)全站仪。
    答案:(A)①日本索佳生产的;②Leica 公司生产的精密型;③中国生产的普通型;④Leica 公司生产的普通型。
12. TC 600 测量显示标准方式的内容是_____(A)。
    答案:(A)①水平角、竖直角、平距、高差;②点号、y 坐标、x 坐标、高差;③点号、水平角、天顶距、斜距。
13. 南方 NTS 型全站仪如何实现初始化?该仪器的 HR、HL 的意义是什么?在测距方式上如何选取斜距显示。
14. Topcon 全站仪键盘应用有哪些特点?
15. TC 2000 的测量准备工作就绪,启动 ALL 键,可以_____(A)。
    答案:(A)①完成距离测量;②完成角度、距离测量;③完成一次边角的全部测量与记录。

第七章 GPS技术原理

学习目标:明确GPS技术的意义与优点;理解GPS系统构成、坐标系统、基本原理;掌握绝对定位、相对定位、RTK的原理要点。

第一节 概 述

GPS是英文缩写词"NAVSTAR/GPS"的简称,全名为Navigation System Timing and Ranging/Global Positioning System,即"授时与测距导航系统/全球定位系统"。

全球定位系统(GPS)开始于20世纪70年代初,由美国国防部组织研制,历时20年,耗费巨资,于1993年全面建成(其间俄罗斯、欧盟也开始建立相类似的GPS系统,如俄罗斯称为GLONASS全球导航卫星系统)。该系统是新一代的精密卫星导航和定位系统,它具有全球性、全天候、高精度、连续的三维测速、导航、定位与授时能力,同时具有良好的保密性和抗干扰性。主要用于军事用途,但由于其定位技术的高度自动化及其所达到的高精度,也引起了广大民用部门,尤其是测量单位的普遍关注和极大兴趣。特别是近十多年来,GPS定位技术在应用基础的研究、新应用领域的开拓及软、硬件的开发等方面都取得了迅速发展,使得该技术已经广泛地渗透到了经济建设和科学技术的许多领域。GPS技术给大地测量、工程测量、地籍测量、航空摄影测量、变形监测、资源勘察和地球动力学等多种学科带来深刻的技术革新。

与常规的测量技术相比较,GPS技术具有以下优点:①测站间无需通视。这样可节省大量的造标费用,并可根据需要选择点位,选点工作灵活。②定位精度高。目前单频接收机的相对定位精度可达到$\pm(5mm+1ppm\cdot D)$,双频接收机甚至可优于$\pm(5mm+1ppm\cdot D)$。③观测时间短,人力消耗少。用GPS进行静态相对定位,在20km以内仅需15~20分钟;进行快速静态相对定位测量时,流动站观测时间只需1~2分钟;进行动态相对定位测量时,在初始化工作完成后,流动站可随时定位,每站观测仅需几秒钟。④可提供三维坐标。即在精确测定观测站平面位置的同时,还可以精确测定观测站的大地高程。⑤操作简便,自动化程度高。⑥全天候作业。可在任何时间、任何地点连续观测,一般不受天气状况的影响。但由于进行GPS测量时,要求保持观测站的上空开阔,以便于接收卫星信号,因此GPS技术在某些环境下并不适用,如地下工程测量,紧靠建筑物的某些测量工作及在两旁有高大楼房的街道或巷内的测量等。

第二节 GPS系统的组成

GPS系统由空间星座部分、地面监控部分和用户设备部分组成,如图7.1所示。

一、空间星座部分

1. GPS 卫星星座

GPS 卫星星座由 21 颗工作卫星和 3 颗在轨备用卫星组成,记作(21+3)GPS 星座。如图 7.2 所示,24 颗卫星均匀分布在 6 个近圆形的轨道面内,每个轨道面上有 4 颗卫星。卫星轨道面相对地球赤道面的倾角为 55°,各轨道平面升交点的赤经相差 60°。轨道平均高度 20200km,卫星运行周期为 11 小时 58 分。位于地平线以上的卫星数目随着时间和地点的不同而不同,最少可见到 4 颗,最多可见到 11 颗。24 颗卫星在空间上如此分布,可以保证在地球上任何地点、任何时刻至少可观测到 4 颗卫星。

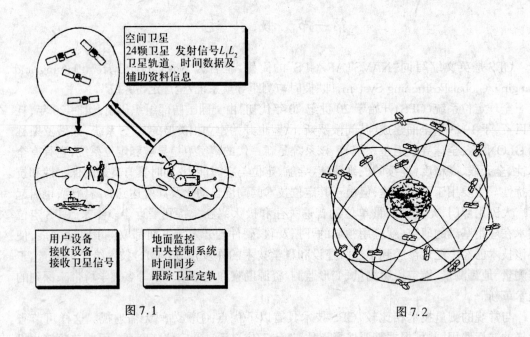

图 7.1　　　　　　　　　　　　图 7.2

2. GPS 卫星及作用

GPS 卫星的主体呈圆柱形,直径约 1.5m,重约 774kg,设计寿命 7.5 年。卫星两侧设有两块双叶太阳能板,能自动对日定向,以保证卫星正常工作用电。每颗卫星装有 4 台高精度原子钟(2 台铷钟,2 台铯钟),它将发射标准频率信号,为 GPS 定位提供高精度的时间标准。

GPS 卫星的主要作用是:接收、储存和处理地面监控系统发射来的导航电文和其他有关信息;向用户连续不断地发送导航与定位信息,并提供精密的时间标准,根据导航电文可知卫星当前的位置和工作情况;接收地面监控系统发送的控制指令,适时地改正卫星运行偏差或启用备用时钟等。

3. GPS 卫星信号

GPS 卫星所发播的信号,包含载波、测距码(P 码、C/A 码)和数据码(D 码)三种信号分量,这些信号分量都是在同一个基本频率 $f_0 = 10.23$MHz 的控制下产生的,如图 7.3 所示。

GPS 卫星取 L 波段的两种不同频率的电磁波为载波,其中:

L_1 载波,频率 $f_1 = 154 \times f_0 = 1\,575.42\text{MHz}$,波长 $\lambda_1 = 19.03\text{cm}$。

L_2 载波,频率 $f_2 = 120 \times f_0 = 1\,227.60\text{MHz}$,波长 $\lambda_2 = 24.42\text{cm}$。

在无线电通信技术中,为了有效地传播信息,都是将频率较低的信号加载在频率较高的载波上,此过程称为信号调制。然后载波携带着有用信号传送出去,到达用户接收机。

GPS 卫星的测距码和数据码是采用调相技术调制到载波上的,在载波 L_1 上调制有 C/A 码、P 码和数据码,而在载波 L_2 上只调制有 P 码和数据码。若以 $S_1(t)$ 和 $S_2(t)$ 分别表示载波 L_1 和 L_2 经测距码和数据码调制后的信号,则 GPS 卫星发射的信号可分别表示为

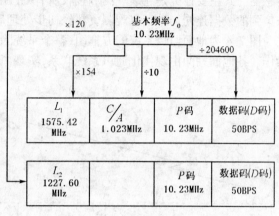

图 7.3

$$S_1^i(t) = A_p P_i(t) D_i(t) \cos(\bar{\omega}_1 t + \varphi_1) + A_c C_i(t) D_i(t) \sin(\bar{\omega}_1 t + \varphi_1) \tag{7-1}$$

$$S_2^i(t) = B_p P_i(t) D_i(t) \cos(\bar{\omega}_2 t + \varphi_2) \tag{7-2}$$

在 GPS 卫星信号中,C/A 码是用于粗测距和快速捕获卫星的码;P 码的测距误差仅为 C/A 码的 1/10,是卫星的精测码;D 码是卫星导航电文,它是用户定位和导航的数据基础,主要包括:卫星星历、卫星工作状态、时钟改正、电离层时延改正以及由 C/A 码转换到捕获 P 码的信息。

二、地面监控部分

在用 GPS 进行导航和定位时,GPS 卫星是作为位置已知的高空观测目标,为此要求 GPS 卫星要沿着预定的轨道运行。但由于受到地球引力、太阳、月亮及其他星体引力、太阳光压、大气阻力和地球潮汐力等因素的影响,卫星的运行轨道会发生摄动,所以需要随时了解卫星的工作状态并及时纠正卫星的轨道偏离,这些工作是由地面监控系统完成的。同时地面监控系统还需推算编制各卫星星历,提供精确的时间基准并更新卫星导航信息。

GPS 地面监控系统包括一个主控站、三个注入站和五个监测站。

1. 主控站

主控站设在美国本土科罗拉多,其主要任务是:根据本站和所有地面监测站的观测资料推算各卫星星历、卫星钟差和大气层修正参数,并将这些数据编制成导航电文传送到注入站;纠正卫星的轨道偏离;必要时启用备用卫星,以取代失效的工作卫星。

主控站还负责协调和管理所有地面监测系统的工作。

2. 注入站

三个注入站分别设在大西洋的阿森松群岛、印度洋的迪戈伽西亚岛和太平洋的卡瓦加兰,其任务是通过一台直径为 3.6m 的天线,将主控站发来的导航电文注入给相应的卫星。每天注入三次,每次注入 14 天的星历。

3. 监测站

监测站共有五个。除了主控站和三个注入站具有监测站功能外,还在夏威夷设有一个监测站。监测站内设有双频 GPS 接收机、高精度原子钟、计算机各一台和若干台环境数据传感器。其主要任务是连续观测和接收所有 GPS 卫星的信号并监测卫星的工作状况,并将采集到的数据连同当地气象观测资料经初步处理后传送到主控站。

图 7.4 为地面监控系统的方框图,整个系统除主控站外均由计算机自动控制,无需人工操作。各地面站间由现代化通讯系统联系,实现了高度的自动化和标准化。

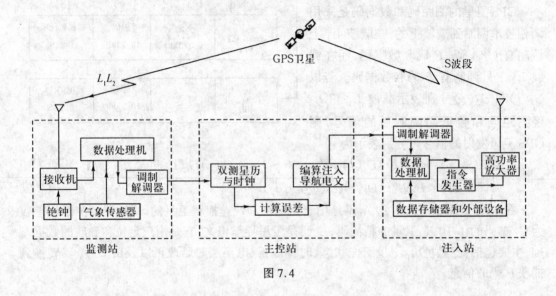

图 7.4

三、用户设备部分

用户设备部分包括 GPS 接收机和数据处理软件等。GPS 接收机一般由主机、天线和电池三部分组成(图 7.5),它是用户设备部分的核心,其主要功能是跟踪接收 GPS 卫星发射的信号并进行变换、放大和处理,以便测量出 GPS 信号从卫星到接收机天线的传播时间;解译导航电文,实时地计算出测站的三维位置,甚至三维速度和时间。

GPS 接收机类型很多,按用途来分,有导航型、测地型和授时型;按工作模式来分有码相关型、平方型和混合型;按接收的卫星信号频率来分,有单频(L_1)和双频(L_1、L_2)接收机等。在精密定位测量工作中,一般采用测地型双频接收机或单频接收机。

目前,各种类型的 GPS 接收机体积越来越小,重量越来越轻,便于野外观测。而同时能接收 GPS 和 GLONASS 卫星信号的全球导航定位系统接收机也已经问世。

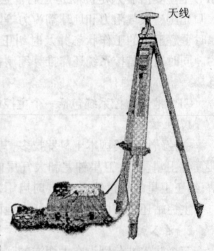

图 7.5

第三节　GPS 坐标系统

测量的本质工作是定位,而定位需要一个基准,即需要一个特定的坐标系统。在常规的大地测量中,各国都建立有自己的测量基准和坐标系统,如我国的 1980 年国家大地坐标系。由于 GPS 是全球性的导航定位系统,其坐标系统也要求是全球性的,为了使用方便,它是通过国际协议确定的,通常称为协议地球坐标系统。目前,GPS 测量所采用的协议地球坐标系统称为 WGS-84 大地坐标系(World Geodetic System)。

坐标系统由坐标原点位置、坐标轴的指向和长度单位所定义。对于 WGS-84 大地坐标系,其几何定义如下:原点位于地球质心,Z 轴指向 BIH1984.0 定义的协议地球极(CTP)方向,X 轴指向 BIH1984.0 的零子午面和 CTP 赤道的交点,Y 轴与 Z,X 轴构成右手坐标系,如图 7.6 所示。对应于 WGS-84 大地坐标系有一个 WGS-84 椭球,该椭球的有关参数为:长半轴 $a = 6\ 378\ 137$m;扁率 $f = 1/298.257\ 223\ 563$。

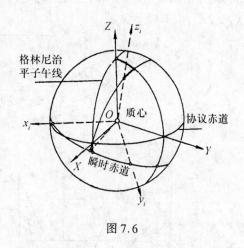

图 7.6

上述 CTP 是协议地球极(Conventional Terrest Pole)的简称。因为人们发现地球自转轴相对地球体的位置并不是固定的,地极点在地球表面上的位置会随时间而变化,这种现象简称极移。国际时间局(Bureau International de I'Heure,简称 BIH)定期向用户公布地极瞬时坐标。WGS-84 大地坐标系就是以国际时间局 1984 年第一次公布的瞬时地极(BIH1984.0)作为基准而建立的。

用 GPS 定位其坐标属于 WGS-84 大地坐标系,而实用的测量成果往往是属于某一国家坐标系或地方坐标系,为此应用中必须进行坐标转换。进行两个不同直角坐标系统之间的坐标转换,需要求出坐标系统之间的转换参数。转换参数一般是利用重合点的两套坐标值通过一定的数学模型进行计算,具体转换方法请参阅有关书籍。购置 GPS 接收机时,厂商一般会同时提供有关的坐标转换软件。

第四节　GPS 卫星定位基本原理

GPS 卫星定位方法,按定位时 GPS 接收机所处的状态,可分为静态定位和动态定位;而按定位的结果进行分类,又可分为绝对定位和相对定位。

静态定位是指在定位过程中,GPS 接收机的位置是固定的,处于静止状态。而动态定位时,GPS 接收机处于运动状态。

绝对定位是指在 WGS-84 坐标系中,确定观测站相对地球质心绝对位置的方法,此时只需一台 GPS 接收机即可定位。而相对定位是指在 WGS-84 坐标系中,确定观测站与某一地面参考点之间的相对位置,或确定两观测站之间相对位置的方法,进行相对定位时,需要两台或两台以上GPS接收机同时进行定位。

实际定位时,各种定位方法可有不同的组合,如静态绝对定位、静态相对定位、动态绝对定位和动态相对定位等。

一、绝对定位

绝对定位又称为单点定位,其定位的基本原理是以GPS卫星和用户接收机之间的距离观测量为基础,并根据已知的卫星瞬时坐标,来确定用户接收机所处的测站点的位置。

如图7.7所示,设在时刻 t_i 测站点 P 至三颗GPS卫星 s_1,s_2,s_3 的距离为 D_1,D_2,D_3,而该时刻三颗GPS卫星的瞬时三维坐标为 $(X_j,Y_j,Z_j)(j=1,2,3)$,测站点 P 的三维坐标为 (X,Y,Z),则有以下关系:

$$D_1=\sqrt{(x_1-x)^2+(y_1-y)^2+(z_1-z)^2}$$
$$D_2=\sqrt{(x_2-x)^2+(y_2-y)^2+(z_2-z)^2} \tag{7-3}$$
$$D_3=\sqrt{(x_3-x)^2+(y_3-y)^2+(z_3-z)^2}$$

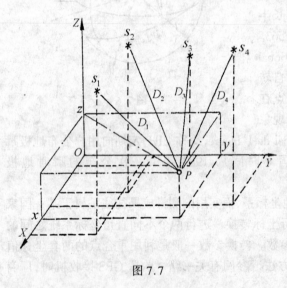

图7.7

卫星的瞬时三维坐标 (X_j,Y_j,Z_j) 可根据接收到的卫星导航电文求得,因此若测定了距离 D_1,D_2,D_3,在式(7-3)中仅有测站点 P 的三维坐标 (X,Y,Z) 为未知量,联立求解式(7-3)方程组即可求得测站点坐标 (X,Y,Z)。由此可知,GPS卫星绝对定位的实质是空间距离交会法,从理论上说,如果GPS接收机同时对三颗卫星进行距离测量(实际定位至少需四颗卫星,具体见后面说明),即可确定接收机所在位置的三维坐标。

绝对定位的优点是定位时只需要一台GPS接收机,而且观测速度快,数据处理较为简单。其缺点是精度较低,目前仅能达到米级的定位精度。

二、伪距测量

由绝对定位原理可知,进行GPS定位,关键是要测定用户接收机至GPS卫星的距离。在GPS卫星所发播的信号中,测距码信号可用于测距。设测距码信号从卫星发射到达接收机所经历的时间为 τ,则该时间乘以电磁波在真空中的速度 c,即为卫星至接收机的距离 D,即

$$D=c\times\tau \tag{7-4}$$

此种情况下距离测量的特点是单程测距,它不同于光电测距仪中的双程测距,这就要求卫星时钟与接收机时钟要严格同步,但实际上卫星时钟与接收机时钟难以严格同步,存在一个不同步误差。此外测距码在大气中传播还受到大气电离层折射及大气对流层的影响,产

生延迟误差。因此实际所求得的距离值并非真正的站星几何距离,习惯上将其称为"伪距",用 D' 表示。通过测伪距来定点位的方法称为伪距法定位。

为测定测距码信号由 GPS 卫星传播至接收机所经历的时间 τ,接收机在自己的时钟控制下会产生一组结构与卫星测距码完全相同的测距码,称为复制码,并通过时延器使其延迟时间 τ'。将所接收到的卫星测距码与接收机内产生的复制码送入相关器进行相关处理,若自相关系数 $R(\tau') \neq 1$,则继续调整延迟时间 τ',直至自相关系数 $R(\tau') = 1$ 为止。此时复制码与所接收到的卫星测距码完全对齐,所延迟的时间 τ' 即为 GPS 卫星信号从卫星传播到接收机所用的时间。

由于卫星时钟与接收机时钟相对于 GPS 标准时均存在误差,设卫星时钟的钟差为 δ_{st},接收机时钟的钟差为 δ_{pt},则由于卫星时钟与接收机时钟的钟差所引起的测时误差为 $\delta_{pt} - \delta_{st}$,所引起的测距误差为 $c\delta_{pt} - c\delta_{st}$。若再考虑到卫星信号传播经大气电离层和大气对流层的延迟,则站星之间真正的几何距离 D 与所测伪距 D' 有以下关系:

$$D = D' + \delta D_1 + \delta D_2 + c\delta_{pt} - c\delta_{st} \tag{7-5}$$

式(7-5)即为伪距测量的基本观测方程,式中 δD_1、δD_2 分别为电离层和对流层的延迟改正项。

在式(7-5)的各改正项中,δD_1 和 δD_2 可以按照一定的模型进行计算修正。而 GPS 卫星上配有高精度的原子钟,卫星钟差较小,且信号发射瞬间的卫星钟差改正数 δ_{st} 可由导航电文中给出的有关时间信息求得。但用户接收机中仅配备一般的石英钟,在接收信号的瞬间,接收机的钟差改正数不能预先精确求得。因此,在伪距法定位中,把接收机钟差改正数 δ_{pt} 也当做未知数,与测站点坐标在数据处理时一并求解。几何距离 D 与卫星坐标 (X_j, Y_j, Z_j) 和接收机坐标 (X, Y, Z) 之间有如下关系:

$$D = \sqrt{(X_j - X)^2 + (Y_j - Y)^2 + (Z_j - Z)^2} \tag{7-6}$$

将式(7-5)代入式(7-6)得

$$\sqrt{(X_j - X)^2 + (Y_j - Y)^2 + (Z_j - Z)^2} - c\delta_{pt} = D'_j + \delta D_{1j} + \delta D_{2j} - c\delta t_{st} \tag{7-7}$$

式中,j 为卫星数,$j = 1, 2, 3, \cdots$。可以看出,实际定位时,为确定四个未知数 X, Y, Z, δ_{pt},接收机必须同时至少测定四颗卫星的距离。

三、载波相位测量

利用测距码进行伪距测量是全球定位系统的基本测距方法。但由于测距码的码元长度(即波长)较大,C/A 码码长 293m,P 码码长 29.3m,一般观测精度取测距码波长的 1/100,则伪距测量对 C/A 码而言量测精度为 3m 左右,对 P 码而言为 30cm,这样的测距精度对于一些高精度应用来讲还显得过低,无法满足需要。而在 GPS 卫星所发播的信号中,载波也可用于测距,由于载波的波长短,$\lambda_1 = 19$cm,$\lambda_2 = 24$cm,故载波相位测量精度可达 1~2 mm,甚至更高。但由于载波信号是一种周期性的正弦信号,而相位测量又只能测定其不足一个周期的小数部分,因而存在着整周期数不确定性问题,使载波相位解算过程比较复杂。

载波相位测量是测定 GPS 载波信号在传播路程上的相位变化值,以确定信号传播的距离。由于在 GPS 信号中,已用相位调制的方法在载波上调制了测距码和导航电文,因此在载波相位测量之前,首先要进行解调,将调制在载波上的测距码和导航电文去掉,重新获取载波,这一工作称为重建载波。GPS接收机将卫星重建载波与接收机内由振荡器产生的本振参考信号通过相位计比相,即可得到相位差。

如图7.8所示,设卫星在t_0时刻发射的载波信号相位为$\varphi(S)$,此时若接收机产生一个频率和初相位与卫星载波信号完全一致的基准信号,在t_0时刻的相位为$\varphi(R)$,则在t_0时刻接收机至卫星的距离为:

$$D = \frac{\lambda(\varphi(R) - \varphi(S))}{2\pi} = \lambda \frac{N_0 + \Delta\varphi}{2\pi} \tag{7-8}$$

式中,λ为载波波长;N_0为整周数;$\Delta\varphi$为不足一周的相位。

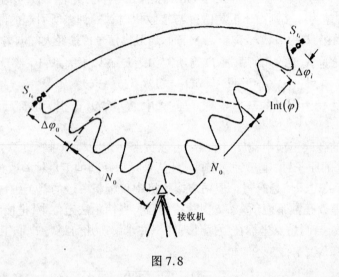

图7.8

在载波相位测量中,接收机只能测定不足一周的相位$\Delta\varphi$,而载波的整周数N_0无法测定,故N_0又称为整周模糊度。设接收机在t_0时刻锁定卫星后,对卫星进行连续的跟踪观测,此时利用接收机内含的整波计数器可记录从t_0到t_i时间内的整周数变化量$\text{Int}(\varphi)$。期间只要卫星信号不失锁,则初始时刻整周模糊度N_0就为一个常数,这样,在t_i时刻卫星到接收机的相位差为:

$$\varphi(t_i) = N_0 + \text{Int}(\varphi) + \Delta\varphi(t_i) \tag{7-9}$$

设$\varphi'(t_i) = \text{Int}(\varphi) + \Delta\varphi(t_i)$,则式(7-9)可写为:

$$\varphi(t_i) = N_0 + \varphi'(t_i) \tag{7-10}$$

或

$$\varphi'(t_i) = \varphi(t_i) - N_0 \tag{7-11}$$

$\varphi'(t_i)$是载波相位测量的实际观测量,其关系如图7.8所示。

与伪距测量相同,在考虑了卫星钟差改正、接收机钟差改正、电离层延迟改正和对流层折射改正后,可得到载波相位测量的观测方程为:

$$\varphi'(t_i) = (D - \delta D_1 - \delta D_2)f/c - f\delta_{pt} + f\delta_{st} - N_0 \tag{7-12}$$

将式(7-12)两边同乘上载波波长$\lambda = c/f$,并简单移项后则有:

$$D = D' + \delta D_1 + \delta D_2 + c\delta_{pt} - c\delta_{st} + \lambda N_0 \tag{7-13}$$

第七章 GPS技术原理

比较式(7-13)与式(7-5)可以发现,载波相位测量观测方程中,除增加了一项整周未知数 N_0 外,在形式上与伪距测量的观测方程完全相同。

整周未知数 N_0 的确定是载波相位测量中特有的问题。对于 GPS 载波频率而言,一个整周数的误差,将会引起 19~24cm 的距离误差,因此,要利用载波相位观测量进行精密定位,如何准确地确定整周未知数是一个关键的问题。

如果接收机在跟踪卫星过程中,卫星信号由于被障碍物挡住而暂时中断,或由于受无线电信号干扰造成失锁,此时计数器将无法连续计数。这样当信号重新被跟踪后,整周计数就不正确,但不足一个整周的相位观测值仍是正确的。这种现象称为周跳。如何探测和修复周跳也是载波相位测量中必须解决的一个问题。

关于确定整周未知数 N_0 及探测和修复周跳的具体方法此处不再详述,请参阅其他有关书籍。

四、相对定位

相对定位是用两台 GPS 接收机分别安置在基线的两端,同步观测相同的 GPS 卫星,以确定基线端点的相对位置或基线向量。当将多台 GPS 接收机安置在若干条基线的端点,通过同步观测 GPS 卫星可以同时确定多条基线向量。在一个端点坐标已知的情况下,可以用基线向量推求另一待定点的坐标。

前已说明,在绝对定位中,GPS 测量结果会受到卫星轨道误差、卫星钟差、接收机钟差、电离层延迟误差和对流层折射误差的影响,但这些误差对观测量的影响具有一定的相关性,因此,若利用这些观测量的不同线性组合(求差)进行相对定位,可有效地消除或减弱相关误差的影响,提高定位的精度。相对定位是目前 GPS 测量中精度最高的一种定位方法,它广泛用于高精度测量工作中。

在载波相位测量中,当前普遍采用的观测量线性组合方法有单差法、双差法和三差法三种,现分述如下。

1. 单差法

如图 7.9 所示,单差是指不同测站 $T1$、$T2$ 同步观测相同卫星(如 S^j)所得的观测量之差,即在两台接收机之间求一次差,它是观测量的最基本线性组合形式,其表达形式为:

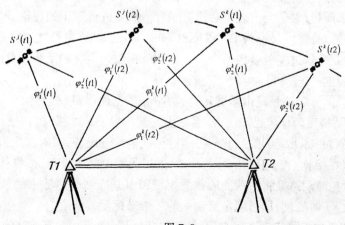

图 7.9

$$\Delta\varphi_{12}^i(t) = \varphi_2^i(t) - \varphi_1^i(t) \tag{7-14}$$

数据处理时，将单差 $\Delta\varphi_{12}^i$ 当做虚拟观测值。由于两台接收机在同一时刻接收同一颗卫星的信号，故卫星钟差 δ_{st} 相同，所以单差法可消除卫星钟误差的影响。当 T1、T2 两测站距离较近时，两测站电离层和对流层延迟的相关性较强，在单差法中这些误差的影响也得到显著的削弱，所以单差法可有效地提高相对定位的精度。

2. 双差法

双差就是在不同测站上同步观测一组卫星所得到的单差之差，即在接收机和卫星间求二次差。

图 7.9 中，设 t_1 时刻测站 T1 和 T2 两台接收机同时观测卫星 S^j 和 S^k，对于卫星 S^k 同样可得形同式(7-14)的单差观测方程式，两式相减便得双差方程为：

$$\Delta\varphi_{12}^{jk}(t) = \Delta\varphi_{12}^k(t) - \Delta\varphi_{12}^j(t) \tag{7-15}$$

双差 $\Delta\varphi_{12}^{jk}(t)$ 仍可当做虚拟观测值。在单差模型中，仍包含有接收机时钟误差，求二次差后，接收机时钟误差的影响将可消除，这是双差模型的主要优点。同时经双差处理后，还可大大减小各种系统误差的影响。当前相位测量相对定位软件大多采用双差模型。

3. 三差法

三差是于不同历元(t_1 和 t_2)同步观测同一组卫星所得观测量的双差之差，即在接收机、卫星和历元间求三次差，其表达式为：

$$\Delta\varphi_{12}^{jk}(t_1, t_2) = \Delta\varphi_{12}^{jk}(t_2) - \Delta\varphi_{12}^{jk}(t_1) \tag{7-16}$$

三差观测值消除了在前两种方法中仍存在的整周模糊度 N_0，这是三差法的主要优点。但由于三差模型中是将观测方程经过三次求差，这将使未知参数的数目减少，独立的观测方程的数目也将明显减少，这对未知数的解算将会产生不良的影响。由于这个原因，三差法的结果仅用作前两种方法的近似值，实际定位工作中，以采用双差法结果更为适宜。

五、载波相位实时差分技术

尽管目前测地型 GPS 接收机利用载波进行静态相对定位已可达到很高的精度，但为了可靠地求解出整周模糊度，在进行载波静态相对定位时，要求 GPS 接收机静止观测 1~2 小时甚至更长的时间，同时由于各台 GPS 接收机之间的观测数据无法实时传输，观测数据需事后才能进行处理，这样就无法实时提交成果，由此影响了它在某些方面的应用。而且由于无法实时评定成果质量，难免会出现事后检查不合格需要进行返工的现象。

载波相位实时差分技术又称为 RTK(Real Time Kinematic)技术，它将 GPS 测量技术与数据传输技术相结合，通过实时处理两个测站的载波相位来实时确定观测点的三维坐标，并能达到厘米级的精度。

载波相位实时差分定位系统由基准站、流动站和数据通讯链(简称数据链)三部分组成(图 7.10)。基准站精确坐标应已知，在基准站上安置一台 GPS 接收机，对所有可见的 GPS 卫星进行连续观测，并将采集到的载波相位通过无线电传输设备，实时发送给流动站。在流动站，GPS 接收机在接收 GPS 卫星信号的同时，通过无线电接收设备，接收基准站所传输来的观测数据，然后在流动站处将所观测的载波相位和由基准站所传输来的载波相位组成相位差分观测值进行实时处理，即可确定流动站的三维坐标及其精度。

由于采用 RTK 技术可实现实时定位，且定位速度快(观测时基准站处的 GPS 接收机静止不动,而流动站 GPS 接收机在某一起始点上静止观测数分钟,完成初始化工作后,即可依次到各个待定点处进行观测,每点的观测时间只需几个历元),并能达到厘米级的定位精度,因此它有着十分广阔的应用前景,如可用于快速建立高精度的工程控制网、海上精密定位、地籍测绘和地形测图等,甚至还可用于施工放样(如线路中线放样等)。

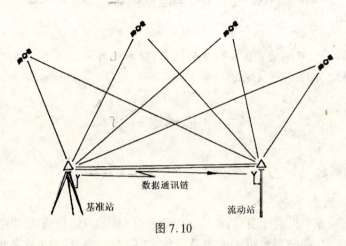

图 7.10

在 RTK 技术中,数据链的可靠性和抗干扰性是一个关键问题。为保证流动站能可靠地接收到基准站所传输来的观测数据,要求基准站要建立在测区内地势较高,视野开阔处,流动站距基准站的距离最远不超过 30km。

习　　题

1. 在 GPS 卫星信号中,测距码是指_____。
   答案:①载波和数据码;②P 码和数据码;③P 码和 C/A 码;④C/A 码和数据码。
2. GPS 测量所采用的坐标系是_____。
   答案:①WGS-84 大地坐标系;②1980 国家大地坐标系;③高斯坐标系;④独立坐标系。
3. 实际采用 GPS 进行三维定位,至少需要同时接收_____颗卫星的信号。
   答案:①2,②3,③4,④5。
4. 在载波相位测量相对定位中,当前普遍采用的观测量线性组合方法有_____。
   答案:①单差法和三差法两种;②单差法、双差法和三差法三种;③双差法、三差法和四差法三种;④双差法和三差法两种。
5. GPS 全球定位系统由哪几个部分组成?各部分的作用是什么?
6. 与常规测量相比较,GPS 测量有哪些优点?
7. 数据码(导航电文)包含哪些信息?
8. 绝对定位和相对定位有何区别?为什么相对定位的精度比绝对定位高?
9. 什么是伪距?简述用伪距法绝对定位的原理。
10. 要将伪距 D' 转换为真正的几何距离 D,应考虑哪几项改正?
11. 什么是整周未知数 N_0?什么是周跳?
12. 载波相位实时差分(RTK)定位系统由哪几部分组成?

第八章 测量误差与平差

学习目标:明确测量误差与精度的概念;理解几种函数误差传播率及其应用;掌握测量平均值、条件平差的原理与方法。

第一节 误差与精度

一、误差的概念

1. 观测必有误差

在实验观测现象中得到证明:1)对某个观测量(即具有一定量值的观测对象)进行多次观测,各次观测值(从观测对象得到的测量参数)之间存在差异。2)观测值与某种理论值(观测量的已知真值或可知真值)不相符。理论与实践证明,观测误差不可避免。

2. 误差来源

仪器、操作和外界环境是引起误差的主要来源,这是在角度测量等基本知识中得到的基本结论。

3. 观测条件

仪器、操作和外界环境是误差三个来源。误差三个来源客观存在,决定着观测结果质量的优劣,故把误差三个来源称为观测条件。例如,仪器性能优良,工作人员操作熟练、责任心强,外界环境稳定,这是较好的观测条件;仪器性能不好,工作人员操作生疏,外界环境不稳定,这是较差的观测条件。

4. 观测条件与误差

观测条件与观测误差的关系密切。一般地说,观测条件好则观测误差小;反之则观测误差大。可以认为,要在观测中获得误差比较小的观测值,必须有比较好的观测条件。

二、误差的类型

1. 系统误差

在相同观测条件下进行多次观测,其结果的误差在大小和符号方面表现为常数,或者表现为某种函数关系,这种误差就称为系统误差。例如,用一把长度一定的钢尺丈量某段已知边长,丈量值与已知长度的差值 Δl 是常数;同时也发现差值与钢尺膨胀系数 α 构成一定函数关系 $\alpha(t-t_0)l_i$,这是系统误差的表现。

系统误差实际数值的符号有正有负,一旦确定就不会改变,具有单向性,或者附合于某种函数关系,具有同一性。误差的单向性和同一性性质使系统误差具有累积的后果。因此,系统误差的存在影响观测成果的准确度,使观测值与真值存在偏差。

防止系统误差的影响:1)首先严格检验仪器工具,查明系统误差的情况,选用合格的仪器工具;2)根据检验得到的系统误差大小和函数关系,在观测值中进行改正,消除系统误差的影响;3)在观测中采取正确措施,削弱或抵偿系统误差影响。例如应用正确观测方法,采用可行的预防措施等。

2. 偶然误差

在相同观测条件下进行多次观测,出现的误差在大小、符号方面没有任何规律性。但是,在误差量大的误差群中,则可以发现误差群具有一定的统计规律性,这种误差就是偶然误差。

3. 粗差

超出正常观测条件所出现的,而且数值超出某种规定范围的误差,称为粗差。如观测中出现错误、过失或超限的数值,不称为误差,习惯上称为粗差。

三、偶然误差的特性

1. 表达式

$$\Delta = l - X \tag{8-1}$$

式中,X 是某一观测量的真值;l 是对某一观测量进行观测所得到的观测值。Δ 是排除了系统误差,又不存在粗差的偶然误差,故把 Δ 称为真误差。

2. 观测实例

在大地上设固定点,点与点之间构成了 358 个三角形,用精良的经纬仪测量全部三角形的内角和,即 $l_i = \alpha_i + \beta_i + \gamma_i$。仿式(8-1)计算全部的内角和真误差 Δ_i,即

$$\Delta_i = (\alpha_i + \beta_i + \gamma_i) - 180° \tag{8-2}$$

式中,180°是三角形内角和理论真值,$i=1,2,\cdots,358$。α_i、β_i、γ_i 是第 i 个三角形三内角观测值。

根据式(8-2)计算 Δ_i,将计算结果经统计列于表 8-1 中。

表 8-1　　　　　　　　真误差 Δ 统计表

误差范围(″)	正误差数(个)	负误差数(个)	误差总数(个)	备　注
0.0～0.2	45	46	91	误差范围以秒为单位
0.2～0.4	40	41	81	
0.4～0.6	33	33	66	
0.6～0.8	23	21	44	
0.8～1.0	17	16	33	
1.0～1.2	13	13	26	
1.2～1.4	6	5	11	
1.4～1.6	4	2	6	
1.6 以上	0	0	0	
Σ	181	177	358	

3. 偶然误差的特性

上述实践得到的统计可见偶然误差的特性:

1) 在一定条件下,误差不会超出一定的范围。这一特性称为误差的有界性。表中 Δ 大于1.6″的误差不存在,说明在这种条件下的误差以 1.6″为界。

2) 在出现的误差群中,绝对值相同的正误差和负误差出现的机会相同。这一特性称为误差的对称性。表中可见,在一定的误差范围内,正误差和负误差出现的次数大致相等。

3) 在出现的误差群中,绝对值小的误差出现的机会比绝对值大的误差出现的机会要多。这一特性称为误差的趋向性。表中可见,小于 0.4″的误差出现的机会比较多,大于1.0″的误差出现的机会比较少。

4) 当观测数量 n 趋近于无穷大时,整个误差群的误差和平均值为零,即

$$\lim_{n\to\infty}\frac{[\Delta]}{n}=0 \tag{8-3}$$

式中

$$[\Delta]=\Delta_1+\Delta_2+\cdots+\Delta_n \tag{8-4}$$

称为真误差的和。式(8-3)表明偶然误差具有抵偿性。

偶然误差的特性是误差理论的基础,是以有效的观测条件获得观测值并求取最可靠值和评定观测值精度和最可靠值精度的理论依据。

四、精度的概念

观测必有误差,故往往对某一观测量不能以一次观测值定论(特别是有一定要求的观测量)。例如对一条边进行的一次丈量是边长丈量的必要观测,但一次观测正确与否难以断定,因此必有多次观测,即在必要观测基础上的多余观测。由于对一个观测量的多次观测以及观测值的差异,便存在如何求观测量的最后结果及评价观测误差大小的问题。

评价观测误差大小,即所谓的评定精度问题。从统计学理论中可知,精度指的是一组观测值误差分布的密集或离散的程度。表8-1的统计中可见,误差群中小误差占的比例较大,则反映误差分布比较密集,表明观测精度比较高;如果误差群中大误差占的比例较大,则反映误差分布比较离散,表明观测精度比较低。由此可见,精度是一组观测成果质量的标志。

前有述及,观测条件与观测误差有密切的关系。显然,一组观测值误差分布的密稀程度由观测条件所决定,或者说观测精度依赖于观测条件的好坏。大量的测量事实表明,观测条件好,则观测精度高;观测条件差,则观测精度低;观测条件相同则观测精度相同;观测条件不同则观测精度不同。由此定义:精度相同的观测称为等精度观测;精度不同的观测称为非等精度观测。

五、精度的指标

实际工作中,表示误差分布密集或离散的精度是以确定的数字指标衡量,主要指标有:

1. 中误差

设观测量真值为 X,对其 n 次观测有一组观测值 $l_1,l_2,\cdots,l_n$,按式(8-1)可得一组相应的真误差 $\Delta_1,\Delta_2,\cdots,\Delta_n$,定义观测值中误差平方为

$$m^2=\lim_{n\to\infty}\frac{[\Delta\Delta]}{n} \tag{8-5}$$

或定义中误差为

$$m = \lim_{n \to \infty} \sqrt{\frac{[\Delta\Delta]}{n}} \tag{8-6}$$

式中 n 为无穷大；$[\Delta\Delta]$ 称为真误差平方和，即

$$[\Delta\Delta] = \Delta_1^2 + \Delta_2^2 + \cdots + \Delta_n^2 \tag{8-7}$$

统计学用 σ^2 代表 m^2，称为方差，称 σ 为中误差。

实际工作中，n 是有限的，故式(8-5)、式(8-6)为

$$m^2 = \frac{[\Delta\Delta]}{n} \tag{8-8}$$

$$m = \pm\sqrt{\frac{[\Delta\Delta]}{n}} \tag{8-9}$$

2. 极限误差

观测过程中的误差最大限值称为极限误差。极限误差或称为容许误差，或称为允许误差，或称最大误差，用 $m_容$ 表示。在学过的内容中提到的 $\Delta h_容$，$\Delta\alpha_容$ 都是 $m_容$ 的表示形式。$m_容$ 的取值依据，或二倍中误差，或三倍中误差，即 $m_容 = 2m$ 或 $m_容 = 3m$。

大量统计证明，Δ 误差群中超出 $2m$ 的 Δ 只占 5%；超出 $3m$ 的 Δ 仅只占 0.3%。大量的真误差 Δ 在二倍(或三倍)中误差之内。事实说明，一般情况下的有限次观测中，超出二倍中误差(或超出三倍中误差)的观测值的可能性很小，几乎可以说是不可能的。那么正常条件下有限次观测中有超出 $2m$ 的观测值，可认为是含有粗差的不正常观测值。为了防止这种不正常观测值的影响，取 $m_容 = 2m$（或 $m_容 = 3m$）作为一种限值，对超出 $m_容$ 的观测值采取摒弃的措施，由此可见，$m_容$ 起到发现和限制粗差，保证观测质量的作用。

3. 相对误差

用于表示线量(边长)的精度指标，用 k 表示。例如丈量边 D，中误差 m_D，则

$$k = \frac{m_D}{D} \tag{8-10}$$

通常 k 必须化为以 1 为分子的相对量表示，则上式为

$$k = \frac{1}{\frac{D}{m_D}} = 1 : \frac{D}{m_D} \tag{8-11}$$

式(8-10)、式(8-11)的 k 称为相对中误差。根据上式，中误差相同，所测的距离不同，则相对中误差不同。例如，$m_1 = m_2 = 6\text{cm}$，$D_1 = 500\text{m}$，$D_2 = 100\text{m}$。则 $k_1 = 1:8\ 300$，$k_2 = 1:1\ 600$。

如果把 m_D 换为测量的较差 ΔD，则这时的 k 称为相对较差，故

$$k = \frac{\Delta D}{D} \tag{8-12}$$

即

$$k = \frac{1}{D/\Delta D} = 1 : \frac{D}{\Delta D} \tag{8-13}$$

式中，D 是测量边长的平均值。

第二节 误差传播律

一、概念

找出某种研究对象的观测误差与函数误差的关系式所确定的规律,称为该研究对象的误差传播律。如图8.1是边的测量问题,丈量 AB、BC 的长度各为 S_{AB}、S_{BC},丈量中误差分别为 m_{AB}、m_{BC}。习惯上的表示,$AB: S_{AB} \pm m_{AB}$;$BC: S_{BC} \pm m_{BC}$。已知

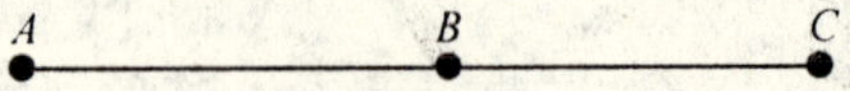

$$S_{AC} = S_{AB} + S_{BC} \tag{8-14}$$

图8.1

问 AC 的中误差 m_{AC} 是多少。

式(8-14)表明,AC 边的长度通过丈量 AB 边和 BC 边间接得到,S_{AC} 是 S_{AB}、S_{BC} 的函数。那么丈量误差 m_{AB}、m_{BC} 对函数的误差 m_{AC} 产生什么影响?要弄清这个问题,就必须研究 m_{AC} 与 m_{AB}、m_{BC} 的关系,找出丈量误差 m_{AB}、m_{BC} 与函数误差 m_{AC} 的关系式,这个关系式称为该研究对象的误差传播律。

二、研究方法

研究对象不同,表示误差传播律的关系式不同,但是研究方法基本相同。

1) 列出函数与观测值的数学关系表达式,即

$$Z = f(x_1, x_2, \cdots, x_n) \tag{8-15}$$

式中的 x_i 是观测值,Z 是 x_i 的函数。

2) 写出函数真误差与观测值真误差的关系式。

(1) 用全微分的形式展开函数式,即

$$dZ = \frac{\partial f}{\partial x_1}dx_1 + \frac{\partial f}{\partial x_2}dx_2 + \cdots + \frac{\partial f}{\partial x_n}dx_n \tag{8-16}$$

(2) 用真误差(有限量)代替式中的微分量,即

$$\Delta Z = \frac{\partial f}{\partial x_1}\Delta x_1 + \frac{\partial f}{\partial x_2}\Delta x_2 + \cdots + \frac{\partial f}{\partial x_n}\Delta x_n \tag{8-17}$$

在测量实践上,真误差是微小量,故上述的代替关系符合数学上的严密性。

3) 用中误差表示的形式将上式转化为误差传播定律,即

$$m_z^2 = \left(\frac{\partial f}{\partial x_1}\right)^2 m_{x_1}^2 + \left(\frac{\partial f}{\partial x_2}\right)^2 m_{x_2}^2 + \cdots + \left(\frac{\partial f}{\partial x_n}\right)^2 m_{x_n}^2 \tag{8-18}$$

式(8-17)转化为式(8-18)的规则:(1) 将式(8-17)右边的系数 $\frac{\partial f}{\partial x}$ 分别平方;(2) 式(8-17)的 Δ 项按相应的中误差平方。

上述三步骤得到的式(8-18)是观测值中误差影响函数中误差的误差传播律通式。

三、几种函数形式的误差传播律

1. 和差函数

函数表达式

$$Z = x \pm y \quad (8\text{-}19)$$

式中的"±"表示 x 与 y 的关系可能是"和"或者可能是"差"的关系。

根据研究误差传播律的方法,得

$$m_z^2 = m_x^2 + m_y^2 \quad (8\text{-}20)$$

例1:图8.1,令 $Z = S_{AC}, x = S_{AB}, y = S_{BC}$。依题目可知

$$Z = x + y \quad (8\text{-}21)$$

根据研究误差传播律的方法 2),全微分得

$$\mathrm{d}Z = \mathrm{d}x + \mathrm{d}y$$

用真误差 Δ 代替式中的微分量得

$$\Delta z = \Delta x + \Delta y \quad (8\text{-}22)$$

现在证明和差函数误差传播律。根据 n 次观测得到真误差 Δ,按中误差的定义,式(8-22)右边对 n 项 Δz 取平方和,即

$$[\Delta z \Delta z] = [(\Delta x + \Delta y) \times (\Delta x + \Delta y)] \quad (8\text{-}23)$$

按二项式展开得

$$[\Delta z \Delta z] = [\Delta x \Delta x] + 2[\Delta x \Delta y] + [\Delta y \Delta y] \quad (8\text{-}24)$$

上式两边除以 n 得

$$\frac{[\Delta z \Delta z]}{n} = \frac{[\Delta x \Delta x]}{n} + \frac{2[\Delta x \Delta y]}{n} + \frac{[\Delta y \Delta y]}{n} \quad (8\text{-}25)$$

根据偶然误差第二特性,Δx、Δy 具有对称性,则互乘项 $\Delta x \Delta y$ 也具有对称性,故 $[\Delta x \Delta y]/n$ 符合偶然误差第四特性,即具有抵偿性,所以 $[\Delta x \Delta y]/n = 0$。那么式(8-25)为

$$\frac{[\Delta z \Delta z]}{n} = \frac{[\Delta x \Delta x]}{n} + \frac{[\Delta y \Delta y]}{n} \quad (8\text{-}26)$$

根据中误差定义,$m_z = [\Delta z \Delta z]/n, m_x = [\Delta x \Delta x]/n, m_y = [\Delta y \Delta y]/n$,则式(8-20)成立。证毕。

根据图8.1,取 $m_x = m_{AB}, m_y = m_{BC}$,则 $m_{AC} = \pm\sqrt{m_{AB}^2 + m_{BC}^2}$。

若 $Z = x - y$,根据上述的研究方法,则式(8-25)为

$$\frac{[\Delta z \Delta z]}{n} = \frac{[\Delta x \Delta x]}{n} - \frac{2[\Delta x \Delta y]}{n} + \frac{[\Delta y \Delta y]}{n}$$

因 $[\Delta x \Delta y]/n$ 符合偶然误差第四特性,即 $[\Delta x \Delta y]/n = 0$,所以按上式同样可推证得式(8-20)。

推论1:如果 $m_x = m_y = m$,则式(8-20)为

$$m_z = \pm\sqrt{2}\,m \quad (8\text{-}27)$$

2. 倍乘函数

函数表达式

$$Z = kx \quad (8\text{-}28)$$

根据研究误差传播律的方法可得中误差的关系式

$$m_z^2 = k^2 m_x^2 \quad (8\text{-}29)$$

例2:视距测量中熟悉的计算公式,即

$$S = 100 \times l \tag{8-30}$$

表明视距 S 是上下丝读数差 l 的函数，l 的中误差为 m_l，根据研究误差传播律的方法可得

$$m_s = 100 m_l \tag{8-31}$$

3. 线性函数

函数表达式

$$Z = k_1 x_1 + k_2 x_2 + \cdots + k_n x_n \tag{8-32}$$

根据研究误差传播律的方法可得中误差的关系式

$$m_z^2 = k_1^2 m_{x_1}^2 + k_2^2 m_{x_2}^2 + \cdots + k_n^2 m_{x_n}^2 \tag{8-33}$$

推论 2：如果 $m_{x_1} = m_{x_2} = \cdots = m_{x_n} = m$，$k_1 = k_2 = \cdots = k_n = 1$，则

$$m_z = \pm \sqrt{n} m \tag{8-34}$$

4. 非线性函数

这里用例子说明有关的误差传播律。

例 3：矩形面积 $S = a \times b$，设矩形长边：$a \pm m_a$；短边：$b \pm m_b$。求矩形面积 S 的中误差 m_s。

根据研究误差传播律的方法：

1）对函数全微分，把非线性函数转化为线性函数的形式，即 $\mathrm{d}s = b \times \mathrm{d}a + a \times \mathrm{d}b$

2）用真误差代表微分量，即 $\Delta s = b \times \Delta a + a \times \Delta b$

3）中误差的表示式：$m_s^2 = b^2 \times m_a^2 + a^2 \times m_b^2$

即边长误差对面积误差的传播律为

$$m_s = \pm \sqrt{b^2 m_a^2 + a^2 m_b^2} \tag{8-35}$$

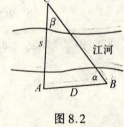

图 8.2

例 4：图 8.2，为了获得河岸的长度 s，在 $\triangle ABC$ 中测量 D，中误差为 m_d，测量角 α、β，中误差 m_α、m_β。根据图 8.2，按正弦定理

$$s = D \frac{\sin \alpha}{\sin \beta} \tag{8-36}$$

按误差传播律，s 的误差 m_s 可表示为

$$m_s^2 = s^2 \frac{m_d^2}{D^2} + s^2 \cot^2 \alpha \frac{m_\alpha^2}{\rho^2} + s^2 \cot^2 \beta \frac{m_\beta^2}{\rho^2} \tag{8-37}$$

四、误差传播律的应用意义

误差传播律的应用意义在于找出某种研究对象的观测误差与函数误差的误差传播律，为工程建设服务。上述若干例子都是工程上的应用实例，即便其他情况，都可以按相应的方法研究得到。

1. 计算函数中误差，评定测量结果的精度，为工程建设提供测量成果质量水平的参数

上述例 4 中，如果为获得河岸的长度 s，在 $\triangle ABC$ 中测量 $D = 450\text{m}$，中误差 $m_d = \pm 15\text{mm}$，测量角 $\alpha = 55°$、$\beta = 40°$，中误差 $m_\alpha = \pm 5''$、$m_\beta = \pm 4''$。按式(8-37)可求得 m_s。其中 s 按式(8-36)求得，$s = 573.468\text{m}$。m_s 按式(8-37)求得，$m_s = \pm 25.2\text{mm}$。$m_d/D = 1:30\,000$，$m_s/S = 1:26\,000$。说明 s 的精度较 D 的精度有所下降。

2. 估计观测误差影响程度，为测量及工程设计提供误差预测参数，保证设计工作正确性

例5：图 8.3，为了进行运动场内跑道（长 $s=400$m）$ABCC'B'A'$ 的定位，用钢尺（$l_0=30$m，测量中误差 m_l）测量，d、d' 约长 90m。问内跑道内侧测量定位中误差 m_s 与钢尺测量中误差 m_l 的关系。若 $m_l=\pm10$mm，引起的 m_s 是否符合 1:40 000 的要求？

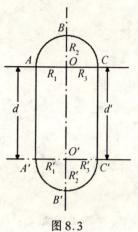

图 8.3

分析：

1) 内跑道内侧 $ABCC'B'A'$ 的长度 s 的计算公式：
$$s = 2\pi R + d + d' = \pi R_o + \pi R_{o'} + l_1 + l_2 + l_3 + l'_1 + l'_2 + l'_3$$
测量时以圆心多次按半径定圆弧位置的方法，故设
$$R_o = \frac{R_1 + R_2 + R_3}{3}, \quad R_{o'} = \frac{R'_1 + R'_2 + R'_3}{3},$$
s 的计算公式为
$$s = \pi \frac{R_1 + R_2 + R_3}{3} + \pi \frac{R'_1 + R'_2 + R'_3}{3} + l_1 + l_2 + l_3 + l'_1 + l'_2 + l'_3$$

2) 内跑道内侧测量定位中误差 m_s 与钢尺测量中误差 m_l 的关系。

按误差传播率，可得 m_s 与半径误差 m_R 及钢尺测量中误差 m_l 的关系是：
$$m_s^2 = \left(\frac{\pi}{3}\right)^2 6 m_R^2 + 6 m_l^2$$

分析表明，跑道内侧圆半径长度相当于一段钢尺长，可令 $m_R = m_l$，故上式经整理得
$$m_s = \pm 3.55 m_l \tag{8-38}$$

3) $m_l = \pm 10$mm 对 m_s 的影响。

根据式(8-38)，可得 $m_s = \pm 35.5$mm。此时 $m_s/S = 35.5/400\ 000 = 1:11\ 200$。显然达不到 1:40 000 的要求。如果要达到 $m_s/S = 1:40\ 000$ 的要求，则 $m_s = s/40\ 000 = \pm 10.0$mm，此时按式(8-38)求得 $m_l = \pm 2.8$mm。由此可见，提高钢尺测量精度或采取更高精度的测量技术，才能实现运动场内跑道的可靠定位。

3. 结合极限误差的实际要求为有关测量限差提出理论根据

例6：四等水准测量往返测较差 $\Delta h_{容} \leqslant \pm 20\sqrt{L}$ (mm) 的来由，说明如下。

如图 8.4 一条水准路线 A 至 B 的观测高差 $\sum h$ 是
$$\sum h = h_1 + h_2 + \cdots + h_n \tag{8-39}$$

因各测站高差 $h_1, h_2, \cdots, h_n$ 是等精度观测，用 $m_{站}$ 表示各测站观测中误差，按式(8-34)得
$$m_{\sum h} = \pm \sqrt{n} m_{站} \tag{8-40}$$

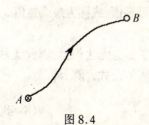

图 8.4

式中，n 是测站数。设 $n = L/S$，L 是水准路线长，S 是一测站的长度，若 L、S 均以公里为单位，$n_0 = 1/S$ 是一公里的测站数，则一公里的观测高差中误差 $u_0 = \sqrt{n_0} m_{站} = \sqrt{1/s} m_{站}$。显然，$L$ 公里的高差中误差为
$$m_{\sum h} = \pm \sqrt{\frac{L}{s}} m_{站} = \pm \sqrt{\frac{1}{s}} m_{站} \sqrt{L} = \pm u_0 \sqrt{L} \tag{8-41}$$

在四等水准测量中，u 是一公里往返测高差的中误差，并规定 $u = \pm 5$mm，则单程高差

中误差是 $u_0 = \sqrt{2} \times u = \sqrt{2} \times 5\text{mm}$，故上式为

$$m_{\Sigma h} = \pm u\sqrt{L} = \pm\sqrt{2} \times 5 \times \sqrt{L} \tag{8-42}$$

往返较差中误差为 $m_\Delta = \pm\sqrt{m_{\Sigma h_1}^2 + m_{\Sigma h_2}^2} = \pm\sqrt{2}\, m_{\Sigma h} = \pm 10\sqrt{L}$。所以，根据极限误差的意义有：

$$\Delta h_{容} = 2 \times m_\Delta = \pm 20\sqrt{L}\,(\text{mm}) \tag{8-43}$$

第三节 算术平均值与加权平均值

对某个观测量进行 n 次观测，如何求该观测量最后结果及其精度？本节开始讨论这个问题。

一、算术平均值

1. 算术平均值的概念

对某个观测量进行 n 次等精度观测，其观测值之和的平均值称为算术平均值，简称均值。其中这个量的真值为 X，观测值是 $l_1, l_2, \cdots, l_n$，算术平均值为

$$x = \frac{l_1 + l_2 + \cdots + l_n}{n} \tag{8-44}$$

即

$$x = \frac{[l]}{n} \tag{8-45}$$

算术平均值符合偶然误差特性的原则，因为按式(8-1)可知

$$[\Delta] = [l] - nX \tag{8-46}$$

式(8-46)两边除以 n 取极限，根据偶然误差第四特性，$\lim \dfrac{[\Delta]}{n} = 0$，则 $\lim \dfrac{[l]}{n} - X = 0$，故

$$X = \lim_{n \to \infty} \frac{[l]}{n} \tag{8-47}$$

由此可见，当观测数量 n 无限大时，算术平均值的极限是观测量的真值。但是，一般情况下，n 有限，这时式(8-45)得到的是接近真值的算术平均值，称为最可靠值，或称为最或然值。

2. 算术平均值的精度

1) 观测值中误差：在测量的实践中真值往往无法知道，真误差 Δ 也无法得到，因此无法利用式(8-9)计算观测值中误差。这时计算观测值中误差应按白塞尔公式计算，即

$$m = \pm\sqrt{\frac{[vv]}{n-1}} \tag{8-48}$$

2) 算术平均值中误差：算术平均值表达式(8-44)是线性函数，其中 $1/n$ 相当于常数 k。设观测值 l_i 的中误差为 m，则算术平均值中误差为

$$m_x^2 = \left(\frac{1}{n}\right)^2 (m_1^2 + m_2^2 + \cdots + m_n^2) = \left(\frac{1}{n}\right)^2 (m^2 + m^2 + \cdots + m^2) = \frac{1}{n} m^2 \tag{8-49}$$

把式(8-48)代入式(8-49)，则算术平均值中误差为

$$M_x = \pm \frac{m}{\sqrt{n}} = \pm \sqrt{\frac{[vv]}{n(n-1)}} \tag{8-50}$$

[式(8-48)的说明]

① v 称为最或然误差,或称为改正数,满足下式:

$$v_i = x - l_i \tag{8-51}$$

v 具有和为零的特性,即

$$[v] = 0 \tag{8-52}$$

因为按式(8-51)

$$[v] = nx - [l] \tag{8-53}$$

把式(8-45)代入上式得式(8-52)的结果。式(8-52)可用于检验计算结果的正确与否,见表8-2。

② $[vv]$ 称为最或然误差平方和,即

$$[vv] = v_1^2 + v_2^2 + \cdots + v_n^2$$

③ 白塞尔公式的证明:已知

$$\Delta_i = l_i - X \tag{8-54}$$

从式(8-51)得

$$l_i = x - v_i \tag{8-55}$$

把式(8-55)代入式(8-54)得

$$\Delta_i = x - X - v_i \tag{8-56}$$

对式(8-56)的两边取平方和得

$$[\Delta\Delta] = n(x-X)^2 - 2[v](x-X) + [vv] \tag{8-57}$$

式(8-57)中 $[v] = 0$,故

$$[\Delta\Delta] = n(x-X)^2 + [vv] \tag{8-58}$$

这里先考虑 $(x-X)$。从式(8-56)的两边取和得

$$[\Delta] = n(x-X) + [v] \tag{8-59}$$

因 $[v] = 0$,故上式

$$x - X = \frac{[\Delta]}{n} \tag{8-60}$$

对式(8-60)两边取平方,即

$$(x-X)^2 = \left(\frac{\Delta_1 + \Delta_2 + \cdots + \Delta_n}{n}\right)^2 = \frac{1}{n^2}(\Delta_1^2 + \Delta_2^2 + \cdots + \Delta_n^2) + \tag{8-61}$$

$$\frac{2}{n^2}[(\Delta_1\Delta_2 + \Delta_1\Delta_3 + \cdots + \Delta_1\Delta_n) + (\Delta_2\Delta_3 + \Delta_2\Delta_4 + \cdots + \Delta_2\Delta_n) + \cdots + \Delta_{n-1}\Delta_n]$$

上式符号 || 内互乘项 $\Delta_i\Delta_j$ 与式(8-25)的 $\Delta x \Delta y$ 同性质,故

$$(x-X)^2 = \frac{1}{n^2}(\Delta_1^2 + \Delta_2^2 + \cdots + \Delta_n^2) = \frac{[\Delta\Delta]}{n} \tag{8-62}$$

把式(8-62)代入式(8-58)得

$$[\Delta\Delta] = [vv] + \frac{[\Delta\Delta]}{n} \tag{8-63}$$

根据观测值中误差的定义,经整理,上式为

$$m^2 = \frac{[vv]}{n-1} \tag{8-64}$$

即

$$m = \pm\sqrt{\frac{[vv]}{n-1}} \tag{8-65}$$

证毕。

3. 算例

表 8-2 提供 6 测回观测角度平均值计算实例,步骤为(1),(2),…,(7)。

表 8-2　　　　　　6 测回观测角度平均值及精度评定

测回 n	角度观测值 ° ′ ″ (1)	$v=(X-l)$ ″ (3)	vv (4)	计算结果
1	75 32 13	2.5	6.25	(2)算术平均值: $X=[l]/n=75°32′15.5″$
2	75 32 18	−2.5	6.25	(5)观测值中误差:
3	75 32 15	0.5	0.25	$m=\pm1.9″$
4	75 32 17	−1.5	2.25	(6)算术平均值中误差:
5	75 32 16	−0.5	0.25	$M_x=\pm0.8″$
6	75 32 14	1.5	2.25	(7)最后结果:
(2) $x=75\ 32\ 15.5$		$[v]=0$	$[vv]=17.5$	$75°32′15.5″\pm0.8″$

二、加权平均值及其中误差

1. 加权平均值原理

在实际测量工作中常有非等精度观测成果,如表 8-3,两组同一观测对象的非等精度观测成果 L_1、L_2,因 $m_1 \neq m_2$,不能采用 $(L_1+L_2)/2$ 的方法求解,但可用下述两种方法求解:

1) 简单平均值的求法:

$$X = \frac{\sum l' + \sum l''}{n_1 + n_2} = \frac{l'_1 + l'_2 + l''_1 + l''_2 + l''_3}{5} \tag{8-66}$$

2) 加权平均值的求法:

(1) 权的定义式:权的定义式为

$$P_i = \frac{u^2}{m_i^2} \tag{8-67}$$

表 8-3

组	观测数	观测值	观测中误差	观测成果	平均值中误差
1	$n_1=2$	l'_1, l'_2	m_0	$L_1 = \sum l'/n_1 = (l'_1+l'_2)/2$	$m_1^2 = m_0^2/n_1 = m_0^2/2$
2	$n_2=3$	l''_1, l''_2, l''_3	m_0	$L_2 = \sum l''/n_2 = (l''_1+l''_2+l''_3)/2$	$m_2^2 = m_0^2/n_2 = m_0^2/3$

根据表 8-3 中 m_i 的计算式,则

$$P_i = \frac{u^2}{m_i^2} = \frac{u^2}{\left(\frac{1}{\sqrt{n_i}}m_0\right)^2} = n_i \frac{u^2}{m_0^2} \tag{8-68}$$

式中，P_i 是观测成果即新观测值 L_i 的权，u 是一个具有中误差性质的参数。

第一组观测值 L_1 的权是 P_1，将 n_1 代入式(8-68)得 $P_1 = 2u^2/m_0^2$。同理，第二组观测值 L_2 的权 $P_2 = 3u^2/m_0^2$。

(2) 组成加权平均值求解公式：

$$X = \frac{P_1 L_1 + P_2 L_2}{P_1 + P_2} \tag{8-69}$$

把表 8-3 中的 L_1、L_2 及 P_1、P_2 的表示式代入式(8-69)可得与式(8-66)的相同结果。

3) 加权平均值的原理通式：根据式(8-69)，设 n 个权为 P_i 的观测值 L_i，加权平均值的通式为

$$X = \frac{P_1 L_1 + P_2 L_2 + \cdots + P_n L_n}{P_1 + P_2 + \cdots + P_n} = \frac{[PL]}{[P]} \tag{8-70}$$

式中：

$$[PL] = P_1 L_1 + P_2 L_2 + \cdots + P_n L_n \tag{8-71}$$

$$[P] = P_1 + P_2 + \cdots + P_n \tag{8-72}$$

2. 加权平均值中误差

式(8-70)可表示为

$$X = \frac{P_1}{[P]} L_1 + \frac{P_2}{[P]} L_2 + \cdots + \frac{P_n}{[P]} L_n \tag{8-73}$$

按线性函数误差传播律得加权平均值中误差 M_X 的关系式为：

$$M_X^2 = \left(\frac{P_1}{[P]}\right)^2 m_1^2 + \left(\frac{P_2}{[P]}\right)^2 m_2^2 + \cdots + \left(\frac{P_n}{[P]}\right)^2 m_n^2 \tag{8-74}$$

根据权的定义式(8-67)可知

$$m_i^2 = \frac{u^2}{P_i} \tag{8-75}$$

把式(8-75)代入式(8-74)，经整理得

$$M_X = \pm u \sqrt{\frac{1}{[P]}} \tag{8-76}$$

3. 单位权中误差

1) 观测值权的相对关系：不论 u 取何值，观测值权之间的相对关系不变。根据权的定义式，u 一经确定，则 P_i 与 m_i^2 成反比。如表 8-4 中，m 小，精度高，则权 p 大，反映 $P_i L_i$ 的分量大；同时可见，P_1、P_2 的相对关系 $P_1:P_2 = 2:3$ 不变。

表 8-4

观测值	中误差	权的相对确定值				m_i	精度	权 P_i	$P_i L_i$ 的分量
L_1	$m_1^2 = m_0^2/2$	P_1	1	2/3	2	大	低	小	小
L_2	$m_2^2 = m_0^2/3$	P_2	3/2	1	3	小	高	大	大
	u^2 的取值		m_1^2	m_2^2	m_0^2				

2) 单位权中误差：数值上等于 1 的权称为单位权。相应于权为 1 的中误差称为单位权

中误差。单位权中误差的获得：

(1) 可以根据选定的 m_i 确定。如表 8-4 中，$u=m_1$，则 $P_1=1$，称 m_1 为单位权中误差。$u=m_2$，则 $P_2=1$，称 m_2 为单位权中误差。

(2) 可以根据需要虚拟。如表 8-4 中，$u=m_0$，则 $P_1=2$，$P_2=3$，若 m_0 不存在，则没有具体的单位权和单位权观测值。

(3) 根据真误差 Δ 或最或然误差 v 计算，其结果是 u，即单位权中误差。

真误差 Δ 计算单位权中误差 u：

设观测值 $L_1,L_2,\cdots,L_n$ 的权是 $P_1,P_2,\cdots,P_n$，真误差是 $\Delta_1,\Delta_2,\cdots,\Delta_n$。又设 $L'_i=\sqrt{P_i}L_i$ 为对 L_i 进行变换的观测值，根据误差传播律可知，相应的真误差为

$$\Delta'_i=\sqrt{P_i}\Delta_i \tag{8-77}$$

则中误差为

$$m'^2_i=P_i m_i^2 \tag{8-78}$$

L'_i 的权为

$$P'_i=\frac{u^2}{m'^2_i}=\frac{u^2}{P_i m_i^2}=\frac{1}{P_i}\times\frac{u^2}{m_i^2}=\frac{1}{P_i}\times P_i=1$$

故 L'_i 是一批权等于 1 的单位权观测值，是等精度观测值，Δ'_i 是单位权等于 1 的观测值真误差。因此可以利用真误差计算中误差的定义式计算单位权中误差，即

$$u=\pm\sqrt{\frac{[\Delta'\Delta']}{n}}=\pm\sqrt{\frac{\Delta'^2_1+\Delta'^2_1+\cdots+\Delta'^2_1}{n}} \tag{8-79}$$

把式 (8-77) 代入式 (8-79) 得

$$u=\pm\sqrt{\frac{[P\Delta\Delta]}{n}} \tag{8-80}$$

此式为真误差计算单位权中误差公式。

以最或然误差 v 计算单位权中误差。仿式 (8-80) 按白塞尔公式的要求可证计算公式为

$$u=\pm\sqrt{\frac{[Pvv]}{n-1}} \tag{8-81}$$

式中

$$v_i=X-L_i \tag{8-82}$$

4. 几种常用的定权方法

1) 同精度算术平均值的权：根据式 (8-68)，令 $u^2/m_0^2=c$ (任意常数)，则平均值 L_i 的权为

$$P_i=n\times c \tag{8-83}$$

结论：同精度算术平均值的权随观测次数 n 的增大而增大。

2) 水准测量的权：根据式 (8-40)，若取 c 个测站的高差中误差为单位权中误差，则 $u=\sqrt{c}m_{站}$。故一条水准路线观测高差 $\sum h$ 的权为

$$P_{\sum h}=\frac{u^2}{m^2_{\sum h}}=\frac{(\sqrt{c}m_{站})^2}{(\sqrt{n}m_{站})^2}=\frac{c}{n} \tag{8-84}$$

结论:在水准路线中,观测高差的权 P 与测站数 n 成反比。n 越多,误差越大,权越小。

平坦地区水准测量每测站的视距长度 s 大致相等,$1\,\text{km}$ 的测站数为 $1/s$,故式(8-41)中,$\sqrt{1/sm_{站}}$ 为 $1\,\text{km}$ 观测高差中误差。现设 $c\,\text{km}$ 高差中误差为单位权中误差,即 $u = \sqrt{c/sm_{站}}$,则 L 公里观测高差中误差为 $m_{\sum h} = \sqrt{L/sm_{站}}$,故水准路线观测高差的权为

$$P_{\sum h} = \frac{u^2}{m^2_{\sum h}} = \frac{\left(\sqrt{c/sm_{站}}\right)^2}{\left(\sqrt{L/sm_{站}}\right)^2} = \frac{c}{L} \tag{8-85}$$

上式可知,$u^2/m^2_{\sum h} = c/L$,若 $L = 1$,则 $m_{\sum h}$ 是 $1\,\text{km}$ 的高差中误差,即

$$m_{1\,\text{km}} = \frac{u}{\sqrt{c}} \tag{8-86}$$

3) 三角高程测量的权:根据式(4-32),三角高程测量在原理上的主项是 $h = D \times \sin\alpha$,按误差传播律可知,高差中误差 m_h 是

$$m_h^2 = \sin^2\alpha \times m_D^2 + (D\cos\alpha)^2 \times m_\alpha^2$$

式中,m_D 是测距误差,m_α 是竖直角误差。一般三角高程测量的 $\alpha < 5°$,$\sin^2\alpha \approx 0$,故上式为

$$m_h^2 = (D\cos\alpha)^2 \times m_\alpha^2$$

设 $u = (\cos\alpha) \times m_\alpha$,则 $m_h^2 = u^2 \times D^2$,故三角高程的权 P_h 为

$$P_h = \frac{u^2}{m_h^2} = \frac{1}{D^2} \tag{8-87}$$

5. 算例

见表8-5。表中 Q 点水准测量高程的计算按表中(1),(2),…,(11)的计算工作顺序进行。表中的计算过程可用一个 BASIC 程序(见附录五的程序一)完成。

表 8-5

水准路线名称	起点	起点测至 Q 点高程 $H(\text{m})$ (1)	测站数 n (2)	权 $P = c/n$ ($c = 10$) (3)	改正数 v $v = X - H$ (mm) (7)
L1	A	48.821	35	0.2857	−35.4
L2	B	48.753	26	0.3846	32.6
L3	C	48.795	39	0.2564	−9.4

(4) $[PH] = 45.2096$ (5) $[P] = 0.9267$ (6) $X = [PH]/[P] = 48.7856\,\text{m}$
(8) $[PVV] = 789.4208$ (9) $u = \pm 19.9\,\text{mm}$ (10) $M_X = \pm 20.7\,\text{mm}$

第四节 最小二乘与条件平差原理

一、最小二乘原理

我们已经知道,观测量是具有一定量值的观测对象,对其观测的目的在于求得观测量的实际量值。但是,观测量的实际量值是多少,开始是不知道的,这时观测量又称为未知量。可以设想,由于观测有误差,必然给未知量的确定带来矛盾。例如表 8-5 以三条不同水准路

线测量 Q 点高程,得到三个不同的结果,即存在矛盾的高程测量值。所谓平差,就是按照某种准则要求,对存在误差的观测值进行适当的数学处理,消除误差矛盾,以便获得具有一定精度指标的未知量的最可靠值。

在数理统计理论中有一个最大似然原理,在测量平差理论中有一个最小二乘原理,二者都属于处理存在误差的观测值(子样)的准则。从宏观上理解,最大似然原理描述问题的似然函数中观测向量的密度函数满足最小二乘条件解决的最大可能性,最小二乘原理则是从实现最大可能性的偏差平方和最小出发解决问题。尽管两种原理按各自的理论体系解释问题,解决矛盾,但最终得到的结果是一致的。

最小二乘原理的基本思想:根据观测值的基本情况,设计一个数学模型 $[pvv]$,按 $[pvv]$ 为最小的准则要求解题。下面说明这一思想的实现步骤:

1. 误差方程及权的设立

如式(8-51)就是一个最简单的误差方程。现设

$$V = \begin{bmatrix} v_1 \\ v_2 \\ \vdots \\ v_n \end{bmatrix}, X = \begin{bmatrix} x \\ x \\ \vdots \\ x \end{bmatrix}, L = \begin{bmatrix} l_1 \\ l_2 \\ \vdots \\ l_n \end{bmatrix}, P = \begin{bmatrix} P_1 & 0 & \cdots & 0 \\ 0 & P_2 & \cdots & 0 \\ \vdots & \vdots & & \vdots \\ 0 & 0 & \cdots & P_n \end{bmatrix} \tag{8-88}$$

则误差方程为

$$V = X - L, \ P \tag{8-89}$$

式中,L 是观测值向量;V 是最或然改正数向量;X 是未知数向量;P 是观测值的权向量。

x 可以是直接观测量,也可以是间接观测量,都属于待求的未知数。在观测方程中,x 的个数及所表示的对象依解题的实际而定。这里涉及的个数是1。

2. 设立数学模型 $V^T PV$

按式(8-88)建立数学模型为

$$V^T PV = (X - L)^T P(X - L)$$

用纯量表示,即

$$V^T PV = [pvv] = P_1(x - l_1)^2 + P_2(x - l_2)^2 + \cdots + P_n(x - l_n)^2 \tag{8-90}$$

3. 按 $[pvv]$ 为最小,即准则为

$$V^T PV = \min \tag{8-91}$$

导出式(8-90)的解题方案。

式(8-90)可以理解为一条二次曲线,如图 8.5。$[pvv]$ 最小的位置在曲线的底端,该处的一阶导数为零,即

$$\frac{d[pvv]}{dx} = 0 \tag{8-92}$$

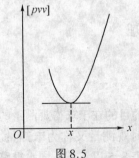

图 8.5

按要求展开式(8-92),则得

$$2p_1(x - l_1) + 2p_2(x - l_2) + \cdots + 2p_n(x - l_n) = 0$$

对上式合并同类项,经整理得

$$x(p_1 + p_2 + \cdots + p_n) + (p_1 l_1 + p_2 l_2 + \cdots + p_n l_n) = 0$$

上式是一个未知数 x 的一元一次方程,解题方案是

$$x = \frac{p_1 l_1 + p_2 l_2 + \cdots + p_n l_n}{p_1 + p_2 + \cdots + p_n} \tag{8-93}$$

按式(8-71)及式(8-72)的要求整理便可得式(8-93),若式中的 $p_i = 1$,则式(8-93)便是式(8-44)。由此可见,算术平均值及加权平均值是符合最小二乘原理的最可靠值。上述讨论的是对未知量 x 进行 n 次直接观测的平差问题,x 以直接观测值 L_i 按式(8-93)求得,故称这种平差方法为直接平差。

二、条件平差原理

除直接平差以外,还有间接平差、条件平差及现代平差等。条件,即以满足某种数学或物理关系确定的整体原则要求而列立的数学表达式,简称条件方程或称条件式。条件平差是以条件式为出发点,根据 $V^T P V = \min$ 准则,按条件极值要求获得最可靠值的计算方法。

如图 8.6 某土木工程中一水准路线形式,设水准点 A、B、C、D 四个,A、B 点是已知水准点,高程分别是 H_A、H_B,C、D 是未知水准点,有关的观测值 h'_i 及相应的权列于表 8-6 末行中。

1. 条件式的列立

如图 8.6 所示,各水准路线高差 h_i 在 A、B 点所确定的整体意义上必须满足 $H_B - H_A$ 的要求,或者说,以 H_A、H_B 的存在作为设立条件的根据。例如按虚线①②③箭头方向计算的高差必须等于 $H_B - H_A$,即

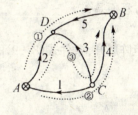

图 8.6

$$\begin{aligned} h_2 - h_5 &= H_B - H_A \quad &\text{(a)} \\ -h_1 + h_4 &= H_B - H_A \quad &\text{(b)} \\ h_2 - h_3 + h_4 &= H_B - H_A \quad &\text{(c)} \end{aligned} \tag{8-94}$$

上述三式称为条件方程,h_i 称为平差值,$i = 1, 2, \cdots, 5$。平差值的正负号根据水准路线方向与虚线方向的关系确定,同向者正,反向者负。平差值是观测值 h'_i 与最或然改正数 v_i 之和,即

$$h_i = h'_i + v_i \tag{8-95}$$

把式(8-95)代入式(8-94),经整理得条件式为

$$\begin{aligned} v_2 \quad\quad - v_5 + w_a &= 0 \quad &\text{(a)} \\ -v_1 \quad\quad + v_4 + w_b &= 0 \quad &\text{(b)} \\ v_2 - v_3 + v_4 + w_c &= 0 \quad &\text{(c)} \end{aligned} \tag{8-96}$$

式中,w_a、w_b、w_c 称为条件式的闭合差,即

$$\begin{aligned} w_a &= h'_2 - h'_5 - (H_B - H_A) \\ w_b &= -h'_1 + h'_4 - (H_B - H_A) \\ w_c &= h'_2 - h'_3 + h'_4 - (H_B - H_A) \end{aligned} \tag{8-97}$$

实际应用中,条件式(8-96)写为表列形式,如表 8-6。表中条件式 3 个,改正数各为 $v_1 \sim v_5$,系数分别列在改正数的名下,改正数不存在则以系数为 0 列出。

表 8-6

条件	高差改正数系数					闭合差
	v_1	v_2	v_3	v_4	v_5	w
a	0	1	0	0	−1	w_a
b	−1	0	0	1	0	w_b
c	0	1	−1	1	0	w_c
h'_i	h'_1	h'_2	h'_3	h'_4	h'_5	
权 P	p_1	p_2	p_3	p_4	p_5	

为了使问题的叙述和推证有普遍意义,上述条件式 3 个改为 r 个,改正数 $v_1 \sim v_5$ 下标改为 i,即 $v_i(i=1,2,\cdots,n)$,改正数系数 0, 1, −1 等用相应的 $a_i, b_i, \cdots, r_i$ 表示,闭合差改为 $w_a, w_b, \cdots, w_r$,表列形式如表 8-7,并用向量与矩阵表示,即

$$V = \begin{bmatrix} v_1 \\ v_2 \\ \vdots \\ v_n \end{bmatrix}, A = \begin{bmatrix} a_1 & a_2 & \cdots & a_n \\ b_1 & b_2 & \cdots & b_n \\ \vdots & \vdots & & \vdots \\ r_1 & r_2 & \cdots & r_n \end{bmatrix}, W = \begin{bmatrix} w_a \\ w_b \\ \vdots \\ w_r \end{bmatrix}, P = \begin{bmatrix} p_1 & 0 & \cdots & 0 \\ 0 & p_2 & \cdots & 0 \\ \vdots & \vdots & & \vdots \\ 0 & 0 & \cdots & p_n \end{bmatrix} \tag{8-98}$$

上述 A 称为条件式系数阵,P 称为权阵,V 称为改正数向量,W 称为闭合差向量。条件方程便是

$$AV + W = 0 \tag{8-99}$$

按矩阵展开,条件式(8-99)的纯量形式是

$$\begin{aligned} a_1 v_1 + a_2 v_2 + \cdots + a_n v_n + w_a &= 0 \\ b_1 v_1 + b_2 v_2 + \cdots + b_n v_n + w_b &= 0 \\ &\cdots\cdots\cdots \\ r_1 v_1 + r_2 v_2 + \cdots + r_n v_n + w_r &= 0 \end{aligned} \tag{8-100}$$

表 8-7

条件	改正数系数				闭合差
	v_1	v_2	$\cdots$	v_n	w
a	a_1	a_2	$\cdots$	a_n	w_a
b	b_1	b_2	$\cdots$	b_n	w_b
$\vdots$			$\vdots$		$\vdots$
r	r_1	r_2	$\cdots$	r_n	w_r
权 P	p_1	p_2	$\cdots$	p_n	

2. 设立条件的数学模型,按条件极值要求导出 V_i 求解的方案

1) 数学模型的构成:式(8-100)可见,r 个条件方程中有 n 个 v 改正数,由于 $r < n$,故 V_i 没有惟一解。但总有一组 v_i 满足 $V^T PV = \min$ 的要求,这一组 v_i 按拉格朗日乘数法构成数学模型是

$$\Phi = V^T PV - 2K^T(AV + W) \tag{8-101}$$

式中,K 称为联系数,或称为拉格朗日乘数,共有 r 个,即

第八章　测量误差与平差

$$K = \begin{bmatrix} k_a \\ k_b \\ \vdots \\ k_r \end{bmatrix} \tag{8-102}$$

2) Φ 对 v_i 求一阶导数并令为零,即

$$\frac{\mathrm{d}\Phi}{\mathrm{d}v} = 2V^{\mathrm{T}}P - 2K^{\mathrm{T}}A = 0$$

从上式可得

$$V = P^{-1}A^{\mathrm{T}}K \tag{8-103}$$

其纯量形式是

$$v_i = \frac{1}{p_i}(a_i k_a + b_i k_b + \cdots + r_i k_r) \tag{8-104}$$

把式(8-104)代入式(8-99)得

$$AP^{-1}A^{\mathrm{T}}K + W = 0 \tag{8-105}$$

其中

$$P^{-1} = \begin{bmatrix} \dfrac{1}{p_1} & 0 & \cdots & 0 \\ 0 & \dfrac{1}{p_2} & \cdots & 0 \\ \vdots & \vdots & & \vdots \\ 0 & 0 & \cdots & \dfrac{1}{p_n} \end{bmatrix} \tag{8-106}$$

式(8-105)可表示为

$$\begin{pmatrix} a_1 & a_2 & \cdots & a_n \\ b_1 & b_2 & \cdots & b_n \\ \vdots & \vdots & & \vdots \\ r_1 & r_2 & \cdots & r_n \end{pmatrix} \begin{pmatrix} \dfrac{1}{p_1} & 0 & \cdots & 0 \\ 0 & \dfrac{1}{p_2} & \cdots & 0 \\ \vdots & \vdots & & \vdots \\ 0 & 0 & \cdots & \dfrac{1}{p_n} \end{pmatrix} \begin{pmatrix} a_1 & b_1 & \cdots & r_1 \\ a_2 & b_2 & \cdots & r_2 \\ \vdots & \vdots & & \vdots \\ a_n & b_n & \cdots & r_n \end{pmatrix} \begin{pmatrix} k_a \\ k_b \\ \vdots \\ k_r \end{pmatrix} + \begin{pmatrix} w_a \\ w_b \\ \vdots \\ w_r \end{pmatrix} = 0 \tag{8-107}$$

展开式(8-107)前三项得

$$\begin{pmatrix} \dfrac{a_1 a_1}{p_1} + \dfrac{a_2 a_2}{p_2} + \cdots + \dfrac{a_n a_n}{p_n} & \dfrac{a_1 b_1}{p_1} + \dfrac{a_2 b_2}{p_2} + \cdots + \dfrac{a_n b_n}{p_n} & \cdots & \dfrac{a_1 r_1}{p_1} + \dfrac{a_2 r_2}{p_2} + \cdots + \dfrac{a_n r_n}{p_n} \\ \dfrac{a_1 b_1}{p_1} + \dfrac{a_2 b_2}{p_2} + \cdots + \dfrac{a_n b_n}{p_n} & \dfrac{b_1 b_1}{p_1} + \dfrac{b_2 b_2}{p_2} + \cdots + \dfrac{b_n b_n}{p_n} & \cdots & \dfrac{b_1 r_1}{p_1} + \dfrac{b_2 r_2}{p_2} + \cdots + \dfrac{b_n r_n}{p_n} \\ & & \cdots\cdots & \\ \dfrac{a_1 r_1}{p_1} + \dfrac{a_2 r_2}{p_2} + \cdots + \dfrac{a_n r_n}{p_n} & \dfrac{b_1 r_1}{p_1} + \dfrac{b_2 r_2}{p_2} + \cdots + \dfrac{b_n r_n}{p_n} & \cdots & \dfrac{r_1 r_1}{p_1} + \dfrac{r_2 r_2}{p_2} + \cdots + \dfrac{r_n r_n}{p_n} \end{pmatrix} \begin{pmatrix} k_a \\ k_b \\ \vdots \\ k_r \end{pmatrix} + \begin{pmatrix} w_a \\ w_b \\ \vdots \\ w_r \end{pmatrix} = 0$$

设

$$\left[\frac{aa}{p}\right] = \frac{a_1 a_1}{p_1} + \frac{a_2 a_2}{p_2} + \cdots + \frac{a_n a_n}{p_n},\ \left[\frac{ab}{p}\right] = \frac{a_1 b_1}{p_1} + \frac{a_2 b_2}{p_2} + \cdots + \frac{a_n b_n}{p_n},\cdots,\ \left[\frac{rr}{p}\right] = \frac{r_1 r_1}{p_1} + \frac{r_2 r_2}{p_2} + \cdots + \frac{r_n r_n}{p_n}$$

则展开后的式(8-107)为

$$\begin{bmatrix} \left[\dfrac{aa}{p}\right] & \left[\dfrac{ab}{p}\right] & \cdots & \left[\dfrac{ar}{p}\right] \\ \left[\dfrac{ab}{p}\right] & \left[\dfrac{bb}{p}\right] & \cdots & \left[\dfrac{br}{p}\right] \\ \vdots & \vdots & & \vdots \\ \left[\dfrac{ar}{p}\right] & \left[\dfrac{br}{p}\right] & \cdots & \left[\dfrac{rr}{p}\right] \end{bmatrix} \begin{bmatrix} k_a \\ k_b \\ \vdots \\ k_r \end{bmatrix} + \begin{bmatrix} w_a \\ w_b \\ \vdots \\ w_r \end{bmatrix} = 0 \tag{8-108}$$

令

$$N = AP^{-1}A^{\mathrm{T}} = \begin{bmatrix} \left[\dfrac{aa}{p}\right] & \left[\dfrac{ab}{p}\right] & \cdots & \left[\dfrac{ar}{p}\right] \\ \left[\dfrac{ab}{p}\right] & \left[\dfrac{bb}{p}\right] & \cdots & \left[\dfrac{br}{p}\right] \\ \vdots & \vdots & & \vdots \\ \left[\dfrac{ar}{p}\right] & \left[\dfrac{br}{p}\right] & \cdots & \left[\dfrac{rr}{p}\right] \end{bmatrix} \tag{8-109}$$

称式(8-108)为法方程,称 N 阵为法方程系数阵。故式(8-105)可表示为

$$NK + W = 0 \tag{8-110}$$

这里是 r 个法方程,有 r 个联系数 k,故 k 可以解出,即

$$K = -N^{-1}W \tag{8-111}$$

式中的 N^{-1} 是法方程系数阵 N 的逆阵。

3) 解题方案。根据上述的理论推证,以图 8.6 为例,条件平差的具体解题方案为:

(1) 依测量的题目列立条件方程:列出条件方程中的改正数 v 的系数,求出各条件方程的闭合差 w,计算观测值的权 P。在实际计算中条件式应整理成为线性的形式,并写为表列形式,如表 8-9。

(2) 组成法方程系数阵 N:按式(8-109)计算法方程系数阵 N。法方程系数阵 N 计算可用 BASIC 程序,如附录五程序二。计算用的条件方程系数按系数阵 A 的形式"自左至右,自上至下"的顺序逐一键入(或按表 8-9(3)栏列的形式键入),然后键入观测值的权。计算结果 N 抄入表 8-10(5)栏。

(3) 求法方程系数阵 N 的逆阵 N^{-1}。N^{-1} 的求解可采用数学上加边求逆方法(见附录四)。附录五程序三是加边求逆 BASIC 程序,计算所用的系数阵 N 按元素"自左至右,自上至下"的顺序键入计算机中。计算求得的逆阵 N^{-1} 抄入表 8-10(6)栏。

(4) 求联系数 K:利用逆阵 N^{-1} 及闭合差 w,按式(8-111)可解出惟一的一组 k 值来。解算可采用附录五的程序四,程序最后一行 data 后是逆阵 N^{-1} 及闭合差 w。

(5) 求改正数 V:按式(8-103)将 K 值代入求得。可采用附录五程序五计算改正数 V,计算前在程序最后一行 data 后键入条件式系数阵、权 P、联系数 K。

(6) 求平差值:观测值加相应的改正数即得平差值。如图 8.6,平差值 h_i 是 $h'_i + v_i$。

(7) 求函数值最或然值。在测量的条件平差中,函数值的最或然值指的是点位的高程、坐标 (x,y) 参数。求函数值最或然值就是根据题目的要求,利用平差值把相应的参数求出来。

例如图 8.6 的 C 点高程 $H_C = H_A - (h'_i + v_i)$。

3. 条件平差的精度评定

1) 求单位权中误差 u：

$$u = \pm\sqrt{\frac{V^{\mathrm{T}}PV}{r}} \tag{8-112}$$

式中，r 是条件式的个数，V 值从式(8-103)得到。

2) 求平差值的函数中误差。具体地，求平差值的函数中误差是求观测误差对平差值函数中误差的传播律，这里不加推证的给出具体的计算方法。

(1) 写出函数式：设 $Z = f(l'_1 + v_1, l'_2 + v_2, \cdots, l'_n + v_n)$，式中 Z 是平差值 $(l'_i + v_i)$ 的函数。对函数式全微分并化为改正数的关系式，称为权函数式，即

$$\Delta Z = F^{\mathrm{T}} V \tag{8-113}$$

$$F = \begin{bmatrix} f_1 \\ f_2 \\ \vdots \\ f_n \end{bmatrix} \tag{8-114}$$

式中，F 称为权系数，V 与式(8-98)的 V 相同。如图 8.6，求 C 点高程中误差，设 $H_C = H_A - (h'_1 + v_1)$。此式相当于

$$H_C = H_A + f_1(h'_1 + v_1) + f_2(h'_2 + v_2) + \cdots + f_5(h'_5 + v_5),$$

其中 $f_1 = -1$，$f_2 = f_3 = f_4 = f_5 = 0$。对该式全微分得权函数的形式为

$$\Delta Z = -v_1 \tag{8-115}$$

(2) 组成法方程组：即

$$NQ + F' = 0 \tag{8-116}$$

式中，N 是式(8-109)的法方程系数阵，Q 称为转换数，F' 称为权常数，即

$$Q = \begin{bmatrix} q_a \\ q_b \\ \vdots \\ q_r \end{bmatrix}, F' = \begin{bmatrix} f'_a \\ f'_b \\ \vdots \\ f'_r \end{bmatrix} = \begin{bmatrix} \left[\dfrac{af}{p}\right] \\ \left[\dfrac{bf}{p}\right] \\ \vdots \\ \left[\dfrac{rf}{p}\right] \end{bmatrix} \tag{8-117}$$

上述 Q 向量和 F' 向量各有 r 个元素，其中 F' 向量元素按下式计算，即

$$f'_a = \left[\frac{af}{p}\right] = \frac{a_1 f_1}{p_1} + \frac{a_2 f_2}{p_2} + \cdots + \frac{a_n f_n}{p_n}$$

$$f'_b = \left[\frac{bf}{p}\right] = \frac{b_1 f_1}{p_1} + \frac{b_2 f_2}{p_2} + \cdots + \frac{b_n f_n}{p_n} \tag{8-118}$$

$$\cdots\cdots\cdots\cdots$$

$$f'_r = \left[\frac{rf}{p}\right] = \frac{r_1 f_1}{p_1} + \frac{r_2 f_2}{p_2} + \cdots + \frac{r_n f_n}{p_n}$$

(3) 求 Q：

$$Q = -N^{-1} F' \tag{8-119}$$

(4) 求权倒数：

$$\frac{1}{p_F} = \left[\frac{ff}{p}\right] - F'^{\mathrm{T}} N^{-1} F' = \left[\frac{ff}{p}\right] + F'^{\mathrm{T}} Q \tag{8-120}$$

式中

$$\left[\frac{ff}{p}\right] = \frac{f_1 f_1}{p_1} + \frac{f_2 f_2}{p_2} + \cdots + \frac{f_n f_n}{p_n} \tag{8-121}$$

(5) 求 Z 的中误差 M_z：

$$M_z = \pm u \sqrt{\frac{1}{p_F}} \tag{8-122}$$

三、条件平差算例

图 8.6 是一个简单水准网，按条件平差，高差观测值 h'、水准路线长 D 列于表 8-9(1)、(2)栏，表 8-8、表 8-9、表 8-10 中的(1),(2),…,(12)表示计算步骤。

表 8-8

点位高程 (10)		单位权中误差 (11)	平差值函数中误差 (12)	
A *	56.374	$[pvv]$:1934.79	$[ff/p] = 0.35$	
B *	52.760	r:3	$F'^{\mathrm{T}} Q = -0.24$	
C	50.504	$u_{10\mathrm{km}}$: ±25.4	$1/P_F = 0.11$	
D	60.149	$u_{1\mathrm{km}}$: ±8.03	$M_z = \pm 8.4$ mm	* 注:已知高程

表 8-9

序号	高差观测值 h'(m) (1)	水准路线长度 D(km) (2)	条件方程 a b c (3)	权 $p_i = 10/D_i$ (4)	高差改正数 (mm) (8)	高差最或然值 (m) (9)	权系数
1	5.853	3.50	0 −1 0	2.857	16.52	5.870	−1
2	3.782	2.70	1 0 1	3.704	−7.21	3.775	0
3	9.640	4.00	0 0 −1	2.500	4.30	9.644	0
4	2.270	2.50	0 1 1	4.000	−14.49	2.256	0
5	7.384	3.00	−1 0 0	3.333	4.79	7.389	0
	闭合差		12 31 26		$[pvv]$:1934.79		

表 8-10

法方程系数 N (5)			逆方阵系数 N^{-1} (6)			联系数 k (7)	权常数 F' (5′)	转换数 Q (7′)
$[aa/p]$	$[ab/p]$	$[ac/p]$						
0.5700	0	0.2700	2.08054	0.28690	−0.68856	−15.958	0	−0.100
$[ab/p]$	$[bb/p]$	$[bc/p]$						
0	0.6000	0.2500	0.28690	1.91903	−0.60567	−47.185	0.35	−0.672
$[ac/p]$	$[bc/p]$	$[cc/p]$						
0.2700	0.2500	0.9200	−0.68856	−0.60567	1.45362	−10.756	0	0.212

习　题

1. 如何检验测量误差的存在？产生误差的原因是什么？
2. 概念：系统误差、偶然误差、粗差。
3. 系统误差有哪些特点？如何预防和减少系统误差对观测成果的影响？
4. 写出真误差的表达式，指出偶然误差的特性。
5. 说明精度与观测条件的关系及等精度、非等精度的概念。
6. 指出中误差、相对误差的定义式，理解极限误差取值二倍中误差的理论根据。
7. 已知丈量 2 尺段 l_0 及 q，$l_0 = 30\text{m}$，$q = 16.34\text{m}$。丈量的中误差 $m = \pm 2\text{cm}$，问按式 (3-35) 计算钢尺量距结果 d 和中误差 m_d 的值。
8. $\triangle ABC$ 中，测得 $\angle A = 30°00'42'' \pm 3''$，$\angle B = 60°10'00'' \pm 4''$，试计算 $\angle C$ 及其中误差 m_c。
9. 测得一长方形的两条边分别为 15m 和 20m，中误差分别为 ± 0.012m 和 ± 0.015m，求长方形的面积及其中误差。
10. 水准路线 A、B 两点之间的水准测量有 9 个测站，若每个测站的高差中误差为 3mm，问：1) A 至 B 往测的高差中误差？2) A 至 B 往返测的高差平均值中误差？
11. 观测某一已知长度的边长，5 个观测值与之的真误差 $\Delta_1 = 4\text{mm}$、$\Delta_2 = 5\text{mm}$、$\Delta_3 = 9\text{mm}$、$\Delta_4 = 3\text{mm}$、$\Delta_5 = 7\text{mm}$。求观测中误差 m。
12. 试分析表 8-11 角度测量、水准测量中的误差从属的误差类型及消除、减小、改正方法。

表 8-11

测量工作	误差名称	误差类型	消除、减小、改正方法
角度测量	对中误差		
	目标倾斜误差		
	瞄准误差		
	读数估读不准		
	管水准轴不垂直竖轴		
	视准轴不垂直横轴		
	照准部偏心差		
水准测量	附合气泡居中不准		
	水准尺未立直		
	前后视距不等		
	标尺读数估读不准		
	管水准轴不平行视准轴		

13. 观测条件与精度的关系是_____。

   答案：①观测条件好，观测误差小，观测精度小；反之观测条件差，观测误差大，观测精度大

   ②观测条件好，观测误差小，观测精度高；反之观测条件差，观测误差大，观测精度低

③观测条件差,观测误差大,观测精度差;反之观测条件好,观测误差小,观测精度小

14. 在相同的条件下光电测距两条直线,一条长 150m,另一条长 350m,测距仪的测距精度是 $\pm(10mm+5ppm \cdot D_{km})$。问这两条直线的测量精度是否相同?为什么?

15. 测量一个水平角 5 测回,各测回观测值是 $56°31'42''$、$56°31'15''$、$56°31'48''$、$56°31'38''$、$56°31'40''$,规范 $\Delta\alpha_{容} = \pm 30''$。试检查下表 5 测回观测值,选用合格观测值计算水平角平均值。

序号	各测回观测值	合格观测值
1	$56°31'42''$	
2	$56°31'15''$	
3	$56°31'48''$	
4	$56°31'38''$	
5	$56°31'40''$	

16. 测量的算术平均值是_____。
    答案:①n 次测量结果之和的平均值
         ②n 次等精度测量结果之和的平均值
         ③是观测量的真值

17. 算术平均值中误差按_____计算得到。
    答案:①白塞尔公式
         ②真误差 Δ
         ③观测值中误差除以测量次数 n 的开方根

18. 光电测距按正常测距测 5 测回的观测值列下表 8-12。按下表计算算术平均值,观测值中误差及算术平均值中误差。

表 8-12　　　　　**5 测回观测角度算术平均值及精度评定**

测回 n	距离观测值 l m (1)	$v=(X-l)$ mm (3)	vv (4)	计算结果
1	546.535m			(2)算术平均值: $X=[l]/n=$
2	546.539m			(5)观测值中误差: $m=\pm$
3	546.541m			
4	546.538m			(6)算术平均值中误差: $M_x=\pm$
5	546.533m			
(2)$x=$		$[v]=$	$[vv]=$	(7)最后结果:

19. 防止系统误差影响应该_____。
    答案:①严格检验仪器工具;对观测值进行改正;观测中削弱或抵偿系统误差影响
         ②选用合格仪器工具;检验得到系统误差大小和函数关系;应用可行的预防措施等

第八章 测量误差与平差 169

③严格检验并选用合格仪器工具；对观测值进行改正；以正确观测方法削弱系统误差影响

20. 按表 8-13 的各水准路线长度 D 和高程 H 计算 Q 点的带权平均值及中误差。

表 8-13

水准路线名称	起点	起点测至 Q 点高程 H_i(m) (1)	路线长 D_i(km) (2)	权 $P_i = c/D_i$ ($c=10$km) (3)	$v_1(X-H_i)$ (mm) (7)
L1	A	48.421	14.2		
L2	B	48.350	10.9		
L3	C	48.392	12.6		

(4) $[PH]=$　　　　(8) $[pvv]=$　　　　(10) $M_x = \pm u \times$
(5) $[P]=$　　　　(9) $u = \pm$　　　　　　　$= \pm$　　　mm
(6) $X = [PH]/[P] =$　m　　$= \pm$　mm(10km)　(11) $u(1$km$) = \pm$　/　$= \pm$　mm

注：带权平均值的计算(qbasic 程序见附录五程序一)。

1. 键入程序 10～270 行。
2. 在 270 行 data 后键入数据 $h(i), s(i)$，即：48.421, 14.2, 48.350, 10.9, 48.392, 12.6。
3. 启动程序，显示 $n=?$，键入 3，回车。
4. 抄录显示的数据到表 8-13，退出。

21. 根据各水准路线长度 D 和高差 h'，按条件平差解题方案，在表 8-14、表 8-15、表 8-16 中计算 C、D 点的高程。

表 8-14

点位高程 (10)	单位权中误差 (11)	平差值函数中误差 (12)
A* 56.374	$[pvv]:$	$[ff/p] =$
B* 52.760	$r:$	$F'^{T}Q =$
C	$u_{10km}: \pm$	$1/P_F =$
D	$u_{1km}: \pm$	$M_z = \pm$

表 8-15

序号	高差观测值 h'(m) (1)	水准路线长度 D(km) (2)	条件方程 a b c (3)	权 p_i	高差改正数 (mm) (8)	高差最或然值 (m) (9)	权系数
1	5.853	3.05	0　　　0	3.279			0
2	3.742	2.74	1　　　1	3.650			0
3	9.640	3.97	0　　−1				0
4	2.270	2.58	0　　　1				−1
5	7.384	2.97	−1　　　0	3.367			0
闭合差			31	$[pvv]:$			

表 8-16

法方程系数 N (5)			逆方阵系数 N^{-1} (6)	联系数 k (7)	权常数 F' (5')	转换数 Q (7')
$[aa/p]$	$[ab/p]$	$[ac/p]$				
$[ab/p]$	$[bb/p]$	$[bc/p]$				
$[ac/p]$	$[bc/p]$	$[cc/p]$				

注:水准测量的条件平差:应用程序见附录五程序二、三、四、五。

1. 条件式数据准备(表 8-15),(D,h'的抄入;闭合差计算;系数的列出;权的计算)
2. 法方程系数的计算:
   1) 键入程序二 10~180 行;
   2) $r=3,n=5$ 的实际数据代入 180data 是条件式系数;
   3) 启动程序,然后抄录法方程系数到表 8-16;
   4) 退出。
3. 求逆:
   1) 键入程序三 10~480 行;
   2) 在 480 行 data 后键入矩阵 N 数据;
   3) 启动程序,键入 $n=3$,回车,然后抄录逆阵数据到表 8-16;
   4) 退出。
4. 求联系数 k:
   1) 键入程序四 10~200 行;
   2) 在 200 行 data 后键入逆阵、闭合差;
   3) 启动程序,然后抄录联系数 k 到表 8-16;
   4) 退出。
5. 求最或然改正数 v:
   1) 键入程序五 10~240 行;
   2) 在 240 行 data 后键入条件式系数、权、联系数;
   3) 启动程序,抄最或然改正数 v 到表 8-15;
   4) 退出。
6. 计算高差最或然值,并把数据填入表 8-15。
7. 计算 C、D 点的高程,并把数据填入表 8-14。

第九章 工程控制测量

学习目标:掌握工程控制测量技术要点;掌握土木工程中一般的控制测量技术方法和控制点坐标的计算原理和方法。

第一节 控制测量技术概况

一、控制测量的概念

1. **控制测量** 建立和测定控制点并获得精确控制点参数的测量技术过程,称为控制测量。控制测量是工程建设和日常工程测量的基础,是工程上限制误差积累和控制全局的基准测量。

2. **控制点** 工程建设中如大桥、楼房中心线(轴线)的确定,道路转弯处的标定,必须以工程附近固定的基准点为依据。工程建设中具有准确可靠平面坐标参数和高程参数的基准点,称为控制点。

3. **控制测量的工作内容** 平面控制测量和高程控制测量。通常这两方面的工作内容分开独立处理。平面控制测量用于获得控制点的平面坐标参数,高程控制测量用于获得控制点的高程参数。在较好的技术条件下,两方面工作相结合可以同时获得控制点的平面坐标和高程参数。

4. **控制测量的一般工作规则** 一般工作规则是"从整体到局部,全局在先;从高级到低级,逐级扩展"。技术条件较好,可在整体原则下按等级要求独立进行。

二、平面控制测量的实施方法

1. 三角测量法
1)基本思想:(1)在大地上布设控制点(或称三角点)构成三角形网形的控制网;(2)测量网中若干条边及全网的三角形内角;(3)数据处理求得各个控制点的平面坐标。

在三角测量法基础上发展起来的还有测边法(全网测边)和边角法(全网测边和测角)等。

2)基本网形。有国家高等级三角测量和工程上应用三角测量的基本图形。

三角测量在国家基本平面控制测量中占有极其重要的地位,过去已经建立的国家基本控制点属于三角测量的重要成果。这些控制点,或在全国范围内,或在某一地区范围内采用全面布设形式,控制点连成全面网形。如图9.1,表示某区域内从全局出发布设高等级的三角网,如实线所示的网形。图中虚线小网形是在高等级三角网基础上的局部位置扩展布设的低等级三角网。

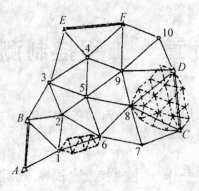

图9.1

工程上应用的几种三角网形式:

连续三角锁:两端各有一条已知边,全部控制点由三角形连续联系起来,网形如图9.2a)。

中点多边形:全部控制点由三角形构成有中点的多边形,图9.2b)是中点六边形。

大地四边形:控制点构成四边形并有对角点观测线的图形称为大地四边形,如图9.2c)。

此外还有三角交会网形等,如图9.2d)、e)。

上述基本图形涉及的范围比较小,控制点之间距离比较短,故有小三角测量之称。

三角测量的主要优点:(1)以测角为主,测边为辅,甚至只测角不测边,观测工作比较简单;(2)网形涉及的几何条件比较多,有利于检核比较;(3)计算结果的点位精度比较均匀;(4)便于增加多余观测,如加测网内光电边等构成边角网以便提高网形精度。

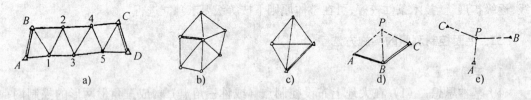

图9.2

2. 导线测量法

1) 基本思想:(1)在大地上布设的相邻控制点(或称导线点)连成折线链状,即所谓"导线",如图9.4;(2)测量各点之间的边长和角度,如测量边长 D_1、D_2 及角度 β_1、β_2 等;(3)计算处理求得各控制点的平面坐标。

导线测量是一种以测角量边逐点传递确定地面点平面位置的控制测量,由此布设的折线状导线形式比较适用于地带狭窄、地面四周通视比较困难的区域,也比较适合于线形工程建设的需要。

2) 工程上应用的几种导线形式

闭合导线：从一个已知点开始，连续经过若干导线点的折线链最后回到原已知点，这种导线称为闭合导线。如图9.3a）。图中 A 是已知点，并与1、2、3、4导线点构成闭合导线。

附合导线：从一个已知点组开始，连续经过若干导线点的折线链在另一个已知点组结束，这种导线称为附合导线。如图9.3b）。图中 A、B、C、D 均是已知点，A、B 和 C、D 分别称为已知点组，并与1、2、3、4导线点构成附合导线。

支导线：从一个控制点开始与另外 1～2 个导线点联系的导线，称为支导线。这种导线不闭合回原点，也不附合到另一个已知点。如图9.3中3号点与 $1'$、$2'$ 点连成的折线形式。

导线网：由若干闭合导线和附合导线构成的网形称为导线网，如图9.3c）。

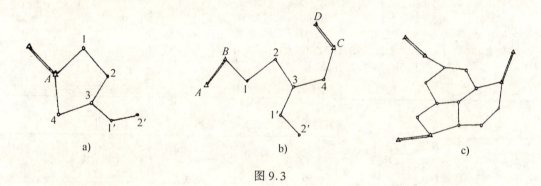

图 9.3

3) 导线测量概念

图9.4是一个导线的一部分，A、B 是已知点，构成为一个已知点组。1、2、3等是导线点。图中前进方向表示导线测量按 B、1、2、3顺序进行；S_{AB} 是已知边，D_1、D_2 等是导线边；$β_1$ 是已知边与导线边的夹角，称为连接角；水平角 $β_2$、$β_4$ 在导线测量前进方向右侧，称为右角；$β_3$ 在导线测量前进方向左侧，称为左角。

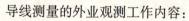

图 9.4

导线测量的外业观测工作内容：

测角：一般用方向法测量水平角。在四等级以上的导线测量中，必须按不同测回的要求测量左、右角，左、右角之和与 360°的差值应在相应的容许限差之内。

量边：钢尺量距或光电测距。以钢尺量距者称为量距导线；以光电测距者称为光电导线。

辅助测量：根据需要而定的高程测量和方位角测量。其中高程测量（水准测量或三角高程测量）用于斜边的平距化算及投影化算。必要时在困难地区应进行方位角测量。

3. GPS技术

这是一种全球卫星定位技术，该技术的重要条件是环绕地球运行的24颗卫星。地面技术人员以 GPS 接收机把接收的卫星信号加以处理,便可以获得地面点的位置参数。

三、平面控制测量的等级及技术要求

国家基本平面控制测量的等级有一、二、三、四等四个等级。在城市和工程的平面控制测量等级按二、三、四等级划分,同时还附有一、二、三级和图根、一般导线的扩展等级。现列出工程控制测量有关等级的技术要求,见表9-1、表9-2。

表 9-1　　　　　　　　　三角控制测量的主要技术要求

等级	平均边长(km)	测角中误差(″)	起始边相对中误差	最弱边相对中误差	测回数 DJ₁	测回数 DJ₂	测回数 DJ₆	三角形最大闭合差(″)
二等	9	1.0	1:250000	1:120000	12	—	—	3.6
三等首级	4.5	1.8	1:150000	1:70000	6	9	—	7.0
三等加密	4.5	1.8	1:120000	1:70000	6	9	—	7.0
四等首级	2.0	2.5	1:100000	1:40000	4	6	—	9.0
四等加密	2.0	2.5	1:70000	1:40000	4	6	—	9.0
一级	1.0	5.0	1:40000	1:20000	—	2	4	15.0
二级	0.5	10.0	1:20000	1:10000	—	1	2	30.0

表 9-2　　　　　　　　　导线控制测量的主要技术要求

等级	导线长度(km)	平均边长(km)	测角中误差(″)	测距中误差(mm)	测距相对中误差	测回数 DJ₂	测回数 DJ₆	角度闭合差(″)	相对闭合差
三等	14.0	3.0	1.8	20	1:150000	10	—	$3.6\sqrt{n}$	1:55000
四等	9.0	1.5	2.5	18	1:80000	6	—	$5\sqrt{n}$	1:35000
一级	4.0	0.5	5.0	15	1:30000	2	4	$10\sqrt{n}$	1:15000
二级	2.4	0.25	8.0	15	1:14000	1	3	$16\sqrt{n}$	1:10000
三级	1.2	0.1	12.0	15	1:7000	1	2	$24\sqrt{n}$	1:5000

注:表中的 n 是导线观测角的个数。

四、控制测量的基本工作

控制测量的基本工作有:设计选点、建标、观测、计算和技术总结等。

1. 设计选点

这是根据表 9-1 和表 9-2 的技术要求,结合工程实际确定控制点位置的前期工作。

1) 基本要求:设计选点开始于室内,完成于野外,定点于实地,最后应满足的基本要求:

(1) 点位互相通视,便于工作。点与点之间能观察到相应的目标,视线上没有障碍物。同时应注意视线沿线的建筑物离开视线有一定的距离,避免旁折光对测量的影响。

(2) 点位数量足够,分布均匀。点位数量符合测量的要求,满足工程设计和建设的需要。

(3) 点位土质坚实,便于保存。有利于埋设控制点位稳定可靠。原有控制点应尽量采用。

(4) 周围视野开阔,有利加密。通常把点位选在附近地面制高点上,比较有利于开阔视野,有利于控制点的逐级扩展、加密,有利于工程建设的应用。

2) 特殊要求：

(1) 导线点的确定：根据导线测量的特点，导线中相邻点之间应通视；点位分布均匀，导线中相邻点位的距离大致相等，在困难地段，相邻点的距离比值宜限制在 1:3 以内。

(2) 三角点的确定：根据三角测量的特点，网形中构成三角形的点位之间应通视；点位分布均匀，各点位构成的三角形尽可能形成等边三角形，内角接近 60°。即使在条件不利的情况下，个别角度不小于 30°，不大于 120°。

(3) 注意搜集资料，室内设计与野外踏勘相结合，结合工程实际加强优化设计。

(4) 尽量使有关点位与国家控制点联系，以便利用国家统一坐标。

2. 建立标志

在选定的点位上埋设固定标石和建立标架，即所谓的建标埋石。

1) 埋石：石，用砼结构制成并有中心标志的标石。埋石，即在选定的地点位置埋设标石，控制点就这样在地面上固定地设立了。有时，控制点是设在坚固构造物上的中心标志，或是一种打入地里的带有中心标志的固定桩。图 9.5a)所示是一种砼结构制成的标石，标石顶面中心附近注有点位号码、建造单位及建造时间等。标石应稳定地埋设在冻土线以下的土层里。必要时应做好点位埋设记录及图示，在点位附近设立指示标志。对重要点位应落实保管措施。

2) 建标：在已经埋设控制点的位置上建立标架或树立目标，便于寻找目标和观测角度。图 9.6b)是树立的一种标杆观测目标，图 9.6b)是建立的一种寻常标。

3. 野外观测

主要是测角量边。野外观测基本工作要求：(1)做好仪器工具的检验，掌握仪器的性能。(2)了解现场实际情况，做好观测组织安排，落实技术措施。(3)收集和保管野外观测数据。

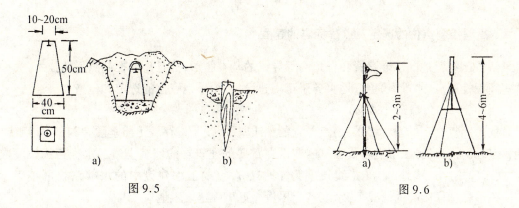

图 9.5　　　　　　　图 9.6

4. 平差计算

主要任务是求取控制点的点位坐标。工作要求：1)根据控制测量的实施方法和确定的平差原理拟定计算方案。2)检核野外观测成果及已知数据，化算野外观测数据均是以标石中心为依据的投影平面观测值。3)计算的过程和结果应尽量用表格的形式表示。

5. 技术总结

即对平面控制测量的整个工作按有关技术要求进行必要的说明；对于长期保存的重要测量成果应详细说明和总结，以便更好地发挥作用。

五、高程控制测量的技术要求

国家高程控制测量有一、二、三、四等四个等级。城市和工程的高程控制测量等级按二、三、四、五等级划分,另外还有图根扩展等级。主要技术要求见表 9-3。光电三角高程控制测量有四、五等级,主要技术要求见表 9-4。

表 9-3 水准测量的主要技术要求(表中 L 是以 km 为单位测段长, n 是测站数)

等级	每千米偶然中误差 M (mm)	每千米高差全中误差 M_w (mm)	路线长度 (km)	水准仪的型号	水准尺	观测次数 与已知点联测	观测次数 附合线或闭合环线	往返较差闭合差 平地 (mm)	往返较差闭合差 山地 (mm)
二等	1	2	—	DS_1	因瓦	往返	往返一次	$4\sqrt{L}$	
三等	3	6	≤50	DS_1	因瓦	各	往一次	$12\sqrt{L}$	$4\sqrt{n}$
三等	3	6	≤50	DS_3	双面		往返一次	$12\sqrt{L}$	$4\sqrt{n}$
四等	5	10	≤16	DS_3	双面	一次	往一次	$20\sqrt{L}$	$6\sqrt{n}$
五等	—	15	—	DS_3	单面	一次	往一次	$30\sqrt{L}$	$9\sqrt{n}$

表 9-4 光电三角高程测量的主要技术要求(表中 D 是以 km 为单位边长)

等级	测角仪器	竖直角的测回数 三丝法	竖直角的测回数 中丝法	指标差较差 (″)	竖直角较差 (″)	对向观测高差较差 (mm)	附合或闭合环线闭合差 (mm)
四等	DJ_2		3	≤7	≤7	$40\sqrt{D}$	$20\sqrt{\sum D}$
五等	DJ_2	1	2	≤10	≤10	$60\sqrt{D}$	$30\sqrt{\sum D}$

六、高程控制点位的选定及点位标志的建立

第四章已经叙述的水准路线和三角高程导线的基本图形,都是高程控制测量的技术,为使这些高程控制点(水准点)更好地服务于工程建设,必须重视点位的选定和建造。

1. 点位的选定(即设计选点)

高程控制点选定的基本要求:1)点位置的土质坚硬,便于保存。土质坚硬有利于水准点长期稳定、高程可靠。水准点可设在基岩或设在重要的建筑物的墙基上。2)水准路线长度适当,便于应用。一般地,水准路线长度为 $1\sim 3km$,重要工程建设中的水准路线可小于 $1km$。在不受工程影响的情况下,水准点应尽量靠近工程建设工地。

2. 建标志(即埋设水准点)

前有叙述,水准点是一种砼结构制成并设有高程标志的标石(如图 4.10),或是埋设在坚固构造物基础(如楼基础墙边)的金属柱标志。一般地,高程控制点与平面控制点分别设定,但工程建设上,高程控制点往往与平面控制点同一点位,埋设时应顾及二者的基本要求。和平面控制点一样,重要的高程控制点应做好点位埋设记录及图示,在点位附近设立指示标志。

第二节　精密附合导线

一、精密附合导线的计算原理

图 9.7 是一个附合导线。图中 A、B 和 C、D 是两个已知点组，β_1，β_n 是连接角，β_2，β_3，$\cdots$，β_{n-1} 是导线点的转折角(均为左角)，D_1，D_2，$\cdots$，D_{n-1} 是导线边。下述各式的 β'_i，D'_i 是角度、边长的观测值。为了讨论方便，点号 B 与 1、C 与 n 分别以 $B(1)$、$C(n)$ 表示。现以图 9.7 说明精密附合导线的条件平差计算原理。

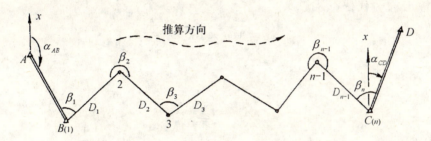

图 9.7

1. 条件方程列立

根据图形，必须满足的几何条件方程有方位角条件、纵坐标 x 条件和横坐标 y 条件。

方位角条件：利用已知方位角 α_{AB} 和角度最可靠值 $\beta_i(i=1,2,\cdots,n)$ 按式(5-26)推算 CD 边的方位角推算值必须与已知方位角 α_{CD} 相等，这就是方位角条件。

纵坐标 x 条件：利用已知点的纵坐标 x_B 和各导线点的坐标增量最可靠值 Δx_i ($i=1,2,\cdots,n-1$) 按式(5-28)推算 C 点的 x 坐标推算值必须与已知点 x_C 相等，这就是纵坐标 x 条件。

横坐标 y 条件：利用已知点纵坐标 y_B 和各导线点坐标增量最可靠值 $\Delta y_i(i=1,2,\cdots,n-1)$ 按式(5-28)推算 C 点的 y 坐标推算值必须与已知点 y_C 相等，这就是横坐标 y 条件。

上述三个条件方程是：

$$\alpha_{AB} + n180° + \sum_1^n \beta_i = \alpha_{CD} \quad \text{(a)}$$

$$x_B + \sum_1^{n-1} \Delta x_i = x_C \quad \text{(b)} \tag{9-1}$$

$$y_B + \sum_1^{n-1} \Delta y_i = y_C \quad \text{(c)}$$

式(9-1)(a)中 β_i 是平差值，即 $\beta_i = \beta'_i + v_i$，故式(9-1)(a)整理为

$$v_1 + v_2 + \cdots + v_n + w_a = 0 \tag{9-2}$$

式中，w_a 是方位角闭合差，

$$w_\alpha = \alpha'_{CD} - \alpha_{CD} = \alpha_{AB} + n \times 180° + \sum_1^n \beta'_i - \alpha_{CD} \tag{9-3}$$

式(9-1)(b) Δx_i 是平差值 α_i、D_i 的函数，$\alpha_i = \alpha'_i + d\alpha_i$，$D_i = D'_i + dD_i$，$\Delta x_i$ 可表示为

$$\Delta x_i = D_i \times \cos\alpha_i$$

由于 $\cos\alpha_i$ 是非线性函数，引用泰勒级数进行线性化，展开 Δx_i，取前二项得

$$\Delta x_i = \Delta x'_i + d\Delta x'_i \tag{9-4}$$

其中

$$\Delta x'_i = D'_i \times \cos\alpha'_i \tag{9-5}$$

$$d\Delta x'_i = \cos\alpha'_i dD_i - \frac{1}{\rho} D'_i \sin\alpha'_i d\alpha'_i \tag{9-6}$$

用 v_{Di} 代替 dD_i，$v_{\alpha i}$ 代替 $d\alpha'_i$，顾及

$$\alpha'_i = \alpha_{AB} + n \times 180° + \sum_1^i \beta'_i \tag{9-7}$$

$d\alpha'_i = \sum_1^i d\beta'_i$，则

$$v_{\alpha i} = \sum_1^i v_i \tag{9-8}$$

展开式(9-6)，即

$$\begin{aligned}
d\Delta x'_1 &= \cos\alpha'_1 v_{D1} - \frac{1}{\rho} D'_1 \sin\alpha'_1 v_1 \\
&= \cos\alpha'_1 v_{D1} - \frac{1}{\rho}(y'_2 - y'_1) v_1 \\
d\Delta x'_2 &= \cos\alpha'_2 v_{D2} - \frac{1}{\rho}(y'_3 - y'_2)(v_1 + v_2) \\
&\cdots\cdots \\
d\Delta x'_{n-1} &= \cos\alpha'_{n-1} v_{Dn-1} - \frac{1}{\rho}(y'_n - y'_{n-1})(v_1 + v_2 + \cdots + v_{n-1})
\end{aligned} \tag{9-9}$$

将上述各式代入式(9-4)，再代入式(9-1)(b)，经整理式(9-1)(b) 为

$$-\frac{1}{\rho}(y'_n - y'_1) v_1 - \frac{1}{\rho}(y'_n - y'_2) v_2 - \cdots - \frac{1}{\rho}(y'_n - y'_{n-1}) v_{n-1} + \sum_1^{n-1} \cos\alpha'_i v_{Di} + w_x = 0$$

即式(9-1)(b) 条件式最终形式为

$$-\frac{1}{\rho} \sum_1^{n-1} (y'_n - y'_i) v_i + \sum_1^{n-1} \cos\alpha'_i v_{Di} + w_x = 0 \tag{9-10}$$

式中条件闭合差 w_x 是

$$w_x = x_B + \sum_1^{n-1} \Delta x'_i - x_C \tag{9-11}$$

仿式(9-1)(b) 的推导原理和过程，从式(9-1)(c) 中得条件式最终形式

$$\frac{1}{\rho} \sum_1^{n-1} (x'_n - x'_i) v_i + \sum_1^{n-1} \sin\alpha'_i v_{Di} + w_y = 0 \tag{9-12}$$

式中条件闭合差 w_y 是

$$w_y = y_B + \sum_1^{n-1} \Delta y'_i - y_C \tag{9-13}$$

$$\Delta y'_i = D'_i \times \sin\alpha'_i \tag{9-14}$$

考虑有关参数的单位,经整理后的精密附合导线的三个条件方程为

$$\sum_{1}^{n} v_i + w_a = 0 \tag{a}$$

$$-\frac{100}{\rho}\sum_{1}^{n-1}(y'_n - y'_i)v_i + \sum_{1}^{n-1}\cos\alpha'_i v_{Di} + w_x = 0 \tag{b} \quad (9\text{-}15)$$

$$\frac{100}{\rho}\sum_{1}^{n-1}(x'_n - x'_i)v_i + \sum_{1}^{n-1}\sin\alpha'_i v_{Di} + w_y = 0 \tag{c}$$

整理后条件方程中各有关参数的单位:w_a、v_i 为 s;$\Delta x'_i$、$\Delta y'_i$ 为 m;v_{Di}、w_x、w_y 为 cm。

2. 平差值的求解及点位坐标的计算

1) 权的设定:根据式(8-67),角度观测的权为

$$p_{\beta i} = \frac{u^2}{m_{\beta i}^2} \tag{9-16}$$

边长观测的权为

$$p_{Di} = \frac{u^2}{m_{Di}^2} \tag{9-17}$$

角度观测中根据统计的 m_β 是同一观测条件下(同种仪器,两个方向,同一观测水平)决定的,故 $m_\beta^2 = m_{\beta i}^2$,选取 $u = m_\beta$,则

$$p_{\beta i} = 1 \tag{9-18}$$

根据式(3-12),光电测距精度 m_{Di} 随距离 D 不同而异。根据上述 m_β 设定之后,观测边的权为

$$p_{Di} = \frac{m_\beta^2}{m_{Di}^2} \tag{9-19}$$

式(9-18)及式(9-19)是精密导线测量的角、边观测值的定权公式。

2) 平差值的求解:条件方程中的平差值是角度 β_i 及边长 D_i,有了条件方程和权的设定之后的基本计算工作"法方程的组成~联系数的解算~最或然改正数的求解~平差值的计算",可以分别按式(8-110)组成法方程,按式(8-111)计算联系数 K,按式(8-103)或式(8-104)计算最或然改正数 v_i、v_{Di}。其中计算的三个法方程用矩阵形式表示为

$$N = \begin{bmatrix} \left[\frac{aa}{p}\right] & \left[\frac{ab}{p}\right] & \left[\frac{ac}{p}\right] \\ \left[\frac{ab}{p}\right] & \left[\frac{bb}{p}\right] & \left[\frac{bc}{p}\right] \\ \left[\frac{ac}{p}\right] & \left[\frac{bc}{p}\right] & \left[\frac{cc}{p}\right] \end{bmatrix} \quad K = \begin{Bmatrix} k_a \\ k_b \\ k_c \end{Bmatrix} \quad W = \begin{Bmatrix} w_a \\ w_b \\ w_c \end{Bmatrix} \tag{9-20}$$

3) 点位坐标的计算:平差值角度 β_i 及边长 D_i 求得之后的计算工作,便可计算各边的方位角 α_i,计算各导线点之间的坐标增量 Δx_i、Δy_i,最后计算导线点点位坐标。

二、精密附合导线算例

图 9.8 是以光电附合导线为例的严密计算算例的略图,表 9-5、表 9-6、表 9-7、表 9-8 是该算例的计算过程,计算步骤是:

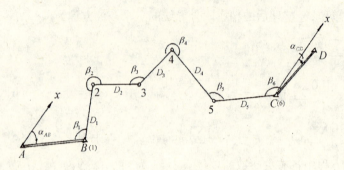

图 9.8

1. 抄录观测数据

根据略图,将角度 β_i 及边长观测值 D'_i 填入表 9-5 的(1)(2)栏,(栏中括号内的数据是后续计算的角改正数及边改正数)。

表 9-5　　　　　　　　精密附合导线计算

点名	角度观测值 β' (1)	角度改正数 (1)	边名	近似方位角 α'_i (3)	边长观测值 $D'(v)$ (2)	条件式边改正数系数计算	
						$\cos\alpha'$ (5x)	$\sin\alpha'$ (5y)
A	° ′ ″			° ′ ″	(m)		
				49 30 13.4※	1628.524	0.9469943	-0.3212503
B(1)	111 45 27.8	(-0.5)			(-0.001)		
			B(1)~2	341 15 41.2	1293.480	0.2327617	0.9725338
2	275 16 43.8	(2.2)			(-0.002)		
			2~3	76 32 25.0	1229.421	0.9035903	0.4283977
3	128 49 32.3	(1.5)			(-0.002)		
			3~4	25 21 57.3	1511.185	-0.5048436	0.8632108
4	274 57 18.2	(2.7)			(-0.002)		
			4~5	120 19 15.5	1305.743	0.6494171	0.7604324
5	109 10 52.9	(0.5)			(-0.002)		
			5~C(6)	49 30 08.4			
C(6)	136 36 56.7	(0.9)					
D				6 07 05.1			
$m_\beta = 3''$	$\alpha_{CD} = 6\ 07\ 12.4$※ (4) $W_{a容} = 5\sqrt{n} = \pm 12.2$　$W_a = -7.3$				$\sum D'$ 6968.353m	$m_D^2 = 0.5^2 + 0.5^2 D^2$ (km) ※ 已知方位角	

2. 列出方位角条件式

1) 计算近似方位角 α'_i。按式(9-7)计算每条边近似方位角 α'_i,填入表 9-5(3)栏中。

2) 按式(9-3)计算方位角闭合差 w_a,检核 $w_a \leq W_容$,并填入表 9-5(4)栏中。

3) 列出方位角条件式。本例方位角条件式为 $a_1v_1 + a_2v_2 + a_3v_3 + a_4v_4 + a_5v_5 + a_6v_6 + w_a = 0$,其中 $a_1 = a_2 = a_3 = a_4 = a_5 = a_6 = 1$, $w_a = -7.3$。表 9-7(10)栏 a 列就是方位角条件式的表列方式。

3. 列立坐标条件式

从式(9-15)可见,坐标条件式的列立必须做很多辅助计算工作,即

1) 计算边长改正数 v_{Di} 系数。表 9-5 第 $(5x)$、$(5y)$ 栏分别按式 (9-15) 列出系数 D_i 系数 $\cos\alpha'_i$ 及 $\sin\alpha'_i$。

2) 按式 (9-5) 式 (9-14) 计算近似坐标增量 $\Delta x'_i$、$\Delta y'_i$，并填入表 9-6$(6x)(6y)$ 栏。

表 9-6　　　　　　　　　　　　**精密附合导线计算**

点名	边　名	近似坐标增量计算		近似坐标计算		$-100/\rho \times$ $(y'_n - y'_i)$	$100/\rho \times$ $(x'_n - x'_i)$
		$\Delta x'(m)$ $(6x)$	$\Delta y'(m)$ $(6y)$	$x'(m)$ $(7x)$	$y'(m)$ $(7y)$	$(9x)$	$(9y)$
B(1)				6556.947	4101.735	−1.72539	1.47346
2	B(1)~2	1542.203	−523.164	8099.150	3578.571	−1.97902	0.72578
3	2~3	301.073	1257.953	8400.223	4836.524	−1.36915	0.57981
4	3~4	1110.893	526.681	9511.116	5363.205	−1.11381	0.04123
5	4~5	−762.912	1304.471	8748.204	6667.676	−0.48138	0.41111
C(6)	5~C(6)	847.971	992.929	9596.175	7660.605		
		已知坐标:9596.083 $(8) W_x = 9.2 (cm)$ $W_y = -1.5 (cm)$	7660.620	$f = \sqrt{w_x^2 + w_y^2} = 9.32 cm$ $k = 1/(\sum D'/f) = 1/74000$ $k_{容} = 1/35000$			

3) 各导线点近似坐标 x'、y' 的计算。计算方法如式 (5-28)，以 B 点的已知坐标及上述步骤的参数计算导线点近似坐标 x'、y'，填入表 9-6$(7x)(7y)$ 栏中。

4) 坐标条件式闭合差 w_x、w_y 的计算。按式 (9-11) 和式 (9-13) 计算，在表 9-6 下端可见，把 $C(6)$ 点的坐标计算值与 C 点的已知值相减便可得 w_x、w_y，然后以 cm 为单位填入表 9-6(8) 栏。

为了检查 w_x、w_y 的可行性，应计算导线全长相对闭合差 k。上述计算的 w_x、w_y 在几何意义上如图 9.9，图中 C 为已知点，$C(6)$ 当做按观测值推算的点位，w_x 是两点在 x 方向上的误差，w_y 是两点在 y 方向上的误差。f 是从 B 点沿导线推算 C 点的距离误差，称为导线全长闭合差。其中

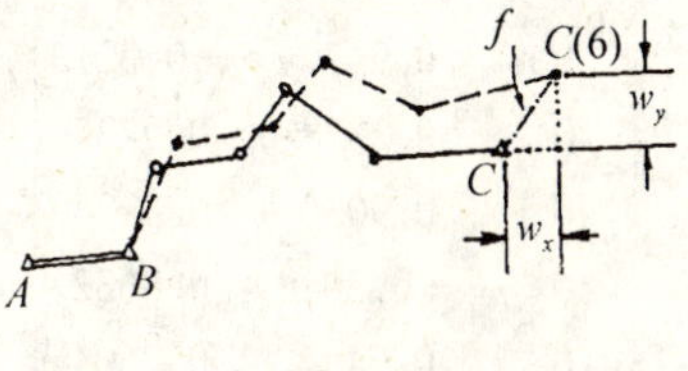

$$f = \sqrt{w_x^2 + w_y^2} \quad (9\text{-}21)$$

$$k = \frac{f}{\sum D} = 1 : \frac{\sum D}{f} \quad (9\text{-}22)$$

图 9.9

k 称为导线全长相对闭合差。表 9-6(最后一列)$k_{容}$ 是这种相对闭合差限值。表 9-6 右下角是导线全长相对闭合差 k 的计算与检核。式 (9-22) 的 $\sum D$ 按表 9-5(2) 栏各边长算得，填在表 9-5(2) 栏底行 $\sum D'$。

5) 角度改正数 v_i 系数计算。根据式 (9-15)，两个坐标条件角度改正数系数分别按

$-100/\rho(y'_n - y'_i), 100/\rho(x'_n - x'_i)(i=1,2,\cdots,n-1)$ 计算,结果填入表 9-6(9x)、(9y)栏。

6) 将上述 1)、2)、3)、4)、5)步骤的结果得到的坐标条件式系数及其闭合差按相应的边角号填入表 9-7(10)栏的 b、c 列中。

4. 权的设定

本例表 9-5 左下角的 m_β 是根据角度观测统计的测角中误差。根据式(9-16)式(9-17)原理,本例角度观测的权为 1。各条边观测的权按式(9-19)计算,其中 $m_{D_i}^2$ 以测距仪精度表达式如式(3-12)计算,公式设在表 9-5 的右下角,选用的单位与 w_x、w_y 相匹配为(cm)^2。设定得到的权填入表 9-7(11)栏中。

5. 法方程式的组成与解算

1) 法方程系数的组成按式(8-109)的方法计算,获得的三阶方阵填在表 9-7(12)栏中。

2) 对法方程系数求逆 N^{-1}填在表 9-7(13)栏中。

3) 联系数的求解按式(8-111)求得三个联系数 k_a、k_b、k_c 填在表 9-7(14)栏中。

4) 角度改正数及边长改正数计算。按式(8-103)和式(8-104)计算,结果填在表 9-7(15)栏中,并抄填于表 9-5(1)栏相应括号内。边长改正数以 m 为单位抄填于表 9-5(2)栏相应括号内。

5) 单位权中误差计算。按式(8-112)计算,式中 $r=3$,计算结果填入表 9-8(16)栏中。

表 9-7 精密附合导线计算

边角号	各条件方程系数			权 p	改正数 V	法方程系数组成 N		
	a	b	c					
		(10)		(11)	(15)	(12)		
1	1	−1.7254	1.4735	1	−0.5	6.000000	−6.668800	3.231100
2	1	−1.9790	0.7258	1	2.2	−6.668800	10.447229	−5.005707
3	1	−1.3692	0.5795	1	1.5	3.231100	−5.005707	3.409321
4	1	−1.1138	0.0412	1	2.7	(13)逆矩阵 N^{-1}运算		
5	1	−0.4814	0.4111	1	0.5	0.5741107	0.3567320	−0.0203305
6	1	0	0	1	0.9	0.3567320	0.5444868	0.4613543
1	0	0.9470	−0.3213	9.862	−0.1	−0.0203305	0.4613543	0.9899608
2	0	0.2328	0.9725	13.48	−0.2			
3	0	0.9036	0.4284	14.35	−0.2	(14) $K = -N^{-1}W$		
4	0	−0.5048	0.8632	10.96	−0.2	$k_a = 0.8786$ $k_b = -1.7132$ $k_c = -2.9079$		
5	0	0.6494	0.7604	13.32	−0.2			
W	−7.3	9.2	−1.5					

6. 最后结果的计算

1) 角度平差值的计算。按 $\beta_i = \beta'_i + v_i$ 的计算结果填入表 9-8(17)栏中。

2) 方位角计算。如同近似方位角的计算,所用的是 β_i,推算结果填入表 9-8(18)栏中。

3) 边长平差值的计算。按 $D_i = D'_i + v_{D_i}$的计算结果填入表 9-8(19)栏中。

4) 坐标的计算。计算公式是(5-28),计算结果填入表 9-8(20x)、(20y)栏中,栏中带括号的数据是坐标增量 Δx_i、Δy_i。

7. 检核计算结果 $\Delta\alpha$、Δx、Δy

在运算正确情况下，表 9-8 最后的推算值 α、x 及 y，已知值的差值 $\Delta\alpha$、Δx、Δy 应分别为零，如果因凑整引起有微小差别应进行必要的调整，使之 $\Delta\alpha=0$，$\Delta x=0$，$\Delta y=0$，并填入表 9-8(21)、(22)栏，以示检核无误。

表 9-8　　　　　　　　　　　精密附合导线计算

点名 i	角度平差值 β_i (17)	边名	方位角 α_i (18)	边长平差值 D_i (19)	导线点坐标计算	
					$x_i(\Delta x)$ (20x)	$y_i(\Delta y)$ (20y)
	° ′ ″		° ′ ″	(m)	(m)	(m)
A			49 30 13.4			
B(1)	111 45 27.3				6556.947	4101.735
		B(1)~2	341 15 40.7	1628.523	(1542.200)	(−523.167)
2	275 16 46.0				8099.147	3578.568
		2~3	76 32 26.7	1293.478	(301.061)	(1257.953)
3	128 49 33.8				8400.208	4836.521
		3~4	25 22 00.5	1229.419	(1110.883)	(526.697)
4	274 57 20.9				9511.091	5363.218
		4~5	120 19 21.4	1511.183	(−762.948)	(1304.448)
5	109 10 53.4				8748.143	6667.666
		5~C(6)	49 30 14.8	1305.741	(847.940)	(992.954)
C(6)	136 36 57.6				9596.083	7660.620
D			6 07 12.4			
$[pvv]=17.81$ (16)　$u=\pm 2.44$		已知 α_{CD} 6 07 12.4 (21)检核 $\Delta\alpha=0$		已知坐标 (22)检核	9596.083 $\Delta x=0$	7660.620 $\Delta y=0$

三、无连接角附合导线计算

图 9.10 表示从一个已知点 A 经过若干导线点 $2,3,\cdots,n$ 附合到另一个已知点 B 的附合导线。图中只测量导线边 $D_i(i=1,2,\cdots,n)$ 和角度 $\beta_i(i=2,3,\cdots,n)$，没有测量连接角 α'_{AB}。这里不加推证提供无连接角附合导线条件平差计算方法：

1. 计算各导线边的假定方位角

以 $A2$ 导线边为 X'_O 轴，推算各导线边的假定方位角，即

$$\alpha'_1 = 0$$
$$\alpha'_2 = \alpha'_1 + 180° + \beta_2$$
$$\cdots\cdots$$
$$\alpha'_n = \alpha'_1 + (n-1)\times 180° + \sum_{2}^{n}\beta_i$$

(9-23)

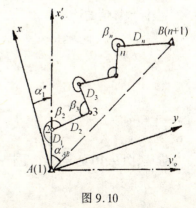

图 9.10

2. 计算 X'_O—Y'_O 坐标系中各导线点的假定坐标

1) 假定坐标增量的计算

$$\Delta x'_i = D_i \cos\alpha'_i$$
$$\Delta y'_i = D_i \sin\alpha'_i \quad (9\text{-}24)$$

2) 假定坐标增量和的计算

$$\sum_1^n \Delta x'_i = \sum_1^n D_i \cos\alpha'_i$$
$$\sum_1^n \Delta y'_i = \sum_1^n D_i \sin\alpha'_i \quad (9\text{-}25)$$

3. 计算 AB 边在 $X'_o - Y'_o$ 坐标系中的方位角 α'_{AB}。

$$\alpha'_{AB} = \arccos \frac{\sum_1^n \Delta x'_i}{S_{AB}} \quad (9\text{-}26)$$

式中

$$S_{AB} = \sqrt{(x_B - x_A)^2 + (y_B - y_A)^2} \quad (9\text{-}27)$$

4. 计算导线边在 A、B 点所在的坐标系中的方位角 α''_i

$$\alpha''_1 = \alpha_{AB} - \alpha'_{AB}$$
$$\alpha''_2 = \alpha_{AB} - \alpha'_{AB} + 180° + \beta_2$$
$$\cdots\cdots$$
$$\alpha''_n = \alpha_{AB} - \alpha'_{AB} + (n-1)180° + \sum_2^n \beta_i \quad (9\text{-}28)$$

式中,α_{AB} 是 AB 边所在坐标系中的方位角,即

$$\alpha_{AB} = \arccos \frac{x_B - x_A}{S_{AB}} \quad (9\text{-}29)$$

5. 计算各导线点的坐标预算值

1) 坐标增量预算值的计算

$$\Delta x''_i = D_i \cos\alpha''_i$$
$$\Delta y''_i = D_i \sin\alpha''_i \quad (9\text{-}30)$$

2) 坐标预算值的计算

$$x''_{i+1} = x_A + \sum_1^i D_i \cos\alpha''_i$$
$$y''_{i+1} = y_A + \sum_1^i D_i \sin\alpha''_i \quad (9\text{-}31)$$

式中,$i = 1, 2, \cdots, n$。

6. 列立条件式

据推证,图 9.10 的导线在设定 α'_1 的情况下可列立的条件式有

1) x 条件式

$$-\left\{ \frac{100}{\rho} \sum_1^n (y''_B - y''_i) - \left[\frac{-1}{\rho \sum_1^n \Delta y'_i} \sum_1^n (y'_B - y'_i) \right] \frac{100}{\rho} \sum_1^n D_i \sin\alpha''_i \right\} v_{\beta i} +$$

$$\left\{\sum_1^n \cos\alpha''_i - \left[\frac{-1}{\rho \sum_1^n \Delta y'_i} \sum_1^n \cos\alpha'_i\right] \sum_1^n D_i \sin\alpha''_i \right\} v_{Di} + w_x = 0 \qquad (9\text{-}32)$$

其中

$$w_x = \left(x_A + \sum_1^n \Delta x''_i - x_B\right) \times 100 \qquad (9\text{-}33)$$

2) y 条件式

$$\left\{\frac{100}{\rho} \sum_1^n (x''_B - x''_i) - \left[\frac{-1}{\rho \sum_1^n \Delta y'_i} \sum_1^n (y'_B - y'_i)\right] \frac{100}{\rho} \sum_1^n D_i \cos\alpha''_i \right\} v_{\beta i} +$$

$$\left\{\sum_1^n \sin\alpha''_i - \left[\frac{-1}{\rho \sum_1^n \Delta y'_i} \sum_1^n \cos\alpha'_i\right] \sum_1^n D_i \cos\alpha''_i \right\} v_{Di} + w_y = 0 \qquad (9\text{-}34)$$

其中

$$w_y = \left(y_A + \sum_1^n \Delta y''_i - y_B\right) \times 100 \qquad (9\text{-}35)$$

7. 解算条件方程,计算点位坐标

这些计算工作可参考上述精密导线计算步骤。

第三节 精密闭合导线

一、精密闭合导线条件式

闭合导线如图 9.11,A、B 是已知点,导线从 B 点开始,经过 $1,2,\cdots,n$ 点后又回到 B 点。图中虚线箭头表示导线的计算方向。φ 是连接角,$\beta_1,\beta_2,\cdots,\beta_n$ 是导线点的转折角(均为左角),D_1,$D_2,\cdots,D_n$ 是导线边。下述各式 β'_i、D'_i 是角度、边长观测值,$i=1,2,\cdots,n$,点号 B 与 1 重合,以 $B(1)$ 表示。

精密闭合导线按条件平差的基本原理及方法与精密附合导线的情况基本相同,只是条件式的特点有所区别。根据图 9.11,闭合导线只有一个已知点组,闭合导线的 3 个条件式是内角和条件、x 坐标增量条件和 y 坐标增量条件。三个条件方程是

$$\sum_1^n \beta_i = (n-2)180° \qquad (a)$$

$$\sum_1^n \Delta x_i = 0 \qquad (b) \qquad (9\text{-}36)$$

$$\sum_1^n \Delta y_i = 0 \qquad (c)$$

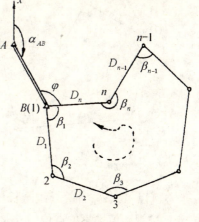

图 9.11

按附合导线坐标条件的推证方法,可得闭合导线三个条件方程的最后形式为

$$\sum_{1}^{n} v_i + w_\beta = 0 \qquad (a)$$

$$-\frac{100}{\rho}\sum_{1}^{n}(y'_B - y'_i)v_i + \sum_{1}^{n}\cos\alpha'_i v_{Di} + w_x = 0 \qquad (b) \qquad (9\text{-}37)$$

$$\frac{100}{\rho}\sum_{1}^{n}(x_B - x'_i)v_i + \sum_{1}^{n}\sin\alpha'_i v_{Di} + w_y = 0 \qquad (c)$$

式(9-36)中,w_β、w_x、w_y 是条件方程的闭合差,分别为

$$w_\beta = \sum_{1}^{n}\beta'_i - (n-2)180° \qquad (9\text{-}38)$$

$$w_x = \sum_{1}^{n}\Delta x'_i \qquad (9\text{-}39)$$

$$w_y = \sum_{1}^{n}\Delta y'_i \qquad (9\text{-}40)$$

式中的 $\Delta x'_i$、$\Delta y'_i$ 以 m 为单位,w_β、v_i 以 s 为单位,v_{Di}、w_x、w_y 以 cm 为单位。

二、精密闭合导线算例

本例是一个光电闭合导线六边形(图 9.12),计算步骤与附合导线算例相同,读者可参照附合导线算例按表 9-9、表 9-10、表 9-11 和表 9-12 试算,以便加深掌握。

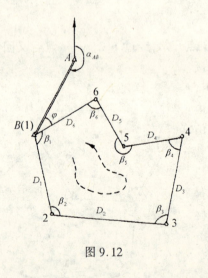

图 9.12

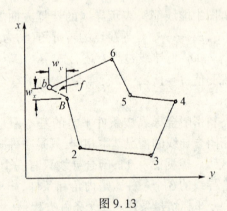

图 9.13

本例以 w_x、w_y 计算导线全长相对闭合差,k 在几何意义上如图 9.13,图中 B 点为已知点,b 点按观测值推算的点位,w_x 是两点在 x 方向上的误差,w_y 是两点在 y 方向上的误差。f 是从图 9.13 B 点沿导线推算 b 点的距离误差,称为导线全长闭合差。其中 $f = \sqrt{w_x^2 + w_y^2}$,$k = f/\sum D = 1 : \sum D/f$。

表 9-9　　　　　　　　　　　　　精密闭合导线计算

点名	角度观测值 $\beta'_i(v)$ (1)	边 名	近似方位角 α'_i (3)	边长观测值 $D'_i(v)$ (2)	条件式边改正数系数计算	
					$\cos\alpha'$ (5x)	$\sin\alpha'$ (5y)
A	° ′ ″		° ′ ″	(m)		
ϕ	18 36 41.2		236 34 35.7 *			
B(1)	111 45 27.8		75 11 16.9 **			
	(2.6)	B(1)~2	186 56 44.7	1759.503	-0.9926611	-0.1209295
2	106 28 50.6			(0.004)		
	(5.0)	2~3	113 25 35.3	2422.933	-0.3975719	0.9175710
3	100 49 07.1			(0.007)		
	(2.2)	3~4	34 14 42.4	1511.185	0.8266378	0.5627344
4	85 02 41.8			(-0.002)		
	(-0.8)	4~5	299 17 24.2	1229.421	0.4892311	-0.8721542
5	231 10 27.7			(-0.003)		
	(0.5)	5~6	350 27 51.9	1293.480	-0.1656601	0.9861829
6	84 43 16.2			(0.002)		
	(-0.7)	6~B(1)	255 11 08.1	1628.524	-0.2556890	-0.9667591
B(1)				(-0.001)		
$m_\beta = \pm 3''$	$\sum\beta'_i$ = 719 59 51.2 (4)$w_{\beta容}=5\sqrt{n}=\pm 12.2$　$w_\beta=-8.8$			$\sum D'$ 8551.566m	$m_D^2 = 0.5^2 + 0.5^2 \times D^2(\text{km})$ *:已知方位角 α_{AB}, **:已知方位角 α_{16}	

表 9-10　　　　　　　　　　　　　精密闭合导线计算

点名	边 名	近似坐标增量计算		近似坐标计算		$-100/\rho$ $(y'_n-y'_i)$ (9x)	$100/\rho$ $(x'_n-x'_i)$ (9y)
		$\Delta x'$(m) (6x)	$\Delta y'$(m) (6y)	x'(m) (7x)	y'(m) (7y)		
B(1)				8736.456	5356.737	0	0
	B(1)~2	-1746.590	-212.776				
2				6989.866	5143.961	-0.10316	0.84771
	2~3	-963.290	2223.213				
3				6026.576	7367.174	0.97468	1.31379
	3~4	1249.202	850.395				
4				7275.778	8217.570	1.38697	0.70816
	4~5	601.471	-1072.245				
5				7877.249	7145.325	0.86713	0.41656
	5~6	1275.608	-214.278				
6				9125.857	6931.047	0.76324	-0.20187
	6~B(1)	-416.396	-1574.390				
B(1)				8736.461	5356.657		
		已知坐标 (8)$w_x=0.5$(cm)　$w_y=-8.0$(cm)		8736.456	5356.737	$f=\sqrt{w_x^2+w_y^2}=8.02\text{cm}$ $k=1:\sum D'/f=1:10$万 $k_容=1:35000$	

表 9-11　　　　　　　　　　　精密闭合导线计算

边角号	各条件方程系数 a (10)	b	c	权 p (11)	改正数 V (15)	法方程系数组成 N (12)		
1	1	0	0	1	2.6	6.000000	3.888800	3.084400
2	1	−0.1032	0.8477	1	5.0	3.888800	4.448650	2.352196
3	1	0.9747	1.3138	1	2.2	3.084400	2.352196	3.571571
4	1	1.3870	0.7082	1	−0.8	(13) 逆矩阵 N^{-1} 运算		
5	1	0.8671	0.4166	1	0.5			
6	1	0.7632	−0.2019	1	−0.7	0.4658905	−0.2984521	−0.2057847
1	0	−0.9927	−0.1209	8.7951	0.4	−0.2984521	0.5360747	−0.0953102
2	0	−0.3976	0.9175	5.2438	0.7	−0.2057847	−0.0953102	0.5204743
3	0	0.8266	0.5627	10.9649	−0.2			
4	0	0.4892	−0.8722	14.3427	−0.3	(14) $K = -N^{-1}W$		
5	0	−0.1657	0.9862	13.4771	0.2	$k_a = 2.60278$　$k_b = -3.6569$　$k_c = 2.40054$		
6	0	−0.2557	−0.9668	9.8619	−0.1			
W	−8.8	0.5	−8.0					

表 9-12　　　　　　　　　　　精密闭合导线计算

点名 i	角度平差值 β_i (17)	边名	方位角 α_i (18)	边长平差值 D_i (19)	导线点坐标计算 $x_i (\Delta x)$ (20x)	$y_i (\Delta y)$ (20y)
	° ′ ″		° ′ ″	(m)	(m)	(m)
A						
φ	18 36 41.2		236 34 35.7			
B(1)	111 45 30.4				8736.456	5356.737
		B(1)∼2	186 56 47.3	1759.507	(−1746.590)	(−212.797)
2	106 28 55.6				6989.866	5143.940
		2∼3	113 25 42.9	2422.940	(−963.375)	(2223.184)
3	100 49 09.3				6026.491	7367.124
		3∼4	34 14 52.2	1511.183	(1249.159)	(850.454)
4	85 02 41.0				7275.650	8217.578
		4∼5	299 17 33.2	1229.418	(601.516)	(−1072.215)
5	231 10 28.2				7877.166	7145.363
		5∼6	350 28 01.4	1293.482	(1275.619)	(−214.219)
6	84 43 15.5				9152.785	6931.144
		6∼B(1)	255 11 16.9	1628.523	(−416.329)	(−1574.407)
B(1)					8736.456	5356.737
[pvv] = 43.94 (16) $u = \pm 3.82$		$\sum \beta_i$　720° (21) 检核　$\Delta\beta = 0$		已知坐标 (22) 检验	8736.456 $\Delta x = 0$	5356.737 $\Delta y = 0$

第四节　导线的简易计算

在要求不高时,可根据导线条件方程的特点,按条件平差的分组计算原理推证简易计算方法,计算工作大为方便。本节不加推证叙述导线的简易计算的条件方程、计算步骤和算例。

一、附合导线的简易计算

1. 附合导线的条件式

附合导线简易计算的条件式仍然是式(9-1),但坐标条件仅以坐标增量计算值与坐标增量改正数的函数,故条件式形式是

$$\alpha_{AB} + n \times 180° + \sum_1^n \beta'_i + \sum_1^n v_i = \alpha_{CD} \quad (a)$$
$$x_B + \sum_1^{n-1} \Delta x'_i + \sum_1^{n-1} v_{\Delta x_i} = x_C \quad (b) \quad (9\text{-}41)$$
$$y_B + \sum_1^{n-1} \Delta y'_i + \sum_1^{n-1} v_{\Delta y_i} = y_C \quad (c)$$

条件式最终形式是

$$\sum_1^n v_i + w_\alpha = 0 \quad (a)$$
$$\sum_1^{n-1} v_{\Delta x_i} + w_x = 0 \quad (b) \quad (9\text{-}42)$$
$$\sum_1^{n-1} v_{\Delta y_i} + w_y = 0 \quad (c)$$

式中,w_α、w_x、w_y 分别是式(9-3)、式(9-11)、式(9-13)。$\Delta x'_i$、$\Delta y'_i$ 按式(9-5)、式(9-14)计算。

2. 计算步骤

图 9.14 是算例略图,表 9-13 中(1),(2),…,(13)同步于下述计算步骤:

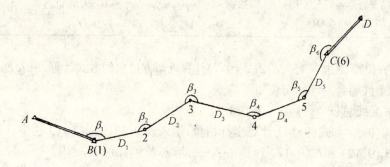

图 9.14

1) 方位角条件闭合差计算与调整。
(1) 抄录角度观测值、边长观测值填到表 9-13(1)、(7)栏中。
(2) 计算方位角闭合差 w_α,本例 $w_\alpha = -32.9''$,填入表 9-13 的左下方栏内。
(3) 检核。计算 $W_{\alpha容}(\pm 30\sqrt{n})$,抄录 $k_容$ 的规定;填入表 9-13 的左下方栏内。检查 $w_\alpha \leqslant W_{\alpha容}$?
(4) 计算角度改正数。$w_\alpha \leqslant W_{\alpha容}$ 计算角度改正数。角度改正数 V_i 的简易计算公式是

$$v_i = -\frac{w_a}{n} \tag{9-43}$$

本例 $n=6$，故 $v_i = -(-32.9'')/6 = 5.5''$，记入(1)栏的括号内。考虑秒以下的改正数在本例中意义不大，故填入的各改正数作了适当的调整。

(5) 计算角度平差值 $\beta_i = \beta'_i + v_i$，秒值填入表 9-13(5)栏内。

表 9-13　　　　　　　　　　附合导线简易计算

点名	角度观测值 $\beta'_i(v)$ (1) ° ′ ″	β (5) ° ′ ″	方位角计算 α_i (6)	边长 D_i (7)	坐标增量 Δx (v_{x_i}) (m) (9x)	坐标增量 Δy (v_{y_i}) (m) (9y)	x 坐标 Δx (m) (12x)	y 坐标 Δy (m) (12y)
A			126 02 22.6 *				831.092 *	974.630 *
B(1)	128 39 30 (5.4)	128 39 35.4	74 41 58	171.062	45.140 (−.053)	164.999 (−.030)	(45.086) 876.178	(164.969) 1139.599
2	164 42 24 (6)	164 42 30.0	59 24 28	153.665	78.204 (−.047)	132.277 (−.047)	(78.156) 954.334	(132.250) 1271.849
3	211 09 42 (5)	211 09 47.0	90 34 15	253.760	2.750 (−.078)	253.745 (−.078)	(2.677) 957.011	(253.700) 1525.549
4	138 29 36 (6)	138 29 42.0	49 03 57	140.583	92.109 (−.043)	106.205 (−.045)	(92.065) 1049.076	(106.180) 1631.729
5	132 43 06 (5)	132 43 11.0	1 47 08	214.215	214.111 (−.066)	6.675 (−.038)	(214.044) 1263.120	(6.637) 1638.366
C(6)	202 22 30 (5.5)	202 22 35.5	24 09 43.5 *				1263.119 * (13) $\Delta x = 0$	1638.365 * (13) $\Delta y = 0$

(2) $W_a = \alpha_{AB} + n180 + \sum \beta_i - \alpha_{CD}$ $= -32.''9$
(4) $V_i = -W_a/n = 32.''9/6 = 5.''5$
(3) $W_{a容} = 73.5$　$k_容 = 1/2000$
(8) $\sum D = 933.285$　(10) $W_x = 0.287$　$W_y = 0.166$
*: 已知数据　$f = \sqrt{w_x^2 + w_y^2} = 0.332 m$
(11) $k = 1/(\sum D/f) = 1/2800$

2) 计算方位角，即按式(5-26)或式(9-7)计算近似方位角的方式计算，填入表9-13(6)栏。
3) 坐标条件闭合差计算与调整。
(1) 计算导线总长 $\sum D$ 填入表9-13(8)栏内。
(2) 按式(9-5)和式(9-14)计算坐标增量，填入表9-13(9x)、(9y)栏中。
(3) 按式(9-12)和式(9-17)计算 w_x、w_y，填入表9-13(10)栏内。
(4) 检查导线全长闭合差 f 及相对闭合差 k 的计算，填入表9-13(11)栏内。
(5) 坐标改正数 v_{xi}、v_{yi} 的计算。计算公式是

$$v_{xi} = -w_x \frac{D_i}{\sum D} \tag{9-44}$$

$$v_{yi} = -w_y \frac{D_i}{\sum D} \tag{9-45}$$

计算结果填入表9-13(9x)、(9y)栏括号中。

(6) 改正后坐标增量填入表9-13(12x)、(12y)栏括号中。坐标增量按下式计算

$$\Delta x_i = \Delta x'_i + v_{x_i} \qquad (9\text{-}46)$$

$$\Delta y_i = \Delta y'_i + v_{y_i} \qquad (9\text{-}47)$$

(7) 点位坐标计算，填入表 9-13(12x)、(12y) 栏中。检查 $\Delta x = 0$、$\Delta y = 0$，填入表 9-13(13) 栏。

二、闭合导线的简易计算

1. 闭合导线的条件式

闭合导线简易计算的条件式仍然是式(9-36)，但坐标增量条件仅是以坐标增量计算值与坐标增量改正数的函数，故条件式形式是

$$\sum_1^n \beta'_i + \sum_1^n v_i = (n-2)180° \qquad \text{(a)}$$
$$\sum_1^n \Delta x'_i + \sum_1^n v_{\Delta x_i} = 0 \qquad \text{(b)} \qquad (9\text{-}48)$$
$$\sum_1^n \Delta y'_i + \sum_1^n v_{\Delta y_i} = 0 \qquad \text{(c)}$$

条件式最终形式是

$$\sum_1^n v_i + w_\beta = 0 \qquad \text{(a)}$$
$$\sum_1^n v_{\Delta x_i} + w_x = 0 \qquad \text{(b)} \qquad (9\text{-}49)$$
$$\sum_1^n v_{\Delta y_i} + w_y = 0 \qquad \text{(c)}$$

式中，w_β、w_x、w_y 分别是式(9-38)、式(9-39)、式(9-40)。$\Delta x'_i$、$\Delta y'_i$ 按式(9-5)、式(9-14)计算。

2. 计算步骤

图 9.15 是算例略图。本例是量距闭合导线四边形，简易计算步骤与附合导线简易算例相同，读者可参照附合导线简易算例按表 9-14 步骤(1)、(2)、…、(13)试算，加深掌握。

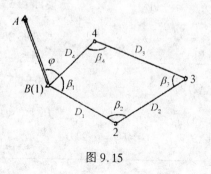

图 9.15

必须指出，导线简易计算是一种近似计算，解题结果并没有完全消除矛盾。例如以最后算得的坐标增量反算方位角和边长不可能与表 9-13(或表 9-14)第(6)、(7)栏的数据相一致。因此简易计算以最后坐标为主要成果，并且适合于低等级要求的场合。

三、支导线与导线网

图 9.16 是支导线图形。支导线可挂在闭合导线或附合导线的任一导线点上，如图 9.3(a)、(b)。

支导线的角度观测有 β_i，边长观测有 D_i。图中可见支导线计算：1)计算导线边的方位角；2)计算导线边的坐标增量；3)计算支导线点的点位坐标。注意：支导线观测量少，缺乏检

核参数,计算必须细心,必要时应有往返观测值计算比较,保证点位坐标准确可靠。

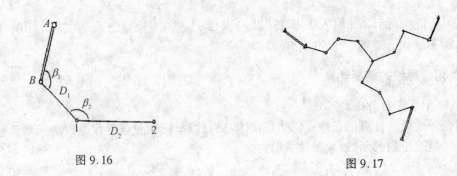

图 9.16　　　　　　　　　　　图 9.17

导线网是由若干条闭合导线和若干条附合导线构成的网状形式,如图 9.3c)或图 9.17 叉丫状形式。这种图形的计算原理仍然可用条件平差原理或间接平差原理,工作量当然是大的,不过这类问题对计算机来说,已不成问题。但工程上一般应用不多,这里不叙述。

表 9-14　　　　　　　　　　**量距闭合导线简易计算**

点名	角度观测值 β'_i (v) (1)	改正后 β 值 (5)	方位角计算 α_i (6)	边长 D_i (7)	坐标增量 $\Delta x'$ (v_x) (m) (9x)	坐标增量 $\Delta y'$ (v_y) (m) (9y)	x 坐标 Δx (m) (12x)	y 坐标 Δy (m) (12y)
A			164 17 06 *					
ϕ	56 30 54		40 48 00 **					
B(1)	89 36 30	89 36 45					500.000	500.000
	(15)		130 24 45	210.440	−136.425 (−.049)	160.228 (.034)	(−136.474)	(160.262)
2	107 48 30	107 48 45					363.526	660.262
	(15)		58 13 30	160.365	84.446 (−.037)	136.330 (.026)	(84.409)	(136.356)
3	73 00 12	73 00 27					447.935	796.618
	(15)		311 13 57	258.680	170.500 (−.060)	−194.538 (.042)	(170.440)	(−194.496)
4	89 33 48	89 34 03					618.375	602.122
	(15)		220 48 00	156.326	−118.338 (−.043)	−102.147 (.025)	(−118.375)	(−102.122)
B(1)							500.000	500.000
							500.000 (13) $\Delta x = 0$	500.000 (13) $\Delta y = 0$

(2) $W_\beta = \sum \beta_i - (n-2)180 = -60''$
(4) $V_i = -60''/4 = 15''$
(3) $W_{a容} = 60 \quad k_容 = 1/2000$
(8) $\sum D = 785.80$　(10) $W_x = 0.183$
$W_y = -0.127$
$f = \sqrt{w_x^2 + w_y^2} = 0.223 \text{m}$
(11) $k = 1/(\sum D/f) = 1/3500$
*:已知方位角 α_{AB}　　**:已知方位角 α_{B-4}

四、导线测量个别粗差的检查

在导线测量中,导线全长闭合差 f 超限说明有粗差存在,是测角有粗差,还是测边有粗差,粗差出现在哪个位置,必须以一定的方法检查,以便找到有效的粗差位置进行纠正。

1. 测角存在粗差的检查方法

1) 垂直平分线法:图 9.18 表示 3 号点的角 β_3 有粗差,由此造成推算点 b 没有落在原已

知点 B 上,存在导线全长闭合差 $f=Bb$。可以证明,这时的 Bb 垂直平分线必将通过 3 号导线点。根据这一原理,可利用 f 的垂直平分线寻找存在角度粗差的导线点。只要某导线点在 f 的垂直平分线上(或靠近平分线),就可断定该导线点的角度存在粗差。

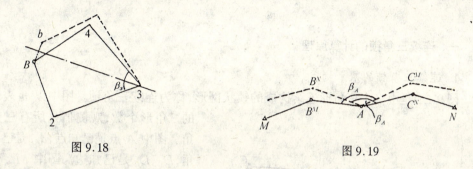

图 9.18　　　　　　　　　　图 9.19

2) 坐标往返计算法:图 9.19 中 M、N 表示附合导线的已知点,A、B、C 是导线点,A 点存在测角粗差,B、C 点没有角度粗差,各导线边长度正确。现从 M、N 点分别按路线推算导线点的坐标,存在的情况列于表 9-15 中。表中可见,只要附合导线沿两端互推的点位坐标结果有一导线点坐标相等,则可判断该导线点测角有粗差存在。

表 9-15　　　　　　　　　　坐标往返计算法

推算路线	推算 A 点的坐标	经 A 点后的路线	推算 B、C 点的坐标
$M \longrightarrow A$	$x_A^M = x_A^N$　$y_A^M = y_A^N$	$M \longrightarrow C$	$x_C^M \neq x_C^N$　$y_C^M \neq y_C^N$
$N \longrightarrow A$	$x_A^N = x_A^M$　$y_A^N = y_A^M$	$N \longrightarrow B$	$x_B^N \neq x_B^M$　$y_B^N \neq y_B^M$
原　因	没有方位角粗差		β_A 粗差引起方位角粗差

注:x_A^M、y_A^M,x_B^M、y_B^M,x_C^M、y_C^M 是从 M 点开始的路线推算的点位坐标。
　　x_A^N、y_A^N,x_B^N、y_B^N,x_C^N、y_C^N 是从 N 点开始的路线推算的点位坐标。

2. 测边存在粗差的检查方法

方位角法:

图 9.20,根据构成导线全长闭合差 f 的 W_x、W_y,可以求得 f 的方位角,即

$$\alpha_f = \arccos\left(\frac{w_x}{f}\right) \quad (9\text{-}50)$$

如果 $W_y < 0$,则

$$\alpha_f = 360° - \arccos\left(\frac{w_x}{f}\right) \quad (9\text{-}51)$$

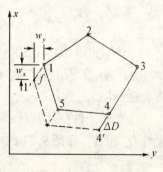

可以证明,导线中若有某导线边的方位角与 α_f 相近,则说明该导线边的边长存在粗差。图 9.20 可见,导线全长闭合差 f 与 D_{34} 平行,由于 D_{34} 存在 ΔD 的粗差才造成 f 超限。由此可见,利用方位角法可寻找测边粗差的情况。

图 9.20

以上检查粗差的方法只适用于导线中个别粗差的场合。寻错是一个实践性很强的工作，必须不断总结经验，综合分析，减少盲目性，提高检查的有效性。

第五节 工程小三角测量与计算

一、连续三角锁的计算原理

1. 连续三角锁的基本构成

图 9.21 是由多个三角形连续构成的锁状网形，称为连续三角锁。图中以 n 表示锁内的三角形个数，观测值是所有三角形内角。图中 A 点是已知点，α_{AB} 是已知方位角，D_0、D_n 是已知边。图中 M_i、N_i 称为传距角，U_i 称为间隔角。

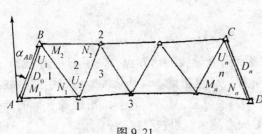

图 9.21

2. 条件式

根据条件平差原理，连续三角锁有三角形条件和边长条件。

1) 三角形条件：即三角形内角和必须满足理论值 180°，称为三角形内角和条件，简称三角形条件。设三角形三个内角最或然值是 M、N、U，观测值是 M'、N'、U'，最或然改正数是 v_M、v_N、v_U，则三角形条件式是 $M + N + U = 180°$，即

$$(M' + v_M) + (N' + v_N) + (U' + v_U) = 180°$$

经整理得条件式为

$$v_M + v_N + v_U + w = 0 \tag{9-52}$$

式中，w 称为三角形闭合差，即

$$w = M' + N' + U' - 180° \tag{9-53}$$

按三角形条件组成原理，图 9.21 中有 n 个三角形条件，即

$$\begin{aligned} v_{M1} + v_{N1} + v_{U1} + w_1 &= 0 \quad (1) \\ v_{M2} + v_{N2} + v_{U2} + w_2 &= 0 \quad (2) \\ &\cdots\cdots \\ v_{Mn} + v_{Nn} + v_{Un} + w_n &= 0 \quad (n) \end{aligned} \tag{9-54}$$

以上各式中 $w_i = M'_i + N'_i + U'_i - 180° (i = 1, 2, \cdots, n)$。注意：这类条件式与式(8-100)在性质上相同，但式(9-54)各式中无关的改正数当做改正数系数为零，故各式只有独立的三个改正数。

2) 边长条件：所谓边长条件，即从 D_0 开始，按三角锁的推算路线推算到 D_n，其推算值应与 D_n 相等。在图 9.21 的 △AB1，根据正弦定理，

$$s_{B1} = D_0 \frac{\sin(M_1)}{\sin(N_1)}$$

同理，在 △B12 中

$$s_{12} = s_{B1}\frac{\sin(M_2)}{\sin(N_2)} = D_0\frac{\sin(M_1)\sin(M_2)}{\sin(N_1)\sin(N_2)}$$

按上述的推导方法最后可得

$$D_n = D_0\frac{\sin(M_1)\sin(M_2)\cdots\sin(M_n)}{\sin(N_1)\sin(N_2)\cdots\sin(N_n)} \tag{9-55}$$

上式是边长条件或称基线条件。

根据三角形条件 $M = M' + v_M, N = N' + v_N, U = U' + v_U$,故式(9-55)为

$$D_n = D_0\frac{\sin(M'_1 + v_{M1})\sin(M'_2 + v_{M2})\cdots\sin(M'_n + v_{Mn})}{\sin(N'_1 + v_{N1})\sin(N'_2 + v_{N2})\cdots\sin(N'_n + v_{Nn})} \tag{9-56}$$

边长条件是非线性方程,解题时必须进行线性化处理。设

$$D'_n = D_0\frac{\sin(M'_1)\sin(M'_2)\cdots\sin(M'_n)}{\sin(N'_1)\sin(N'_2)\cdots\sin(N'_n)} \tag{9-57}$$

$$\frac{\partial D_n}{\partial M_1} = D_0\frac{\sin(M'_1)\sin(M'_2)\cdots\sin(M'_n)}{\sin(N'_1)\sin(N'_2)\cdots\sin(N'_n)} \times \frac{\cos(M_1)}{\sin(M_1)} = D'_n\cot(M'_1) \tag{9-58}$$

$$\frac{\partial D_n}{\partial N_1} = -D'_n\cot(N'_1) \tag{9-59}$$

按泰勒级数展开式(9-56),并根据上述三式整理得

$$D_n = D'_n + D'_n\frac{\cot(M'_1)}{\rho}v_{M1} - D'_n\frac{\cot(N'_1)}{\rho}v_{N1} +$$
$$D'_n\frac{\cot(M'_2)}{\rho}v_{M2} - D'_n\frac{\cot(N'_2)}{\rho}v_{N2} +$$
$$\cdots + D'_n\frac{\cot(M'_n)}{\rho}v_{Mn} - D'_n\frac{\cot(N_n)}{\rho}v_{Nn}$$

上式两边乘以 10^6,经整理得边长条件的最后形式,即

$$\delta_{M1}v_{M1} - \delta_{N1}v_{N1} + \delta_{M2}v_{M2} - \delta_{N2}v_{N2} + \cdots + \delta_{Mn}v_{Mn} - \delta_{Nn}v_{Nn} + w_d = 0 \tag{9-60}$$

式中,δ 称为角度正弦秒差,w_d 称为边长条件闭合差,二者按下式计算,即

$$\delta_{Mi} = 10^6\frac{\cot(M'_i)}{\rho} \tag{9-61}$$

$$\delta_{Ni} = 10^6\frac{\cot(N'_i)}{\rho} \tag{9-62}$$

$$w_d = 10^6\frac{D'_n - D_n}{D'_n} \tag{9-63}$$

3. 连续三角锁的解算特点

有了条件式之后,解算的基本过程仍然是"法方程式组成—联系数的解算—最或然改正数的求解—平差值的计算",与精密导线的解算相比,连续三角锁的解算特点:

1) 观测值权的设定。根据图9.21,连续三角锁的观测值是角度,一般角度观测是等权观测,即各个角度观测权相同。仿式(9-16)和式(9-18)可知,各观测角的权是1,即 $P_i = 1$。

2) 法方程式的组成。由于 $P_i = 1$,仿式(8-110)可得法方程式各向量是

$$N = \begin{bmatrix} [ab] & [ab] & \cdots & [ar] \\ [ab] & [bb] & \cdots & [br] \\ \vdots & \vdots & & \vdots \\ [ar] & [br] & \cdots & [rr] \end{bmatrix}, \quad K = \begin{bmatrix} k_a \\ k_b \\ \vdots \\ k_r \end{bmatrix}, \quad W = \begin{bmatrix} w_a \\ w_b \\ \vdots \\ w_r \end{bmatrix} \tag{9-64}$$

3) 最或然改正数。连续三角锁解算的最或然值(即平差值)是角度,故最或然改正数是角度改正数。根据 $P_i=1$,按式(8-104)最或然改正数的计算公式为

$$v_i = a_i k_a + b_i k_b + \cdots + r_i k_r \tag{9-65}$$

4) 推算各边方位角及各三角点坐标。这种计算工作如同导线计算,这里不重述。

二、小三角锁简易计算

上述内容中可知三角测量计算的基本特点:①观测主要元素是角度;②利用条件平差原理和方法求得角度最或然改正数;③图形中至少有一个已知点、一个已知方位角和已知边,最后求解三角点的坐标。连续小三角锁以这三个基本特点为基础,进行简易计算。

简易计算从两种条件式(即三角形条件和边长条件)出发解题,基本思想:①各条件式独立求解;②解算中按等影响原则进行角度最或然改正数的计算。点位坐标等计算不重述。

1) 三角形条件及闭合差的分配。设第 i 个三角形条件为

$$v_{Mi} + v_{Ni} + v_{Ui} + w_i = 0 \tag{9-66}$$

我们已经知道,连续三角锁的角度观测是等权观测。等权意味着误差影响相同,故可以在一定的范围内按相同的角度改正数进行改正,这就是等影响原则。根据这一原则,令 $v'_{Mi} = v'_{Ni} = v'_{Ui} = v'_i$,称 v'_i 为第一改正数,即

$$v'_i = -\frac{w_i}{3} \tag{9-67}$$

经第一改正后的角度为 M''_i、N''_i、U''_i,即

$$\begin{aligned} M''_i &= M'_i + v'_i \\ N''_i &= N'_i + v'_i \\ U''_i &= U'_i + v'_i \end{aligned} \tag{9-68}$$

式中,$i=1,2,\cdots,n$。根据式(9-68)可对各个三角形的内角进行第一改正。

2) 边长条件及闭合差的分配。在简易计算中按式(9-60)可列出边长条件式,解算的方法:

(1) 以第一改正后的角度按式(9-63)计算边长条件闭合差 w''_d。

(2) 根据等影响原则令式(9-60)各改正数为第二改正数,并满足

$$v'' = v''_{Mi} = -v''_{Ni} \tag{9-69}$$

把式(9-69)代入式(9-60),整理得

$$\sum_1^n (\delta_{Mi} + \delta_{Ni}) v'' + w''_d = 0 \tag{9-70}$$

(3) 求第二改正数 v'',公式是

$$v'' = -\frac{w''_d}{\sum_1^n (\delta_{Mi} + \delta_{Ni})} \tag{9-71}$$

3) 算例:表9-16是单三角锁简易计算,计算顺序按(1),(2),…,(10)进行。

表 9-16   连续三角锁的简易计算

角号	角观测值 (1)	第一改正 (2)	第一改正角度 (3)	正弦函数值 (4)	正弦秒差 δ (5)	第二改正 (7)	第二改正角度 (8)	角对边长计算 (9)
M_1	79 01 46	−4	79 01 42	0.9817214	0.94	−4	79 01 38	269.928
N_1	58 28 30	−4	58 28 26	0.8524020	2.97	+4	58 28 30	234.375 *
U_1	42 29 56	−4	42 29 52				42 29 52	185.749
	w_1 +12		180				180	
M_2	59 44 18	+2	59 44 20	0.8637378	2.83	−4	59 44 16	291.317
N_2	53 09 30	+2	53 09 32	0.8003014	3.63	+4	53 09 36	
U_2	67 06 06	+2	67 06 08				67 06 08	310.701
	w_2 −6		180				180	
M_3	51 35 50	−6	51 35 44	0.7836453	3.84	−4	51 35 40	249.649
N_3	66 07 30	−6	66 07 24	0.9144189	2.15	+4	66 07 28	
U_3	62 16 58	−6	62 16 52				62 16 52	282.019
	w_3 +18		180				180	
M_4	87 54 15	+5	87 54 20	0.9993319	0.18	−4	87 54 16	314.859
N_4	52 24 15	+5	52 24 20	0.7923488	3.73	+4	52 24 24	
U_4	39 41 15	+5	39 41 20				39 41 20	201.209
	w_4 −15		180				180	
M_5	64 16 11	−9	64 16 02	0.9008288	2.34	−4	64 15 58	310.530
N_5	65 58 40	−9	65 58 31	0.9133699	2.18	+4	65 58 35	
U_5	49 45 36	−9	49 45 27				49 45 27	263.130
	w_5 +27		180				180	

略图：（三角锁示意图 B、2、4；D_0、U_1、M_2、N_2、U_2、U_3、M_4、U_4、U_5、D_5；A、M_1、N_1、1、M_3、N_3、3、M_5、N_5、5）

辅助计算：
(6) $D_0 = 234.375$ $D_5 = 310.531$ $D'_5 = 310.561$
$w''_d = 96.6$ $\sum(\delta_{Mi} + \delta_{Ni}) = 24.79$
(7) $v'' = -v''_{Ni} = v''_{Mi} = -96.6/24.79 = -3.9 \approx -4$
(10) $u = \pm\sqrt{[(v' + v'')^2]/r} = \pm 10.4''$ ($r = 6$)

三、大地四边形的条件式

图 9.22 大地四边形，AB 边是测量得到的已知边，M_1、$N_1 \sim M_4$、N_4 是地面点 A、B、C、D 之间构成的角度。注意：测线 AC、BD 在实地没有交点，图中 O 点是 AC、BD 在平面投影的交点。按条件平差原理，这种网形有四边形条件、折叠形条件和边长条件。

1) 四边形条件式、折叠形条件式

图形中地面点 A、B、C、D 的 8 个角之和应等于 360°，就是四边形条件。图中对角三角形两角之和的差值应等于零，就是折叠形条件。这两种条件式是

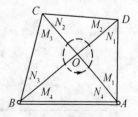

图 9.22

$$M_1 + N_1 + M_2 + N_2 + M_3 + N_3 + M_4 + N_4 = 360°$$
$$(M_1 + N_1) - (M_3 + N_3) = 0 \tag{9-72}$$
$$(M_2 + N_2) - (M_4 + N_4) = 0$$

引入 $M_i = M'_i + v_{M_i}, N_i = N'_i + v_{N_i}(i=1,2,3,4,5)$，上述条件式经整理为

$$v_{M_1} + v_{N_1} + v_{M_2} + v_{N_2} + v_{M_3} + v_{N_3} + v_{M_4} + v_{N_4} + w_a = 0$$
$$v_{M_1} + v_{N_1} - v_{M_3} - v_{N_3} + w_b = 0 \tag{9-73}$$
$$v_{M_2} + v_{N_2} - v_{M_4} - v_{N_4} + w_c = 0$$

式中，闭合差 $w_a、w_b、w_c$ 以角度观测值 $M'_1、N'_1 \sim M'_4、N'_4$ 计算，即

$$w_a = M'_1 + N'_1 + M'_2 + N'_2 + M'_3 + N'_3 + M'_4 + N'_4 - 360°$$
$$w_b = (M'_1 + N'_1) - (M'_3 + N'_3) \tag{9-74}$$
$$w_c = (M'_2 + N'_2) - (M'_4 + N'_4)$$

2) 边长条件式

边长条件以假定边长 OA 为起始边，按图中箭头方向推算，回到 OA 边，条件式是

$$\frac{\sin M_1 \sin M_2 \sin M_3 \sin M_4}{\sin N_1 \sin N_2 \sin N_3 \sin N_4} = 1 \tag{9-75}$$

根据式(9-60)的推证方法，边长条件式(9-75)为

$$\delta_{M_1} v_{M_1} - \delta_{N_1} v_{N_1} + \delta_{M_2} v_{M_2} - \delta_{N_2} v_{N_2} + \delta_{M_3} v_{M_3} - \delta_{N_3} v_{N_3} + \delta_{M_4} v_{M_4} - \delta_{N_4} v_{N_4} + W_d = 0 \tag{9-76}$$

其中 $\delta_{M_i}、\delta_{N_i}$ 按式(9-61)和式(9-62)计算，w_d 按下式计算

$$w_d = 10^6 \left(1 - \frac{\sin(N'_1)\sin(N'_2)\sin(N'_3)\sin(N'_4)}{\sin(M'_1)\sin(M'_2)\sin(M'_3)\sin(M'_4)}\right) \tag{9-77}$$

有了条件式，大地四边形的计算可按连续三角锁的解算方法和步骤进行。

四、交会定点

交会定点，亦即利用已知控制点和观测方向线相交确定新点位。方法有测边后方交会、测角前方交会、测角后方交会和边角后方交会等。现说明交会定点原理思路及获得点位坐标的方法。

1. 测边后方交会

基本图形如图9.23，$A、B$ 是已知控制点，P 是新设控制点。P 点的选定有很大的自由度，利于工程应用。$D_1、D_2$ 是 P 点为测站测量的边长。后方测边交会定点 P 的原理：

1) $\alpha、\beta$ 的计算。$\triangle ABP$ 三条边已知，利用余弦定理，即

$$\alpha = \arccos\left(\frac{D_1^2 + D_{AB}^2 - D_2^2}{2D_1 D_{AB}}\right) \tag{9-78}$$

$$\beta = \arccos\left(\frac{D_2^2 + D_{AB}^2 - D_1^2}{2D_2 D_{AB}}\right) \tag{9-79}$$

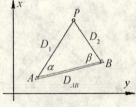

图 9.23

2) $AP、BP$ 边方位角的计算。

$$\alpha_{AP} = \alpha_{AB} - \alpha \tag{9-80}$$

$$\alpha_{BP} = \alpha_{BA} + \beta \tag{9-81}$$

式中，$\alpha_{AB}、\alpha_{BA}$ 是 $D_1、D_2$ 的方位角。

3) $AP、BP$ 边坐标增量及 P 点坐标计算。

2. 测角前方交会

基本图形如图 9.24，图中 A、B 是已知控制点，α、β 是在已知点 A、B 测量的水平角，P 点是已知点前方交会点位。该法也可用于测定难以到达的点位坐标(如避雷针、塔、柱顶等)。图中可见，角 $\gamma = 180° - (\alpha + \beta)$，因此 D_1、D_2 可按正弦定理求得；α_{AP}、α_{BP} 可按式(9-80)和式(9-81)计算。不难想像，这些计算为 P 点坐标提供数据准备。一般地 P 点坐标按这种数据准备推证的原理公式计算，即

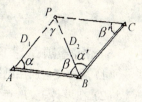

图 9.24

$$x_p = \frac{x_A \cot\beta + x_B \cot\alpha + y_B - y_A}{\cot\alpha + \cot\beta}$$

$$y_p = \frac{y_A \cot\beta + y_B \cot\alpha + x_A - x_B}{\cot\alpha + \cot\beta} \tag{9-82}$$

式中，x_A、y_A、x_B、y_B 分别是 A、B 坐标，x_p、y_p 是 P 点坐标。

为了检核 P 点坐标计算的正确性，可另测 α、β 计算 P 点坐标。或选一个新的已知点，如 C 点，按上述方法观测 α'、β' 角度，则计算公式为

$$x'_p = \frac{x_B \cot\beta' + x_C \cot\alpha' + y_C - y_B}{\cot\alpha' + \cot\beta'}$$

$$y'_p = \frac{y_B \cot\beta' + y_C \cot\alpha' + x_B - x_C}{\cot\alpha' + \cot\beta'} \tag{9-83}$$

检核公式：

$$\delta_x = x_p - x'_p$$

$$\delta_y = y_p - y'_p \tag{9-84}$$

$$\Delta D = \sqrt{\delta_x^2 + \delta_y^2} \leq 2 \times 0.1 M \tag{9-85}$$

式中，M 是选定的相对误差的分母。

3. 测角后方交会

基本图形如图 9.25，图中 A、B、C 是已知点，α、β 是在待定点 P 观测的角度。后方交会只用 A、B、C 三个已知点的坐标及观测角 α、β 即可计算 P 点的坐标，计算步骤：

1) 计算 B 点到 P 点的方位角正切值，即

$$Q = \tan\alpha_{BP} = \frac{(y_B - y_A)\cot\alpha - (y_C - y_B)\cot\beta - (x_C - x_A)}{(x_B - x_A)\cot\alpha - (x_C - x_B)\cot\beta - (y_C - y_A)} \tag{9-86}$$

式中，x_A、y_A、x_B、y_B、x_C、y_C 分别是 A、B、C 点的坐标。

2) 计算系数 k：

$$k = (y_B - y_A)(\cot\alpha - Q) - (x_B - x_A)(1 + \cot\alpha \times Q) \tag{9-87}$$

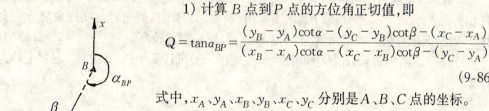

图 9.25

3) 计算坐标增量：

$$\Delta x = \frac{k}{1 + Q^2} \tag{9-88}$$

$$\Delta y = \Delta x \times Q \tag{9-89}$$

4) 求 P 点坐标 x_p、y_p：

$$x_p = x_B + \Delta x \tag{9-90}$$

$$y_p = y_B + \Delta y \tag{9-91}$$

5) 注意事项：

(1) 后方交会所用已知点 A、B、C 按图示逆时针排列定名，并设 $\angle APB$ 为 α，$\angle BPC$ 为 β。

(2) 在设计上，P 点不能选定在 A、B、C 三点构成的三角形外接圆上，否则无解。

(3) 检核 P 点坐标的正确性，可选另一新已知点，如图中以 D 点代替 C 点构成新的后方交会系统计算 P 点的新坐标 x'_p、y'_p，按式(9-84)、式(9-85)计算有关检核参数。

4. 边角后方交会

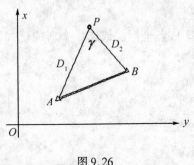

图 9.26

基本图形如图 9.26，与测边后方交会不同之处是图中在 P 点测量边长 D_1、D_2 和角度 γ 观测值 D'_1、D'_2、γ'。γ' 是本法多余观测值，有一个条件式：

$$D_{AB} = \sqrt{D_1^2 + D_2^2 - 2D_1 D_2 \cos\gamma} \tag{9-92}$$

引入 $D_1 = D'_1 + v_1$，$D_2 = D'_2 + v_2$，$\gamma = \gamma' + v_3$，条件式整理为

$$a_1 v_1 + a_2 v_2 + a_3 v_3 + w_D = 0 \tag{9-93}$$

其中

$$a_1 = \frac{D'_1 - D'_2 \cos\gamma'}{D_{AB}}$$

$$a_2 = \frac{D'_2 - D'_1 \cos\gamma'}{D_{AB}} \tag{9-94}$$

$$a_3 = \frac{D'_1 D'_2 \cos\gamma'}{D_{AB}}$$

$$w_D = D'_{AB} - D_{AB}$$

$$D'_{AB} = \sqrt{D'^2_1 + D'^2_2 - 2D'_1 D'_2 \cos\gamma'}$$

根据条件平差可求得改正数 v_1、v_2、v_3，进而求得 D_1、D_2 和角度 γ 最可靠值。在此基础上求 α、β；利用 α_{AB} 求 AP 或 BP 的方位角，最后求得 P 点的坐标。在边角后方交会应用中，P 点的选定有很大的自由度，利于工程应用，而且精度较高。

利用 P 点测量边长 D_1、D_2 和角度 γ，按式(9-92)可计算 AB 长度 D_{AB}，习惯上称为对边测量。

第六节 建筑基线与方格控制

一、建筑基线

1. 概念

在土木工程建筑中具有准确长度和对建筑工程产生控制作用的直线段，称为工程建筑

基线,简称建筑基线。如图 9.27,a、b、c、d 是待建建筑物的拟建点位,为了准确测定 a、b、c、d 的点位置,可以按设计要求在待建场地建立工程建筑基线 MN,准确丈量 MN 的长度,此时 MN 就是建筑基线。

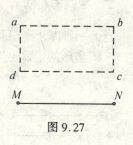

图 9.27

2. 选型

一般地建筑基线有四种类型,即

1)"一"字型基线,如图 9.28a)中 A、B、C 三点连成的直线。
2)"L"型基线,如图 9.28b)中 A、B、C 三点构成的线型。
3)"T"型基线,如图 9.28c)中 A、B、C、D 四点构成的线型。
4)"十"型基线,如图 9.28d)中 A、B、C、D、E 五点构成的线型。

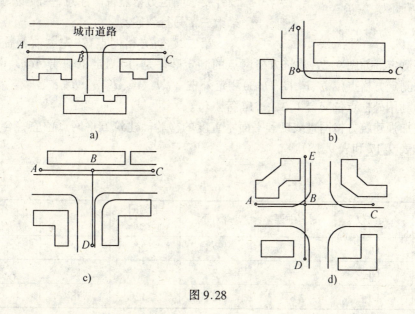

图 9.28

3. 特点

1)建筑基线的建立比较灵活,可依附于某些参照物轴线,如与道路工程、旧建筑物轴线平行。这类依附于某些参照物轴线的建筑基线又称为参考基准线。此外又可以利用划分土地归属的边界线设建筑基线。

2)小型建筑工程建筑基线的基线点有两个,一般建筑基线基线点应在三个以上,基线地势平坦。

3)基线测量技术要求比较高。建筑基线的点位采取设计定点、测量、检核与校正的过程。基线点位不妨碍交通,便于保存。在点位稳定后,因地制宜选择仪器工具,按相应的技术要求测量基线长和角度。建筑基线的测量技术要求参考表 9-17。

表 9-17

等级	边 长	边长相对中误差	测角中误差
1级	100~300	1:30000	5″
2级	100~300	1:20000	8″

二、建筑方格网

这是一种基于建筑基线形成的方格形建筑控制网,如图 9.29。图中的 A、O、B、C、D 构成"十"字形的工程建筑基线,E、F、G、H 等点位与之形成方格控制网。其中 AOB、COD 是方格控制网的主轴线,而且 $AOB \perp COD$。

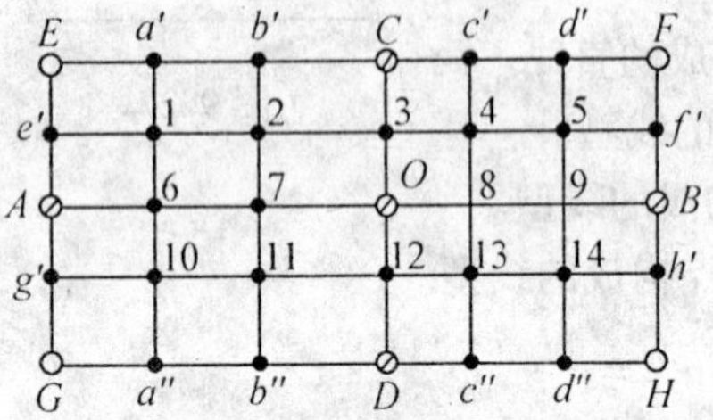

与一般控制网相比较,建筑方格网的建立有其本身的思路:

第一,根据工程建筑的需要按设计要求建立建筑方格网。如图 9.29,设计上预先确立点位之间的间距以及直线之间的垂直关系,建筑方格网将根据设计要求测定方格点位。注意,一般的测定方法在第十三章另行叙述。

图 9.29

第二,建筑方格网点按"先主轴点后扩展方格点"的顺序测定。如图 9.29,建筑方格网点的测定顺序是:1)测定主轴线 AOB、COD 的主轴点位;2)测定方格点位 E、F、G、H;3)测定外框 a'、b'、c'、d'、a''、b''、c''、d''、e'、f'、g'、h' 的位置;4)利用外框点位交会 1,2,…,14 等点位。

第三,加强建筑方格网直线度和平面垂直度的检验。建筑方格网点位应符合有关的技术要求(如表 9-17 和表 9-18)。

表 9-18

等级	经纬仪	测角中误差	测回	半测回归零差	$\Delta 2C$	各测回方向较差
1 级	DJ_1	5″	2	≤6″	9″	≤6
	DJ_2	5″	3	≤8″	13″	≤9
2 级	DJ_2	8″	2	≤12″	18″	≤12

方格网直线度,指的是三点成直线时点位偏离直线的程度,一般地以 180°标准值比较。如图 9.30,为了衡量 A、O、B 三点的直线度,测量 $\angle AOB$。设 $\Delta_1 = \angle AOB - 180°$,$\Delta_1$ 就是 A、O、B 三点的直线度。建筑方格网要求 $\Delta_1 \leqslant \pm 5″$。如果 Δ_1 超出规定,则应进行调整。调整方法:

1) 计算点位的偏值 δ,即

$$\delta = \frac{0.5 D_1 D_2 \sin\beta}{\sqrt{D_1^2 + D_2^2 - 2D_1 D_2 \cos\beta}} \tag{9-95}$$

2) 按图 9.30 的 δ 移动 A、O、B 三点到 pq 直线上。

方格网平面垂直度,指的是平面直线之间构成直角的程度,一般以 90°标准值比较。如图 9.31,为了衡量直线 AOB 与直线 COD 的平面垂直度,测量 $\angle AOC$。设 $\Delta_2 = \angle AOC - 90°$,$\Delta_2$ 就是直线 AOB 与直线 COD 的垂直度。建筑方格网要求 $\Delta_2 \leqslant \pm 5″$。如果 Δ_2 超出规定,则应进行调整。调整方法:

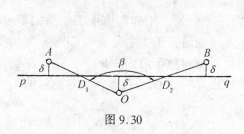
图 9.30

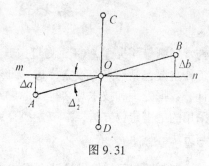
图 9.31

1) 计算点位的偏值 Δa、Δb，即

$$\Delta a = AO \times \sin\Delta_2$$
$$\Delta b = BO \times \sin\Delta_2$$
(9-96)

2) 按图 9.31 的 Δa、Δb 移动 A、B 到 mn 方向上。

一般地建筑方格网可采用独立坐标系统，必要时应与国家坐标系联系，并入国家坐标系统。如图 9.32，这是小区规划建筑方格网，图中的 A、B 点是以国家等级控制点 F、H 按交会方法得到，由此得到 A、B 的国家坐标，这样便可以求得整个建筑方格网的点位坐标。

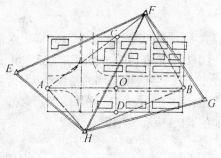
图 9.32

建筑方格网也可用于厂房的平面控制，图 9.33 是某大厂房的方格控制网。

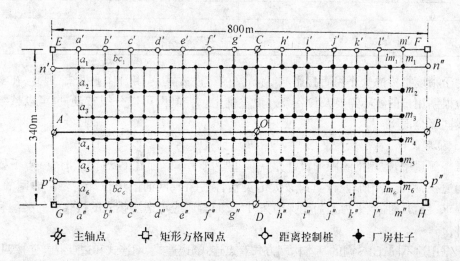
图 9.33

第七节 GPS 测量的实施

与常规测量相类似,GPS 测量按其工作性质可分为外业工作和内业工作两大部分。外业工作主要包括选点、建立标志、野外观测作业等;内业工作主要包括 GPS 控制网技术设计、数据处理和技术总结等。考虑到载波相位测量相对定位方法是当前 GPS 测量中普遍采用的精密定位方法,本节主要介绍局域性城市与工程 GPS 控制网相对测量的工作程序与方法。

一、GPS 控制网的技术设计

GPS 控制网的技术设计是进行 GPS 定位的基础,它依据国家有关规范(规程)、GPS 网的用途和用户的要求来进行,其主要内容包括精度指标的确定和网形设计等。

1. GPS 测量精度指标

GPS 测量的精度指标通常是以网中相邻点之间的距离中误差来表示,其形式为:

$$\sigma = \pm \sqrt{a^2 + (b \cdot d)^2} \tag{9-97}$$

式中:σ,距离中误差(mm);a,固定误差(mm);b,比例误差(ppm);d,相邻点间距离(km)。

国家测绘局 1992 年颁布的《全球定位系统(GPS)测量规范》将 GPS 控制网分为 A、B、C、D、E 五级,各级控制网的精度指标见表 9-19。其中 A、B 两级为国家 GPS 控制网,C、D、E 三级是针对局域性 GPS 网规定的。此外各部委根据本部门 GPS 工作的实际情况也制定了其他的 GPS 规程或细则。

表 9-19　　　　　　　　GPS 相对定位的精度指标

级别	固定误差 a(mm)	比例误差 b(ppm)	相邻点距离(km)
A	≤5	≤0.1	100～2000
B	≤8	≤1	15～250
C	≤10	≤5	5～40
D	≤10	≤10	2～15
E	≤10	≤20	1～10

由于精度指标的大小将直接影响 GPS 网的布设方案及 GPS 作业模式,因此,在实际设计中应根据用户的实际需要及设备条件慎重确定。控制网可以分级布设,也可以越级布设或布设同级全面网。

2. 网形设计

常规测量中,控制网的图形设计是一项重要的工作。而在 GPS 测量时,由于不要求测站点间通视,因此其图形设计具有较大的灵活性。GPS 网的图形设计主要考虑网的用途、用户要求、经费、时间、人力及后勤保障条件等,同时还应考虑所投入的接收机的类型和数量等条件。

根据用途不同,GPS 网的基本构网方式有点连式、边连式、网连式和边点混合连接四种。

点连式,如图 9.34(a),是相邻的同步图形(即多台接收机同步观测卫星所获基线构成的闭合图形,又称同步环)之间仅用一个公共点连接。这种方式所构成的图形几何强度很弱,一般不单独使用。

　　边连式,如图9.34b),是指相邻同步图形之间由一条公共基线连接。这种布网方案中,复测的边数较多,网的几何强度较高。非同步图形的观测基线可以组成异步观测环(称为异步环),异步环常用于检查观测成果的质量。所以边连式的可靠性优于点连式。

　　网连式,是指相邻同步图形之间由两个以上的公共点连接。这种方法要求4台以上的接收机同步观测。它的几何强度和可靠性更高,但所需的经费和时间也更多,一般仅用于较高精度的控制测量。

　　边点混合连接是指将点连式与边连式有机地结合起来组成GPS网。如图9.34(c),它是在点连式基础上加测四个时段,把边连式与点连式结合起来得到的。这种方式既能保证网的几何强度,提高网的可靠性,又能减少外业工作量,降低成本,因而是一种较为理想的布网方法。

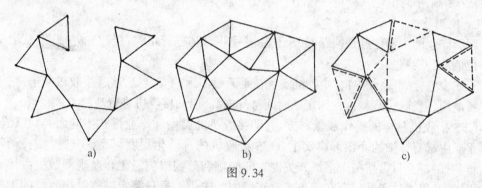

图9.34

　　对于低等级的GPS测量或碎部测量,也可采用图9.35所示的星形布设。这种图形的主要优点是观测中只需要两台GPS接收机,作业简单。但由于直接观测边之间不构成任何闭合图形,所以其检查和发现粗差的能力比点连式更差。这种方式常采用快速定位的作业模式。

　　进行网形设计时,还需注意以下几个问题:

　　①GPS网必须由非同步独立观测边构成若干个闭合环或附合路线,以构成检核条件,提高网的可靠性。

　　②尽管GPS测量不要求相邻测站点之间通视,但为了今后便于用常规测量方法联测或扩展,要求每个控制点应有一个以上的通视方向。

　　③为了确定GPS网与原有地面控制网之间的坐标转换参数,要求至少有3个GPS控制网点与地面控制网点重合。

　　④GPS网点应考虑与水准点相重合,非重合点一般进行等级水准联测,以便为研究大地水准面提供资料。

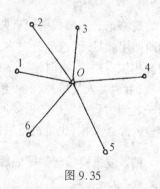

图9.35

二、选点与建立标志

　　由于GPS测量测站之间不要求通视,而且网的图形结构比较灵活,故选点工作较常规测量简便。但GPS测量又有其自身的特点,因此选点时应满足以下要求:点位应选在交通方便、易于安置接收设备的地方,且视场要开阔;GPS点应避开对电磁波接收有干扰的物体,如高压线、电视台、微波站、大面积水域等。

点位选定后,按要求埋置标石,并绘制点之记。

三、外业观测

GPS外业观测工作主要包括天线安置、观测作业和观测记录等,下面分别进行介绍。

1. 天线安置

天线的相位中心是 GPS 测量的基准点,所以妥善安置天线是实现精密定位的重要条件之一。天线安置的内容包括对中、整平、定向和量测天线高。

进行静态相对定位时,天线应架设在三角架上,并安置在标志中心的上方直接对中,天线基座上的圆水准气泡必须居中(对中与整平方法与经纬仪安置相同)。定向是使天线的定向标志线指向正北,定向误差一般不应超过 $\pm(3°\sim5°)$。天线高是指天线的相位中心至观测点标志中心的垂直距离,用钢尺在互为 $120°$ 的方向量三次,要求互差小于 3mm,满足要求后取三次结果平均值记入测量手簿中。

2. 观测作业

观测作业的主要任务是捕获 GPS 卫星信号并对其进行跟踪、接收和处理,以获取所需的定位信息和观测数据。

天线安置完成后,将 GPS 接收机安置在距天线不远的安全处,接通接收机与电源、天线的连接电缆,经检查无误后,在约定的时间打开电源,启动接收机进行观测。

GPS 接收机具体的操作步骤和方法,随接收机的类型和作业模式不同而异,在随机的操作手册中都有详细的介绍。事实上,GPS 接收机的自动化程度很高,一般仅需按动若干功能键(有的甚至只需按一个电源开关键),即能顺利地完成测量工作。观测数据由接收机自动形成,并以文件形式保存在接收机存储器中。作业人员只需定期查看接收机的工作状况并做好记录。观测过程中接收机不得关闭并重新启动;不得更改有关设置参数;不得碰动天线或阻挡信号;不准改变天线高。观测站的全部预定作业项目,经检查均已按规定完成,且记录与资料完整无误后方可迁站。

3. 观测记录

观测记录的形式一般有两种。一种是由接收机自动形成,并保存在接收机存储器中供随时调用和处理,这部分内容主要包括:GPS 卫星星历和卫星钟差参数;观测历元及伪距和载波相位观测值;实时绝对定位结果;测站控制信息及接收机工作状态信息。另一种是测量手簿,由观测人员填写,内容包括天线高、气象数据测量结果、观测人员、仪器及时间等,同时对于观测过程中发生的重要问题,问题出现的时间及处理方式也应记录。观测记录是 GPS 定位的原始数据,也是进行后续数据处理的惟一依据,必须要真实、准确,并妥善保管。

四、成果检核与数据处理

观测成果应进行外业检核,这是确保外业观测质量和实现预期定位精度的重要环节。观测任务结束后,必须在测区及时对观测数据的质量进行检核,对于外业预处理成果,要按《规范》要求严格检查、分析,以便及时发现不合格成果,并根据情况采取重测或补测措施。

成果检核无误后,即可进行内业数据处理。内业数据处理过程大体可分为:预处理,平差计算,坐标系统的转换或与已有地面网的联合平差。GPS 接收机在观测时,一般 $15\sim20s$ 自动记录一组数据,故其信息量大,数据多。同时,数据处理时采用的数学模型和算法形式多样,使数据处理的过程相当复杂。实际应用中,一般是借助电子计算机通过相关软件来完成数据处理工作。限于篇幅,数据处理方法不再详细介绍,请参阅有关书籍。

习 题

1. 概念:控制点、控制测量、控制测量工作规则。
2. 控制测量是_____。
   答案:①限制测量的基准
   　　　②工程建设和日常工程测量的基础
   　　　③进行工程测量的技术过程
3. 控制测量的基本工作内容是_____。
   答案:①选点、建标、观测、计算和总结
   　　　②建点、观测、计算
   　　　③做好仪器检验,了解控制点情况,明确观测要求
4. 三角测量是_____。
   答案:①以测角量边逐点传递确定地面点平面位置的控制测量
   　　　②一种地面点连成三角形的卫星定位技术工作
   　　　③以测角为主,测边为辅,甚至只测角不测边,观测工作比较简单
5. 试述工程上应用三角测量法、导线测量法的基本图形。
6. 说明导线选点的基本要求和特殊要求。
7. 试述精密附合导线基本条件方程的数据准备要求。
8. 附合导线的三个条件方程中,方位角条件是_____(A),x坐标条件是_____(B),y坐标条件是_____(C)。

$$(1) \alpha_{AB} + n \times 180° + \sum_1^{n-1} \beta_i - \alpha_{CD} = 0$$

答案:(A)(2) $\alpha_{AB} + n \times 180° - \alpha_{CD} = 0$

$$(3) \alpha_{AB} + n \times 180° + \sum_1^n \beta_i - \alpha_{CD} = 0$$

$$(1) x_A + \sum_1^n \Delta x_i - x_c = 0$$

(B)(2) $x_B + \sum_1^n \Delta x_i - x_c = 0$

$$(3) x_B + \sum_1^{n-1} \Delta x_i - x_c = 0$$

$$(1) y_A + \sum_1^{n-1} \Delta y_i - y_c = 0$$

(C)(2) $y_B + \sum_1^n \Delta y_i - y_c = 0$

$$(3) y_B + \sum_1^{n-1} \Delta y_i - y_c = 0$$

9. 闭合导线的条件方程有_____。

答案：①内角和条件、x 坐标增量条件、y 坐标增量条件

②方位角条件、x 坐标条件、y 坐标条件

③方位角条件、x 坐标增量条件、y 坐标增量条件

10. 附合导线计算 $W_a = -62.3''$, $W_x = 0.287$, $W_y = 0.166$, $\sum D = 633.285$。规范要求 $k_容 = 1:2000$, $W_{a容}(\pm 40\sqrt{n}, n=6)$。问 W_a、W_x、W_y 是否满足要求？

11. 精密附合导线计算题：观测数据及已知数据见图 9.36，按表 9-5 至表 9-8 的形式计算。

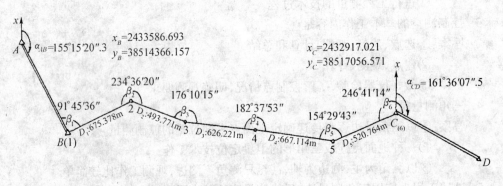

图 9.36

12. 精密闭合导线计算题：观测数据及已知数据见图 9.37，按表 9-9 至表 9-12 的形式计算。

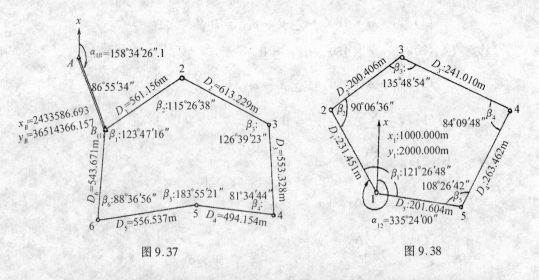

图 9.37　　　　　　　　　图 9.38

13. 一般闭合导线计算题：观测数据及已知数据见图 9.38，按表 9-14 的形式计算。

14. 一般附合导线计算题：观测数据及已知数据见图 9.39，按表 9-13 的形式计算。

15. 检查导线个别错误有哪些方法？

16. 三角形条件闭合差是_____。

   答案：①三角形内角改正数之和

   ②三角形内角观测值之和与三角形内角和真值的差值

   ③三角形内角观测值之和与三角形内角和的差值

17. 小三角锁计算 D'_n 的目的是_____。

   答案：①求正弦秒差

   ②评价已知长度 D_n 与 D'_n 的差额

   ③解决小三角锁的计算

18. 小三角网有哪些基本图形？各种图形有哪些条件式？

19. 试述连续三角锁的边长条件式的形式和符号意义。

20. 根据连续三角锁的计算例，试述小三角测量条件平差的基本步骤。

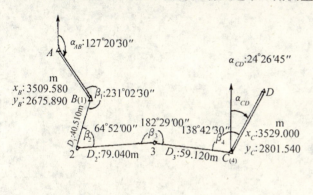

图 9.39

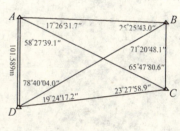

图 9.40

21. 大地四边形的计算题：观测数据及已知数据见图 9.40，求边 AB 的长度。

22. 测角前方交会技术的基本过程是_____。

   答案：①在待定点上测量角度，选择计算公式，计算待定点的坐标

   ②在导线点上测量角度、边长，计算导线点的坐标，检查计算结果

   ③在已知点上测量角度，选择计算公式，计算待定点的坐标

23. 下述的说明_____正确。

   答案：①建筑基线是土木工程建筑中具有准确长度直线段。

   ②建筑基线是对建筑工程产生控制作用的直线段。

   ③建筑基线是具有准确长度并对建筑工程产生控制作用的直线段。

24. 下述的说明_____正确。

   答案：①建筑方格网是一种基于建筑基线形成的方格形建筑控制网。

   ②建筑方格网是由方格组成的网形。

   ③建筑方格网是由建筑物点位形成的直线段构成的方格网。

25. 建筑方格网的建立思路是_____。

   答案：①按工程设计定建网计划，按"先主轴点后方格点"顺序测定方格点，检验校正方格点

②根据定点－测量－计算点位坐标

③定线－丈量－计算长度

26. 方格网垂直度以(A)为标准进行调整。方格网直线度以(B)为标准进行调整。

    答案：①(A)～180°,(B)～90°

    ②(A)～180°,(B)～180°

    ③(A)～90°,(B)～180°

27. 试述建筑基线、建筑方格网的概念及建筑基线的类型。

28. 如何检查建筑方格网的直线度、垂直度？

29. GPS网的基本构网方式有哪几种？各有什么特点？

30. GPS测量的精度指标通常是以_____来表示。

    答案：①角度中误差；②点位中误差；③相对中误差；④网中相邻点之间的距离中误差。

31. 简述GPS测量的工作程序。

第十章　地形图测绘原理

学习目标：掌握地形图的基本概念和地形图图式基本知识；掌握平板测量原理和模拟地形测量的基本方法，扩展碎部测量技术在地籍测量、竣工测量中的应用概念。

第一节　概　　述

一、地形图的概念

地形图是根据一定的投影法则，使用专门符号，经过测绘综合，将地球表面缩小在平面的图件；或者是存储在数据库中的地理数据模型。

地图的投影法则，是地形图成图的基础。采用正确的投影法则使投影在平面图形上的点位与地面上的点位位置一一对应，即满足一定的数学关系，具有等同的量度性质。地形图所表示的地球表面，一方面是属于山河湖海等自然现象和环境资源；一方面是属于人类活动的社会现象，其中包括有人类生产活动构造物的空间分布情况等。测绘是地形测量的基本工作，地形图是测绘的成品。使用专门符号可以直观地表示地球表面的形态与性质。综合，是测绘的技术技能之一，即进行抽象化的过程使地球表面比较形象地反映在地形图上。

图10.1是一幅地形图的局部，记载着该区域大量的地理信息，其中有居民地、城镇、农田、工厂的分布状态；有山地、平原、道路、河流的现势；标记着地表上点位之间的位置关系、性质以及名称等。以测绘技术完成的这种地形图，是人们开阔眼界、认识地球表面、改造自然的重要依据。

在各种工程建设中，有各种专用地形图。如按路线工程建设一定走向和带状宽度测绘的地形图，称为带状地形图，简称带状图。带状宽度约100~300m不等。图14.1是一幅缩小的带状地形图，图中的粗实线是一条设计道路的中心线。

二、地形图的比例尺

地形图比例尺，即地形图纸上两点之间的距离 d 与相应地面两点实际平面距离 D 的比值，简称比例尺，用 $1:M$ 表示，即 $1:M = d:D$。其中

$$M = \frac{D}{d} \tag{10-1}$$

式中，M 为比例尺的分母。

比例尺（$1:M$）是把地球表面缩小表示为地形图的依据。比例尺有小、中、大几种类型。其中

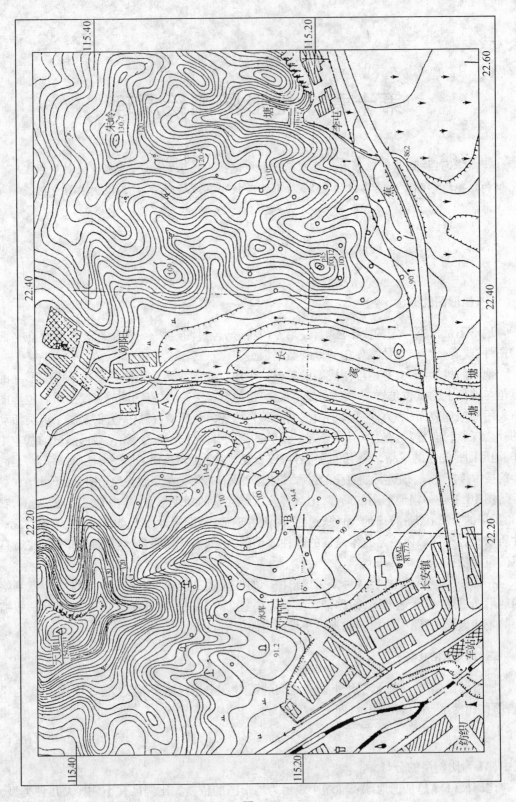

图 10.1

小比例尺：1∶1000000,1∶500000,1∶200000,1∶100000；
中比例尺：1∶50000,1∶25000,1∶10000；
大比例尺：1∶5000,1∶2000,1∶1000,1∶500。

通常把小比例尺的图件称为地图。中、大比例尺的图件是一种比较详细描述地球表面的地图，称为地形图。

三、地形图精度

根据式(10-1)地面两点的距离 D 可表示为

$$D = d \times M \tag{10-2}$$

如果 m_d 是图上的量距误差，按误差传播律，从式(10-2)可得

$$m_D = M \times m_d \tag{10-3}$$

式中，m_D 是地形图表示距离 D 的表示误差。显然，在 m_d 一定的情况下，m_D 的大小取决于地形图比例尺分母 M，因此表示误差 m_D 被称为地形图比例尺精度，简称地形图精度。一般地，图上量距误差 m_d 等于人眼分辨率(± 0.1mm)，所以，地形图精度等于人眼分辨率与比例尺分母 M 的乘积。即

$$m_D = 0.1 \times M(\text{mm}) \tag{10-4}$$

根据不同的比例尺，按上式可列出各种不同比例尺的地形图精度，如表10-1所示。从表中可见，比例尺越大，地形图的精度越高；比例尺越小，地形图的精度越低。

表 10-1　　　　　　　不同比例尺的地形图精度　　　　　　　(单位:m)

比例尺分母 M	200	500	1000	2000	5000	10000
地形图精度 m_D	0.02	0.05	0.1	0.2	0.5	1.0

注：专用地形图，或称专题地图，是一种根据某种专业技术需要，着重描述某些自然现象和社会现象的地形图。

第二节　地形图图式

一、概念

在地形图中用于表示地球表面的专门符号规定称为地形图图式。我国公布的《地形图图式》是一种国家标准，它是测绘、编制、出版地形图的重要依据，是识别地形图的内容，使用地形图的重要工具。《地形图图式》所规定的符号有表示地面物体的地物符号，也有表示地面起伏状态的地貌符号。

二、地物符号

在《地形图图式》中，地物符号占有最多的内容，其中包括有山、河、湖、海、植被、矿藏资源等天然地物和居民住宅、城镇、工厂、学校以及交通、水利、电力等人类活动的构造地物。在交通土木工程中，人类活动的构造地物又分为建筑物和构筑物，其中建筑物指的是楼堂馆所、厂房棚舍等，构筑物指的是路桥塔井、管线渠道等。图10.2列出部分比较常用的地物符号。

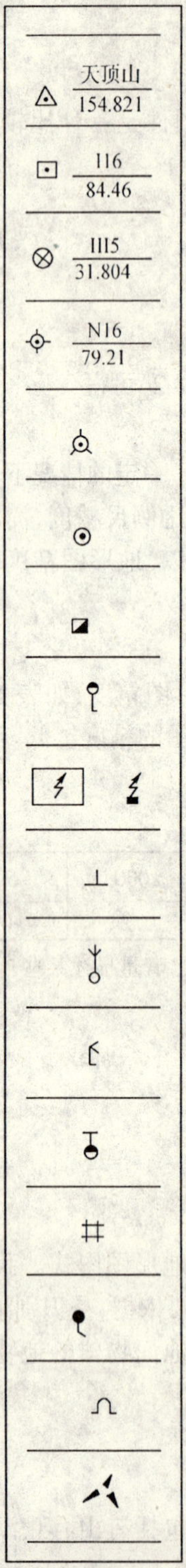

(1)	△ 天顶山/154.821	三角点	(18)	学 校
(2)	⊡ 116/84.46	导线点	(19)	医 院
(3)	⊗ 1115/31.804	水准点	(20)	路 灯
(4)	⊕ N16/79.21	图根点	(21)	一般房屋
(5)		道路中桩点	(22)	特种房屋
(6)		钻 孔	(23)	简单房屋
(7)		探 井	(24)	建设中房屋
(8)		加油站	(25)	破坏房屋
(9)		变电室	(26)	棚房
(10)		独立坟	(27)	过街天桥
(11)		避雷针	(28)	厕 所
(12)		路 标	(29)	露天体育场
(13)		消防栓	(30)	独立树(阔叶)
(14)		水 井	(31)	独立树(果树)
(15)		泉	(32)	开采矿井
(16)		山 洞	(33)	陡崖(土质)
(17)		石 堆	(34)	陡崖(石质)

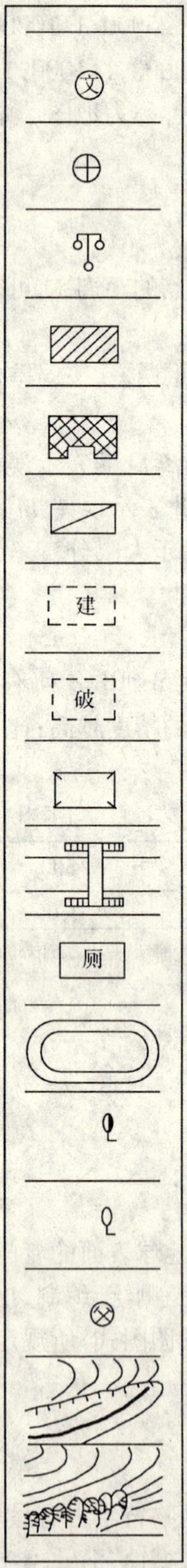

图 10.2a)　　　　　　图 10.2b)

第十章 地形图测绘原理

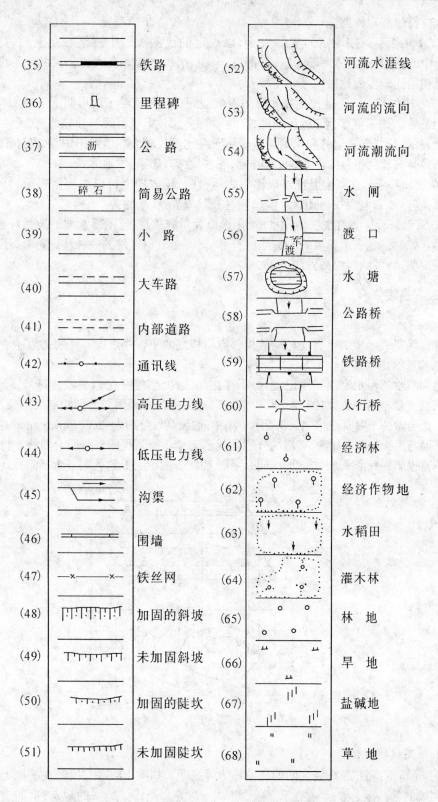

图 10.2c)　　　　图 10.2d)

地物符号有四种类型:

1. 比例符号　按地物的实际大小,以规定的比例尺缩小测绘在图上的符号。如图10.2b)中的房屋、露天体育场、湖、塘、街道、天桥、居民点等。在大比例尺的地形图中,比例符号是使用比较多的地物符号。

2. 非比例符号　不能按地物实际占有的空间成比例缩绘于地形图上的地物符号,称为非比例符号。如三角点、水准点、消防栓、地质探井、路灯、里程碑等独立地物,无法按其大小在图上表示,只能以规定的非比例符号表示。在比例尺较大的地形图中,加有外围边界的非比例符号具有比例符号的性质,如宝塔、水塔、纪念碑、庙宇、坟地等。

3. 线性符号　在宽度上难以按比例表示,在长度方向上可以按比例表示的地物符号,称为线性符号,如电力线、通讯线、铁丝网、围墙、境界线、小路等。

4. 注记符号　具有说明地物性质、用途以及带有数量、范围等参数的地物符号,称为注记符号。如"文"是表示学校的一种注记符号,"⊕"是表示医院的一种注记符号,还有如植被的种类说明,特种地物的高程注记等。

三、等高线

1. 概念

等高线是表示地面上高程相同的相邻点所构成的闭合曲线。等高线是描述地面高低起伏形态的基本地貌符号。

地物线性符号没有高程注记,本身不存在高低性质,等高线似是线性符号,但本身具有高程意义。要理解等高线的意义,可以借助某一高程的水平面与曲面相割的形象,这时可把山头表面当做一个曲面,如图10.3所示。图中,假设高程分别为75m、70m、65m 的 A、B、C 三个水平面与山头的曲面相割,其割线分别是代表三个不同高程的三条闭合曲线。将三条闭合曲线垂直投影到一个平面上,便形成同一平面上的三条闭合曲线,代表三个不同的高程。

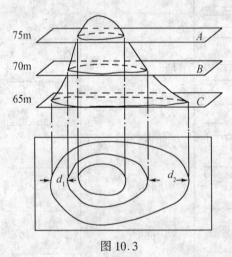

图 10.3

2. 等高线的参数

1) 等高距:相邻等高线之间的高差称为等高距。如图10.3中,投影在平面上的两根相邻等高线的等高距是5m。在工程测量规范中,对等高距作了统一的规定,这些规定的等高距,称为基本等高距。用 h_j 表示,如表 10-2 所示。

表 10-2　　　　　　　　　　　　**基本等高距 h_j 表**　　　　　　　　　　（单位：m）

地形类别	比例尺			
	1∶500	1∶1000	1∶2000	1∶5000
平坦地	0.5	0.5	1	2
丘陵地	0.5	1	2	5
山　地	1	1	2	5
高山地	1	1	2	5

2) 等高线平距：地形图纸上相邻等高线之间的水平距离称为等高线平距，用 d 表示。等高线位置不同，则平距长短不一。如图 10.3，左边等高线平距 d_1 比右边等高线平距 d_2 短。

3) 等高线坡度：基本等高距 h_j 与等高线平距实际长度的比值表示等高线之间地表的坡度，称为等高线坡度，用 i 表示，即

$$i = \frac{h_j}{dM} 100\% \tag{10-5}$$

式中，d 是等高线平距，M 是地形图比例尺的分母。

3．等高线种类

在一张地形图中，有多种等高线表示地貌状态：

1) 首曲线：按地形图的基本等高距绘制的等高线称为首曲线。首曲线的线宽为 0.15mm，是表示地貌状态的主要等高线。

2) 计曲线：计注有整数地面高程的等高线称为计曲线。计曲线的线宽为 0.30mm，计曲线是辨认等高线高程的依据。

3) 间曲线：是一种内插等高线，用线宽 0.15mm 的虚线表示。间曲线与相邻等高线的等高距是基本等高距的一半，用于首曲线难以表示出地貌状态的地段。

4．等高线与地貌的关系

1) 内闭合曲线的高程 $H_内$ 大于外闭合曲线的高程 $H_外$，即 $H_内 > H_外$，则山头必在闭合曲线的内圈中，而高程低的山脚必在闭合曲线的外圈。根据这种关系可以观察山头和山脚的地貌分布情况。山脚是山坡与平坦地的分界点，称山脚点。相邻山脚点的连线称为山脚线。

2) 内闭合曲线的高程 $H_内$ 小于外闭合曲线的高程 $H_外$，即 $H_内 < H_外$，则洼地必在闭合曲线的内圈中。根据这种关系可以观察低洼的地貌分布情况。

3) 等高线的分布比较密，则等高线之间的平距 d 比较短，说明此地貌坡度比较陡峭；如果等高线的分布比较稀，则等高线之间的平距 d 比较长，说明此地貌坡度比较平缓。

在一定的范围内等高线之间的平距大致相等，说明在这个范围内的地面坡度不变。地面坡度变化点称为变坡点，地面相邻变坡点相连而成的分界线称为变坡线。

4) 等高线的集合处，等高线的平距 d 为零，说明此地带很陡，且有悬崖、陡坡地貌符号。

5) 等高线弯曲处，若凸向低处，则该弯曲处是山脊点位置，沿着各山脊点便形成山脊线；若弯曲处凸向高处，则弯曲处是山谷点位置，沿各山谷点便形成山谷线。往往在靠近山顶的等高线弯曲处会有一根指向低处的短线，称为示坡线。示坡线的方向表示坡度的走向。

山脊线、山谷线、示坡线、变坡线以及山脚线又称为地性线。通常图上不绘出地性线。

6) 地面某处同时有四根相邻等高线，其中有两根同高的等高线，有两根同低的等高线，则该处地貌是鞍部。

描述地貌的还有冲沟、陡坎、地裂等符号。

图 10.4a)是地势景观图,图 10.4b)是等高线描绘的地形图,根据等高线与地貌的关系,便可以进一步认识图 10.4a)的地貌形态。

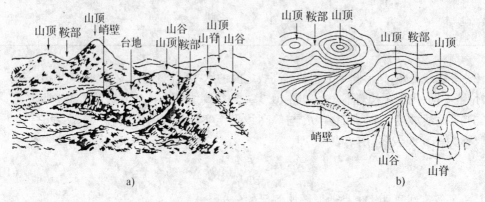

图 10.4

第三节 碎部测量

一、地形测绘成图的技术方式

地形测绘成图的技术方式有两类,即摄影测量和碎部测量。

1. 摄影测量

在第一章中已说明摄影测量与遥感学的概念。就其摄影测绘成图方式来说,摄影测量是以摄影的方法获得所摄物体的像片为基础,研究如何确定物体的形状、大小及其空间位置的学科。这门学科主要有航空摄影测量及地面摄影测量。为了测绘大面积的地形图,利用安装在飞机上的摄影机对地面进行摄影,然后将获得的摄影像片进行技术处理并绘制成地形图,这个工作过程称为航空摄影测量。利用安装在地面上三脚架上的摄影机,对一些待测地形进行摄影,然后将获得的摄影像片进行技术处理并绘制成地形图,这个工作过程称为地面摄影测量。最近十多年以来,摄影测量技术在"模拟—解析—数字"过程中发展很快,是我国测绘地形图的主要技术,是获取地理信息的重要技术手段,在大面积测绘各种比例尺基本地形图中发挥着重要的作用。本书限于工程测量技术的内容和篇幅,对摄影测量技术不做详细介绍。

2. 碎部测量

即根据平板测图原理,以图根点(控制点)为测站,利用全站测量技术,将测站周围碎部点(或细部点)位置按选用的比例尺测绘于平面图板上的技术,就称为碎部测量。碎部测量的基本原理和方法是工程地形测绘模拟技术的基础,也是地形测绘最基本的野外测绘技术。

二、平板测图原理

平板测图,是以相似形理论为依据,以图解法为手段,按比例尺的缩小要求,将地面点测绘到平面图纸上而成地形图的技术过程。平板仪(图 10.5)是包括贴有图纸的平板、基座、三脚架及照准器构成的测绘仪器。照准器是用于瞄准目标的仪器,其中的望远镜与经纬仪的望远镜相同。

图 10.6 是平板仪摆设在测站点 A 的情形,图中 a 是与地面点 A 相对应的图上点位,B、C 是其他两个地面点。为了理解平板测图原理,首先分析一下平板测量地面点的过程:

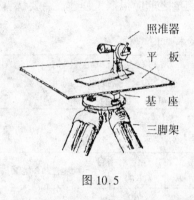

图 10.5

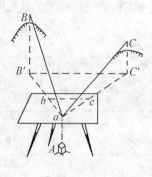

图 10.6

1) 在 A 点设平板仪,图上 a 点与地面点 A 在同一垂线上,另外的地面点 B、C 设有目标。

2) 瞄准,即在 a 点用瞄准器分别瞄准 B、C,得视线 aB、aC。假设 B、C 按自身的垂直方向投影到平板所在的平面上,则 aB'、aC' 就是视线 aB、aC 在平面上的投影长度。

3) 在图纸上定 B、C 的位置。设 aB'、aC' 为可知值,根据比例尺的缩小要求,使

$$ab = \frac{aB'}{M} \tag{10-6}$$

$$ac = \frac{aC'}{M} \tag{10-7}$$

式中,M 是比例尺的分母。则沿 aB'、aC' 方向按 ab、ac 长度在图上定点 b、c。

4) 以上的结果是:

(1) $\angle bac = \angle B'aC'$,表明图上 b、c 点与 a 点的位置在方向上与实地 B、C、A 点的平面位置一致。

(2) $\triangle bac \backsim \triangle B'aC'$,表明 AB、AC 的实地水平距离可以利用图上 ab、ac 与 M 的关系求得。

以上两个结果表明图上的点位与实地的点位的可量性关系已经存在,图上的点位能够反映地面点的位置形态。

三、碎部测量的几个概念

图根点:测绘地形图的控制点称为图根控制点,简称图根点。图根点是碎部测量的依据,是测绘地形图的基准点。图根点的建立与测量在地形测绘前期按平面控制测量方法和高程控制测量方法进行(见第九章),技术要求见表 10-3、表 10-4、表 10-5 和表 10-6。

碎部:即碎部特征点。碎部点有地物特征点和地貌特征点。

地物特征点:能够代表地物平面位置,反映地物形状、性质,且便于测量的地物特殊点

位,称为地物特征点,简称地物点。如地物轮廓线的转折点:建筑物墙角、拐角处、道路河岸转弯处等;又如地物的形象中心:路线中心交叉点、电力线的走向中心、流水沟渠中心等。

地貌特征点:容易体现地貌形态,反映地貌性质,且便于测量的地貌特殊点位,称为地貌特征点,简称地形点。如地面变坡点、山顶、鞍部等,地性线起点、转弯点、终点等是反映地面性质变化的分界特征点。

地形图比例尺的选用:不同比例尺地形图在工程建设中有不同的作用,表10-7列出了工程建设三个不同阶段可选用的地形图比例尺,碎部测量之前应根据工程建设需要认真选用。

表10-3　　　　　　　　　图根三角测量的技术要求

边长(m)	测角中误差	三角锁三角形个数	DJ$_6$测回数	三角形最大闭合差	方位角闭合差	注:n是测站数;S是测图的最大视距;三角形个数指连续三角锁的三角形个数
1≤1.7S	20″	≤13	1	60″	40″	

表10-4　　　　　　　　　图根导线测量的主要技术要求

导线长度(m)	相对闭合差	边长	测角中误差(一般)(首级)	DJ$_6$测回数	方位角闭合差(一般)(首级)	注:M是测图比例尺分母。S同表10-6
≤1.0M	≤1:2000	≤1.5S	30″　20″	1	60″　40″	

表10-5　　　　　　　　　图根水准测量的主要技术要求

仪器类型	1km高差中误差	附合路线长度	视线长度	与已知点联测观测次数	附合或闭合路线的观测次数	较差　闭合差(平地)(山地)
DS10	±20mm	≤5km	≤100m	往返各一次	往测一次	40″　12″

注:L是往返测段附合或环线的水准路线长度(km)。

表10-6　　　　　　　　　图根三角高程测量的主要技术要求

边长(km)	仪器	测回数(中丝法)	对向观测较差(mm)	闭合差(m)	注:S为边长(km);n为边数;H$_i$为基本等高距(m)
≤0.5	DJ$_6$	1	400S	0.1H$_i\sqrt{n}$	

表10-7

地形图的比例尺	选　用　目　的
1:5000　1:10000	总体规划,路线选择,汇水面积计算,车站选址,可行性研究
1:1000　1:2000	工程初步设计,详细规划,总图管理
1:500　1:200	工点,如车站、码头、桥梁、涵洞等的详细设计

四、碎部测量的图板准备

一般传统的地形图是分幅测绘的。图板准备即按分幅测绘的要求,在平板上贴图纸,画坐标格网,展绘图根点等。

1. 贴图纸　一般的聚酯薄膜图纸按规格有 10cm×10cm 的方格。适用于测绘土木工程大比例地形图。贴图纸,先在平板上贴上白色绘图纸,然后把聚酯薄膜图纸用透明胶纸套贴在有白色绘图纸的图板上。

若图纸没有方格,可用坐标格网尺按"绘对角线—定矩形—定方格位—绘方格"的步骤绘好方格,如图 10.7 所示。

2. 注记分格位坐标 设所在图幅左下角 1 的坐标为 x_1、y_1,则各分格位的坐标是:

$$x_n = x_1 + 0.1M(n-1) \tag{10-8}$$
$$y_n = y_1 + 0.1M(n-1) \tag{10-9}$$

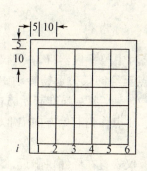

图 10.7

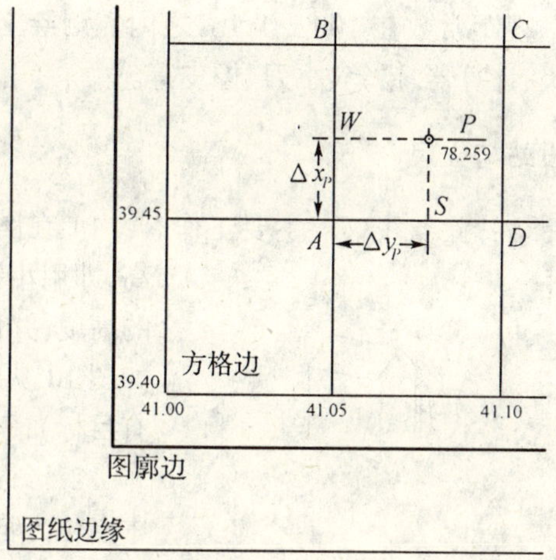

图 10.8

式中,n 是坐标分格网从起始位开始的分格位数;M 是比例尺分母。坐标值均化为 km 单位注记在分格位附近,如图 10.8 所示。

3. 展点 把图根点(包括其他控制点)展绘到有方格网的图幅中的工作,称为展点。如图 10.8 中 P 点的位置参数是 x_P、y_P(坐标)和 H_P(高程),把 P 点展到图中的工作:

1) 求 Δx、Δy。

$$\Delta x = x_P - x_A \tag{10-10}$$
$$\Delta y = y_P - y_A \tag{10-11}$$

式中,A 是 P 点所在方格的左下角点,如图 10.8 所示,故 x_A、y_A 是该方格左下角点的坐标。

2) 在方格中量取 Δx、Δy,定 P 点,定点较差为 0.2mm。

3) 注记点的符号、名称、高程。如图中的图根点的符号,点名为 P,高程 $H=78.259$m。

4) 检查。各图根点展绘到图上以后,对各点之间的边长进行检查,即把按比例尺缩小的长度与图上的相应丈量长度进行比较,较差小于 0.3mm。

第四节 光学速测法碎部测量

一、基本工作

光学速测法,或称经纬仪速测法,或称经纬仪测绘法,是实施碎部测量的基本技术工作。

1) 在图根点上安置经纬仪等,即设站。在经纬仪速测法中,经纬仪代替平板仪的照准器。

2) 测量碎部点的水平角 β,按视距原理测量碎部点的平距和高程,应用视距原理公式是式(3-69)和式(4-43)。

3) 平板绘图把碎部点的位置确定在图板上。

经纬仪速测法测绘地形图的工作人员有观测员、绘图员和立尺员 2~3 人。主要仪器工具 DJ_6 级经纬仪、标尺和小平板在测图前应检验,保证可靠可用。其中经纬仪竖直度盘指标差小于 $1'$,视距常数在 $100\pm0.1m$ 之内。测绘工具还有小钢尺、大量角器、三棱比例尺、二脚规、直尺、计算器、铅笔、小刀、橡皮等。

二、设站与立尺

1. 设站安置经纬仪 主要工作有:(1) 在图根点上按要求对中整平仪器;(2) 量仪器高,即用小钢尺量取图根点至经纬仪望远镜转动中心的高度,并做好记录;(3) 经纬仪盘左瞄准起始方向,如图 10.9 所示,选地面上 B 点作为起始方向瞄准(设有目标);(4) 度盘置零。

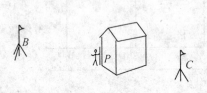

2. 安置平板仪 平板仪安置在经纬仪附近,图纸中点位方向与实地点位方向一致,然后进行如下工作:

1) 定向:根据经纬仪选择的起始方向,以铅笔在图上画出一条定向细直线。

2) 安置量角器:图 10.10 中量角器是一个半圆有机玻璃板,圆弧边按逆时针顺序刻有角度值,最小分画 $20'$;量角器直线边沿有中心小孔。用小针穿过量角器中心小孔与图上相应的测站点中心固定在一起。

图 10.9

量角器绕小针转动时,定向细直线可以指出量角器的角度值。如图 10.11 所示。

3. 检查 经纬仪测量检查角,如图 10.9 所示,测得地面点 B、A、C 的水平角与图上(见图 10.11)量角器标定方向 ac 比较,偏差小于 $0.3mm$。

4. 立尺 这是立尺员把标尺立在地形特征点上,等待测站观测员测量的工作。

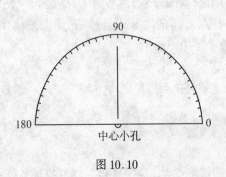

图 10.10

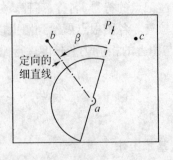

图 10.11

三、测定碎部点

这是把碎部点测定到图板上的测量工作,以图 10.9 所示的民用住房为例,按表 10-8 说明了一次立尺于 P 点的测量工作过程。由表 10-8 可见,完成一次立尺测定一个碎部点有四个步骤的测量工作。此后立尺员便开始另一个特征点的立尺。

表 10-8　　　　　　　　　　一次立尺的测量工作过程

观测步骤	观测员的工作	计算、绘图员的工作	备　注
1	观测 P 点的水平角 β	以量角器在图上按 β 定出 P 点的方向	P 点立标尺,图 10.9 图 10.11
2	读取标尺上的 $l_下$、$l_上$	计算视距 d' $l = l_下 - l_上$	公式 $d' = 100l$
3	读取竖直度盘的角度 L	1) 计算垂直角 α 和平距 D 2) 二脚规在三棱比例尺取得缩小的 S 长度,并用二脚规在 P 点方向上定 P 的位置	公式 $\alpha = 90° - L$ $D = 100l \times \cos^2\alpha$ $S = D/M$ (M 为比例尺分母)
4	读取标尺上的 $l_中$	计算 P 点高程 在图上 P 点附近注记 P 点高程	公式 $H = H_A + 50l\sin2\alpha + i - l_中$

测定碎部点的"测点三注意":

1) 加强配合。观测与立尺应有立尺观测计划,观测与立尺配合得当,观测工作进行顺利。

2) 讲究方法。一般地,立尺方法上:平坦地段,地物为主,兼顾地貌;起伏地段,地貌为主,兼顾地物;多方兼顾,一点多用。必要时应绘好立尺附近地形草图。

例 1,在山地起伏地段可采用沿等高路线法立尺,由低及高地逐步在山地周围完成立尺工作,图 10.12 的立尺行走路线就是按"S"形沿等高路线法立尺的例子,中途建筑物特征点的立尺是兼顾而为。例 2,图 10.13 是一地域略图,图中的电杆位立尺点,兼顾了两条路的交叉处和电杆位置,所以这个点可代表两条路和电杆的作用。

3) 布点适当。即立尺点的布设。一幅地形图能否如实地反映地形情况,与立尺点的密度和均匀性有很大关系,因此,有关规程对地形立尺点的视距长度和立尺点间距提出相应的技术要求(表 10-9),在测定碎部点时应当做到。

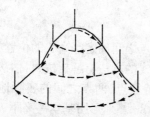

图 10.12

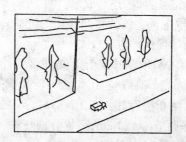

图 10.13

表 10-9　　　　　　　　　　视距长度和立尺点间距

比例尺	碎部点间距(m)	最大视距长度(m)	
		地物点	地形点
1:500	15	60	100
1:1000	30	100	150
1:2000	50	180	260
1:5000	100	300	350

四、勾绘地形图

地形图的勾绘主要有地物的勾绘、地貌的勾绘和地形图的整饰等工作内容。勾绘地形图是一项技术性较强的工作,不仅需要灵活的绘图运笔手法,而且应掌握地物点、地形点的取用综合技能。

1. 地物的勾绘

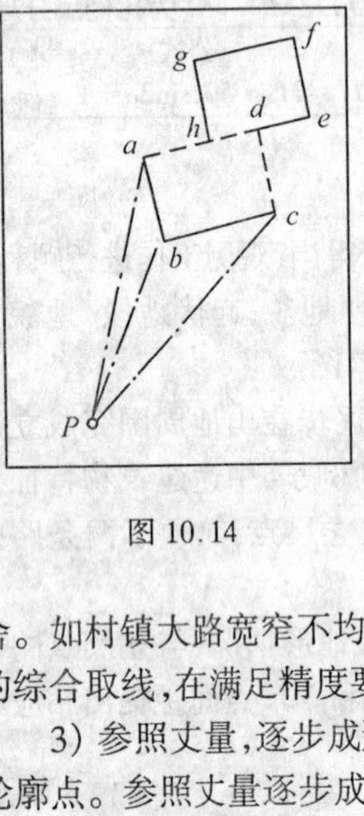

地物形状各异,大小参差不齐,勾绘时可采用的方法有:

1) 连点成线,画线成形。按比例尺测绘的规则地物,如楼宇民房等建筑物以三个点测量定位,有利于测绘检核和提高精度,比较容易图上成形。如图10.14所示,a、b、c是以测站P测绘于图上的三个点,根据楼宇民房的矩形特征便可绘出ab、bc的平行线ad、cd交于d,连接a、b、c、d从而得到该民房的实际形状。以上利用测绘的三个点a、b、c获得图上建筑物实际形状的过程称为三点定形。又如电力线、通讯线按中心线测量定位,那么不论是单杆支承线路,还是双杆或金属架支承线路,均以其中心位置连线成形,称为中心成形。

图 10.14

2) 沿点连线,近似成形。这种勾绘要求注意点线的综合取舍。如村镇大路宽窄不均,可以沿中心点取线,按平均宽度逐步定路形。又如水系岸边测点的综合取线,在满足精度要求的情况下可灵活忽略河岸的小弯曲部分。

3) 参照丈量,逐步成形。在建筑物密集的居民地,测站上往往不可能看到所有的地物轮廓点。参照丈量逐步成形,即参照主要点位,逐步丈量地物点的距离,结合地物的结构、形状,以丈量的结果逐步绘图成形。如图10.14中,e、f、g、h各点可参照上述所定的a、c、d点,逐步丈量得cd、ah、hg、de,逐步绘得另一建筑物的形状。

4) 符号为准,逐点成形。对于非比例符号表示的地物,按非比例符号的规定,在图上相应的点位上画上该地物的非比例符号。

2. 等高线的勾绘

等高线勾绘是勾绘地貌的主要工作,首先在图上地形点之间确定等高线的位置,其次连接图上同高等高线位置,勾绘出等高线的线条。勾绘等高线的方法有解析法、目估法等。

1) 解析法:如图10.15a),p_1、p_2是图上的两个地貌特征点,两点之间的实际地面坡度一定,平距$d_{12}=24$mm,高程分别是$H_1=57.4$m,$H_2=52.8$m。地形图基本等高距$h_j=1$m。解析法步骤为:

(1) 求p_1、p_2的高差,$h=H_1-H_2=57.4\text{m}-52.8\text{m}=4.6\text{m}$。

(2) 求等高线之间的平距,即 $d = d_{12} \times h_j/h = 24/4.6 = 5.2$ mm。

(3) 定 p_1、p_2 之间等高线数目为 n。本例 $n=5$,各等高线高程是 53m、54m、55m、56m、57m。

(4) 确定高、低等高线的位置:

高程 57m 的等高线是高等高线,用 p_{57} 表示位置,即 $p_{57} = (H_1 - 57\text{m}) \times 5.2$ mm = $(57.4-57) \times 5.2 = 2.1$ mm。将高程为 57m 的等高线位置 p_{57} 表示在 $p_1 p_2$ 方向离 p_1 点 2.1mm 的位置上。

高程 53m 的等高线是低等高线,用 p_{53} 表示位置,即 $p_{53} = (53\text{m} - H_2) \times 5.2$ mm = $(53-52.8) \times 5.2 = 1.0$ mm。将高程为 53m 的等高线位置 p_{53} 表示在 $p_1 p_2$ 方向离 p_2 点 1.0mm 的位置上。

(5) 等分求其他等高线位置。在 p_{53}、p_{57} 之间等分得 p_{54}、p_{55}、p_{56} 的等高线位置。

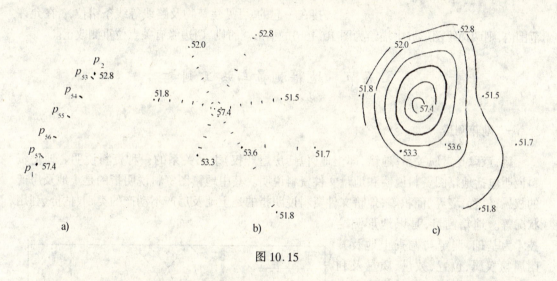

图 10.15

图 10.15a)是按上述步骤确定高程为 53m、54m、55m、56m、57m 五根等高线位置的情形。图 10.15b)是按相同步骤确定的等高线位置,图 10.15c)是按所定的等高线位置勾绘的等高线的线形,由此便显示出等高线表示的地貌形态。

2) 目估法:是实际测绘地形图的野外作业中广泛应用的方法。该法以解析法原理为基础,兼顾地性线和实际地貌,目估等高线位置,随手勾绘等高线。在熟悉解析法的基础上掌握目估法勾绘等高线,平时多练习,不断提高技能,逐步加快勾绘速度。

勾绘等高线应注意:等高线不得相交,不能中断,不宜串连地物符号。

3. 地形图的整饰、检查

1) 整饰。即清查整理描绘地形图的工作,包括:

(1) 擦去不合格线条、符号、注记名称、符号及数字端正。美化等高线,注记计曲线高程。

(2) 按一定的密度要求在图上注记地形点、地物点的高程,擦去多余的地形点、地物点的高程。

(3) 整理图廓附注。图廓附注包括:图名、图幅编号、接图表(见第十一章)、三北方向、比例尺、坡度尺;坐标和高程系统说明等。在图廓相应位置填写测绘单位、人员姓名及测绘日期等。

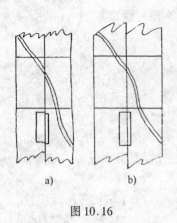

图 10.16

地形图测绘的点、线是地物、地貌位置的标志,地形图测绘与整饰必须保持点、线位置准确,而且必须保持点、线的大小规格要求。如一般的线粗 0.15mm。切忌以机械、建筑绘图标注物体大小的方法测绘地形图。

2) 检查。整饰地形图的比较检查,包括图幅之间边缘拼接检查。比较检查,即各测绘的图幅与实地比较,同时对图幅之间边缘一致性的拼接比较,检查图幅之间线条连续性。线条连续性不符合误差 $\delta \leqslant 1.5m$(m 是地形图的点位误差)。

图 10.16a)是从两幅图中得到的左右边缘图形拼接在一起的,可见建筑物及路线等线条错位,δ 在允许范围内,则两边缘图形取中描绘为图 10.16b)的情形。否则,两边缘有关点位重测改正。

第五节 地籍测量与竣工测量

一、地籍测量

籍,意思是隶属关系;地籍,即土地(包括房屋产权)隶属关系的一种资料说明。地籍资料说明包括地籍图资料说明和地籍文件资料说明。其中地籍图资料说明指的是土地及房产的权属、位置、境界、面积等;地籍文件资料说明指的是土地及房产不动产的类别、估价、利用状况等。地籍测量,是以地形测绘技术为基础,测定与调查土地及其附属物权属、位置、数量、质量及利用状况的测绘工作。

地籍测量的一般工作内容有:

(1) 在控制测量的基础上测量地表图形及其覆盖物的几何位置;

(2) 测定行政区域界线、土地权属界线、界址点坐标及权属范围的面积;

(3) 调查权属主的姓名、住址及拥有的土地编号、土地利用现状、类别、等级等;

(4) 根据地籍特种需要测绘配套图形。地籍测量一般只测量地形点的平面位置,不测量高程。房产地籍测量的图形有时需要有平面图、正面立图、侧面立图等。

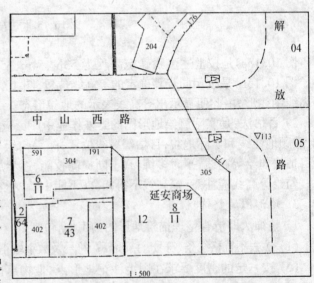

图 10.17

地籍图是地籍测量成果的重要组成部分。地籍图有相应的《地籍图图式》,图 10.17 是一张地籍图的局部。图中 7—43,7 表示地块号,43 表示地类号;402,4 表示房屋的建筑结构,02 表示房屋层数;05 表示地籍区号;12 表示地籍子区号。

二、竣工测量

竣工,即土木建筑工程按设计要求施工完毕的意思。竣工测量,在土木建筑工程中对竣工的建筑物、构筑物实体位置实施的测量技术工作。

在土木工程建设中有两种竣工测量技术工作。一种是工程建设过程中的竣工测量。如图 10.18a),地下隧道开挖的拱壁、拱顶、底板混凝土施工时的竣工测量,在洞内地面点安置经纬仪,按图中箭头方向测量边长 s_i 和垂直角 $α_i$,利用测量边长 s_i 和垂直角 $α_i$ 展绘成图,如图 10.18b),称为竣工图。这种竣工图的主要目的是检查工程建设过程中的质量,以便及时纠正不合格。

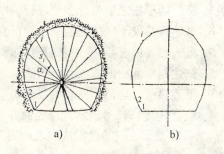

图 10.18

另一种是工程总图竣工测量。这就是反映建筑工程竣工后建筑物(如屋宇、楼堂、厂房、车间等)或构筑物(如路、桥、井、塔等)及其工程设施(如管、线、栓、闸等)在地面实际位置的测量工作。竣工测量的成果之一地形图,称为竣工地形图。由于这种地形图往往只反映竣工地物的整体平面位置,故又称为工程竣工总平面图,简称竣工总图,竣工图。这种竣工测量是工程验收的重要技术环节。竣工图是工程验收重要文件之一,也是工程建筑投入营运管理的重要技术图件。

竣工图以现场测绘的方法绘制为主,也可根据设计图纸结合室内编绘的方法绘制,一般选用的比例尺是 1:500。野外测绘多以经纬仪测绘法,室内编绘则以原工程设计图纸按比例展绘编制而成。竣工图主要以地形图图式绘制,对于特殊设施应参考工程设计图件。

城市道路建设中的绝大多数管线,如电力线、通讯线、给排水及供气管道等均埋设在地表下层。在道路竣工测量中,涉及到这类设施的竣工测量,必须在土石回填之前完成。地面设有说明管线的点位标志,在图上注明管线有关点位的坐标和高程,注明管线的规格、用途、名称、代号等。

竣工图反映竣工实际地物及设施的位置和相互关系,应满足表 10-10 的要求。道路的竣工测量应满足路线测量(见第十四章)同等级的技术要求,点位的高程误差、曲线横向误差应在 ±5cm 以内。

表 10-10　　　　　　　　　　　反算距离与实际距离的较差

项　　　目	较　差(cm)
主要建筑物、构筑物	7 + S/2000
一般建筑物、构筑物	10 + S/2000

注:S 是相邻点位的距离(cm)。

习 题

1. 概念：地形图、比例尺、地形图精度。
2. 图10.2中的图式符号哪些是比例符号？哪些是非比例符号？哪些是线性符号？
3. 试述平板测量的原理。
4. 试述碎部测量的概念。试述碎部点的概念和分类。
5. 测绘地形图之前为什么要进行控制测量？
6. 试述经纬仪测绘法测绘一个碎部点的基本步骤。
7. 公式(3-69)、(4-43)中各符号的意义是什么？
8. 试述勾绘地物的方法和解析法勾绘等高线的基本步骤。
9. 下述最接近地形图概念的描述是_____。

答案：①由专门符号表示地球表面并缩小在平面的图件

②根据一定的投影法则表示的图件

③经过综合表示的图件

10. 地形图比例尺表示图上两点之间距离 d 与_____(A)，用_____(B)表示。

(A)答案：①地面两点倾斜距离 D 的比值　　(B)答案：① M ($M = D/d$)

②地面两点高差 h 的比值　　　　　② $1:M$ ($M = d/D$)

③地面两点水平距离 D 的比值　　　③ $1:M$ ($M = D/d$)

11. 若图10.1中 A、B 两点在地形图上的长度 $d = 100$ mm，地形图的比例尺分母 $M = 1000$。地形图表示的 A、B 两点的实际水平距离 D 是多少？水平距离 D 的精度 m_D 是多少？

12. 判断下列图形，在括号内用"√"认定。

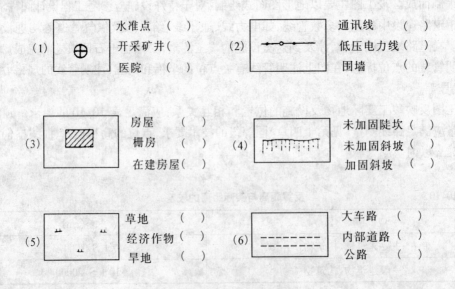

13. 碎部测量根据_____(A)，在测站上利用全站测量技术将周围_____(B)测绘到平面图

板上。
　　答案:(A):①地面点投影原理;②相似形原理;③平板测图原理。
　　　　(B):①地球表面;②碎部点;③地面。
14. 地貌特征点是一种____(A),简称____(B)。
　　答案:(A)①地貌符号;②碎部点;③地物点位。(B)①地性点;②地形点;③地貌变化点。
15. 归纳起来,经纬仪速测法碎部测量基本工作可简述为_____。
　　答案:①在碎部点附近摆设仪器,瞄准测量碎部点形状,在图板上绘制碎部点图形
　　　　②在控制点设站,测量碎部点平距和高程,在图板上绘制等高线图形
　　　　③在图根点设站,测量碎部点水平角β、平距和高程,图板上定碎部点位置和绘制图形
16. 试述地籍测量的概念和工作内容。
17. 试述竣工地形图的概念。

第十一章 地形图应用原理与方法

地形图是交通土木工程不可缺少的图件。交通土木工程,特别是道路桥梁工程建设以及城市规划,涉及的地形区域广,工程周期长,从工程的设计到施工需要大量的地形图,因此,如何应用地形图是交通土木工程建设中的基本技术之一。

学习目标:明确地形图阅读的方法要点;掌握在地形图上测算地面点位置的基本技术;掌握工程地形图应用的基本技术原理、内容和方法。

第一节 地形图的阅读

一张地形图储存有大量的地理信息,所谓地形图的阅读,即以现行规定的地形图图式符号观察、理解和识别地形图中的地理信息所包含的实际内容。一般地,通过地形图的阅读辨别土木工程的实际位置,同时根据交通土木工程的需要,注意三个方面的基本内容:

(1) 掌握图廓导读附注;
(2) 判明地形图中的地形状态和地物分布情况;
(3) 搜集图中可用的重要点位及设施。

一、阅读图廓导读附注

图廓导读附注,即附在地形图图廓线外用以指导查阅地形图的说明。图 11.1 表示地形图图廓线外的有关附注。

1. 图名、编号、接图表与比例尺

阅读地形图,首先必须了解一幅地形图的图名、编号、接图表以及相应的地形图比例尺。

图名,是以一幅地形图所在区域内比较明显的地形或比较突出的地貌命名;编号,按比例尺所确定的规则设定。图名、编号注明在地形图图廓的上方中部;比例尺注在图廓的下方,如并设有直线的长度比例,如图 11.1a)、b)所示。

接图表,如图 11.1c),绘在图廓的左上方,中间斜线框是本图"热电厂"图幅,与之相邻的东、西、南、北各图幅有相应的图名及编号,便于查找。

查阅地形图之前必须根据所需的地形图比例尺,按图名及图幅编号向有关方面索取地形图。

设 m_D 是设计上要求的地形图的精度,根据式(10-3),求得所选用的地形图比例尺为 $1:M$。例如,设计上要求的地形图精度 $m_D = \pm 0.2\mathrm{m}$,按式(10-3)得 $M = 2000$,即工程设计应选用的地形比例尺是 1:2000。

第十一章 地形图应用原理与方法

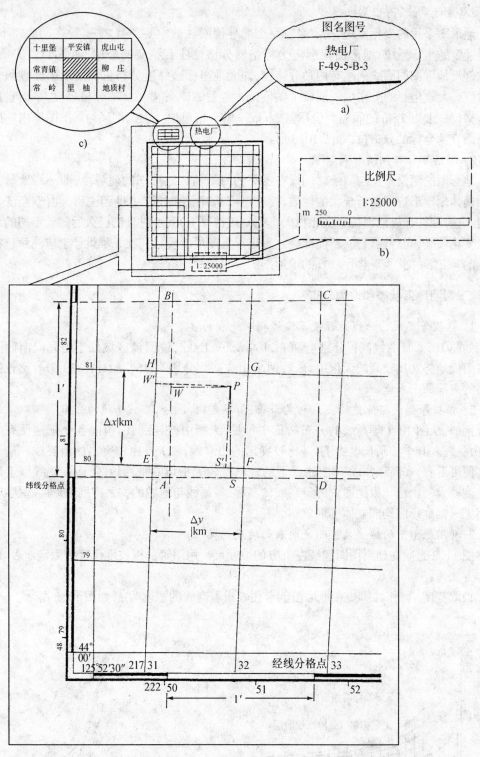

图 11.1

2. 坐标系统、高程系统

地形图采用的坐标系统、高程系统是图廓导读附注的主要项目之一，设在图廓左下角。根据确定的坐标系统，地形图图廓内坐标格网分格位注有相应的坐标，如图 11.1d) 所示。中比例尺地形图图廓线内注有两种分格位，即大地坐标经纬度分格位和高斯平面直角坐标分格位。大地坐标的分格位一般以 1′ 的间隔为经差 ΔL、纬差 ΔB 的分格单位，平面直角坐标分格位一般以 1km 的间隔为坐标差 Δx、Δy 的分格单位。大比例尺地形图图廓内一般注有平面直角坐标的分格位，如图 10.8 所示。

3. 测绘单位与测绘时间

地形图的测绘单位与测绘时间设在图廓的右下角。地形图的现势性，即一张地形图可靠准确体现地形近期最新现状的性质，往往可以从"测绘时间"中得到说明。由于经济建设发展迅速，往往造成地面现状变化很大。在一般情况下，测绘时日已经久远的地形图的地面现状变化较大，现势性较差，不能准确体现地形近期最新现状。在工程设计上应注意选择比较近的"测绘时间"及现势性较好的地形图。

二、判明地形状态和地物分布

1. 根据等高线计曲线高程或示坡线判明地表的坡度走向

如图 10.1，计曲线高程分别有 90m, 100m, …, 150m，说明该区域处于由北向南倾斜的北高南低地势。比较高的天顶山、朱岭两个山头高程分别是 154.821m、130.7m，比较低的是图的南部两个水塘。

2. 根据等高线与地貌的关系判定山脊、山谷走向，区分山地、平地的分布

例如，从图 10.1 等高线的分布特征中可见，天顶山、朱岭的山顶向各处延伸便有山脊线、山谷线。其中加画长虚线 JJ 是比较突出的山脊线，GG 是比较突出的山谷线。进一步观察便可看到，在高程 90m 计曲线以下的地域是较为平坦的平原地区，而在此线以上地域是坡度较大的山地。根据图中的等高线的高程、等高线与地貌的关系辨别地形的起伏状态，进而把一幅地形图构成立体的形象。

3. 利用地形图的坡度尺可测定地表的坡度情况

图 11.2 是附在地形图图廓线左下方的坡度尺。用图解法以坡度尺直接测定地表坡度，具体方法为：

1) 取宽度 l。用二脚规在地形图上卡住 6 根等高线的宽度为 l，如图 11.3 所示。

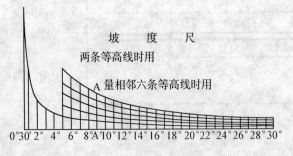

图 11.2   图 11.3

2)找匹配定坡度。以 l 宽度的二脚规在坡度尺的纵向方向上寻找与之相等的位置,如在图 11.2 中找到 AA' 的位置,则可定这 6 根等高线之间的地表坡度为 9°。

4. 根据居民点地物的分布判定村镇集市位置和经济概况

从图 10.1 中可见,图内有三个村镇,分布在地势比较平坦的地段,其中长安镇是该地区较大的居民地。各村镇有公路、电力线、通讯线相连。长安镇与外界有铁路相连,从长安镇至朝阳村还有过山小路。该地区的交通、邮电比较发达、方便。

5. 根据植被的符号综合分析地表的种植情况

如图 10.1,在平坦地带以稻田为主,长溪右侧山脚坡地及李屯西南山脚是香蕉园,在长溪左侧山上有一片经济林,大顶山及朱岭是灌木林,山地上的其余地区是林地。在长安镇北侧山坡还有一块坟地。

三、搜集地形图中的重要点位及有关实地变化情况

1. 注意搜集控制点

例如三角点、导线点、图根点、水准点等控制点,其位置在测绘或编绘地形图时都以非比例符号标明在地形图上。这些控制点是工程建设,特别是交通工程建设可以利用的基准点。搜集,即一方面利用图上得到的点位名称到供图单位索取控制点的有关资料;另一方面利用已有的控制点资料在图上查找相应的点位置,为控制点的使用做准备。从图 10.1 中可见,图上有水准点 $BM2$,高程是 81.773m;有天顶山三角点,高程是 154.821m。另外应注意搜集地形图重要区域实地变化情况。

2. 根据工作需要注意搜集重要的设施和单位

例如地形图中标明的交通线、车站、码头、桥梁、渡口,又如以特定注记符号表示的天文台、气象台、水文站、变电站,又如政府机关、医院、学校、工厂等。在阅读地形图中应当尽量地辨清这些重要的机关、单位、设施,及时收集,使得对图中有关区域内的重要设施、单位有比较全面的了解。

第二节 图上定点位

图上定点位,亦即利用地形图测定点的位置参数,找出点与点之间存在的关系。基本内容有:量测图上点的坐标、高程,确定地面点在图上的对应关系,计算点与点之间的长度、方位、坡度等。

一、量测图上点位坐标

1. 点位大地坐标的量测

1)根据:地形图图廓上注记的大地坐标经、纬度以及大地坐标分格位经差 ΔL 及纬差 ΔB。

2)计算公式:如图 11.1d)中 P 点处在 A、B、C、D 的格区内,格区的左下分格点 A 的大地坐标为 L_A、B_A,分格位 AD、BC 的经差 ΔL 及分格位 AB、CD 的纬差 ΔB 的标称值一般是 1′。过 P 点分别作 AB、AD 的平行线交于 W、S,则 P 点的大地坐标计算公式可表示为

$$L_P = L_A + \Delta L_P = L_A + \frac{PW}{AD} \times \Delta L$$

$$B_P = B_A + \Delta B_P = B_A + \frac{PS}{AB} \times \Delta B \tag{11-1}$$

3) 量测值：式(11-1)中 AB、AD、PW、PS 均为图上量测值。

4) 算例：图 11.1d)中 $L_A = 125°53'$，$B_A = 44°01'$。设图上量测 $AB = 55.5$mm，$AD = 48.4$mm，$PW = 19.5$mm，$PS = 29.0$mm。把量测值代入式(11-1)得 $L_P = 125°53'24.2''$，$B_P = 44°01'31.4''$。

2. 点位平面直角坐标的量测

在碎部测量的图纸准备中已经知道图根点的展点工作程序。图上点位平面直角坐标的量测程序则和图根点的展点工作程序相反。

1) 根据：地形图图廓上注记的平面直角坐标 x、y 以及坐标分格位的坐标增量 Δx、Δy。

2) 计算公式：如图 11.1d)中 P 点处在 E、F、G、H 的格区内，格区的左下分格点 E 的平面坐标为 x_E、y_E，分格位 EH、FG 的坐标增量 Δx 及分格位 EF、HG 的坐标增量 Δy 的标称值一般在相应的地形图图廓中标明。过 P 点分别作 EF、EH 的平行线交于 W'、S'，则 P 点的平面坐标计算公式可表示为

$$x_P = x_E + \Delta x_P = x_E + \frac{PS'}{EH} \times \Delta x$$

$$y_P = y_E + \Delta y_P = y_E + \frac{PW'}{EF} \times \Delta y \tag{11-2}$$

3) 量测值：式(11-2)中 EF、EH、PW'、PS' 均为图上量测值。

4) 算例：图 11.1d)中 $x_E = 4880$km，$y_E = 21731$km。设图上量测 $EF = 30.5$mm，$EH = 30.0$mm，$PW' = 24.5$mm，$PS' = 26.0$mm。将量测值代入式(11-2)得 $x_P = 4880866.667$m，$y_P = 21731803.289$m。

图上量测点位坐标受到地形图精度的影响，故点位坐标值的精确值只能准确到地形图比例尺所限定的位数。如表 10-1 所示，所用地形图比例尺是 1:10000，则图上点位坐标值可精确到米位。

3. 中比例尺地形图邻带格网点位平面直角坐标

由第一章所述的高斯投影几何意义中可见，在分带的高斯投影中，各投影带纵坐标轴（即 x 轴）均平行于该带的中央子午线，如图 11.4a)所示。但是，由于子午线收敛角的存在，则在离开中央子午线的投影带各处纵坐标轴不平行于该处的子午线。特别在投影带的相邻处，东西两幅地形图按界子午线拼接时便出现坐标轴线相交，两幅地形图坐标格网的格位值不一致，见图 11.4b)。为解决这种不一致，相邻地形图各自设立补充坐标格网，如图 11.4b)，西幅地形图的坐标格网向东延伸并在东幅地形图形成虚线坐标格网(称为补充坐标格网)。在这种地形图的附注图廓中，有基本坐标格网(实线)的坐标格位值和补充坐标格网(虚线)的坐标格位值。后者的附注设在图廓线外边缘，如图 11.1d)的 x 格位值 4879，4880，…(km)；y 的格位值 22250，22251，…(km)。

在量测点位平面直角坐标时，如果涉及到相邻不同投影带地形图的使用，有可能要利用补充坐标格网量测点位坐标。在这里，量测方法同式(11-2)，但所用的坐标格网应是图廓的补充坐标格网。

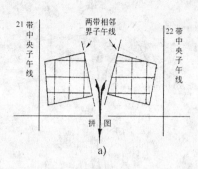 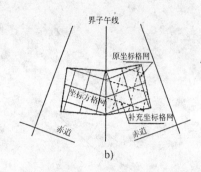

图 11.4

二、点之间距离、方位角的测算

1. 点之间距离的测算

利用图上量测的平面直角坐标按式(5-23)可以计算图上点与点之间的距离。当地形图变形误差影响可忽略时,图上点与点之间的距离可以直接丈量图上的点位之间长度,然后把丈量的长度乘以地形图的比例尺分母 M 得到点之间的实际长度。

2. 点之间方位角的测算

图上点与点之间的坐标方位角可以利用图上量测的平面直角坐标按式(5-22)、式(5-24)计算。图上点与点之间的方位角也可以利用量角器直接在图上量得。量方位角时注意三北方向的关系。

三、点位高程的量测及点之间坡度的计算

1. 点位高程的量测

1) 根据:等高线的高程及地形图的基本等高距 h_j。

2) 计算公式:

$$H_P = H_0 + \frac{l}{d} \times h_j \tag{11-3}$$

式中,H_P 表示 P 点的高程;H_0 是与 P 点相近的低等高线的高程;d 是过 P 点的等高线平距;l 是 P 点离低等高线的距离。d、l 均通过图上量测得到,如图 11.5。

2. 点之间坡度的计算

利用图上点位的高程推算点之间的高差 h 以及图上点之间的平距 S,可以计算点之间的坡度,计算公式是

$$i = \frac{h}{SM} \times 100\% \tag{11-4}$$

式(11-4)中的 M 是地形图比例尺分母。如图 11.6 中,a、b 点高程分别是 $H_a = 114.5 \text{m}$,$H_b = 110.3 \text{m}$,$S = 31.4 \text{mm}$,地形图比例尺分母 $M = 5000$。算得高差 $h = 4.2 \text{m}$,a、b 两点的坡度 $i = 2.7\%$。

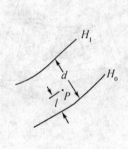
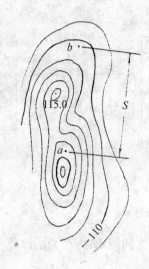

图 11.5　　　　　　　　　　　　图 11.6

四、野外图上定点

野外图上定点,即在野外把用图工作者的位置在地形图上定出来。

主要工作内容有:地形图定向和图上定点位。

1. 地形图定向

在野外把地形图的方向与实地方向对应起来,可按下述方法进行。

1) 根据地形、地物目估定向:在图上选择两个以上的明显地物特征点,或选择明显的线形地物,使之在方向上与地形图上对应的地物符号相吻合。如图 11.7,地形图上的 P 点是工作者所在的位置,实地的特征点有山顶三角点觇标,路边有独立树。定向时,工作者把地形图摆放在本人所在地点(工作者地点)平面上,转动地形图使图上三角点的方向和实地三角点方向一致,同时使图上独立树的方向和实地独立树方向一致。这两种方向的一致可以实现地形图的目估定向。

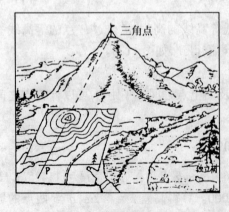
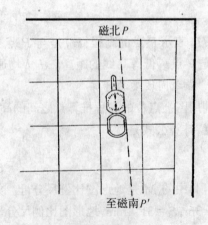

图 11.7　　　　　　　　　　　　图 11.8

利用线形地物或地物之间的连线也可以实现地形图的目估定向。如图中表示有实地通讯线以及道路等线形地物符号,只要转动地形图使线形地物符号与实地线形地物在方向上一致,则便可实现地形图的目估定向。

2) 利用罗盘仪定向：一般地,中比例尺地形图下方图廓边附有三北方向线图,注有磁偏角和子午线收敛角数值。地形图坐标格网上下边缘格位附近注有磁子午线方向线,如图 11.8 中的 PP'。把地形图放在某一相同地物特征点附近平面上,用罗盘仪(图 5.12b))的边缘与 PP' 附合,转动地形图纸,使图纸上 PP' 线与罗盘仪磁针北端指向平行,此时地形图的方向与实地方向一致。

2. 地形图上定点位

在地形图定向之后,野外工作人员可以根据野外实践经验和已有的附近地形地物关系判定自己在图上的位置。具体方法为：

1) 直尺交会法：在地形图定向的基础上,野外人员在站立处分别用直尺对准图上特征点与实地特征点画直线交会,便可以在图上定出站立者的位置。如图 11.7 所示,用直尺沿图上三角点与山顶三角点画直线；接着又沿图上独立树与实地独立树画直线。上述两条直线相交于图上 P 点,由此确定了野外工作者站立处在图上的位置。

2) 方位角交会法：根据磁方位角的测定原理方法,野外工作人员可以在实地测定站立位置至地形地物特征点之间的磁方位角。如图 11.7,可以测定站立处至山顶三角点之间的磁方位角 A_1,同时可以测定站立处至独立树之间的磁方位角 A_2。利用 A_1、A_2 磁反方位角可以在图上的相应特征点上描绘磁反方位角的方向线,从而交会野外人员站立处在图上的位置。

第三节 用图选线、绘断面图和定汇水范围

一、用图选线

即按设计的坡度在地形图上选线,这是各种线性工程如管道工程、电力线安装工程、道路工程经常涉及的用图工作内容之一。在道路的线形设计中,要求在地形起伏的地区找出一条路面符合某种设计坡度要求的路线。一般地,利用地形图开始选线,称为图上选线。

图 11.9 是某一地形图的局部,等高线的基本等高距 $h_j = 2m$,比例尺 $1:M$。图中 A、B 是道路的起点、终点。设计坡度为 i。图上选线要求,根据等高线的分布选出 A 至 B 的路线,路线坡度满足设计的参数。其方法为：

1) 求相对于 h_j 且符合坡度 i 的平距 l。根据式(10-5)可知,符合坡度 i 的平距 l 为

$$l = \frac{h_j}{iM} \times 100\% \qquad (11-5)$$

本例 $M = 5000$, $i = 5\%$,则 $l = 8mm$。

图 11.9

2) 以起点 A（高程100m）为圆心，以 $l=8$mm 为半径画弧交于等高线（高程102m）的1、$1'$。

3) 仿2）以1、$1'$ 为圆心，以 l 为半径画弧交于等高线（高程104m）的2、$2'$。

4) 以上述方法类推，一直至 B 点附近。

5) 分别连接各交点形成两条上山的路线，即 $A,1,2,\cdots,B$ 及 $A,1',2',\cdots,B$ 路线。这是根据坡度的设计要求在图上选取路线的基本方法。最后从两条路线中选取其中一条路线，涉及道路的长短、地形条件、道路设计施工的难度、效益等因素。

二、绘断面图

利用地形图绘断面图，即沿地形图上某一既定方向的竖直切割面展绘的地形剖面图，直观地体现该方向地貌的起伏形态。如图11.10，沿 AB 方向展绘断面图，其方法为：

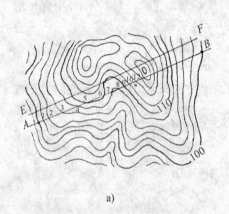
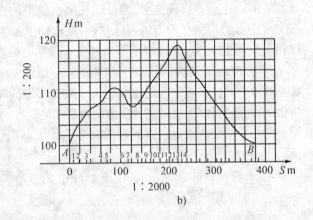

图 11.10

1) 按 AB 方向在地形图上画一条直线，标出直线与地形图等高线相交的点号，如1，2，…。

2) 在另一张方格纸上画纵横轴坐标线。一般横轴的长度是所画直线实际长度的 $1/M$，纵轴长度是等高线高程的 $10/M$（或 $20/M$）。M 是比例尺的分母。

3) 在横轴线注上直线与等高线的交点位置，并沿交点位置纵轴方向注上交点的高程位置，如图 11.10b）中的小圆点。

4) 光滑均匀连接各小圆点，便构成直线 AB 方向的地形断面图。

为了更明显地体现地貌的起伏形态，绘断面图时，纵横坐标轴应按不同的比例设置。一般地，横坐标轴与直线 AB 的比例是纵坐标轴与高程的比例的10倍。如图11.10，横坐标轴与直线 AB 的比例是1:2000，纵坐标轴与高程的比例是1:200。

三、利用地形图确定汇水范围

经过山谷的道路有跨谷桥梁或涵洞。如图11.11，设计的道路要跨越一道山谷，为此在山谷上设计一座桥梁。在设计桥梁中，桥下水流量大小是重要参数。从图11.11中可见，道路的北面是高山包围的山谷,通过桥下的水流是雨水自上而下汇集而成的。由此可见,桥下的水流的大小与雨水的大小有关,同时与雨水自上而下的汇集范围有关。

雨水汇集范围,即雨水自上而下聚集水量的范围。利用地形图确定汇集范围的主要方法有:

1) 在图上作设计的道路(或桥涵)中心线与山脊线(分水线)的交点。

2) 在向上的方向沿山脊及山顶点划分范围线(如图 11.11 中的虚线),该范围线及道路中心线 AB 所包围的区域就是雨水汇集范围。图中的小箭头表示雨水落地后的流向。

图 11.11

第四节 用图测算面积

利用地形图测算工程建设应用的地域面积,有几何法、求积仪法和解析法等。

一、几何法

即在用地范围内采用几何原理,按照某种几何图形进行面积测算。几何法测算面积是常见的方法,比较代表性的有方格测算法、三角形测算法、梯形测算法等。

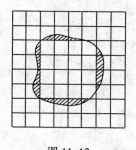

图 11.12

方格测算法需要一个透明方格板。如图 11.12,用一个设计好的透明方格板套在已圈用地范围的地形图上,便可以根据所圈范围内的方格数测算用地面积,即

$$S = (n + n') \times A \times M^2 \tag{11-6}$$

式中,S 是用地范围的实际面积;

n 是所圈范围内的完整方格数;

n' 是所圈范围内的不完整方格数折算成的完整方格数;

A 是透明方格板的方格面积;

M 是地形图比例尺分母。

三角形测算法是几何法中较简单的方法,如图 11.13,地形图上一个多边形区域可以分别分割成若干个三角形,按三角形底边(a_i)乘高(h_i)的 1/2 得面积原理便可测算整个多边形区域的面积,即

$$S = 0.5 \sum_{1}^{n} a_i h_i \times M^2 \tag{11-7}$$

梯形测算法需要一个透明平行线板。如图 11.14,用一个设计好的透明平行线板套在已圈用地范围的地形图上,便可以根据所圈范围内的平行线间构成的梯形测算用地面积,即

$$S = \left[(h_1 + h) \frac{d_1}{2} + h \sum_{2}^{n} d_i + (h + h_{n+1}) \frac{d_{n+1}}{2} \right] M^2 \tag{11-8}$$

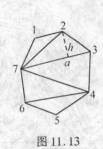
图 11.13

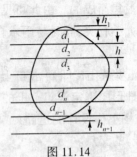
图 11.14

式中,h 是平行线之间的宽度;

d_i 是所圈范围内平行线的长度;

h_1 是第 1 条平行线之上的弓形高;

h_{n+1} 是第 $n+1$ 条平行线之下的弓形高;

M 是地形图比例尺分母。

图 11.14 中的两个弓形当做三角形计算。

二、求积仪法

求积仪是以积分求面积原理做成的测算面积器具,利用求积仪测算地形图面积的方法,称为求积仪法。求积仪仪器有机械求积仪和电子求积仪。

1. 机械求积仪及其应用

图 11.15 是一种机械求积仪的构形。主要有极臂、描迹臂、测轮及框架组成。其中框架是极臂、描迹臂与测轮的连接架,也是求积仪的读数设备(图 11.17)的所在处。

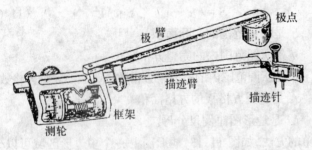
图 11.15

图 11.16

1) 机械求积仪的使用

(1) 安置求积仪。按地形图比例尺要求调整描迹臂的长度位置,在光洁平整的图纸上安放求积仪。其中求积仪的极点(图 11.15)应安放在被测定的图面积范围之外,并使之固定在图板上。描迹针应靠近被测定的面积轮廓线的起点(做好记号 A)。

(2) 读起始格数。开始测算之前,按描迹针的起点位置读取求积仪读数设备上的起始格数 n_1。

(3) 移动描迹针,读结束格数。沿被测定的面积轮廓线按顺时针方向(图 11.16)细心移动描迹针,最后描迹针回到标记 A 点结束。在移动描迹针的过程中,测轮受到图纸的摩擦带动而转动,整个读数设备的格数字随之不断变动,直至描迹针在 A 点停下时,读数设备的格数字变动也停下来,这时读取求积仪读数设备上的结束格数 n_2。

2) 读数的方法

机械求积仪的读数设备上共可读出四位数,其中千位数在计数盘上,百位数、十位数在测轮上,个位数在游标上。如图 11.17,读数为 4523。

3) 面积的测算

公式是

$$S = C \times (n_2 - n_1) \tag{11-9}$$

式中,S 是被测定的用地范围的实际面积;C 是求积仪的单位常数,可在求积仪说明书中查取。

2. 电子求积仪及其应用

电子求积仪由极轴、极轮、键盘、显示屏、描迹臂、描迹窗构成。描迹窗中间小点相当于机械求积仪的描迹针,显示屏相当于读数设备。键盘有 22 个按键。如图 11.18 所示。

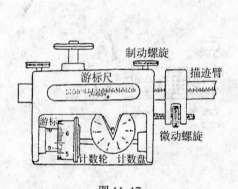

图 11.17

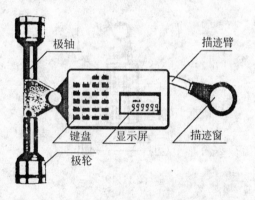

图 11.18

电子求积仪的基本应用:

1) 准备。

按 ON 键,做好单位制、单位、比例尺的选择以及确定测算方式等。

(1) 选择单位制、单位。由 $\boxed{\text{UNIT}-1}$、$\boxed{\text{UNIT}-2}$ 两个键决定。按 $\boxed{\text{UNIT}-1}$ 键可选择的单位制有国际单位制、英制单位制及日制单位制。各单位制有三种不同的单位,见表 11-1。选择单位的步骤,在按 $\boxed{\text{UNIT}-1}$ 键之后,按 $\boxed{\text{UNIT}-2}$ 键确定测算面积的单位。我国采用国际单位制,故在应用上按 $\boxed{\text{UNIT}-1}$ 键使显示屏有国际单位制的显示,然后按 $\boxed{\text{UNIT}-2}$ 键在显示屏上"km^2、m^2、cm^2"中选择所需的单位。

表 11-1　　　　　　　　　　　　　　面积单位制

国际制	英制	日制
km^2	Acre	町
m^2	ft^2	反
cm^2	in^2	坪

(2) 设置比例尺。比例尺按 $1:x$ 格式设置,其中 x 是键入参数。例如选择 $1:100$,则 $x=100$。设置的方法:按"100",按 $\boxed{\text{scale}}$ 键,显示"0",按 $\boxed{R-S}$ 键,显示"10000",确认比例尺 $1:100$ 已设立。

(3) 安置图纸与电子求积仪。如图 11.19,要求图纸平整,求积仪描迹窗在图纸待测算范围的中央,极臂与键盘座边缘成 $90°$。求积仪描迹窗在图纸上试运行,使之移动平滑无阻。

2)描迹测算面积。

(1) 设起始点。在测算面积范围的边界线设起始点 A,并将描迹窗中心点与 A 点重合。

(2) 按 $\boxed{\text{START}}$ 键,描迹窗中心沿边界线按顺时针方向移动(图 11.20),最后回到起点 A。

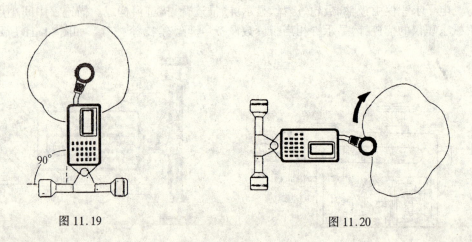

图 11.19　　　　　　　　　图 11.20

(3) 按 $\boxed{\text{HOLD}}$ 键,在描迹窗移动回到 A 点时,按 $\boxed{\text{HOLD}}$ 键暂时固定所测算的面积值,完成一次面积测算工作。

电子求积仪的其他功能说明书中有介绍,这里不再多述。

三、解析法

如图 11.21,$1,2,\cdots,n$ 是地形图某一用地范围边界点,解析法利用边界点测算面积的基本思想是:1) 按图上量测点位坐标的方法求得边界点的坐标值;2) 按下式计算边界点围成的区域面积,即

$$S = \frac{1}{2}\sum_{1}^{n} x_i(y_{i-1} - y_{i+1}) \quad (11\text{-}10)$$

式中,$i=1,2,\cdots,n$,是用地范围边界点,按逆时针顺序排注;x_i、y_i 是边界点的图上坐标。应用式(11-10)时注意,当 $i-1=0$ 时,$y_{i-1}=y_n$;当 $i+1>n$ 时,$y_{i+1}=y_1$。

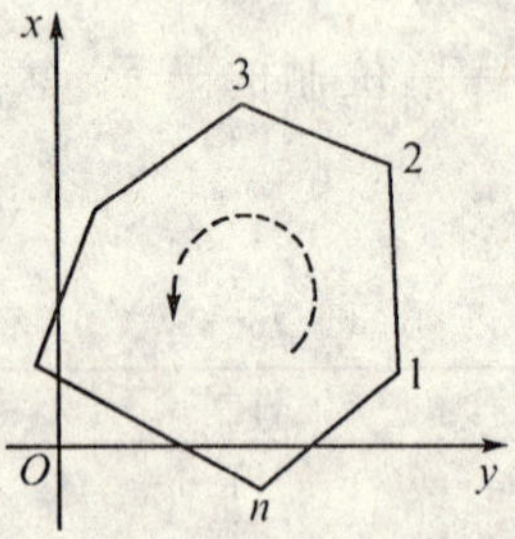

按式(11-10)计算面积的 BASIC 程序列于附录五程序六。式(11-10)可用于实测面积计算。

图 11.21

第五节 用图测算土方量

一、概述

土方,也称土石方,实质上是讲土石体积,一般以立方米为单位。一立方米称为一土方,简称一方。在平整土地、过山开挖路堑或土石填洼等工程中,土方测算是预计工程量大小的重要环节。

测算土方的基本思想是立方体底面积与其高度相乘的关系式。如图 11.22 所示,S 为底面积,H 为立方体高度,体积 $V = SH$。

平整土地包括挖土方和填土方两项工作,测算土方量也包括挖土方量和填土方量两项内容。

由于地形图表示地貌的复杂性以及应用上的多样性,用图测算土方有多种方法,即等高线法、断面法和方格法等。

二、方格法

1. 基本思想

如图 11.23 所示,在高程为 21m、22m、23m、24m、25m 的等高线中取一方格 $ABCD$,方格法测算土方的基本思想是:

1) 测算平整高差。测算 A、B、C、D 各点相对于平整面高程 $H = 17\text{m}$ 的高差 h_A、h_B、h_C、h_D(见图 11.24)。

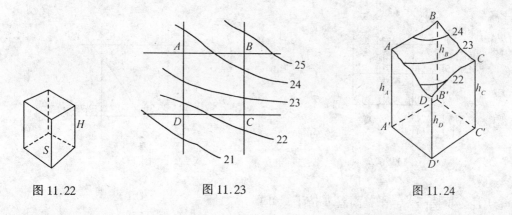

图 11.22　　　　　图 11.23　　　　　图 11.24

2) 测算方格面积。即按图测算面积的方法测算方格 $ABCD$ 的面积 $S_方$。
3) 计算方格土方量。即 $V = S_方 \times h$,其中 $h = 1/4(h_A + h_B + h_C + h_D)$。

2. 基本方法

1) 绘方格。即在图上的土方测算范围内绘小方格。方格的大小视工程预算要求而定。如图 11.25 所示,绘有 9 个方格。一般地,采用的地形图比例尺为 1∶500,方格的边长可为 20mm 左右。

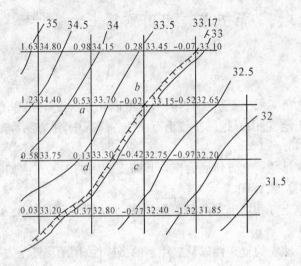

图 11.25

2) 绘填挖分界线。填挖分界线，即不填不挖的高程等高线，其高程值称为设计高程。设计高程也可以利用方格点的高程平均值 H_m：

$$H_m = \frac{\sum H_{角} + \sum H_{边} \times 2 + \sum H_{拐} \times 3 + \sum H_{中} \times 4}{4n} \tag{11-11}$$

如图 11.26 所示，上式中的 $H_{角}$ 表示角点 1、4、12 等点的高程；$H_{边}$ 表示边点 2、3、5 等点的高程；$H_{拐}$ 表示拐点 10 的高程；$H_{中}$ 表示中点 6、7 的高程；n 是方格数。

根据上式计算可得图 11.25 中的 $H_m = 33.17\text{m}$，由此绘虚线于图中为填挖分界线。

图 11.26　　　　　　　图 11.27

3) 计算填挖高差。平整高差 h 按下式计算

$$h_i = H_i - H_m \tag{11-12}$$

式中，H_i 是方格点的地面高程，按式(11-12)计算的结果 h_i 填写在方格点的左上方。h_i 值为正，表示为挖土方的高度；h_i 值为负，表示为填土方的高度。

4) 计算填挖土方。

(1) h_i 值均为正的方格计算 V 挖土方量，即

$$V_{挖} = 1/4 \sum h_i \times S_{方} \tag{11-13}$$

(2) h_i 值均为负的方格计算 V 填土方量，即

$$V_{填} = 1/4\sum h_i \times S_{方} \tag{11-14}$$

(3) h_i 值有正有负的方格，填、挖土方应分开计算。如图 11.25，方格 abcd 表示在图 11.27 中，填、挖土方分别计算：

$$V_{挖} = 1/4(0.53 + 0 + 0 + 0.13) \times S_{上}$$
$$V_{填} = 1/4(0 - 0.02 - 0.42 + 0) \times S_{下}$$

上式中 0 是填、挖分界线，$S_{上}$ 是方格内填、挖分界线上方面积，$S_{下}$ 是方格内填、挖分界线下方面积。

5) 计算总填、挖土方。上述计算过程可获得总填、挖土方，即 $V_{总挖} = \sum V_{挖}$，$V_{总填} = \sum V_{填}$。一般地，上述计算应基本实现 $V_{总挖} = V_{总填}$。

三、等高线法

1. 基本思想

在图 10.3 中，只要得到高程 65m、70m 的等高线围成的区域面积 S_{65}、S_{70}，则两等高线围成的平面成墩台形体积是

$$V = 1/2(S_{65} + S_{70}) \times h \tag{11-15}$$

式中，h 是等高线之间的高差。

2. 基本方法

1) 绘填挖分界线。根据图 11.25，按要求绘出 $H = 33.17$m 的填、挖分界线，见图 11.28。

2) 测算填挖面积。即测算等高线与方格围成的填、挖面积。在图 11.28 中，挖的面积是在 ABCDEMNOP 范围内，测算面积图形是 ABP、ACO、ADN、AEM，测算的面积是 S_{ABP}、S_{ACO}、S_{ADN}、S_{AEM}。填的面积是在 EFGHIJKLM 范围内，测算的面积图形是 EIM、FIL、GIK、HIJ，测算的面积是 S_{EIM}、S_{FIL}、S_{GIK}、S_{HIJ}。

3) 计算填挖土方。根据式(11-15)的基本思想，可计算图 11.28 中各等高线之间的填挖土方。例如在图形 AEM 和 ADN 之间的挖土方量为

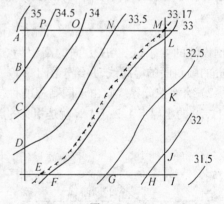

图 11.28

$$V_{挖} = 1/2(S_{AEM} + S_{ADN}) \times h$$

在图形 EIM 和 FIL 之间的挖土方量为

$$V_{填} = 1/2(S_{EIM} + S_{FIL}) \times h$$

根据上述两式的相同方法最后便可以计算 $V_{总挖}$ 和 $V_{总填}$ 的土方量。

四、断面法

1. 基本思想

从图 11.10 可见，按 AB 方向展绘的断面图形象地反映了 AB 方向的地形断面形态。可

以想象,根据这种形态可以测算该断面面积 S_{AB}。同理,沿 EF 方向展绘的断面图也可以测算断面的面积 S_{EF}。如果断面 EF 与 AB 之间的间隔距离为 L,则这两个断面之间的土方量是

$$V = 1/2(S_{AB} + S_{EF}) \times L \tag{11-16}$$

2. 具体方法

如图 11.29 所示,在场地 $ABCD$ 平整一个倾斜平面,从 AB 向 CD 倾斜的坡度为 -2%。平整土地的土方测算步骤为:

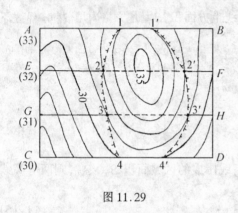

图 11.29   图 11.30

1) 设计倾斜面的等高线。如图 11.30,$ABCD$ 是一个坡度为 i 的倾斜面,通过倾斜面的等高线 AB、CD、EF、GH 是属于直线形的等高线。设计倾斜面的等高线,即按所采用的地形图确定这种等高线的等高距 h_j 和平距 d。根据图 11.29,比例尺为 $1:1000$,$h_j = 1m$,则平距

$$d = \frac{h_j}{iM} = \frac{1}{0.02 \times 1000} = 0.05m$$

根据设计的要求,定 AB 方向的高程为 33m,在图上按 $d = 0.05m$ 的间隔定出 32m、31m、30m 的倾斜面的等高线,并绘于图 11.29 上。

2) 绘填挖分界线。由于同高程的性质,设计的倾斜面等高线与地面等高线必相交,如图 11.29 的小黑点 1、2、3、4 等就是相交的点位。连接这些小黑点就是平整倾斜面的填挖分界线,用虚线表示。图中虚线包围的是山头属于挖的范围,其余的是填的区域。

3) 绘断面、测算断面面积。

绘断面图时应确定断面方向及断面之间的间距。一般地,平整土地的目的是平地,则断面的方向尽量与地形等高线互相垂直。若平整土地的目的是倾斜面,则断面的方向与设计的倾斜面等高线平行。断面的间距视地形复杂程度而定,取 $20 \sim 50m$。本例采用与 $d = 0.05m$ 相匹配的间距,即 50m。本例沿设计的等高线方向绘断面。如图 11.31,绘出 32m、31m 的两个方向的断面。

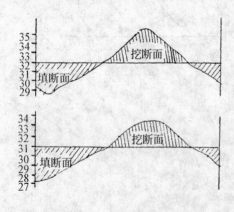

图 11.31

测算断面面积,主要是测算断面的填挖面积。图 11.31 中设计等高线以上的断面是挖的断面,低于设计等高线且高出地形表面的断面(斜

线部分)是填的断面。测算断面面积按图上面积测算方法进行。

4)计算土方量。根据式(11-16)的思路,可按测算的断面面积及断面间距计算填挖土方量。本例计算结果列于表11-2中。

表11-2　　　　　　　　　　　　　土方计算表

倾斜面等高线方向的断面号	断面面积 m²		平均面积 m²		间距	土方量 m³	
	挖	填	挖	填		挖	填
33m	4.0	43.8					
32m	23.5	48.8	13.75	46.30	50	688	2315
31m	32.7	59.7	28.10	54.25	50	1405	2712
30m	25.4	73.2	29.05	66.45	50	1452	3322
∑						3545	8349

习　题

1. 指出图10.1中植被(灌木林、经济林、林地等)、坟地的分布位置,说明地形起伏形态(高低趋向、山脊山谷走向、坡度平陡分布),观察交通、供电的方向。
2. 试确定图10.1东侧李屯山塘附近区域的汇水范围。
3. 根据图11.29和图11.31,试述用断面法计算倾斜面挖土方的步骤。
4. 在图11.32的地形图局部中

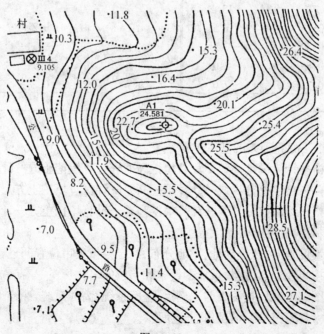

图11.32

1）用虚线画出山脊线、山脚线的位置，并用文字指明。
2）写出地形图的基本等高距 h_j。
3）说明公路左下侧种植地的名称。
4）在图上用"×"标明鞍部位置。
5）在图上用"→"标明平面控制点、水准点的位置。

5. 图上定点位涉及的内容是_____。
答案：①点位的距离、高差、坐标、倾角、高程、水平角
      ②点位的坐标、高差、距离、坡度、高程、方位角
      ③点位的坐标、高差、距离、倾角、高程、方位角

6. 设图 10.1 的比例尺为 1∶2000，试量测图上 A、B 两点的坐标、高程，AB 的实际水平距离，A、B 两点连线的坡度。

7. 用图选线方法中首先要明确_____。
答案：①地形图比例尺 1∶M，地形图基本等高距 h_j，设计坡度为 i，求选线平距 l
      ②选线的用途，选线的地点
      ③计算选线平距 l 公式和选线坡度

8. 根据表 11-3 的点位坐标，按 1∶200 的比例展绘在 x、y 坐标系中，按解析法计算各点围成封闭图形的实际面积。

表 11-3

点名	x(m)	y(m)	点名	x(m)	y(m)
4L	+5.9	−7.8	5R	+4.4	4.9
3L	+7.0	−8.3	2R	+3.2	6.2
$P_左$	7.7	−13.1	$P_右$	3.0	9.4
1L	−0.2	−7.5	1R	0.2	7.5
L1	−0.5	−7.5	R1	−0.1	7.5
L2	−0.5	−7.0	R2	−0.1	7.0
L3	−0.2	−7.0	R3	0.2	7.0
面积					

9. 地形图方格法测算土方的基本步骤是_____。
答案：①绘方格—计算设计高程—计算填挖高差—计算填挖土方—计算总填挖土方
      ②绘方格—绘填挖分界线—计算填挖高差—计算总填挖土方
      ③绘方格—绘填挖分界线—计算填挖高差—计算填挖土方—计算总填挖土方

10. 利用地形图判明地形状态，主要应_____。
答案：①判明坡度走向，区分山地、平地分布，判定村镇集市位置，分析地表种植情况
      ②注意搜集控制点，搜集重要的设施和单位的名称
      ③明确图名、编号、接图表与比例尺、坐标系统、高程系统、测绘单位与测绘时间

11. 用解析法测算图上某一范围的土地面积，_____(A)，_____(B)。
(A)答案：①图上计算边界点坐标

②量取边界点图上坐标并乘以地形图比例尺分母得边界点实际坐标

③图上量测、计算边界点实际坐标

(B)答案：①按相应的计算公式计算边界点范围内的土地表面面积

②以边界点实际坐标代入相应的公式计算边界点范围内的土地面积

③以边界点坐标代入相应的公式计算并乘以地形图比例尺分母平方得测算面积

第十二章 大比例尺地形图数字化

学习目标：熟悉大比例尺地形图数字化测绘技术原理与方法；掌握利用 SV300 测绘软件对模拟地形图进行手扶跟踪数字化和扫描数字化的基本原理和方法；理解利用 SV300 测绘软件进行内外业一体化数字测图的两种方法——草图法和电子平板法的原理和操作方法；初步掌握数字地形图的应用方法。

第一节 地形图数字测量原理

一、数字测量的概念

由第十章第四节地形测绘技术原理可知，测绘地形图可谓是根据碎部测量技术方法模拟实际地形的技术过程，这种模拟技术过程又称为模拟测图。例如，要获得如图 10.1 的图件，模拟测图的基本技术要素必须有：

1）测量得到的碎部点位置参数，即水平角、平距、高程。
2）确定地物、地貌性质的符号说明。
3）测量人员测绘地形图的综合取舍技能。

模拟测图得到的图件又称为可感知的模拟地形图，或称图解地图，或称实地图。虽然模拟测图也有数字组成的数据，但还不是数字化。

从计算机科学可知，数字化特征是电子计算机的基本属性。在电子计算机 CPU 中的基本加法运算器中，采用最为简单的"0"、"1"数字及其加法运算与存储，由此构成计算机完整的运算指令、各种功能指令及其记忆系统。电子计算机的数字化基本属性是当代数字化世界的基础，也是数字测量的基本前提。

数字测量的基本特征沿袭于电子计算机数字化属性，充分体现在自身的基本功能中。具体地说，模拟测图的碎部点测量参数，即角度、距离、高程；确定地物、地貌性质的符号说明；测量人员绘图的综合取舍技能，都沿袭于电子计算机数字化属性，最终转化为"0"、"1"数字形式的数据，这就是数字测量。

根据测绘技术的需要，地形图数字测量的基本构成是：

1）测量结果的数字化机能。一般全站仪必备数字化机能。
2）地面点特征的数字化形式。为了实现测量对象数据的共享，地面点特征的数字化形式由相应的权威性机构颁布后在测量时应用。
3）测绘技术机能的数字化指令。所谓的测量计算机软件是这类数字化指令的集合。
4）测量结果、特征形式、机能指令的数据库。

二、地形图数字测量的基本系统

地形图数字测量是测绘技术与计算机技术有机结合的现代测绘技术,图 12.1 是工程数字测量的基本系统。地形图数字测量的基本系统的运行过程如下:

1) 数据采集。图 12.1 中三种全站测量方式与记录器的运行实现①测量结果的数字化和地面点特征的数字化。或者说,全站测量地面点所代表的测量参数,地物、地貌的点位特征,由"0"、"1"所形成的各种参数、指令存放在②记录器中,由此便完成了测量参数,地物、地貌的数据化采集。

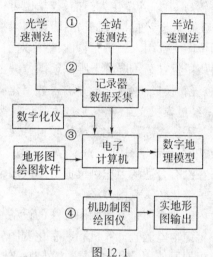

2) 数字地理模型的建立。简言之,数字地理模型是一个由地面点三维坐标参数按地形图软件形成在计算机数据库中的虚地形图,就像人眼看到物体以后在脑海里形成的形象一样。启动运行测绘软件,计算机处理采集的数据,便可建立数字地理模型。图 12.1 中的③是基本系统运行的核心,或者说,以人工的地形绘图模拟过程交给计算机完成。条件是技术机能的数字化指令,即数字地理模型的软件与计算机的结合。

图 12.1

3) 地形图的输出。地形图绘图软件的驱动,④绘图仪完成地形图的输出。数字测图把虚地形图转化为可感知的实地形图,一方面屏幕可显示数字地理模型转换而来的虚地形图形态,一方面经过机助制图的工序可印出实地形图。

三、数字化测绘技术

1. 模拟地形图的数字化
1) 手扶跟踪数字化

图 12.2

手扶跟踪数字化需要的生产设备为数字化仪、计算机和数字化测图软件。数字化仪由操作平板、定位标和接口装置构成,如图 12.2 所示。操作平板用来放置工作底图,定位标用来操作数字化测图软件和从工作底图上采集控制点及碎部点坐标数据,接口装置一般为标准的 RS232 串行接口,它的作用是与计算机交换数据。工作前必须将数字化仪与计算机的一个串行接口连接并在数字化测图软件中配置好数字化仪。

手扶跟踪数字化使用的工作底图必须是聚酯薄膜原图,它是将工作底图固定在数字化仪操作平板上,数据采集的方式是操作员应用数字化仪的定位标在工作底图上逐点采集地图上地物或地貌的特征点,将工作底图上的图形、符号、位置转换成坐标数据,并输入数字化测图软件定义的相应代码,生成数字化采集的数据文件,经过人机交互编辑,形成大比例尺数字地图。

2) 扫描数字化

扫描数字化需要的生产设备为扫描仪、计算机和矢量化软件。因工程大幅面扫描仪的价格较高,所以若单位无扫描仪时,也可将工作底图集中拿到专业公司扫描。

工作底图经扫描仪扫描后可以获得格式一般为 bmp 格式的位图文件,将需要数字化的地图位图文件引入矢量化软件,然后对引入图片进行校准和定位。数据采集的方式是操作员使用鼠标在显示屏幕上跟踪地图位图上的地物或地貌的特征点,将工作底图上的图形、符号、位置转换成坐标数据,并输入数字化测图软件定义的相应代码,生成数字化采集的数据文件,经过人机交互编辑,形成大比例尺数字地图。

与手扶跟踪数字化方法比较,扫描数字化具有成本低、速度快、效率高的特点。

2. 地面数字测图

在没有合适的大比例尺地形图区域,可以直接采用地面数字测图方法,该方法也称为内外业一体化数字测图方法。

内外业一体化数字测图方法的设备一般为全站仪(或测距经纬仪)、电子手簿(或掌上电脑和笔记本电脑)、计算机和数字化测图软件。

根据所使用设备的不同,内外业一体化数字测图方法有两种实现形式:

1) 草图法。它是在野外利用全站仪或电子手簿采集并记录外业数据或坐标,同时手工勾绘现场地物属性关系草图,返回室内后,将记录数据下载到计算机内,将外业观测的碎部点坐标读入数字化测图系统直接展点,再根据现场绘制的地物属性关系草图在显示屏幕上连线成图,经编辑修改后出图。

2) 电子平板法。在野外用安装了数字化测图软件的笔记本电脑直接与全站仪相连,现场测点,电脑实时显示所测点位,作业员根据实地情况,现场直接连线、编辑和加注记成图。

3. 数字测图的特点

1) 测量精度高,修测方便。传统光学速测法测距相对误差大,数字测图采用光电测距,测距相对误差小于 1/40000,地形点到测站距离长,几百米的测量误差均在 1cm 左右。数字地图的重要地物点相对于临近控制点的位置精度小于 5cm。当图内部分控制点已遭破坏时,通过观测图内已知的重要地物点快速得到测站点的坐标。

2) 定点准确。常规方法为手工展绘控制点和图上定碎部点,定点误差为 0.1mm。数字测图方法是采用计算机自动展点,几乎没有定点误差。定点误差小的数字测图方法图根点加密和地形测图可以同时进行,方便可靠。

3) 图幅连接自由,可多种类出图。常规测图方法图幅区域限制严格,接边复杂。数字测图方法不受图幅限制,作业可以按照河流、道路和自然分界来划分,方便施测与接边。数字地图是将地物、地貌要素数据分层储存。例如,将地物分为控制点、建筑物、行政边界和地籍边界、道路、管线、水系以及植被等,如果需要,可以通过控制图分层输出各种专题地图,如以地下管线和两侧建筑物为主的地下管线图。

4) 便于比例尺选择。数字地图是以数字形式储存的 1:1 的地图,根据用户的需要,在一定比例尺范围内可以打印输出不同比例尺及不同图幅大小的地图。

第二节　内外业一体化数字测图

实现内外业一体化数字测图的关键是要选择一种成熟的、技术先进的数字测图软件。目前,市场上比较成熟的最新版本的大比例尺数字化测图软件主要有北京威远图仪器公司的 SV300;广州南方测绘仪器公司的 CASS4.0;广州开思测绘软件公司的 SCS GIS2000;武汉瑞得测绘自动化公司的 RDMS;北京清华山维公司的 EPSW2000。

这些数字化测图软件大多是在 AutoCAD 平台上开发的,如 SV300、CASS4.0、SCS GIS2000,可以充分应用 AutoCAD 强大的图形编辑功能。各软件都配有一个加密狗,图形数据和地形编码一般不相互兼容,只供在一台计算机上使用。

本章主要介绍 SV300 数字化测图软件。

一、SV300 对计算机软硬件的要求

1. 建议硬件环境

CPU 为 PⅢ600 以上,内存大于等于 128M,硬盘大于等于 20G,VGA(800×600)以上彩色显示器。

2. 软件环境

Windows95 或以上版本的操作系统,安装有 AutoCAD R14.0(中、英文版均可,但必须是完全安装)。

二、SV300 的安装和启动

SV300 包装盒内有:软件狗 1 个,程序光盘 1 片,说明书 1 套。

在关机情况下,将软件狗插入计算机的并行口,将打印机或绘图仪电缆连接在软件狗上。若计算机还安装有其他带有软件狗的软件,则可以将这些软件狗串接。当连接了打印机或绘图仪到软件狗上,出现软件狗失效的现象时,可以将打印机或绘图仪电源开关打开,以免软件狗供电不足。

开机,确认 Windows 系统中的其他应用软件已经全部关闭,将 SV300 系统光盘放入 CD ROM,运行光盘中的 Setup.exe,然后按系统的提示进行选择即可以完成 SV300 的安装操作,并在 Windows 桌面上自动建立"SV300"快捷方式,用鼠标双击即可以启动 SV300。

三、SV300 的操作界面

SV300 启动后的界面如图 12.3 所示,它与 AutoCAD R14.0 的界面及基本操作是相同的,两者的区别在于下拉菜单及屏幕菜单的内容不同。SV300 称图 12.3 所示的界面为图形窗口,窗口内各区的功能如下:

1) 下拉菜单区:主要的测量功能。
2) 屏幕菜单:各种类别的地物、地貌符号,操作较频繁的地方。
3) 图形区:主要工作区;显示及具体图形操作。
4) 工具条:各种 AutoCAD 命令、测量功能,实质为快捷工具。
5) 命令提示区:命令记录区,并且有各种各样的提示,以提示用户操作。

用户可以通过图形窗口执行 SV300 和 AutoCAD 的全部命令并进行绘图,数据库自动实时联动更新。

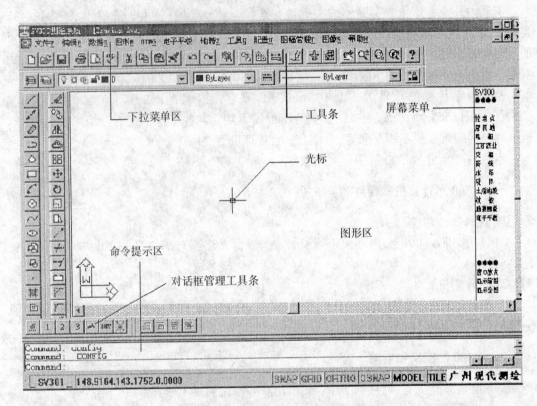

图 12.3　SV300 工作界面

四、草图法数字测图的组织

1. 人员组织与分工

观测员 1 人,负责操作全站仪,观测并记录观测数据,当全站仪无内存或磁卡时,必须加配电子手簿,此时观测员还负责操作电子手簿并记录观测数据。

领图员 1 人,负责指挥跑尺员。现场勾绘草图,要求熟悉测量图式,以保证草图的简洁、正确。观测中应注意检查起始方向,注意与领图员对点号,注意与观测员对点号(一般每测 50 个点就与观测员对一次点号)。

草图纸应有固定格式,不应该随便画在几张纸上;每张草图纸应包含日期、测站、后视、测量员、绘图员信息;当遇到搬站时,尽量换张草图纸,不方便时,应清楚记录本草图纸内测点与测站的隶属关系。草图绘制,不要试图在一张纸上画足够多的内容,地物密集或复杂地物均可单独绘制一张草图,既清楚又简单。

跑尺员 1 人,负责现场徒步立反射器。有经验的跑尺员立点符合"测点三注意",图上点位方便内业制图。对于经验不足者,应由领图员指挥跑尺,以防给内业制图带来麻烦。

内业制图员 1 人,对于无专业制图人员的单位,通常由领图员担负内业制图任务;对于有专业制图人员的单位,通常将外业测量和内业制图人员分开,领图员只负责绘草图,内业制图员得到草图和坐标文件,即可连线成图。领图员绘制的草图好坏将直接影响到内业成图的速度和质量。

2. 数据采集设备

数据采集设备一般为全站仪。新型全站仪大多带内存或磁卡,可直接记录观测数据;老式的全站仪不带内存或磁卡时,则需加配电子手簿(如 Leica GRE4、索佳 SDR 手簿、PC-E500 袖珍计算机或 ZZ-1500 掌中机),观测数据记录于电子手簿中,详细操作请参考所用全站仪的操作手册。

五、草图法数字测图的作业流程

草图法数字测图的作业流程分为野外数据采集和内业数据下载、设定比例尺、展绘碎部点、连线成图、等高线处理、整饰图形、图形分幅和输出管理 9 个步骤,现分别说明如下:

1. 野外数据采集

在选择的测站点上安置全站仪,量取仪器高,将测站点、后视点的点名、三维坐标、仪器高、跑尺员所持反射镜高度输入全站仪(操作方法参考所用全站仪的说明书),观测员操作全站仪照准后视点,将水平度盘配置为 0°0′0″并测量后视点的坐标,如与已知坐标相符即可以进行碎部测量。

跑尺员手持反射镜立于待测的碎部点上,观测员操作全站仪观测测站至反射镜的水平方向值、天顶距值和斜距值,利用全站仪内的程序自动计算出所测碎部点的 x、y、H 三维坐标并自动记录在全站仪的记录载体上;领图员同时勾绘现场地物属性关系草图。

2. 数据下载

数据下载是将全站仪内部记录的数据通过电缆传输到电脑,形成观测坐标文件。

用通讯电缆将全站仪与计算机的一个串口连接,点取 SV300 中"数据"下拉菜单下的"数据下载"选项,系统弹出如图 12.4 所示的"Datamap"界面。在该界面中的操作过程如下:

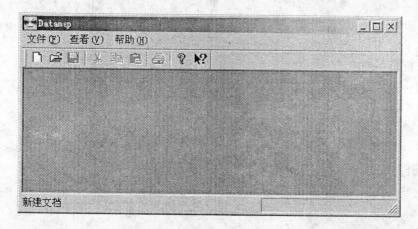

图 12.4 "Datamap"界面

1) 点取"文件"下拉菜单下的"新建"选项,创建一个新的通讯接收文件;
2) 点取"设置"下拉菜单下的"通讯参数"选项,在弹出如图 12.5 所示的"设置"对话框中设置与全站仪一致的通讯参数;

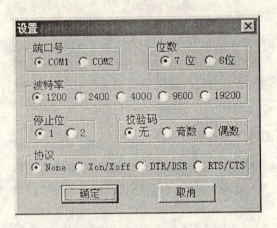

图 12.5 "设置"对话框

3) 点取"设置"下拉菜单下的"仪器类型"选项,在弹出如图 12.6 所示的"仪器类型"对话框中选择相应的全站仪类型;

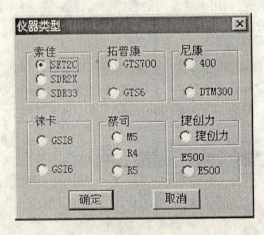

图 12.6 "仪器类型"对话框

4) 点取"通讯"下拉菜单下的"开始"选项,SV300 处于接收数据状态,操作全站仪发送数据即可开始数据传送工作;
5) 全站仪数据传送结束后,可以点取"文件"下拉菜单下的"保存"选项将数据文件命名存盘。

3. 数据转换

数据转换是将下载到计算机的全站仪观测数据转换为 SV300 格式的坐标文件(扩展名

为.dat),SV300 可以使用这种格式的文件来展点和生成等高线。

数据下载结束后,点取"转换"下拉菜单下的"坐标成果"选项,SV300 即执行数据转换操作。再点取"文件"下拉菜单下的"另存为 SV 格式",将转换后的观测数据以 SV 格式坐标文件命名存盘。

4. 设定比例和改变比例

每新作一张地图必须先确定作图比例尺。点取 SV300"图形"下拉菜单下的"设定比例"选项,根据提示,在命令行输入要作图的比例尺分母值,回车,即可完成比例尺的设定。如果比例尺设置大了,可以执行"图形"下拉菜单下的"改变比例"选项重新设置比例尺;如果比例尺设置小了,则不能将比例尺改大。

5. 展点和展高程点

展点是将 SV 坐标文件中全部点的平面位置在当前图形中展出,并标注各点的点名和代码,以便连线成图时作为参考。其操作方法是点取 SV300"图形"下拉菜单下的"展点"选项,系统弹出(显示)"打开 SV 坐标文件"对话框,用户选中了需要展点的 SV 坐标文件后,系统弹出图 12.7 所示的"空间点位"窗口并执行展点操作。展绘的点位数据显示在"空间点位"窗口中并自动进入数据库,用户也可以在该窗口中对点位坐标数据进行编辑修改。

执行展点操作时,是将点都展绘在 xy 平面上,不注记点的高程,这主要是为了便于下面将要进行的连线成图操作。

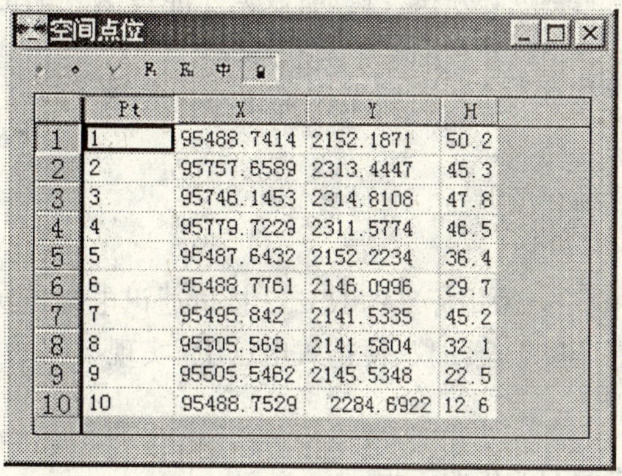

	Pt	X	Y	H
1	1	95488.7414	2152.1871	50.2
2	2	95757.6589	2313.4447	45.3
3	3	95746.1453	2314.8108	47.8
4	4	95779.7229	2311.5774	46.5
5	5	95487.6432	2152.2234	36.4
6	6	95488.7761	2146.0996	29.7
7	7	95495.842	2141.5335	45.2
8	8	95505.569	2141.5804	32.1
9	9	95505.5462	2145.5348	22.5
10	10	95488.7529	2284.6922	12.6

图 12.7　"空间点位"对话框

完成连线成图操作后,如果需要注记点的高程,则可以执行"图形"下拉菜单下的"展高程点"选项,在系统弹出的"展高程点的 SV 坐标文件"对话框中,选中与前面展点相同的 SV 坐标文件即可。由于增加了高程坐标,所以执行"展高程点"展绘的点位与前面"展点"操作展绘的点位在空间不重合。高程注记字高、小数位数、相对于点位的位置等可以执行"配置"下拉菜单下的"高程注记设置"选项,在弹出的"地形配置"对话框中设置。

需要说明的是,在执行"展高程点"命令之前,必须先执行"配置"下拉菜单下的"SV300 环境"选项。

6. 连线成图

结合野外绘制的草图，使用屏幕菜单操作符号库将已经展绘的点连线成图，符号库会自动对绘制符号赋基本属性，如地物代码、图层、颜色、拟合等。

使用符号库执行连线成图操作时，可以选择输入点号或直接点取屏幕上已经展绘的点位两种方式进行操作。当采用后一种方式确定点位时，必须在执行连线成图操作前，先执行 AutoCAD 的 Osnap 命令设置节点(Node)捕捉方式，才可以准确地捕捉到已经展绘的点位。在绘制某些线状地物时(如围墙、陡坎等)，如果需要拟合为光滑的曲线，在没有结束命令前按"对话框管理工具条"（如图12.8所示)中的"打开或关闭曲线拟合"按钮，打开曲线拟合就可以将正在绘制的折线自动拟合为光滑的曲线。

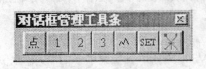

图 12.8 "对话框管理工具条"

六、电子平板法数字测图的组织

电子平板法是将与安置在测站上的全站仪连接的、安装了 SV300 的笔记本电脑当做绘图平板，实现了在野外作业现场实时连线成图的数字测图方法。其显著优点是直观性强，在野外作业现场"所测即所得"，当出现错误时，可以及时发现，现场修改。

1. 人员组织与分工

观测员 1 人，负责操作全站仪，观测并将观测数据传输到便携机中。某些旧款全站仪的传输是被动式命令，观测完一点必须按发送键，数据才能传送到笔记本电脑中；最新型号的全站仪一般都支持主动式发送，并自动记录观测数据。

制图员 1 人，负责指挥跑尺员，现场操作笔记本电脑和内业后继处理整饰图形的任务。

跑尺员 1 人，负责现场立反射器。

2. 数据采集设备

全站仪与笔记本电脑一般采用标准的 RS232 接口通讯电缆连接，也可以采用加配两个数传电台(数据链)，分别连接于全站仪、便携式电脑上，实现数据的无线传送。数传电台的市场价格较贵。

七、电子平板法数字测图的作业流程

电子平板法数字测图的作业流程分为设定比例尺、输入控制点坐标、设置通讯参数、设置测站、碎部测量、等高线处理、整饰图形、图形分幅、输出管理等 9 个步骤，现分别说明如下。

1. 设定比例

在笔记本电脑上打开 SV300，操作方法与草图法相同。以下凡是有关 SV300 的操作都是在笔记本电脑上进行的。

2. 输入控制点坐标并入库

从屏幕菜单中点取"控制点"行，在弹出的如图 12.9 所示的"控制点"对话框中选择所需的控制点类型，根据命令行的提示分别输入控制点的点名和高程。图幅中的全部控制点输入完毕后，点取"数据"下拉菜单下的"手动入库"选项，将输入的全部控制点入库。需要说明的是，控制点的点名不能重复。

第十二章 大比例尺地形图数字化   259

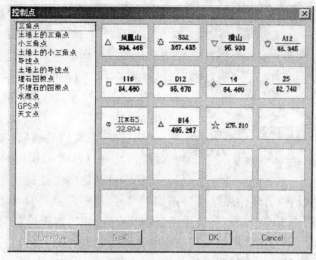

图12.9 "控制点"对话框

3. 设置通讯参数

点取"电子平板"下拉菜单下的"仪器设置"选项,在弹出如图12.10所示的"全站仪类型及通讯参数"对话框中选择所用全站仪的型号、笔记本电脑的串行口号(COM1或COM2)及其波特率、奇偶校验、数据位和停止位,以保证通讯双方的一致性。

4. 测站设置

只有当已输入的控制点全部入库后,才可以执行设置测站命令。点取"电子平板"下拉菜单下的"测站设置"选项,在弹出的如图12.11所示的"设测站"窗口中输入测站点名、后视点名、起始方向值、仪器高;全站仪瞄准后视点,设置起始方向值(一般设置为0°00′00″)。

5. 测点设置

点取"电子平板"下拉菜单下的"测点设置"选项,在弹出的如图12.12所示的"测点设置"对话框中设置测点要素,如测点反射镜高度、所测点位是否参与建模、是否注记测点的高程等。测点设置"设测站"窗口要根据测点的变化情况多次设置,它只对设置后测量的碎部点有效。

图12.10 "全站仪类型及通讯参数"对话框

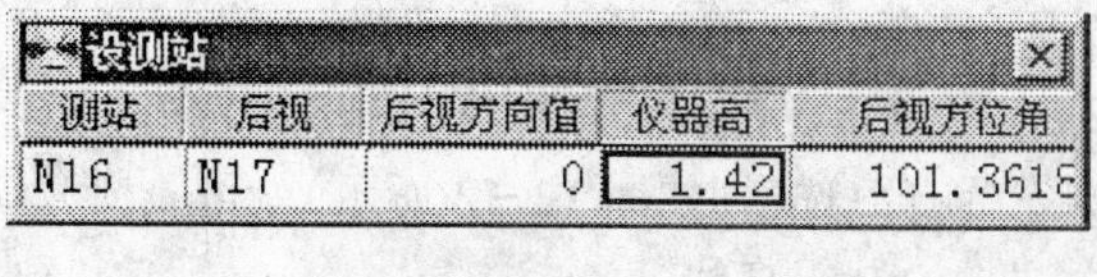

图12.11

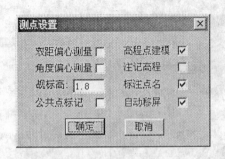

图 12.12 "测点设置"对话框

6. 碎部测量

操作全站仪照准立在碎部点上的反射镜,点取"电子平板"下拉菜单下的"碎部测量"选项,SV300 在命令行提示如下:

Command:_ totalstation

S 选尺(?) \ M 采点 \ P 屏幕定点 \ C 代码() \ X 退出 \ N 点名(11)

先执行"S 选尺(?)"选项,根据命令行的提示输入尺号(尺号可以是 a,b,c,…,z 中的任一个字母)后,SV300 又返回上述提示行。绘制任何一个新开始的线状或面状地物的开始点时都要先切换尺号,当前测点将自动与同尺号的上一点连线。这个功能在测图实践中是非常有用的,例如,在立尺时,本来是立围墙的点,当立到围墙与房子的连接处时,则会先将房子的转点立完再接着立围墙的点。

选择了尺号后,就可以输入碎部点的点位,有 3 种输入点位的方法。

1)"M 采点"选项(或者按 F12):选择该选项后,SV300 自动启动全站仪进行测量,将测量结果传回 SV300,在当前屏幕上自动展绘该测点并将其自动居中于屏幕中心。完成某个地物的全部采点后,选择"C 代码()"选项,输入该地物的用户 ID 代码即完成该地物的测绘工作。用户 ID 代码保存在"WelTop \ SV300 \ Support \ Legend.cfg"中,可以用 Windows 的记事本打开,也可以点取 SV300"配置"下拉菜单下的"图例属性"选项,以电子表格的形式查看或编辑修改。通常选择 SV300 系统 ID 码作为用户代码,系统 ID 码见《SV300 测绘软件 1:500、1:1000、1:2000 编码表》。

2)"P 屏幕定点"选项:该选项主要对仪器测不到的点或已经测过的点需要连接新地物时使用。根据命令行的提示,可以使用鼠标直接在屏幕上点取点,输入点的平面坐标,输入测点的水平方向值、天顶距值、斜距或输入已展点的点名等方式。

3)"N 点名(11)"选项:以输入已展点的点名方式定点。

无论采用何种方式定点,展绘在当前图形中的点位坐标都会自动出现在图 12.7 所示的"空间点位"窗口中,用户可以在该窗口中对展绘的点位坐标进行编辑操作。

7. 等高线处理

完成当前图形的全部数据采集工作后,先执行"数据 D"下拉菜单下"数据导出"下的"SV 坐标文件"选项,将当前图形中的全部点位数据保存在用户指定的 SV 坐标文件中,然后点取"DTMG"下拉菜单下的有关选项(如图 12.13 所示)就可以建立地面数字模型并自动绘制等高线。

图 12.13 "DTMG"下拉菜单

可以分别顺序选择"DTMG"下拉菜单下的"数据检查"、"拓扑建立"、"生成 DTM"和

"绘等高线"选项对前面创建的 SV 坐标文件进行操作,初步绘制等高线,根据实际地形,执行"DTMG"下拉菜单下的"编辑 DTM"选项,结合地物尤其是坡坎对 DTM 三角网进行编辑修改。执行 Dellayer 命令删除等高线图层 81(首曲线)、82(计曲线),再执行"DTMG"下拉菜单下的"绘等高线"选项重新绘制修改了 DTM 三角网后的等高线。

也可以选择"DTMG"下拉菜单下的"一步法"选项一次自动顺序执行上述 4 个选项的操作。"DTMG"下拉菜单下还有其他编辑修改 DTM 的选项和 DTM 的应用选项。整饰图形的操作选项在"图形 M"下拉菜单下,此外 SV300 还具有强大的地籍测图功能,具体操作方法请参见《SV300 说明书》。

8. 野外测量的数据恢复

野外测图时,如笔记本电脑突发意外的断电,将造成数据丢失,SV300 采取了两种措施预防。

方法一:在绘图前使用 AutoCAD 的 Savetime 命令设置自动存盘时间,在命令行操作如下:

Command: Savetime

New value for SAVETIME <1>: 5 (设置自动存盘时间为 5 分钟)

自动存盘缺省路径与文件为 C:\WINDOWS\TEMP\AUTO1.SV$,在使用 SV300 打开使用这些临时文件之前,需要将其扩展名改为 DWG,可以在 Windows 的资源管理器中执行更名操作。

方法二:使用"数据恢复"功能恢复测量观测数据,上面一种方法可以恢复几分钟以前的图形文件,但断电前几分钟绘制的地物则会丢失。利用"数据恢复"可将断电前所有的原始数据(坐标、边长、角度、测站、后视等)恢复,具体操作如下:

打开自动存盘文件,如 AUTO1.DWG;

点取"数据"下拉菜单下的"电子平板"选项;

点取"数据恢复";

选取最末一行,点取"确定";

则断电前所有的坐标数据会重新展绘出来,而最后一次自动存盘时刻与断电时刻间绘制的地物则会丢失。

9. 图幅管理

采用内外业一体化数字测图时,也可以按照河流、道路和自然分界来划分区域进行测量,不必受图幅的限制。在完成野外数据采集和内业整饰后,执行"图幅管理"下拉菜单下的"图幅网格"选项创建分幅网格(如图 12.14 所示),执行"删除网格"、"加十字丝"或"方格注记"选项编辑网格单元,执行"自动图廓"选项对地图进行自动分幅和保存,具体操作方法请参见《SV300 说明书》。

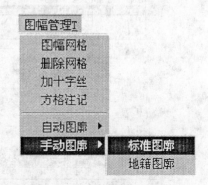

图 12.14 "图幅管理"下拉菜单

第三节 模拟地形图的数字化

一、手扶跟踪数字化

手扶跟踪数字化是使用数字化仪在模拟地形图上采集数据。数字化仪的幅面可根据数字化图纸的大小而定,一般选用 A1(841mm×597mm)幅面或 A0(1189mm×841mm)幅面,其分辨率要求不小于 394 线/cm,精度不低于 0.127mm。目前市场上满足上述要求的新型数字化仪有美国 Calcomp 公司的 Calcomp 34360(A1 幅面)和 Calcomp 34480(A0 幅面),美国 Summa 公司的 Summa SG52436(A1 幅面)和 Summa 53648(A0 幅面)。

本节以 Calcomp digitizer 34480 数字化仪为例说明手扶跟踪数字化地图的操作步骤和方法。将数字化仪与安装了 SV300 的计算机连接好并接通电源后,按下列步骤操作:

1. 配置数字化仪

第一步:安装随机驱动程序。

将数字化仪随机附带的驱动盘插入软驱或光驱,依次点取 Windows"开始"菜单下的"设置"、"控制面板";双击"添加新硬件";依次按提示操作即可。

第二步:配置 AutoCAD R14.0。

1) 运行 SV300 系统,点取"文件"下拉菜单下的"外设配置"选项,系统弹出如图 12.15 所示的"Preferences"对话框;

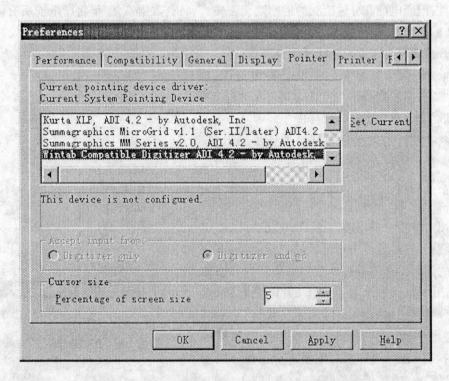

图 12.15 AutoCAD R14.0 的"Preferences"配置对话框

2) 点取"Pointer"选项卡；

3) 在对话框的下拉列表框中选取"Wintab Compatible Digitizer ADI 4.2-by Autodesk"选项，它通常为最后一项；

4) 如果希望同时使用数字化仪定位标和鼠标，请点取对话框"Accept input from"选择区域的"Digitizer and mo"单选框即可以实现；

5) 按右侧方对话框中的"Set Current"钮；

6) 按右下方"Apply"钮；

7) 按"OK"钮关闭对话框；

8) 移动数字化仪的定位标，当屏幕上十字光标随之移动时表示配置成功。

第三步：定义数字化仪菜单。

在数字化仪上进行数字化工作必须依赖一张数字化仪菜单，它与屏幕菜单功能作用相同，直接在其上即可选取各地物符号，定义数字化仪菜单便于软件应用中可根据菜单实际大小、位置来识别菜单，使之正确执行菜单各功能。

菜单的具体操作方法为：只需在该符号所在方框中选取一点即可，与点取右侧菜单时相应的菜单项提示一致。

数字化仪菜单的定义具有时效性，数字化仪菜单定义一次后，一般不会失效。下述两种操作菜单定义失效：(1) 重装 AutoCAD，实质为改动了 ACAD.CFG 配置文件；(2) 是移动了数字化仪菜单。

在 SV300 中打开菜单图形文件 SV300TAB.dwg(该图形文件保存在路径 \SV300\CAD 中)，用绘图仪打印出并贴在数字化仪右侧或其他方便处，贴好后即可以定义。

在命令行键入 TABLET 指令，选择"CFG"选项，SV300 在命令行提示及用户操作如下：
Command: Tablet
Enter number of tablet menus desired(0-4)<0>:1　输入定义的菜单数
digitize upper left corner of menu area 1:　用定位标点取菜单图纸左上角
digitize lower left corner of menu area 1:　用定位标点取菜单图纸左下角
digitize lower right corner of menu area 1:　用定位标点取菜单图纸右下角
Enter number of columns for menu area 1:12　输入菜单图纸中的列数
Enter number of rows for menu area 1:59　输入菜单图纸中的行数
do you want torespecify the screen pointing area <n>: y　是否定义屏幕状态时，定位标在数字化仪上的活动范围，若键入 n 则省略以下步骤。
digitize lower left corner of screen pointing area:　用定位标点取屏幕活动区左下角
digitize upper right corner of screen pointing area:　用定位标点取屏幕活动区右上角

第四步：数字化仪校准(图纸定向)。

将工作底图固定在数字化仪的平板上，然后按下列步骤操作：

1) 用定位标点取数字化菜单中的"图纸定向"区域，选择"CAL"选项；

2) 用定位标点取工作底图内图廓的左下角点，并输入该点的测量坐标，先输 Y 坐标，后输 X 坐标，下同；

3) 用定位标点取工作底图内图廓的右下角点，并输入该点测量坐标；

4) 用定位标点取工作底图内图廓的右上角点,并输入该点测量坐标;

5) 用定位标点取工作底图内图廓的左上角点,并输入该点测量坐标;

6) 输入 A,回车结束。

第五步:设置屏幕显示区。

由于计算机显示屏幕的尺寸有限,为了能够在显示屏幕上较清楚地看见数字化地图的内容,必须将工作底图的某个区域放大至整个显示屏幕。操作方法用定位标在数字化仪菜单中点取"图纸开窗"选区,然后根据命令行的提示在图纸上指定需要放大区域的两个对角点。

也可以直接执行 AutoCAD 的 ZOOM 命令执行上述操作。

第六步:设定比例尺。

用鼠标点取"图形 M"下拉菜单中的"设定比例"选项,按命令行的提示输入所需比例尺。

第七步:开始数字化地图。

1) 绘制图框。若为标准图框,使用鼠标点取"图幅管理"下拉菜单中的"手动图廓"中的"标准图廓"选项;SV300 弹出如图 12.16 所示的"图廓整饰"对话框。用户通过键盘按实际输入工作底图的外图廓内容,完成操作后用鼠标点取"确认"按钮,然后根据命令行的提示直接输入工作底图的内图廓左下角点坐标即可。

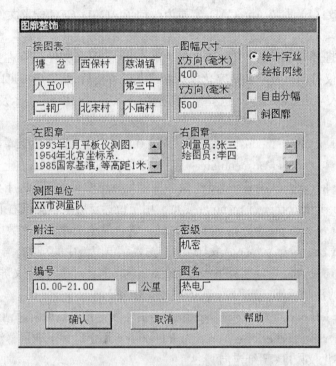

图 12.16 "图廓整饰"对话框

2) 描绘地物,通常有下列两种方法:

方法一:按地物类别进行,即选择一次地物类别就将地图中 ID 码相同的地物全部绘完,其优点是可以用一种绘图功能连续作图,缺点是身体移动范围较大。

方法二:按区域划分进行,即先根据线状地物(如道路、河流等线状地物)划分为若干个自然地块,先画一块地物,再画第二块地物,逐块将所有地物画完,其优点是身体移动范围小,缺点是要频繁切换地物、地貌种类。

3) 整饰图形,注记文字。

为防止意外,一般每隔 5~10 分钟要存盘一次。也可以执行 Savetime 命令设置自动存盘时间。

二、扫描数字化

扫描地形图使用的工程扫描仪有平台式和滚筒式两种,幅面可选用 A1 幅面或 A0 幅面,其分辨率要求不小于 157 点/cm,相对于工作底图,扫描后的点位误差不大于 0.15mm,线画误差不大于 0.2mm。目前市场上满足上述要求的新型扫描仪有丹麦 Contet 公司生产的各类扫描仪。

对已经着好墨的、图面清晰的聚酯薄膜底图,扫描分辨率一般设置为 300dpi(Dot Per Inch 即每英寸点数)的分辨率,对没有着墨的铅笔聚酯薄膜原图,扫描分辨率一般设置为 450~600dpi,将扫描获得的图像文件保存为 .bmp 格式。完成图纸的扫描后,即可以进行数字化操作,下面以一幅地形图数字化为例介绍具体操作步骤:

1. 校准图像

扫描得到的图像文件一般会有变形,必须经过校准和裁剪以后才能够调入 SV300 进行数字化。

点取"图像 S"下拉菜单(如图 12.17 所示)下的"图像校准"选项;SV300 弹出一个"Trace1.0"窗口。在该窗口中打开一幅需要数字化的 .bmp 格式地形图图像文件,作为练习可以打开"WelTop \ SV300 \ Sample \ 扫描矢量化 \ 地形2.bmp"图像文件,该幅图像是福建省某市勘测队 1993 年测绘的一幅图幅为 40cm×50cm 的 1:500 地形图,它是用 300dpi 扫描的。打开该图像文件后的"Trace1.0"窗口界面如图 12.20 所示。

以下的操作均在"Trace1.0"窗口中进行。

点取"编辑"下拉菜单下的"图像校准"之

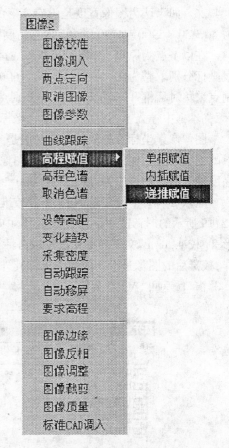

图 12.17 "图像"下拉菜单

"选择控制点"选项(如图 12.20 所示),利用放大镜和滚动条将当前图像位置移动至图幅内图廓左上角点 1,准确点取该点,弹出"控制点采集对话框",点取对话框中的"确定"按钮。重复上述操作,分别点取内图廓右上角点 2、右下角点 3、左下角点 4,完成点取内图廓四个角点后的"控制点采集对话框"如图 12.18 所示。

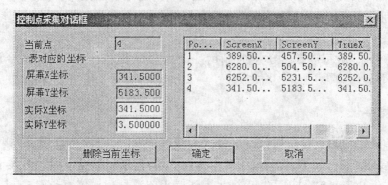

图 12.18 "控制点采集对话框"

根据对话框中四个角点的像素坐标值可以计算出该幅图像的像素宽、高参数约为 5900×4726。如果认为图像宽度是没有变形的,则可以反算出图像无变形的高度像素理论值应为 $40 \div 50 \times 5900 = 4720$,可见,它与高度像素实际值只差 6 个像素,变形不大。

在以 1 点为原点、12 方向为 X 轴、14 方向为 Y 轴的像素坐标系中将 1、2、3、4 点的像素坐标分别取整为(0,0)、(6000,0)、(6000,4800)、(0,4800)。操作方法是在图 12.18 的"控制点采集对话框"的坐标列表框中分别点取 1、2、3、4 点并在"实际 X 坐标"和"实际 Y 坐标"文本框中输入上述对应点的像素坐标取整值,完成操作后点取"确定"按钮关闭对话框。

图像像素坐标值的取整方法一般是参照实际测量图像的宽或高像素值以 100～300 像素的倍数取整。例如,上例实际测量图像的宽为 5900 像素,可以取整为 6000 像素,则图像高度像素的理论值应为 $40 \div 50 \times 6000 = 4800$。

点取"编辑"下拉菜单下的"图像校准"之"校准图像"选项(如图 12.17 所示),弹出如图 12.19 所示的"打开"对话框,在对话框中输入校准后将要保存的图像文件名,图中是以"地形 2_校准.bmp"文件名保存。点取对话框中的"打开(O)",系统将进行图像校准和保存工作,校准后的图像是沿图像内图廓将其外的图像内容全部裁剪掉。完成操作后,关闭"Trace 1.0"窗口,返回 SV300 界面。

图 12.19 "打开"对话框

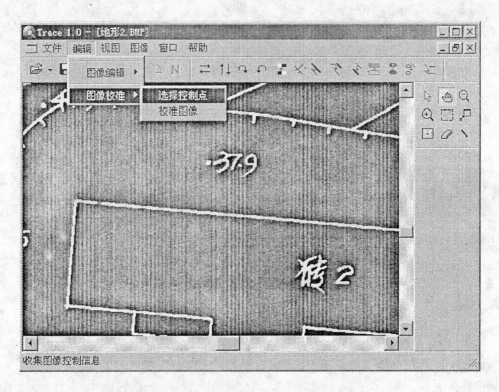

图 12.20 "Trace1.0"窗口

2. 图像调入

点取"图像 S"下拉菜单下的"图像调入"选项,弹出与图 12.19 一样的"打开"对话框,选中刚才校准过的图像文件名"地形 2-校准.bmp",点取"打开(O)"按钮,SV300 在命令行提示用户输入图像的作图左下角点坐标和右上角点的测量坐标如下:

Command:_ loadimg

作图左下角点:426250,889200

作图区域右上角点坐标:@250,200

上述输入的左下角点测量坐标可以从未经校准的图像文件"地形 2.bmp"上查看到,右上角点坐标可以采用相对坐标方式输入,分幅为 40cm×50cm,比例尺为 1:500 的地形图宽度为 250m,高度为 200m。

3. 设定比例尺和配置 SV300 环境

点取"图形 M"下拉菜单下的"设定比例"选项,根据提示输入比例尺分母值;点取"配置 U"下拉菜单下的"SV300 环境"选项,配置作图环境。

4. 绘制图廓

点取"图幅管理 T"下拉菜单下的"手动图廓"之"标准图廓"选项,SV300 弹出如图 12.16 所示的"图廓整饰"对话框,根据当前图像的外图廓内容输入对话框中的各选项,如果图幅左下角坐标不是 100m 的整倍数,还需要选中对话框中的"自由分幅"复选框,然后点取

"确认"按钮,SV300 在命令行提示用户输入图像的作图左下角点坐标:
Command: _ map _ border
图框左下角屏幕坐标:426250,889200

5. 描绘地物

将需要描绘的地物图像放大到合适比例,在屏幕菜单中点取需要描绘的地物符号,按照命令行的提示输入并在图像上描绘地物的特征点。

6. 追踪等高线之前的设置

1) 设置自动追踪等高线时矢量点的采集密度

按下图 12.21 所示的"扫描矢量化"工具栏中的"密"按钮,SV300 弹出如图 12.22 所示的"设置采集密度等级"对话框。对话框中有等级 1 至等级 6 六个等级数单选框,等级数愈小,采集密度愈大。通常设为等级 5 或等级 6。

图 12.21 "扫描矢量化"对话框

2) 设置自动追踪

按下"扫描矢量化"工具栏中的"扫"按钮,则 SV300 进入等高线自动追踪状态。执行等高线追踪操作时,要根据等高线图像的清晰情况灵活切换自动追踪状态。

3) 设置自动移屏

按下"扫描矢量化"工具栏中的"移"按钮,在 SV300 处于等高线自动追踪状态时,可以自动执行移屏操作。

4) 设置等高线高程

按下"扫描矢量化"工具栏中的"高"按钮,当用户完成一条等高线的追踪后,SV300 提示用户输入该等高线的高程值。

7. 追踪等高线

按下"对话框管理工具条"中的"打开或关闭曲线拟合"按钮(如图 12.8 所示),打开曲线拟合。

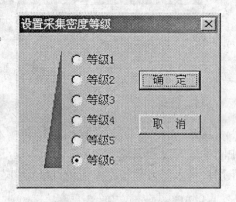

图 12.22 "设置采集密度等级"对话框

点取"图像 S"下拉菜单下的"曲线追踪"选项,SV300 在命令行提示如下:

起点:点取某等高线图像上的端点

取消跟踪点(B)/<下一点>:点取该等高线端点附近的下一点

取消跟踪点(B)/<下一点>:继续本线上的点

……

取消跟踪点(B)/<下一点>:回车

是否要闭合? Y 是/<N 否>:回车(若需要闭合)

输入高程值:输入当前等高线的高程值

执行等高线追踪操作时,要注意下列几点:

1) 在等高线起点或终点处,当等高线需要与其他已经绘制的地物线或内图廓线准确连接时,可以使用 AutoCAD 的对象捕捉功能;

2) 批量追踪等高线时,可以在完成全部等高线的矢量化后,统一对等高线赋高程,此时,要按下"扫描矢量化"工具栏中的"高"按钮;

3) 当等高线的图像不清晰时,要按下"扫描矢量化"工具栏中的"扫"按钮,转入手动追踪状态。在手动追踪状态下,自动移屏不起作用,用户需要点取"CAD_标准工具条"中的移屏命令手动执行移屏操作。

8. 等高线赋值和注记

1) 设置等高距

点取"图像处理"下拉菜单下的"设等高距"选项,SV300 在命令行提示如下:

Command: _ GetInter

输入等高距<1.0>:输入当前地形图的等高距值。

2) 等高线赋值

点取"图像处理"下拉菜单下的"高程赋值"选项,该选项下有"单根赋值"、"内插赋值"和"递推赋值",等高线批量赋值一般选择"递推赋值"选项。以图12.23所示的8根矢量化后的首曲线为例,等高距设为1m,执行"递推赋值"选项后,SV300 在命令行提示如下:

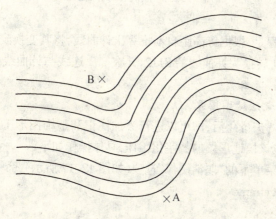

图 12.23 赋值前的等高线

Command: _ JSELE

输入第一个等高线过滤点:点取 A 点

输入第二个等高线过滤点:点取 B 点

输入第一根等高线的高程:39

0 = 426288.276797,889355.941802

1 = 426287.078468,889358.257166

2 = 426285.877502,889360.577624

3 = 426284.670890,889362.908993

4 = 426283.417339,889365.331054

5 = 426281.567758,889368.904740

6 = 426279.993872,889371.945741

$7 = 426278.223042, 889375.367269$

上述自动显示的 0~7 点的坐标为 AB 连线与 8 根等高线交点的 x、y 坐标值,完成赋值后的等高线如图 12.24 所示。

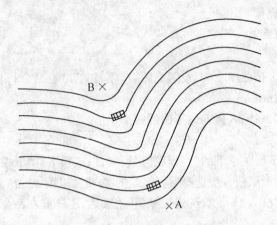

图 12.24 赋值后的等高线

该命令的执行过程是:根据等高距自动推算出计曲线,将其变换到 82 图层并加粗,系统 ID 码由首曲线的 8111 转换为计曲线的 8112,并在 AB 连线与计曲线的交点处标注计曲线的高程值。

9. 整饰地形图和删除地图图像

完成地物和地貌的矢量化后,即可以进行添加注记和整饰图形工作,在确信无遗漏后,删除地图图像,即完成该幅地形图的数字化工作,具体操作如下:

点取"图像"下拉菜单下的"取消图像"选项(如图 12.17 所示),命令行提示如下:

Command: _ imageframe
ON/OFF <ON>: on
Command: erase
Select objects:点取地形图图像边缘任一点

该选项的功能是:首先执行 AutoCAD 的 Imageframe 命令的 ON 选项,将图像的 FRAME 打开,再执行 AutoCAD 的 Erase 命令将选中的图像擦除。

第四节 数字地形图的应用

本节介绍使用 SV300 测绘软件在数字地形图上进行图上定点位、选线、绘制断面图、确定汇水范围、计算面积及填挖土方量的操作方法。学习完本节后,我们将惊喜地发现,数字地形图的应用比图解地形图的应用无论是精度还是效率都要高得多。

一、图上定点位置

因为 SV300 是在 AutoCAD 平台上开发的,所以图上定点操作可以应用 AutoCAD 的有关命令方便地进行。在执行有关命令应用地形图之前,需要先对测量单位进行必要的设置。首先打开需要使用的地形图文件,执行"ddunits"命令如下:

Command: ddunits

SV300 弹出如图 12.25 所示的"Units Control"对话框,需要根据测量高斯平面直角坐标系的特点进行如下设置:

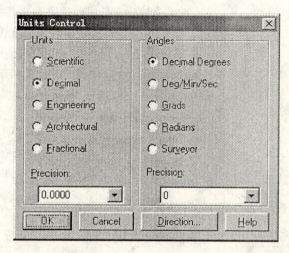

图 12.25 "单位控制"对话框

AutoCAD 的缺省设置是长度单位为"Decimal"(小数),"Precision"(精度)为保留小数点后四位;角度单位为"Decimal Degrees"(十进制度数),"Precision"(精度)为只保留整度数;角度测量的 0 方向为"East"(东方向,也即测量坐标系的 $+y$ 方向),旋转方向为逆时针。

长度单位和精度可以采用系统的缺省设置,但角度单位和方向必须按测量的要求重新设置。

点取对话框中的"Deg/Min/Sec"单选框,设置角度单位为六十进制的"度/分/秒";点取"Precision"下拉列表框,设置角度精度为"0d00′00.0″";点取"Direction..."按钮,SV300 弹出如图 12.26 所示的"Direction Control"对话框,在该对话框中点取"North"单选框,将角度计量的 0 方向设置为测量坐标系的 $+x$ 轴方向;点取"Clockwise"将角度计量的旋转方向设置为顺时针方向。点取"OK"按钮返回"Units Control"对话框,再点取"OK"按钮,完成单位设置。

1. 量测图上点位坐标

直接在命令行执行 AutoCAD 的"id"命令,具体操

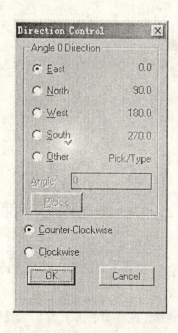

图 12.26 "方向控制"对话框

作如下:

Command: id

Point:(点取图上需要量测坐标的点位)

X = 426420.5864   Y = 889349.7452   Z = 53.9100

则点位在测量坐标系中的坐标为: x = 889349.7452m, y = 426420.5864m, z = 53.9100m。在点取需要量测坐标的点位时,可以根据需要使用对象捕捉。

2. 量测两点之间的距离和坐标方位角

图上两点之间的距离和坐标方位角的测量可以使用 AutoCAD 的"dist"命令。可以直接在命令行输入命令字"dist",也可以执行"工具"下拉菜单下的"查询"之"距离"选项,如图 12.27 所示,具体操作如下:

Command: dist

First point:(在屏幕上点取第 1 点)

Second point:(在屏幕上点取第 2 点)

Distance = 69.1775, Angle in XY Plane = 148d55′19.6″,
Angle from XY Plane = 90d0′0.0″

Delta X = 35.7096, Delta Y = −59.2482, Delta Z = 0.0000

则所取两点之间的距离为 69.1775m,坐标方位角为 148°55′19.6″。在取点位时,可以根据所需对象捕捉。

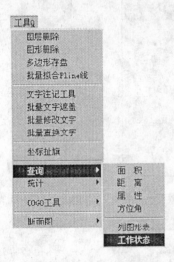

图 12.27 "工具"对话框

也可以使用 SV300 专门设置的方位角测量命令"azimuth"来计算屏幕上任意两点连线的坐标方位角。可以在命令行输入命令字"azimuth",也可以执行"工具"下拉菜单下的"查询"之"方位角"选项,如图 12.27 所示,具体操作如下:

Command:_ azimuth

请输入第 1 点:(在屏幕上点取第 1 点)

请输入第 2 点:(在屏幕上点取第 2 点)

点 1 至点 2 的方位角是 33d16′19″。

需要说明的是,使用 azimuth 命令测量坐标方位角不需要预先执行"ddunits"命令设置角度的单位和方向。

二、用图选线、绘断面图和定汇水范围

1. 用图选线

SV300 没有专门的选线命令,用户只能用与在模拟地形图上手工作业类似的方法,使用 AutoCAD 的一些命令进行选线操作。如图 11.9 所示,首先根据设计坡度 i、比例尺分母 M、地形图的等高距 h 计算出线路经过相邻等高线的最短距离 $l = \dfrac{h}{i \times M}$(见式(11-5));执行 AutoCAD 的圆弧命令"arc",绘制一条半径为 l 的圆弧;执行 AutoCAD 的复制命令"copy",以圆心为基点、多重复制方式将该圆弧复制到前一条圆弧与上一条等高线的交点处;执行 AutoCAD 的"pline"命令将各段圆弧与相应等高线的交点连接即完成选线工作。

2. 绘断面图

SV300 设置有专门的绘断面图命令"pmxcontour",它要求地形图的等高线已经赋值和入库。如果地形图的等高线是采用地面数字模型自动绘制的,则等高线已经实现了自动赋值和入库;如果地形图的等高线是通过模拟地形图数字化得到的,则必须将等高线赋值并入库。

执行 AutoCAD 的"pline"命令,在需要做剖面图的方向绘制一系列折线作为绘制剖面图的边界线,如图 12.28 所示。注意,点取折线转点的点位顺序方向代表绘制剖面图的横轴方向,且边界线不能放置在 81 或 82 两个等高线图层。

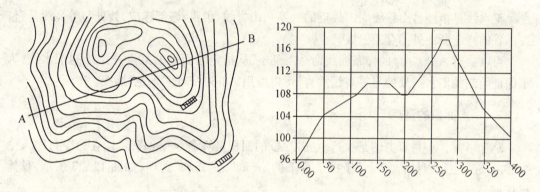

图 12.28　SV300 绘制的断面图示例

执行"DTMG"下拉菜单下的"绘制剖面图"之"根据等高线"选项,SV300 在命令行提示如下:

Command: _ pmxcontour
选择边界线:选择上面用"pline"命令绘制的折线
断面线段号:1 - 等高线序号:0
……

SV300 弹出如图 12.29 所示的"绘制纵断面图"对话框,对话框中的设置值是系统的缺省设置。

用户可以在"距离"文本框中输入断面图的水平间距值,一般要根据上面绘制的边界线总长度综合考虑;在"标高"文本框中输入断面图的垂直间距值,一般要根据上面边界线上最高点和最低点的总高差综合考虑。

图 12.29　"绘制纵断面图"对话框

模拟地形图是依比例尺绘制在图纸上的,所以绘制断面图时,为了使其水平轴的长度等于边界线的长度,一般将水平轴的"距离比例"设置等于地形图的比例尺,垂直轴的"标高比例"设置成水平轴比例尺的 10 倍左右。如果需要在断面图上量断面面积,则垂直轴的比例尺必须等于水平轴的比例尺。在屏幕上显示的数字地形图的比例尺都是 1∶1,所以,一般将水平轴的"距离比例"设置为1:1,垂直轴的"标高比例"设置为1:10。通过试验我们发现,该对话框中的"比例设置"有错误,"距离比例"设置成1:1000等价于1:1,"标高比例"设置为1:100等价于"1:10"。

完成"绘制纵断面图"对话框的设置后,点取"确认"按钮,SV300继续提示如下：

点取剖面线图的左下角：

在屏幕上点取一点作为绘制断面图的左下角点,SV300自动绘制断面图,其操作过程是：创建"Zdm1"、"Dmx"两个图层,将坐标轴线放置在"Zdm1"图层,将剖面线放置在"Dmx"图层。

3. 确定汇水范围

汇水线是由经过山谷线周围最近的一系列山脊线、山头、鞍部连成,处处与等高线垂直,在山谷的指定断面处闭合的曲线。

可以执行AutoCAD的样条曲线命令"spline"从指定断面处的某点开始绘制汇水线,为了保证绘制的汇水线处处与等高线垂直,可以应用AutoCAD的"垂足"捕捉。

三、图上面积的量算

SV300的面积量算方法是执行AutoCAD的面积量算命令"area",可以在命令行输入命令字"area",也可以执行"工具"下拉菜单下的"查询"之"面积"选项,如图12.27所示,具体操作如下：

Command：_ area

＜First point＞/Object/Add/Subtract：

上述共有4个选项,后面的"Add/Subtract(加/减)"两个选项是用来进行面积的累加或减计算的;"First point"选项是要求用户指定一系列点,AutoCAD计算出以这些点为顶点的闭合多边形的面积;使用较多的是"Object"(对象)选项,它可以计算用户选中对象的面积和周长,所选对象可以是由pline、spline、rectange、circle等命令绘制的多段线、样条曲线、矩形、圆等单一对象。下面是选择"Object"选项的操作过程：

Command：_ area

＜First point＞/Object/Add/Subtract：O

Select objects：点取某对象

Area = 23477.1282, Length = 528.1581

与传统的几何法、求积仪法不同的是,area命令计算的面积值是没有计算误差的,它的误差来源主要是图形本身的误差。如果数字地形图是通过模拟地图的数字化得到的,则图形误差包括野外测图误差和数字化误差;如果数字地形图是通过内外业一体化数字测图得到的,则图形误差主要是碎部点的点位误差。传统的解析法只能计算由边界点构成的多边形的面积,而area命令可以计算边界线为曲线或直线图形的面积。

四、填挖土方量的计算

填挖土方量计算命令位于"DTMG"下拉菜单中,如图12.30所示。可以选择"根据等高线"或"根据高程注记"两种方式进行计算,计算原理是方格网法。方格网法是围绕每一条格网线构成一个小多边形,用该小多边形将其内部的等高线断开,求多边形所包围等高线各线段与迹线的交点和高程,然后采用插值法计算出格网交点上的高程,用棱柱法计算填挖土方量。

若采用"根据等高线"计算填挖土方量,则等高线必须已经入库;若采用"根据高程注记"计算填挖土方量,则碎部点必须已经入库,同时执行"数据 D"下拉菜单下的"数据导出"之"SV 坐标文件"选项,将当前图形中的点位坐标引出以 SV 坐标文件格式命名保存。

土方量计算的边界线必须是采用 pline 或 rectangle 命令绘制的封闭线,且不能放置在 81 或 82 两个等高线图层。

下面分别介绍"根据等高线"或"根据高程注记"两种方式进行土方量计算的操作方法。

1. 根据等高线

执行本功能后,SV300 在命令行提示如下:

Command:_ fgwbycontour

选择边界线(点取预先绘制好的封闭边界线)

输入方格网间距(输入以米为单位的方格网间距,一般为 5~10m 之间)

SV300 弹出如图 12.31 所示的"格网法土方计算"对话框。

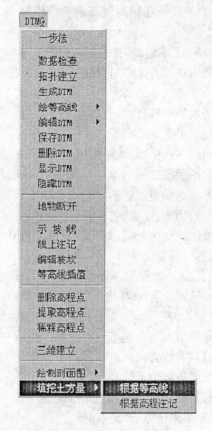

图 12.30 "DTMG"下拉菜单

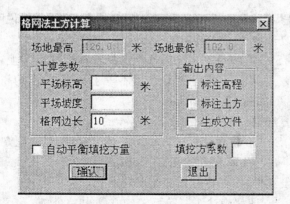

图 12.31 "格网法土方计算"对话框

对话框中的场地最高点和场地最低点由计算机自动给出,用户不能改变,其他内容说明如下:

1) 计算参数栏

该栏有"平场标高"(或误差范围)、"平场坡度"和"格网边长"三个文本框,具体说明如下:

(1) "平场标高"(或误差范围)文本框

当用户没有选中"自动平衡填挖方量"复选框时,该文本框标题为"平场标高",用户输入以米为单位的平场高程值。当在下面的"平场坡度"文本框中设置的坡度大于 0 时,平场标高为场地的最低高程;当坡度小于 0 时,平场标高为场地的最高高程;当坡度等于 0 时,平场标高代表水平面的高程。

当用户选中"自动平衡填挖方量"复选框时,该文本框的标题自动变为"误差范围",系统根据填挖平衡的原则自动计算平场标高,其中误差范围=添挖方的差值/填方或挖方,也即添挖方相对误差值。例如输入 0.001 代表 1/1000。

(2) "平场坡度"文本框

坡度单位为"%",系统缺省设置为 0,也即平场面为一水平面,其高程值为上面设置的平场标高。

当输入的坡度值不等于 0 时,平场面为一倾斜平面,该倾斜平面的起点高程值为上面设置的平场标高。当点取"确认"按钮后,SV300 将在命令行提示输入坡度方向起点和倾斜方向如下:

点取坡度方向起点:(在屏幕上点取一点)

点取坡度方向点:(在屏幕上点取另一点)

坡度方向由上述指定的两点确定,通常与边界线平行,如果预先绘制一条方向线,也可以通过捕捉直线的两端点来准确确定。

(3) "网格边长"文本框

该文本框中的网格边长值等于前面已经输入的以米为单位的长度值,可以在这里修改。网格边长值越小,土方量的计算精度越高,但计算花费的时间就越长。一般取值在 5~10m 之间比较理想。

2) 输出内容栏

该栏有"标注高程"、"标注土方"和"生成文件"三个复选框,具体说明如下:

(1) "标注高程"复选框

选中该复选框时,SV300 将每一方格网顶点的高程值标注在图上。当平场坡度等于 0 时,标注的高程 H 为场地实际标高;当平场坡度不等于 0 时,标注的高程 H 为设计倾斜面在方格网顶点处的标高,如图 12.31 所示。

(2) "标注土方"复选框

选中该复选框时,SV300 将标注每一方格网的填方量值 T 和挖方量值 W,如图 12.32 所示,其中方格网及其 H、T、W 值均绘制在"Twf"图层上。

(3) "生成文件"复选框

选中该复选框时,当点取"确认"按钮后,SV300 弹出一个"输入存放格网数据文件名"对话框,用户可以在该对话框中输入一个文件名并选择文件保存路径,系统没有为该文件定义扩展名,但 SV300 是以文本格式创建该文件。该文件保存了各方格网顶点的实际三维坐标值、平场标高值、总挖方量和总填方量。

3) "自动平衡填挖方量"复选框

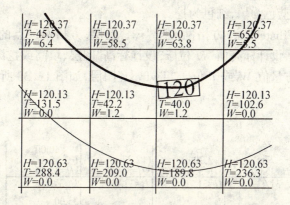

图 12.32 "根据等高线"计算填挖土方量示例

选中该复选框时,"计算参数"栏中的"平场标高"文本框自动变成"误差范围"文本框,平场标高由 SV300 根据填挖方量相等的原则自动计算得到。

4)"填挖方系数"文本框

该文本框只在选中"自动平衡填挖方量"复选框时有效,其意义是:挖方量×填挖方系数=填方量。也即当文本框中的系数大于 1 时,总填方量大于总挖方量;小于 1 时,总填方量小于总挖方量。

完成对话框的输入和设置后,点取"确定"按钮,根据设置的不同依提示内容输入,最后 SV300 将在命令行给出总的填挖方量值。

2. 根据高程注记

在执行该选项之前,首先执行"图形 M"下拉菜单下的"展点"选项,在弹出的"打开 SV 坐标文件"对话框中选择一个扩展名为".dat"的文本文件,SV300 自动将该文件中的点位展绘到当前图形中。其中点位放置在"point"图层中,点名放置在"pointnam"图层中。执行展点命令虽然可以展绘点的三维坐标,但是 SV300 只标注了点的编号,没有标注点的高程值,如果用户希望标注点的高程值,必须再执行"图形 M"下拉菜单下的"展高程"选项,并在弹出的"展高程点的 SV 坐标文件"对话框中选择上述文件。

完成展点操作后,可以根据需要在适当的图层上绘制土方计算的封闭边界线。执行"DTMG"下拉菜单下的"填挖土方量"之"根据高程注记"选项,SV300 在命令行提示如下:

Command: _ fgw

选择边界线(点取预先绘制好的封闭边界线)

点取网格方向起点:(在屏幕上点取一点)

点取网格方向点:(在屏幕上点取另一点)

网格方向起点至网格方向点的连线即代表方格网的方向,也代表文字注记的朝向,一般使连线方向与 AutoCAD 坐标系的 $+y$ 轴方向平行。

完成上述输入后,SV300 弹出如图 12.31 所示的"格网法土方计算"对话框,对话框的设置方法与前面相同。完成对话框的输入和设置后,点取"确定"按钮,根据设置的不同依提示内容输入,最后 SV300 将在命令行给出总的填挖方量值,同时根据各方格网内填挖高度的不同,填充颜色从蓝色到红色之间的高程色谱,表示高程值从低到高,由此可以更直观地判断填挖的趋势。其中蓝色为填,红色为挖。

高程色谱位于"Tfhatch"层,方格网位于"twf"图层,方格网顶点的实际标高标注值 H 位于"地面标高"图层、设计标高值 sH 位于"设计标高"图层、填高或挖深值位于"填高挖深"图层,方格网的填挖方量值 W 或 T 位于"Twftext"图层,如图 12.33 所示,图中关闭了高程色谱图层"Tfhatch"。

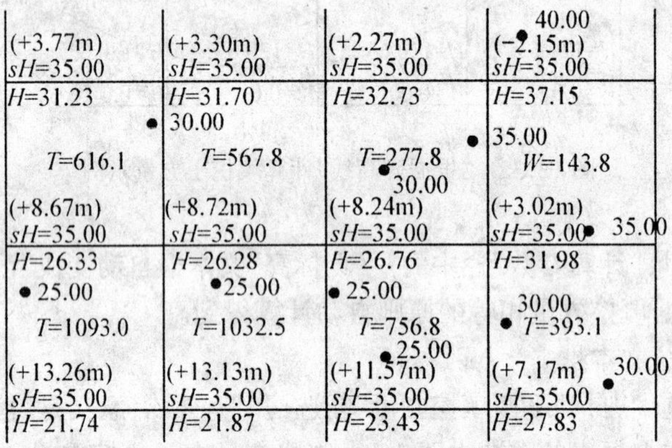

图 12.33 "根据高程注记"计算填挖土方量示例

习 题

1. 数字测量涉及到_____。

答:①测量结果的数字化、地面点特征数字化、测绘机能数字化及其数据库

②测量结果、地面点特征、测绘机能的数字化及其数据库

③图 12.1 整个系统的数字化过程

2. 地形图数字测量的基本系统有_____。

答:①数据采集,数字地理模型的建立,地形图的输出

②现场测量数据,测绘软件,地形图的绘制

③计算机,测绘软件,地形图的绘制

3. 内外业一体化数字测图方法与传统白纸测图(模拟测图)方法比较,有何特点?

4. 模拟地图的数字化有下列方法_____。

答:①电子平板法;②扫描数字化;③草图法;④手扶跟踪数字化。

5. 地面数字测图方法有_____。

答:①电子平板法;②扫描数字化;③草图法;④手扶跟踪数字化。

6. 下列数字化测图软件_____是采用 AutoCAD 为平台开发的。

答:①SV300;②SCS GIS2000;③EPSW2000;④RDMS;⑤CASS4.0。

7. 草图法数字测图一般需要 4 个人,他们分别是什么人员?

8. 电子平板法数字测图一般需要3个人,他们分别是什么人员?

9. 使用SV300的电子平板法进行野外数字测图,在正式开始碎部测量之前,在全站仪和笔记本电脑上需要进行的基本设置有哪些?

10. 使用SV300对现有地形图扫描矢量化,在正式开始描图之前,需要进行的基本设置有哪些?

11. 试写出在SV300上进行地形图的下列应用所使用的命令:

答案:①测量图上点的坐标_____。

②测量图上两点之间的实地距离_____。

③绘制断面图_____。

④绘制汇水线_____。

⑤测量图上某边线内的面积_____。

12. 使用SV300进行挖填土方量计算时,对计算边界有什么要求?

13. 使用SV300绘制断面图时,一般水平轴的"距离比例"设置成1:___,垂直轴的"标高比例"设置成1:___比较合适。

第十三章 施工测量原理与方法

学习目标:明确施工测量的目的及相应的基本要求;掌握施工测量的三种基本技术工作原理,掌握地面点的测设技术;明确激光在施工测量的定向原理和应用方法。

第一节 概　述

一、施工测量的概念

1. 施工测量目的

建筑物、构造物设计之后就要按设计图纸及相应的技术说明进行施工。设计图纸中主要以点位及其相互关系表示建筑物、构造物的形状和大小。施工测量的目的是以控制点为基础,把设计图纸上的点位测定到实地并表示出来。实现这一目的的测量技术过程称为工程放样,简称"放样"或称"测设"。经过施工测量表示在实地的点位称为施工点或称放样点。

2. 放样的基本思想

和测绘的基本技术过程一样，放样地面点的直接定位元素是角度、距离、高差，间接定位元素是点位坐标和高程，因此放样的基本技术工作主要是角度放样、距离放样、高差放样。从地面点定位的基本工作要求出发，放样的基本思想是：1）在放样之前，检验设计图上有关的定位元素；2）必要时对定位元素进行必要的处理；3）在实地把拟定的地面点测设出来并在地面上设立点标志。4）检查放样点位的准确性、可靠性。由于土木建筑工程的多样性或由于环境的复杂性，在实施放样的过程中必须因地制宜，采取灵活可靠的技术措施。

二、施工测量的精度

施工测量的精度主要取决于建筑物、构造物的设计与施工的要求。设计与施工的要求不同,施工测量的精度必有差异。

一般地,钢结构工程的施工精度高于混凝土结构工程的施工精度;装配式工程的施工精度高于现场浇灌式工程的施工精度。

在道路桥梁工程中,高速公路的施工精度高于普通公路的施工精度;特大桥梁的施工精度高于普通桥梁的施工精度;长隧道工程的施工精度高于短隧道工程的施工精度,等等。

施工测量的精度最终体现在施工点的精度。施工测量应从工程的设计与施工的精度需要出发,确定与之相匹配的测量技术相应精度等级,规定满足精度要求的施工测量方案,使实地放样点的精度满足施工的需要。

三、施工控制测量

与测量定位技术过程中的工作相仿,施工测量仍然遵循"等级、整体、控制、检验"的四项工作原则。施工测量的整体原则兼顾有工程的全局性和技术要求的完整性。施工控制测量作为施工测量的工作基础,必须从整体原则出发,尽量实现多用性和有效性。

多用性,即施工控制测量的建立应满足工程设计及其施工测量所确定的要求,尽量避免重复控制测量。有效性,即施工控制测量所建立的控制点点位无损可靠,便于应用,点位参数准确符合应用需要。

现代化建设的不断发展,要求土木工程的高速度、高精度、高质量,做好施工控制测量这一土木工程的前期工作,是高速度、高精度、高质量的重要保证之一。

四、施工测量的工作要求

1. 紧密结合施工的连续进程

施工要进行,测量是先导。紧密结合施工的需要,测量技术人员必须做到:
1) 熟悉设计图纸,懂得有关的设计思路。
2) 检查图纸,核实图纸的有关数据,做好施工测量的数据准备。
3) 了解施工工作计划和安排,协调测量与施工的关系,落实施工测量工艺。

2. 熟悉现场实际

施工测量人员熟悉现场实际是搞好施工测量的基本条件,要做到这一点必须:
1) 核查或检测有关的控制点,确认点位准确可靠。
2) 查清工地范围的地形地物状态。
3) 熟悉施工的进展状况。
4) 熟悉施工环境,避免施工对测量的可能影响,及时准确完成施工测量工作。

3. 加强测量标志的管理、保护,注意受损测量标志的恢复

测量标志,包括有控制点和放样点。其中控制点是施工测量的基础,放样点是施工的依据。由于施工的复杂性和多样性,往往有可能造成测量标志受损或丢失。因此测量过程中加强测量标志的管理、保护,及时恢复受损的测量标志是做好施工测量的必要工作要求。

第二节 放样的基本工作

放样的基本工作主要是地面点的直接定位元素角度、距离、高差的放样。

一、角度放样

图 13.1 是点位构成角度关系的设计图。图中 A、B 为已知点,AB 是已知方向,AP 方向是设计的方向线,$\angle BAP$ 设计已知值为 β。

在实地存在已知点 A、B,AB 是已知方向。实地没有 AP 方向。角度放样的目的是以测量技术手段把设计的 AP 方向按设计的 $\angle BAP$ 已知值测设到实地中。

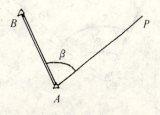

图 13.1

1. 一般方法

根据图13.1,角度放样的一般方法为:

1) 如图13.2,在实地已知点 A 安置经纬仪,选定已知方向 AB,以盘左瞄准 B 点目标,同时从经纬仪读数窗读取方向值 β_0。一般地,β_0 配置在0°附近,或者配置为0°。

2) 拨角,即转动经纬仪照准部,使读数窗度盘读数(或显示窗显示)为 $\beta_0+\beta$。此时望远镜的视准轴指向 AP 的既定方向。

3) 按望远镜视准轴指定的方向的地面上设立标志。如图13.2,从望远镜内可见定点人员的落点动作,此时应指挥落点位置应在望远镜十字丝纵丝上。通常在地面落点位置上钉上木桩(木桩移到望远镜十字丝纵丝方向上),在木桩的顶面标出 AP 的精确方向。

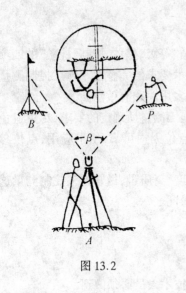

图13.2

2. 方向法角度放样

1) 按一般角度放样基本步骤完成待定方向 AP 的标志 P 的设置,此时 P 用 P' 表示,如图13.3。

2) 经纬仪以盘右位置瞄准 B 点目标,获得盘右观测值 β_0+180。

3) 按一般角度放样基本步骤2)使望远镜视准轴以 $\beta_0+180+\beta$ 指向 AP 方向,同时按指定的方向在实地标出 AP 方向的标志 P''。

4) 取 P'、P'' 的平均位置,即 P 作为 AP 方向的准确标志,如图13.3。

通常工程上以 DJ_6 经纬仪进行角度放样,采用方向法角度放样可以抵消仪器水平度盘偏心差的影响,提高了角度放样的精确度。

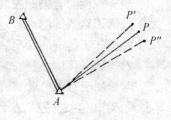

图13.3

3. 改化法角度放样

1) 上述两种方法角度放样指定 AP 方向之后,再利用经纬仪对 $\angle BAP$ 进行多测回观测,获得多测回平均值 β'。

2) 计算 $\Delta\beta$,即

$$\Delta\beta = \beta' - \beta \tag{13-1}$$

式中,β' 是多测回角度观测平均值,β 是设计拟定的角度值。

3) 概量 AP 的长度 d,求指定方向 P 的改正距 e(如图13.4),即

$$e = \frac{\Delta\beta}{\rho} \times d \tag{13-2}$$

式中,$\rho = 206\,265$。

4) 按改正距 e 移动 P 到 P_0 点,确定 AP 的精确方向为 AP_0。

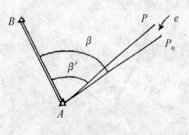

图13.4

4. 按已知方向精确定向

如图13.5,把 C 点定在 AB 方向上,方法如下:

1) 目估法定线 C' 点。概量 $AC' = S_1, BC' = S_2$。
2) 测量 $\angle AC'B = \beta$。
3) 计算 ΔC,根据图 13.5 可推证得

$$\Delta C = \frac{s_1 s_2}{\sqrt{s_1^2 + s_2^2 - 2s_1 s_2 \cos\beta}} \sin\beta \tag{13-3}$$

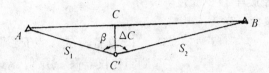

图 13.5

利用式(13-3)可计算 C' 至 C 的调整长度 ΔC。

4) 按 ΔC 把 C' 移至 C 点,则 C 点就在 AB 方向上。

式(13-3)中,如果 $S_1 = S_2 = S, \cos\beta \approx \cos 180° = -1$,则式(13-3)为

$$\Delta C = \frac{s}{2} \times \sin\beta \tag{13-4}$$

二、距离放样

从一个已知点开始沿已定的方向,按拟定的直线长度确定待定点的位置,称为距离放样。

1. 一般水平距离放样

如图 13.6, A 是已知点, P 是 AB 方向上的待定点,设计拟定平距 $AP = D$。实地 P 点未知。

1) 在实地以钢尺长度 D 沿 AB 方向定 P 点。即以钢尺的零点对准 A 点,拉紧钢尺(100N 左右),在长度 D 处的地面上定 P 点位置。

图 13.6

2) 检验丈量,即用钢尺再丈量 AP 的长度,检验放样点位的正确性。如果丈量结果不符合拟定的 D 值,则应调整 P 点。

2. 倾斜地面的距离放样

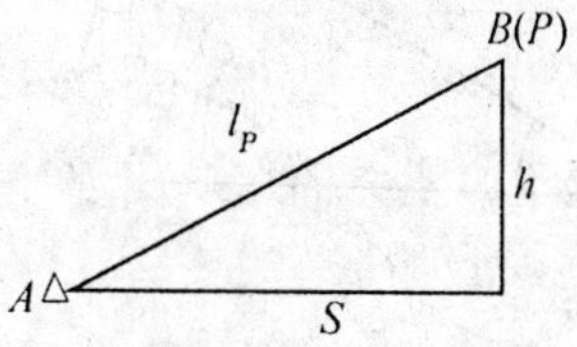

图 13.7 中, S 是设计平距,但实际地面 A 至 B 之间存在高差 h。使 AB 的放样平距等于 S,则实地测设长度为 l_P,即

$$l_P = \sqrt{s^2 + h^2} \tag{13-5}$$

因此倾斜地面的距离放样,1) 按式(13-5)求 l_P,2) 按 l_P 沿 AB 方向丈量 P 点。此时得到的 P 点就是 B 点,其 AB 的平距长度等于 S。

图 13.7

3. 钢尺精密距离放样

钢尺精密距离放样原理是根据钢尺精密量距原理。已知设计上的平距 S,按钢尺精密量距原理, S 满足下式

$$S=\sqrt{(D+\Delta l+\Delta l_\alpha)^2-h^2} \qquad (13\text{-}6)$$

式中，Δl 是尺长改正数；Δl_α 是钢尺温度改正数；h 是地面高差；D 是钢尺丈量的长度。根据式(13-6)，要使放样的最终结果满足 S 的要求，则精密丈量的实际长度 D 为

$$D=\sqrt{s^2+h^2}-\Delta l-\Delta l_\alpha \qquad (13\text{-}7)$$

由此可见，钢尺精密距离放样的方法，首先按式(13-7)的有关参数计算 D，然后以 100N 的拉力在实地精密放样 D 的长度。

4. 光电测距一般跟踪放样法

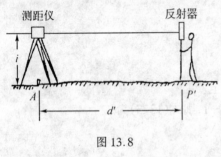

图 13.8

1) 准备。在 A 点安置测距仪(或全站仪)，丈量测距仪仪器高 i，反射器安置与测距仪同高，如图 13.8。反射器立在 AB 方向 P 点概略位置上(如图 13.8 P' 处)，反射面对准测距仪。

2) 跟踪测距。测距仪瞄准反射器，启动测距仪的跟踪测距按钮，观察测距仪的距离显示值 d'，比较 d' 与设计拟定值 d 的差别，指挥反射器沿 AB 方向前后移动。当 $d'<d$ 时，反射器向后移动，反之向前移动。

3) 精确测距。当 d' 比较接近 d 值时停止反射器的移动，测距仪终止跟踪测距功能，同时启动正常测距功能，进行精密的光电测距，记下测距的精确值 d''。

4) 调整反射器所在的点位。因上述精确值 d'' 与设计值 d 有微小差值 $\Delta d(=d''-d)$，故必须调整反射器所在的点位消除微小差值。可用小钢尺丈量 Δd，使反射器所在的点位沿 AB 方向移动丈量的 Δd 值，确定精确的点位(必要时应在最后点位上安置反射器重新精确测距，检核所定点位的准确性)。

5. 光电测距精密跟踪放样

根据光电测距成果处理原理公式，设计拟定的光电测距平距 s 可表示为

$$s=(D+K+R\times D_{km})\cos(\alpha+14.1''D_{km}) \qquad (13\text{-}8)$$

式中，D 是光电测距值；K 是测距仪加常数；R 是测距仪乘常数；α 是放样点与已知点之间的垂直角。根据式(13-8)，测距仪放样长度 D 为

$$D=\frac{s}{\cos(\alpha+14.1''D_{km})}-(K+R\times D_{km}) \qquad (13\text{-}9)$$

从式(13-9)可见，光电测距精密跟踪放样方法同一般跟踪测距放样，但距离放样 D 是斜距(如图 13.9)，因此放样工作中结合测距仪器的各种功能，实际方法可以是：

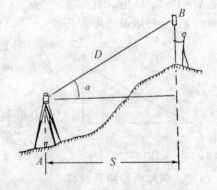

图 13.9

1) 安置测距仪器(半站仪、全站仪)、反射器。反射器安置同一般跟踪放样。

2) 根据测距仪器的功能输入加常数 K、加常数 R。

3) 选择仪器平距显示方式。如 TC600 选择"平高显示"方式。

4) 启动跟踪测距功能,观察平距显示值,检核与设计值 S 的差值。

5) 指挥前后移动反射器,直至平距显示值等于设计值 S 为止。

三、高差放样

以测量技术手段把拟定的点位测设在设计高差为 h 的位置上的工作过程,称为高差放样。如图 13.10, A 是已知点,高程为 H_A,B 是待定点位,设计上 A、B 两点的高差为 h。高差放样可以把 B 点测设到与 A 点高差为 h 的位置上。

1. 水准测量法高差放样

如图 13.10 所示,在 A、B 两点之间的水准测量的观测高差 h 为 $h=a-b$。a 是摆站后得到的后视读数,使 B 点与已知点 A 的高差满足已知值 h,则前视读数 b 必须满足:

$$b = a - h \tag{13-10}$$

因此,水准测量法高差放样的步骤:

1) 按图 13.10 安置水准仪,观测 A 点的标尺获得后视读数 a;

2) 按式(13-10)计算前视读数 b;

3) 水准仪观测前视尺,指挥调整标尺的高度,使标尺上的前视读数等于上述计算值 b;

4) 沿前视尺底面标划横线,称为标高线。沿标高线向下画一个三角形,如图 13.11。标高线表示 B 点的位置,并且 B 点与 A 点的高差等于 h。

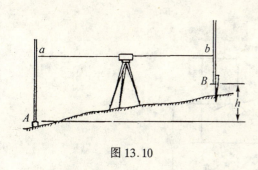

图 13.10

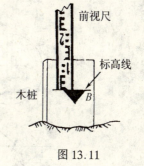

图 13.11

该法也可用于建筑工程平面位置的确定。

2. 水准测量法大高差放样

图 13.12 是已知点 A 与待测点 B 存在大高差 h 的情况,图中以两个测站(或两台水准仪)加悬挂钢尺的方法进行大改差放样。

1) 水准仪在 1 处观测后视读数 a_1 及前视读数 b_1。

2) 水准仪在 2 处观测后视读数 a_2。

3) 计算前视读数 b_2。图 13.12 中,若把悬挂的钢尺当作标尺,则 A、B 两点高差 h 为

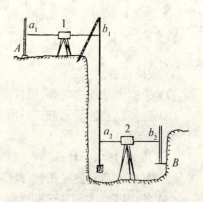

图 13.12

$$h = a_1 - b_1 + a_2 - b_2 \tag{13-11}$$

式中 h 是设计的大高差,为已知,故前视读数 b_2 为

$$b_2 = a_1 - b_1 + a_2 - h \tag{13-12}$$

4) 水准仪在 2 处观测前视尺,指挥调整标尺的高度,使标尺上的前视读数等于式(13-12)的计算值。

5) 沿前视尺的底面标出 B 的位置。此时,B 点与 A 点的高差必然等于 h。

3. 用全站仪进行高差放样(以 TC2000 为例)

1) 仪器安置于测站,反射器安置于 B 处附近;量取仪器高 i 及反射器高 l。

2) 计算放样高差的垂直角。

根据图 13.13,A、B 点的设计高差为 h,由三角高程测量原理公式(4-38)可知,高差 h 为

$$h = D_{AB} \times \tan(\alpha + 14.1'' D_{km}) + i - l \tag{13-13}$$

设

$$h' = D_{AB} \times \tan(\alpha + 14.1'' D_{km}) \tag{13-14}$$

则

$$h = h' + i - l \tag{13-15}$$

故 $h' = h - i + l$,称 h' 为放样高差。根据式(13-13)放样高差的垂直角 α 为

$$\alpha = \arctan\left(\frac{h - i + l}{D_{AB}}\right) - 14.1'' D_{km} \tag{13-16}$$

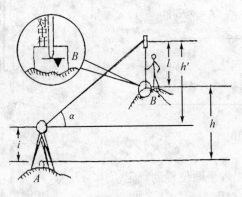

图 13.13

3) 放样准备。

(1) 根据全站仪的功能,把仪器高 i 及反射器高 l 存入仪器的存储器。

(2) 选择仪器的显示方式。用 TC2000 全站仪,显示高差和镜站高程。

4) 高差放样。

(1) 按式(13-16)计算的垂直角 α 转动全站仪瞄准反射器。

(2) 开机并启动测距按钮,观察显示高差和镜站高程。

(3) 按 REP DIST 按键进行跟踪测量,观察显示高差和镜站高程。

(4) 指挥升降反射器的高度 l,使显示高差和镜站高程满足设计要求,高差放样结束。

第三节　地面点平面位置的放样方法

一、直角坐标法

这是利用点位之间的坐标增量及其直角关系进行点位放样的方法。如图 13.14，A、B 是已知点，P 是设计的待定点。

1) 实地直角坐标系的建立。设 A 为坐标系原点，AB 为 Y 轴，X 轴便是过 A 点与 AB 垂直的直线。

2) 根据设计点位确定点在坐标系中的坐标。如图 13.14，待定点 P 与 A 点的坐标增量 Δx、Δy 在坐标系中便是 x_P、y_P。

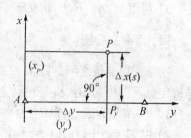

图 13.14

3) 放样 P 点。
(1) 沿 AB 丈量 Δy 得 P_y；
(2) 在 P_y 安置经纬仪，瞄准 A 点并拨角 $90°$；
(3) 沿视准轴方向丈量 Δx 得 P 点的位置；
(4) 实地定点 P。

图 13.14 可见，利用 P 点与线路段 AB 的垂直距离 S 可以实现 P 点的放样，即在 P_y 处按垂直距离 S 丈量得 P 点的位置。因此称 P 点为支距点，直角坐标法又称为支距法。如果在 $P_y P$ 点的延长方向还有其他待测设的点位，可按丈量得 P 点位的方法继续完成其他点位的测设。

二、极坐标法

这是利用点位之间的边长和角度关系进行放样的方法。如图 13.15，A、B 是已知点，P 是设计的待定点。设计上已知 AP 的水平距离 S 和角度 $\angle BAP = \beta$。极坐标法的点位放样方法是：

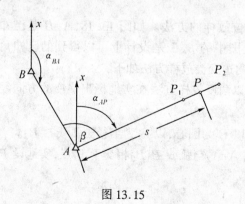

图 13.15

1) 在 A 点安置经纬仪，按角度放样在实地标定 AP 方向线的骑马桩 P_1、P_2，其中 $AP_1 < S < AP_2$。

2) 沿 AP_1、AP_2 方向丈量 $AP = S$，实地定 P 点的位置。

极坐标法是以放样角度提供量距方向的定点方法，习惯上又称为偏角法。在极坐标法放样中以全站仪或半站仪可实现快速定位。

极坐标法的放样参数可利用设计上的点位坐标换算得到。如图 13.15，以 A、B、P 的点位坐标，按式(5-22)及式(5-23)可求得方位角 α_{AP}、α_{BA} 和边长 s_{AP}，同时可求得夹角 β：

$$\beta = \alpha_{AP} - \alpha_{AB} \tag{13-17}$$

如果 $\alpha_{AP} < \alpha_{AB}$，则上式应加上 $360°$。

三、角度交会法

这是利用点位之间的角度关系进行点位放样的方法。如图 13.16，A、B 是已知点，P 是待定点。图中的 α、β 是设计上可以得到的已知角度。角度交会放样法如下：

1) 在 A 点安置经纬仪，以 AB 为起始方向，以 $360°-\alpha$ 拨角放样 AP 方向，定骑马桩 A_1、A_2。
2) 在 B 点安置经纬仪，以 BA 为起始方向，以 β 拨角放样 BP 方向，定骑马桩 B_1、B_2。
3) 利用 A_1A_2、B_1B_2 相交于 P 点，实地设 P 点标志。

四、距离交会法

这是利用点位之间的距离关系进行点位放样的方法。如图 13.17，A、B 是已知点，P 是待定点。图中的 S_1、S_2 是设计上可以得到的已知水平距离。距离交会放样法如下：

1) 以 A 点为圆心，以 S_1 为半径画弧线 A_1A_2。
2) 以 B 点为圆心，以 S_2 为半径画弧线 B_1B_2。
3) 利用弧线 A_1A_2、B_1B_2 相交于 P 点，实地设 P 点标志。

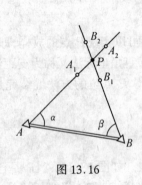

图 13.16

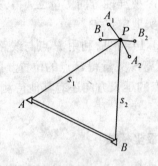

图 13.17

五、角边交会法

这是利用点位之间的角度、距离关系进行点位放样的方法。如图 13.18，A、B 是已知点，P 是待定点。图中的 β、S 是设计上可以得到的已知角度和水平距离。角边交会放样方法如下：

1) 在 A 点，以角度放样方法在实地标出 AP 的方向线 A_1A_2。
2) 在 B 点，以 B 为圆心，以 S 为半径画弧线 B_1B_2。
3) 利用直线 A_1A_2 与弧线 B_1B_2 相交于 P 点，实地设 P 点标志。

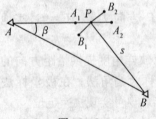

图 13.18

六、全站坐标法

这是利用点位设计坐标以全站测量技术进行点位放样的方法。全站坐标法的放样技术要点，即利用全站测量技术，测量初估点位，把直接得到点位的坐标与设计点位坐标比较，二者相等则定初估点位为测设的点位。一般全站仪或 GPS 接收机有全站坐标法测设功能。

以全站仪进行地面点的全站坐标测设技术方法有直角坐标增量测设技术、极坐标增量测设技术和偏距测设技术等。

1. 直角坐标增量测设技术

图 13.19 是原理图,测站 A 设全站仪,B 是起始方向,P 是待测的设计点位(实地未知)。

1) 测设前,已将 A、B、P 的坐标等参数输入全站仪。测设开始,反射器初立 P' 点位上。

2) 测设时,全站仪瞄准反射器测量,并根据测量的水平角 β' 和平距 D' 计算 P' 点的坐标 x'_P、y'_P。同时与 P 点的设计坐标 x_P、y_P 比较,显示坐标增量 Δx、Δy。

3) 全站仪根据 Δx、Δy 指挥移动反射器,并连续跟踪测量,直至 $\Delta x = 0$、$\Delta y = 0$。此时,反射器所在点位就是设计的实际点位 P。

4) 最后在地面上标出点位 P 的标志。

图 13.19

2. 极坐标增量测设技术

在测设原理上,极坐标增量测设技术只是把上述的坐标增量 Δx、Δy 转化为极坐标增量 $\Delta\beta$、Δs(图 13.20),其中

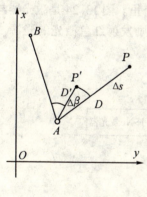

图 13.20

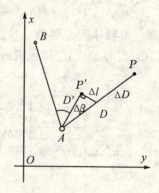

图 13.21

$$\Delta\beta = \beta' - \beta \tag{13-18}$$
$$\Delta s = D' - D \tag{13-19}$$

测设的过程使增量 $\Delta\beta = 0$、$\Delta s = 0$,最后在地面上标出点位 P 的标志。

3. 偏距测设技术

在测设原理上,偏距测设技术只是把上述的 $\Delta\beta$、Δs 转化为偏距 Δl、ΔD(图 13.21),其中

$$\Delta l = D'\tan\Delta\beta \tag{13-20}$$
$$\Delta D = \frac{D'}{\cos\Delta\beta} - D \tag{13-21}$$

测设的过程使增量 $\Delta l = 0$、$\Delta D = 0$,最后在地面上标出点位 P 的标志。

第四节 激光定向定位原理与方法

一、激光定向定位原理

由上述角度放样和高差放样可知,经纬仪、水准仪的视准轴是定向定位的指示方向线。可以设想,如果视准轴是一条可见的精细光线,那么人们可以方便地根据可见光线确定放样的位置。激光的出现不仅促进距离测量的革命,同时为定向定位的视准轴直接可见性创造条件。

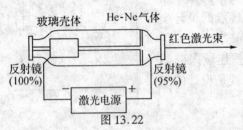

图 13.22

物理光学告诉我们,激光是一种具有高亮度、高单色、高方向性的光源,发射的光束是一条很精细的光线。应用于定向定位的光源器件有气体激光器、半导体发光管等。图 13.22 是一台 He-Ne 气体激光器原理图,这是一个两侧设有谐振反射镜的玻璃管器件,内装 He-Ne 气体。因激光电源的激励,He、Ne 气体经历吸收能量、电离、自发激励、振荡受激发射的过程,最终射出一束波长为 632.8nm 的精细红色激光束。

激光定向定位的原理实质:把红色激光束引入望远镜,使之在十字丝交点处沿着视准轴的方向射出,精细红色的可见激光线成为视准轴的标志,实现视准轴定向定位的直接可见性。

图 13.23 是 He-Ne 气体激光器的激光电源供电原理图。He-Ne 气体激光器需要很高的激发电压(4 000 V 以上),发射的激光束射程一般可达数公里。图 13.24 是激光器与望远镜的结合形式。半导体激光器是一种以一般干电池供电激励发射红色激光的光源。图 13.25 是激光目镜(红外激光)与望远镜的结合形式。

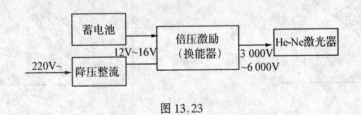

图 13.23

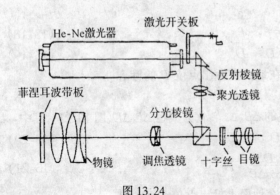

图 13.24

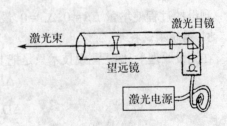

图 13.25

根据激光器与测量仪器的结合形式便有激光经纬仪、激光水准仪、激光铅直仪(应用于垂直指向)、激光对中器等器具的名称。

二、激光经纬仪应用的一般方法

图 13.26 是一台激光经纬仪,与同类光学经纬仪相比,光学测角方法是相同的。不同的是激光经纬仪的激光定向定位的应用。

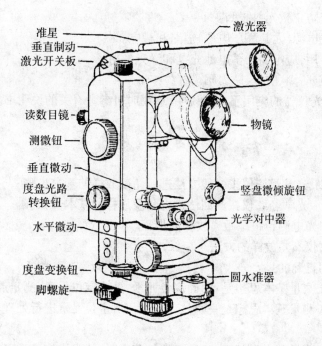

图 13.26

1. 以激光定向定位的一般方法

1) 准备。安置仪器,电源电路连接完毕;在望远镜物镜前套装波带板(无波带板者不装);激光开关板处于关位置(防止激光射眼)。

2) 瞄准。望远镜瞄准目标;开激光电源,激光发射;激光开关板处于开位置,激光从望远镜射出。

3) 落点。转动望远调焦螺旋,使激光落点聚焦;按激光落点定点。

4) 收测。关激光电源,取下波带板。

2. 以激光经纬仪激光垂直定向的一般方法

把激光经纬仪当做激光铅直仪,经纬仪可用于铅直指向,即垂直定向。激光垂直定向的一般方法是:

1) 准备。在激光经纬仪取下直读数管(原读数窗前的读数管),装上弯读数管;垂直方向上安置靶板,安置仪器的工作和上述的要求相同。

2) 瞄准。盘左纵转望远镜,竖盘水准气泡居中,在读数窗得读数 90°;开激光电源,激光开关板处于开位置,激光从望远镜射出。

3) 落点。转动望远调焦螺旋,使激光落点聚焦;按激光在靶面的落点定点。

4) 转向落点。转动激光经纬仪照准部 90°,按激光在靶面的落点定点。按此法再连续两次转向落点。

5) 取以上四点的平均位置为最后垂直定向的位置。

如果激光经纬仪的竖盘指标线没有自动归零装置,上述每次落点定点前应注意竖盘水准气泡居中。

3. 注意

1) 应用时应防止激光射眼睛。

2) 防止激光电源(尤其高压电源)短路和触电。

3) 长时间不用,应定期给蓄电池充电和激光试射。

4) 注意防震、防潮、防尘、防暴晒。

有关其他激光仪器的应用不一一说明,应用时可参考有关的说明书。

习 题

1. 试述用 DJ_6 光学经纬仪按一般方法进行角度放样的基本步骤。
2. 试述用 DJ_6 光学经纬仪按测回法进行角度放样的基本步骤。
3. 说明一般光电测距跟踪距离放样的步骤。
4. 试述全站仪高差放样的方法。
5. 下述说明正确的是_____。

答案:①施工测量基本思想是:明确定位元素,处理定位元素,测定点位标志

②施工测量基本思想是:检查定位元素,对定位元素进行处理,把拟定点位测定到实地

③施工测量基本思想是:注意环境结合实际,技术措施灵活可靠

6. 施工测量的精度最终体现在_____(A),因此应根据_____(B)进行施工测量。

(A)答案:①测量仪器的精确度　　(B)答案:①工程设计和施工的精度要求

②施工点位的精度　　　　　　　②控制点的精度

③测量规范的精度要求　　　　　③地形和环境

7. 一般法角度放样在操作上首先_____。

答案:①应安置经纬仪,瞄准已知方向,水平度盘配置为 0°

②应计算度盘读数 $\beta_0 + \beta$,观察在读数窗能否得到 $\beta_0 + \beta$

③准备木桩,在木桩的顶面标出方向线

8. 方向法角度放样可以消除_____。

答案:①经纬仪安置对中误差的影响;②水平度盘刻画误差的影响;③水平度盘偏心差的影响。

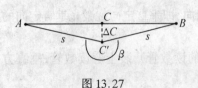

图 13.27

9. 按已知方向精确定向,如图 13.27,$S = 30m$,$\beta = 180°20'36''$。按式(13-3)计算定向改正 ΔC,并改正点位。

10. 根据式(13-8),已知 $S = 100m$,测距仪器的加常数 $K = 3cm$,加常数 $R = 160mm/km$。

按光电测距精密跟踪放样的实际方法,在放样结束时,仪器平距显示的平距应是_____才说明放样符合要求。

答案:①99.954m;②100m;③100.046m。

11. 水准测量法高差放样的设计高差 $h=-1.500$m,设站观测后视尺 $a=0.657$m,高差放样的 b 计算值为 2.157m。画出高差测设的图形。

12. 如图13.28,B 点的设计高差 $h=13.6$m(相对于 A 点),按图所示,按两个测站大高差放样,中间悬挂一把钢尺,$a_1=1.530$m,$b_1=0.380$m,$a_2=13.480$m。计算 b_2 的值。

13. 如图13.29,已知点 A、B 和待测设点 P 的坐标是:

$A: x_A=2\ 250.346$m,$y_A=4\ 520.671$m;

$B: x_B=2\ 786.386$m,$y_B=4\ 472.145$m;

$P: x_P=2\ 285.834$m,$y_P=4\ 780.617$m。

按极坐标法计算放样的 β、s_{AP} 值。

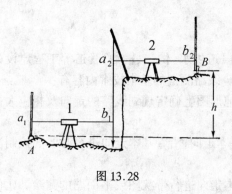

图13.28

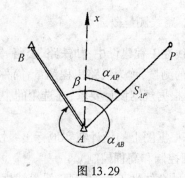

图13.29

14. 激光定向定位的原理实质是_____。

答案:①把激光线引入望远镜,沿着视准轴方向射出,实现视准轴直接可见性

②红色激光束射出望远镜,实现视准轴可见性

③红色激光束射入望远镜,沿着目标方向射出,实现视准轴直接可见性

15. 激光定向定位的一般方法有__(A)__,__(B)__,__(C)__。

(A)准备。即:①安置仪器,检查激光器与仪器状态。②安置仪器,开激光电源。③开激光电源。

(B)瞄准。即:①望远镜瞄准目标。②望远镜瞄准目标;激光射出。③望远镜瞄准目标;开激光电源。

(C)落点。即:①激光落点定点。②转望远调焦螺旋,激光聚焦落点定点。③按激光定点。

16. 如图13.29极坐标法放样的 β、s_{AP} 的步骤是_____。

答案:①A 点安置经纬仪,视准轴平行 x 轴,转照准部 β,丈量 s_{AP} 定 P 点

②A 点安置经纬仪,瞄准 B 点,转照准部 β,丈量 s_{AP} 定 P 点

③B 点安置经纬仪,瞄准 A 点,转照准部 β,丈量 s_{AP} 定 P 点

第十四章 路线中线测量

学习目标:掌握路线中线测量的基本技术方法;明确中线直线、圆曲线、缓和曲线、缓和复曲线的基本数学模型和参数计算方法;掌握切线支距法、偏角法等路线测量技术和路线测量特殊问题的处理方法。

第一节 路线测量与路线工程建设

一、路线测量概述

在线性工程建设中,如铁路、公路、输电线路、渠道供水(供气、输油)管道等工程建设中所进行的测量,称为线路工程测量,简称线路测量。线路测量的基本技术内容有:

1) 根据规划设计要求,在选用的中小比例尺地形图上确定规划线路的走向及相应大概点位。

2) 根据图上的设计在实地标出线性工程的基本走向,沿着基本走向进行必要的控制测量(平面控制和高程控制)。

3) 结合线性工程的需要,沿着线性工程的基本走向进行带状图或平面图的测绘。比例尺按不同线性工程实际按表 14-1 的要求选定。

表 14-1　　　　　　　　　　线性工程测图比例尺

路线工程类型	带状地形图	工点地形图	纵断面图 水平	纵断面图 垂直	横断面图 水平	横断面图 垂直
铁路	1:1 000 1:2 000 1:5000	1:200 1:200 1:500	1:1 000 1:2 000 1:10 000	1:100 1:200 1:1 000	1:100 1:200	1:100 1:200
公路	1:2 000 1:5 000	1:200 1:200 1:1 000	1:2 000 1:5 000	1:200 1:500	1:100 1:200	1:100 1:200
架空索道	1:2 000 1:5 000	1:200 1:500	1:2 000 1:5 000	1:200 1:500		
自流管线	1:1 000 1:2 000	1:500	1:1 000 1:2 000	1:100 1:200		
压力管线	1:2 000 1:5 000	1:500	1:2 000 1:5 000	1:200 1:500		
架空送电线路		1:200 1:500	1:2 000 1:5 000	1:200 1:500		

4)根据规划设计的线路把路线点位测设到实地中。

5)测量线性工程的基本走向的地面点位高程,绘制线路基本走向的纵断面图。根据线性工程的需要测绘横断面图。比例尺按表14-1的要求选定。

6)按线性工程的详细设计进行施工测量。

公路、铁路是社会经济发展的重要路线,大型供水工程是社会经济发展的重要渠道。为了区别于一般的线路测量技术,这里把公路、铁路、大型供水渠道的工程测量技术称为路线测量。路线测量贯穿于路线工程从规划、勘测设计、施工到营运管理的各阶段,是与工程建设紧密结合的专业测量技术。本章以交通路线工程为基础,重点叙述路线测量的技术原理和方法,同时兼顾其他线性工程测量技术方法。

二、路线测量的基本过程

1. 规划选线

这是交通路线建设的初始设计工作,一般的工作内容有:

1)图上选线。根据有关主管部门提出的某一交通路线(或某一交通网络)建设的基本思想,利用中比例尺(1:5 000~1:50 000)的地形图,在图上选取路线方案。

一张现势性比较好的地形图作为规划选线的重要图件,为交通路线初始设计反映出公路线走向的地形状态,提供有比较多的地质、水文、植被、居民点、原有交通网络、原有管线网络以及经济建设等现状。图上选线,可以在这些现有资料基础上初步确定多种交通路线的走向,估计路线的距离、桥梁涵洞立交的座数、隧道长度、车站位置等项目,测算各种图上选线方案的建设投资费用等。

2)实地考察。根据图上选线的多种方案,进行野外实地视察、踏勘、调查,收集路线沿途的实际情况,进一步掌握公路沿线的实际资料。其中注意搜集:(1)有关的控制点;(2)了解沿途的工程地质情况;(3)查清规划路线所经过的新建筑物、交通交叉、管线位置;(4)了解有关土石建筑材料情况。

地形图的现势性往往跟不上经济建设的速度,实际地形与地形图有可能存在差异。因此,实地考察获得的实际资料是初始图上选线设计的重要补充资料。

3)方案论证比较。即根据图上选线和实地考察的全部资料,结合主管部门的意见进行方案论证,确定规划路线的基本方案。

2. 勘测设计

勘测设计是在规划路线上进行路线勘测与设计的整个技术过程,有二阶段和一阶段两种形式。

二阶段勘测设计的形式包括有初测与定测两个基本内容。

1)初测,即在所定的规划路线上进行的勘测工作,主要技术工作内容有:控制测量和带状地形图的测量,目的是为交通路线工程提供完整的控制基准及详细的地形资料。

(1)控制测量:即平面控制测量和高程控制测量。在中比例尺地形图上已经有了交通规划路线,在实地也有了规划路线的基本走向。平面控制测量和高程控制测量在实地相应的规划路线上进行。

平面控制测量:可以是导线测量,也可以是三角测量或 GPS 技术。一般地,在交通路线工程中以导线测量进行平面控制测量。导线测量中应注意:

①沿规划路线布设控制点,控制点之间的距离一般应在 50~500m 之间;
②布设的导线两端(两端间隔小于 30km)应与国家控制点联测;
③未能与国家控制点联测的导线测量,应在导线两端测量真方位角;
④导线角度测量按二半测回观测。

导线测量的技术要求决定于导线总长所确定的技术等级,又应满足表 14-2 的规定。

高程控制测量:在规划路线沿线及桥梁、隧道工程规划地段进行高程控制测量,为交通路线勘测设计建立满足要求的高程控制点,提供准确可靠的高程值。

(2)带状地形测量:在已经建立的平面控制和高程控制基础上沿规划中线进行地形测量,按一般地形图测绘的技术要求测绘带状地形图,带状宽度 100~300m。此外,应注意测绘各种管线和原有的路桥与规划路线的关系,加测穿越规划路线的管线悬空高或负高。规划公路沿线的桥梁隧道应测绘大比例尺工点地形图。

初测得到规划路线的大比例尺带状地形图是纸上定线设计(图上设计)最重要的基础图件。纸上定线设计主要技术内容是:在带状地形图上确定路线中线直线段及交点位置,标明路线中线直线段连接曲线的有关参数。

表 14-2　　　　　　　　　　　　路线导线测量的技术要求

导线类型	方位角闭合差			相对闭合差	二半测回差	
	附合	两端测真北	一端测真北		DJ_2	DJ_6
初测导线	$30''\sqrt{n}$	$30''$	$30''$	1:2 000	$20''$	$30''$
定测导线	$30''\sqrt{n}$			1:2 000	$20''$	$30''$

图 14.1 带状地形图上连贯首尾的粗实线是定线设计的公路中线。图中 $K1$、$K2$ 等是导线点,$BM1$、$BM2$ 是水准点,JD_1、JD_2 等是定线设计公路的直线段交点。图中方格线的注有参数是方格的平面直角坐标。例如,N2876200,E38638600,前者表示 X 坐标,后者表示 Y 坐标。

2)定测,主要的技术工作内容:
(1)将纸上定线设计的公路中线(直线段及曲线)放样于实地;
(2)路线的纵、横断面测量。为路线竖向设计、路基路面设计提供详细高程资料。

纸上定线设计和竖向设计、路基路面设计是伴随着初测和定测的两阶段技术过程中实现的,故称为二阶段设计。一般的公路、铁路及大桥、隧道采用二阶段设计;修建任务紧急,方案明确,工程简易的低等级公路可采用一阶段设计的技术过程。一阶段设计,一般是一次性提供公路施工的整套设计方案。作为与之相配合的勘测工作是一次性的定测,亦即上述的初测、定测的连续性测量过程。

3. 路线工程的施工放样

根据设计的图纸及有关数据放样公路的边桩、边坡、路面及其他的有关点位,保证交通路线工程建设的顺利进行(见图 14.1)。

第十四章 路线中线测量

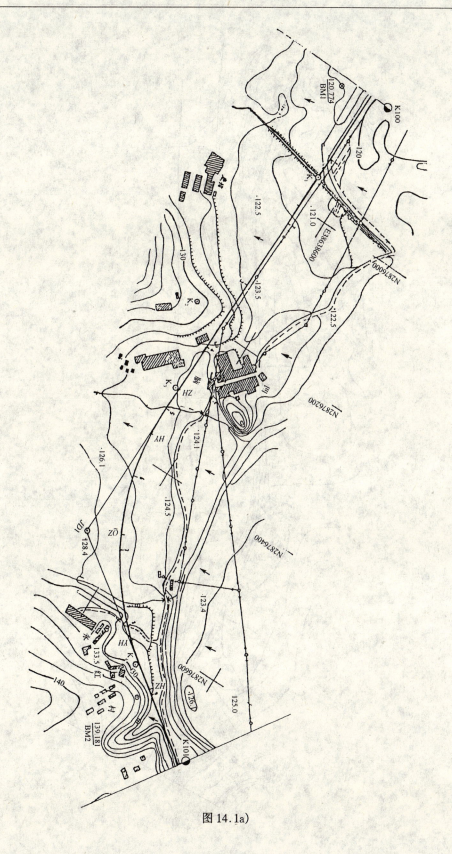

图 14.1a)

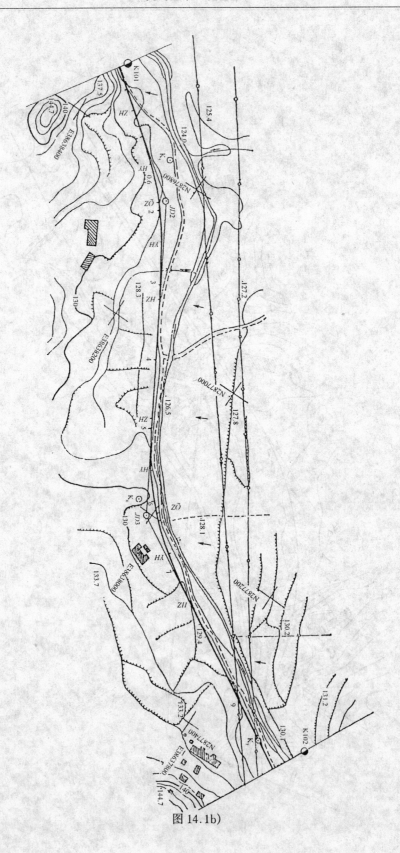

图 14.1b)

三、路线测量的基本特点

全线性。路线测量技术工作贯穿于整个交通路线工程的性质,称为全线性。以公路工程测量为例,从上述规划到施工的过程可见,公路工程测量开始于整个公路的全局,深入于公路路面施工的具体点位,公路工程建设过程时时处处离不开测量技术工作。

阶段性。这种阶段性既是测量技术本身的特点,也是路线设计过程的需要。图 14.2 表示公路设计与公路测量的先后关系,体现了公路测量的阶段性,反映了实地考察、平面设计、路面设计与初测、定测、放样的各阶段呼应关系。这种阶段性包含有测绘与放样的反复程序,反映了公路建设与测量技术的密切关系。

渐近性。不论是一阶段设计还是二阶段设计,交通路线建设从规划设计到兴建完工经历一个从粗到精的过程。图 14.2 表示公路建设与公路测量的关系流程,从图 14.2 中可见,公路的完美设计是在"从实践中来,到实践中去"的过程中逐步实现的。公路的完美设计需要公路勘测与设计的完美结合,设计技术人员懂测量,会测量;公路测量技术人员懂设计,明了公路的设计思路。完美结合的结果便是公路测量使公路工程建设在越测越像的过程中实现。

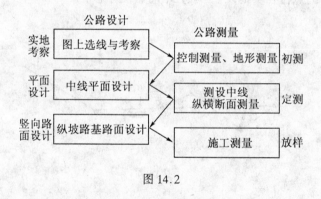

图 14.2

第二节 路线中线的直线测量

图 14.3 是一张公路图上的设计图,图中的 A、B、K_1、K_2、$\cdots$、K_8、C、D 各导线点连结成的折虚线是一条附合导线;两旁点虚线表示已测的带状地形图的范围;中间的 M、JD_1、JD_2、JD_3、N 各点连成的折线是在带状图上定线设计的公路中线,其中 M、N 是公路起点、终点,JD_1、JD_2 等是公路中线直线段的交点。路线中线直线测量的基本任务是把图上定线设计的路线中线直线方向、交点以及按一定间距的直线段放样到实地中。

一、中线直线段的一般放样

1. 一般的放样方法

放样,先有点位参数,再是点位放样。获取点位参数有图解法和解析法。

1)解析法获取测设参数与放样。解析法是利用点位坐标计算获取测设参数的方法。如

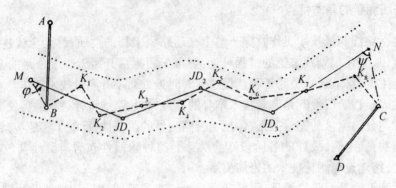

图 14.3

图 14.4(图 14.3 的局部,两图中的有关符号意义相同),M、JD_1 是图中平坦地段的直线段上两个点,只要把 M、JD_1 放样到实地中去,便可得到 M 到 JD_1 的直线段。方法如下:

(1)根据设计的点位 M、JD_1 的坐标求得距离、角度参数,即 s_1、β_1 及 s_2、β_2。

(2)分别在 B、K_2 点安置仪器,按极坐标法放样 M、JD_1 点。

(3)根据放样的点位在实地设立 M、JD_1 的点位标志。

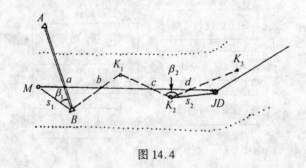

图 14.4

2)极坐标法连续点的参数与放样。极坐标法可利用控制点视野开阔的有利地形条件进行中线点位的放样。如图 14.5,A、B 是导线点,M 至 JD_1 是公路的中线,i 是待放样的中线点位,极坐标法放样的方法:

(1)计算第 i 点的坐标,即

$$x_i = x_M + l_0 \times i \times \cos\alpha_0$$
$$y_i = y_M + l_0 \times i \times \sin\alpha_0$$

(14-1)

式中,x_M、y_M 是公路起点 M 的坐标,l_0 中线点之间的整桩间距,α_0 中线的方位角,$i = 1, 2, \cdots, n$。

(2)设定测站 A 点的起始方向 AM,利用 A、M、i 点坐标进行坐标反算的办法求 A 点至第 i 点的距离 s_i 及 β_i。

(3)按极坐标法放样第 i 点中线点位。

上述放样中,若 s_i 与导线边 AB 的夹角为 90°时,习惯上称为支距法放样,即在与 AB 垂直的方向上丈量距离 s_i 测设中线点。如果规划路线中有的中线点(包括起点、终点、交点等)已在野外踏勘中确定,则应在控制测量时准确测量这些中线点的坐标和高程,并在带状地形图中表示出来。中线上其他点位的测设可利用这些点位以距离放样法测定在中线上。

3)图解法获取测设参数与放样。图解法是从图上量取测设参数的方法,具体方法:

(1)在带状地形图上量取公路设计的中线点测设参数。

(2)按极坐标法放样并实地确定中线点位。如图14.5中第 i 点的 s_i 及 β_i 测设参数从图中量取,然后按极坐标法测设第 i 点。

2.测设检查

由于放样误差等因素的影响,中线直线段放样的中线点位存在一定的误差,可采取穿线与比较的方法检查校正。

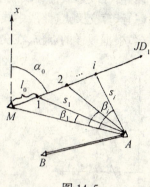

图14.5

穿线检查校正是一种传统方法。因图解误差等因素的影响,造成测设点位不在同一直线上,如图14.6。解决办法:

1)穿线,即在适中点位 A 安置经纬仪,瞄准另一中线点位目标 B,各中线点位 $1,2,\cdots,n$ 与经纬仪视准轴的位置关系如图14.6所示。

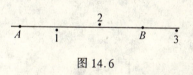

图14.6

2)检查,即检查各中线点位离开视准轴线的距离。

3)调整,首先调整经纬仪视准轴线,使各中线点位离开视准轴线的距离大致相当;其次调整实地的中线点位,使之落在经纬仪视准轴线上。

以比较方法检查校正。在测设过程中对测设在实地的点位进行测量,比较测量点位参数与设计点位参数的差异,差异不得超出表14-3的要求。

3.交点定位

根据上述方法,可在实地得到公路中线的直线段。在交点未定时,以延长直线段得到实地的交点位置。如图14.7中交点 JD_1 的定位具体方法:

1)设图14.7中 A、B 是直线段调整后的两个中线点,延长 AB 在另一直线段的方向附近,设骑马桩 B_1、B_2;

2)设图14.7中 C、D 是另一直线段调整后的两个中线点,延长 CD 在 AB 直线段方向附近,设骑马桩 C_1、C_2;

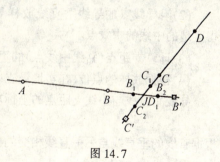

图14.7

3)利用 B_1B_2 与 C_1C_2 连线交会定交点 JD_1;

4)在实地设立交点 JD_1 的桩位。

二、方向转点的确定

方向转点,即中线直线段太长或直线段通视受阻时用于传递直线方向的中线点。

1.长直线段方向转点的确定

1)导线交叉法:如图14.4中可以利用导线边与中线直线的交叉点 a、b、c、d 确定直线的方向。方法:

(1)利用两直线相交原理求交叉点 a、b、c、d 的坐标,计算相应的导线点到交叉点的距离。

(2)沿导线边放样导线点至交叉点的距离得实地的中线的中线点。

(3)计算交叉点(路线中线点)的里程。

(4)根据放样的点位,在实地设立中线点的桩位。

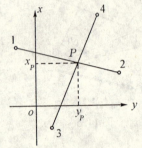

图 14.8

图 14.8 表示两直线相交求交叉点坐标的原理。设

$$AZ + L = 0 \quad (14\text{-}2)$$

根据两直线相交的原理推证,式(14-2)中

$$A = \begin{pmatrix} 1 - \dfrac{y_2 - y_1}{x_2 - x_1} \\ 1 - \dfrac{y_4 - y_3}{x_4 - x_3} \end{pmatrix} \quad Z = \begin{pmatrix} y \\ x \end{pmatrix} \quad L = \begin{pmatrix} -\dfrac{y_1 x_2 - y_2 x_1}{x_2 - x_1} \\ -\dfrac{y_3 x_4 - y_4 x_3}{x_4 - x_3} \end{pmatrix} \quad (14\text{-}3)$$

式中,x_1、y_1、x_2、y_2、x_3、y_3、x_4、y_4 分别是图 14.8 中的 1、2、3、4 的坐标,x、y 是交叉点 P 的坐标。其中 1、2 是中线上的已知点,3、4 是导线点。根据式(14-2),交叉点 P 的坐标是

$$Z = -A^{-1}L \quad (14\text{-}4)$$

按式(14-2)及式(14-4)可分别求出图 14.4 所示的交叉点 a、b、c、d 的坐标。

2)导线支距法:图 14.9 表示直线 12 与导线 34 的垂线 3P 正交的图形,支距点 P 的求解与放样方法:

(1)利用导线点的导线垂直线与中线相交原理求支距点 P 的坐标,计算垂直线至相交点的距离。

(2)沿导线点的导线垂直线放样导线点至支距点的距离得实地的中线的中线点。

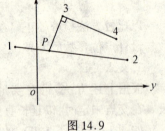

图 14.9

(3)计算支距点(路线中线点)的里程。

(4)根据放样的点位,在实地设立中线点的桩位。

导线垂直线与中线支距点的坐标求解原理:设

$$AZ + L = 0 \quad (14\text{-}5)$$

根据直线的垂直线与另一直线相交的原理推证,式中

$$A = \begin{pmatrix} 1 - \dfrac{y_2 - y_1}{x_2 - x_1} \\ 1 - \dfrac{y_4 - y_3}{x_4 - x_3} \end{pmatrix} \quad Z = \begin{pmatrix} y \\ x \end{pmatrix} \quad L = \begin{pmatrix} -\dfrac{y_1 x_2 - y_2 x_1}{x_2 - x_1} \\ -\dfrac{(y_4 - y_3)x_4 - (x_4 - x_3)x_3}{y_4 - y_3} \end{pmatrix} \quad (14\text{-}6)$$

式中,x_1、y_1、x_2、y_2、x_3、y_3、x_4、y_4 分别是图 14.9 中的 1、2、3、4 的坐标,x、y 是相交点 P 的坐标。其中 1、2 是中线上已知点,3、4 是导线点。根据式(14-5),支距点 P 的坐标是

$$Z = -A^{-1}L \quad (14\text{-}7)$$

2. 直线段通视受阻时方向转点的确定

在重丘地段,中线点因地貌影响不能直接通视,如图 14.10,A、B 两中线点均在两个山

的低洼地带，A、B 两点无法通视。解决的办法是在山顶上设立方向转点 C_1、C_2，用于传递 A、B 的直线方向。

1）内定点，即在 A、B 之间定方向转点 C_1，可用图 13.5 的方法放样得到。

2）外定点，即在 A、B 的延长线上定方向转点 C_2，如图 14.11。方法：

图 14.10　　　　　　　图 14.11

(1) 目估设 C_2'，观测边长 s_1、s_2 及角度 β。

(2) 按图中的几何关系推证的公式计算图中偏距 e，即

$$e = \frac{s_1 s_2 \sin\beta}{\sqrt{s_1^2 + s_2^2 - 2s_1 s_2 \cos\beta}} \tag{14-8}$$

(3) 将 C_2' 按 e 移至 C_2。C_2 至 A 的距离 s 是

$$s = s_1 \cos\left[\sin^{-1}\left(\frac{s_2 \sin\beta}{\sqrt{s_1^2 + s_2^2 - 2s_1 s_2 \cos\beta}}\right)\right] \tag{14-9}$$

另外，根据图 14.10 利用经纬仪分中法可在方向转点 C_1 上确定另一方向转点 C_2。方向转点设置的极限误差（或称容许误差），距离 $S = 100\text{m}$ 时，$\Delta e < \pm 5\text{mm}$；距离 $S = 400\text{m}$ 时 $\Delta e < \pm 20\text{mm}$。

三、转角的测量

转角，即在路线的直线交点处由中线的原方向转向另一方向，转后的直线方向与原方向的夹角称为转角。图 14.12 中 α_1 是直线 AB 方向在交点处 (JD_1) 转为直线 BC 方向的转角，α_2 是直线 BC 方向在交点处 (JD_2) 转为直线 CD 方向的转角。

转角分有左转角和右转角。若 α 在原方向的右侧，则称 α 为右转角；若 α 在原方向的左侧，则称 α 为左转角。

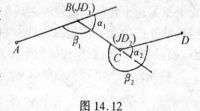

图 14.12

如果把图 14.12 的中线连同交点构成一条导线，则测量该导线的右角 β_i 可间接获得转角 α_i。当 $\beta_i < 180°$ 时，$\alpha_i = 180° - \beta_i$ 为右转角；当 $\beta_i > 180°$ 时，$\alpha_i = \beta_i - 180°$ 为左转角。

在图 14.3 中，测量 $\angle MBA$、$\angle DCN$、φ、ψ 以及在各交点测得 β，则由点 A、B、M、JD_1、JD_2、JD_3、N、C、D 构成一个新的附合导线，称为定测导线。定测导线的技术要求如表 14-2 所示。

四、中线桩的设置

1. 里程、里程桩、中线桩

里程，即表示路线中线上点位沿交通路线到起点的水平距离。里程桩，即埋设在路线中

线点上注有里程的桩位标志。里程桩设在路线中线上,又称为中线桩。

图 14.13 是里程桩的基本形式。里程桩上所注的里程又称为桩号,以公里数和公里以下的米数相加表示。如图 14.13c),$K100+560.56$,表示里程为 100 560.56m;$K100$,即 100km。上述以图解法、解析法测设的中线点位都必须设立标明里程(桩号)的中线桩。

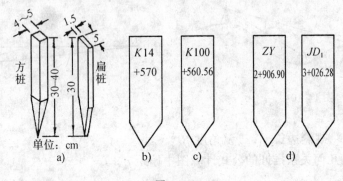

图 14.13

2. 设立中线桩的基本要求

1) 决定路线中线直线方向的点位,如起点、终点、交点、方向转点、直线段中点必须设立相应的中线桩。

2) 按规定在路线中线设立间距为 l_0(称为整桩间距)的中线整桩。中线整桩间距 l_0 有整公里、整百米、整十米的形式。整十米间距分为整 10 米、整 20 米、整 40 米等几种间距,在平坦地段的间距可按整 40 米、整 50 米设置,在起伏地带间距可按整 10 米、整 20 米设置。整桩的里程注计到米位,如图 14.13b)。中线整桩应根据已定的整桩间距定里程、放样定点、设里程桩。

3) 根据路线中线地形特征点位和路线中线特殊点设立附加的里程桩,即设立中线加桩。加桩里程应精确注计到厘米位,如图 14.13c)、d)。

根据地形特征点设置的中线加桩称为地形加桩,如中线上坡度变换点、河岸、陡坎以及建筑物外围边界处设立的中线加桩。中线加桩可以在中线整桩测设基础上根据地形按定点、测量、定里程、设里程桩的顺序进行。

4) 各种中线里程桩测量设置应符合要求,表 14-3 是公路中线桩测量的限差要求。

表 14-3　　　　　　　　　　中桩桩位测量的限差要求

公路等级	纵向误差	横向误差
高等级公路	$s/2\,000+0.1$m	10cm
一般公路	$s/1\,000+0.1$m	10cm

注:s 是中线桩位测量的长度,以 m 为单位。

5) 重要桩位应加固防损,注意加设控制桩。如公里桩、百米桩、方向转点桩、交点桩等重要中线桩应加固防损(防腐、防丢失),必要时应对有关桩位设立指示桩、控制桩。如图 14.7,在交点桩至骑马桩 B_2、C_2 的方向上设立控制桩 B'、C'。桩位加固,即在桩柱周围用水泥加固。

此外,平行线法和延长线法可用于控制桩的设立。平行线法,即在平行中线并超出路线设计宽度的位置上设立桩位;延长线法,即在交点附近中线延长线上设立桩位,如图14.7中的 B'、C'。在交通路线施工的过程中(如填挖工程),可能使中线桩丢失(或不易寻找),有指示桩、控制桩便可以利用放样的方法随时恢复丢失的中线桩位。路线沿线的控制点也可以用于中线桩的恢复。

五、管线工程的中线测量

给排水、供气、输油、输电线等管线工程不涉及类似车辆高速行驶速度,线型的用地比较狭窄,工程线状多以直线、折线的形式。这类工程一般对控制测量的要求不高,带状图多以平面测量的形式视工程的需要在中线测量时直接测绘。管线工程的中线测量主要是直线段的中线桩的测定。

1. 管道中线桩的测定

1)管道主点的测设:管道主点类似于交通路线起点、终点、交点,亦即管道线的起点、终点、转折点。测设的方法一般是图解法和解析法。

(1)图解法:如图14.14所示,a、b、c、d、e 是供水管道中线点的设计点位,线路测量的目的是把这些点位测定到实地。图解法的步骤是,首先在图上量取设计点位 a、b、c、d、e 与相应的建筑物点位 1、2、3、4、5 的关系参数,如点位之间的距离等,其次在实地以建筑物的点位 1、2、3、4、5 分别测设设计点位 a、b、c、d、e。

(2)解析法:如图14.14,a、b、c、d、e 是供水管道中线点的设计点位,Ⅱ、Ⅲ是控制点。解析法步骤是,首先根据设计点位 a、b、c、d、e 的图上坐标和控制点 Ⅱ、Ⅲ 的坐标求取测设参数 s_i、α_i,其次在实地以控制点按相应的测设参数测设设计点位 a、b、c、d、e。

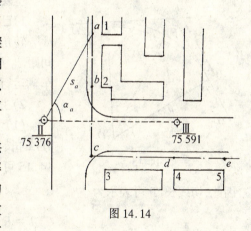

图 14.14

2)管道中线里程桩的测设:和测定公路中线桩一样,管道中线应按一定的间距测定中线里程桩,其中整桩间距为 10m、20m、50m 等规格,加桩视地物地貌情况而定。中线桩之间的距离可以用视距法测量。

2. 输电线中线桩的测定

输电线的线路测量包括有选择路径方案测量和现场定位测量两个阶段。

选择路径方案测量:主要利用中小比例尺地形图选择路径方案,经过比较和现场勘查,选定输电线路径走向和定点,根据输电工程的需要确定测绘大比例尺带状地形图及相应的工点地形图。

一般说来,300~500kv 的输电线路径左右 50m 应测量平面图,左右 30m 内的地物应测量准确的平面位置和高程。强、弱输电线相近或交叉地段应测量交叉角度及相应的位置图。输电线大跨度地段应测绘平面图和塔位地形图。输电线经过的电厂、变电站以及拥挤地段应测绘大比例尺地形图。

现场定位测量:根据选定的输电线路径方案,测定输电线起点、终点、转折点位置,在选定的输电线路径上测定直线桩、转角桩、杆塔位桩。直线桩之间的距离一般在400m以内,桩位埋设永久性的标桩,并分别按顺序编号。现场桩位距离测量相对误差在1:2 000以内即可,直线段的点位直线度小于1′。

第三节　圆曲线参数及其测设

一、圆曲线主点与测设

圆曲线是路线中线从一个直线方向转向另一个直线方向的基本曲线。如图14.15,公路从直线方向 ZD_1-JD 转向直线方向 JD-ZD_2,中间必须经过一段半径为 R 的圆曲线。这段圆曲线的起点 ZY(直圆点)、中点 QZ(曲中点)、终点 YZ(圆直点)称为圆曲线主点。各点位的专业名称见表14-4。

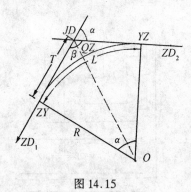

图14.15

1.圆曲线主点参数

主要有已知参数、定位参数和里程参数。

1)已知参数

转角 α 及圆曲线的设计半径 R;此外,还有曲线整桩间距 l_0 及交点 JD 里程 $JD_{里程}$。其中 R 根据地形状况及车辆运行要求设计的参数。

2)主点定位参数

(1)切线长:圆曲线起点(ZY)或终点(YZ)至交点 JD 的长度,就是圆曲线的切线长,用 T 表示。从图14.15可见,圆曲线对应的圆心角就是路线中线的转角 α,因此,切线长 T 可表示为

$$T = R \times \tan\left(\frac{\alpha}{2}\right) \tag{14-10}$$

(2)曲线长:圆曲线起点(ZY)至终点(YZ)的弧长,就是圆曲线的曲线长,用 L 表示,即

$$L = R \times \alpha \times \frac{\pi}{180} \tag{14-11}$$

(3)外矢距:交点至圆曲线中点的距离,称为外矢距,用 E 表示,即

$$E = \frac{R}{\cos(\alpha/2)} - R \tag{14-12}$$

(4)切曲差:切线长与曲线长的长度之差称为切曲差,用 D 表示,即

$$D = 2T - L \tag{14-13}$$

3)主点里程参数

(1)直圆点(ZY)里程:

$$ZY_{里程} = JD_{里程} - T \tag{14-14}$$

(2)圆直点(YZ)里程:

$$YZ_{里程} = ZY_{里程} + L \tag{14-15}$$

(3)曲中点(QZ)里程:

$$QZ_{里程} = YZ_{里程} - L/2 \tag{14-16}$$

(4)检核计算:

$$JD_{里程} = QZ_{里程} + D/2 \tag{14-17}$$

表 14-4　　　　　　　　　曲线点位专业名称

点位名称	汉语拼音缩写	英语简写
交　　点	JD (JiaoDian)	IP (Intersect Point)
方向转点	ZD (ZhuanDian)	TP (Trans Point)
公 切 点	GQ (GongQie)	CP (Common Point)
圆曲线		
直圆点(起点)	ZY (ZhiYuan)	BC (Beginning of Cycle)
曲中点(中点)	QZ (QuZhong)	MC (Middle Point of Curve)
圆直点(终点)	YZ (YuanZhi)	EC (End of Cycle)
缓和曲线		
直缓点(起点)	ZH (ZhiHuan)	TS (Trans Point of Spiral)
缓圆点	HY (HuanYuan)	SC (Spiral Cycle)
曲中点(中点)	QZ (QuZhong)	MC (Middle Point of Curve)
圆缓点	YH (YuanHuan)	CS (Cycle Spiral)
缓直点(终点)	HZ (HuanZhi)	ST (Spiral Trans)

2. 主点的测设方法

1)在交点 JD 设经纬仪瞄准中线点 ZD_2,沿经纬仪视准轴方向测量切线长 T,在实地定 YZ 点。

2)经纬仪拨角 $\beta/2$,沿视准轴测量外矢距 E,在实地定 QZ 点。

3)经纬仪再拨角 $\beta/2$,沿视准轴测量切线长 T,在实地定 ZY 点。

4)以上各点位均设置相应的里程桩。

二、圆曲线的详细参数与测设

圆曲线详细参数即圆曲线点位坐标,工程上有两种表示方法:直角坐标表示法和极坐标表示法。

1. 直角坐标表示法

工程上常称为切线支距法,圆曲线的详细参数的计算步骤是:

1)曲线直角坐标系的建立:根据直角坐标法原理,按图 14.16 建立直角坐标系,其中圆曲线切点 ZY 是坐标系原点,ZY 至 JD 切线为 X 轴,过 ZY 点至圆心的垂直方向为 Y 轴。

2)求圆曲线任一点 i 的坐标:图 14.16 中圆曲线任一点 i 的坐标为

$$\begin{aligned} x_i &= R\sin\varphi_i \\ y_i &= R - R\cos\varphi_i \end{aligned} \tag{14-18}$$

$$\varphi_i = \frac{l_i 180°}{R\pi} \qquad (14\text{-}19)$$

式中，l_i 是圆曲线第 i 个中线点离开 ZY 点的弧长，φ_i 是 l_i 相对应的圆心角；$i=1,2,\cdots,n$。

3）圆曲线第 i 个中线点的里程：

$$l_{i\text{里程}} = ZY_{\text{里程}} + l_i \qquad (14\text{-}20)$$

$$l_i = l_A + l_0 \times (i-1) \qquad (14\text{-}21)$$

式中，l_0 是曲线中线整桩间距；l_A 是离开 ZY 点的第一个中线整桩点位的弧长，即

$$l_A = l_0[\text{INT}(ZY_{\text{里程}}/l_0)+1] - ZY_{\text{里程}}$$

式中，INT 是计算机的取整函数，曲线中线整桩间距 l_0 的取值应根据圆曲线半径的大小确定。一般 l_0 取 20m；30m<R<60m，l_0 取 10m；R<30m，l_0 取 5m；R>800m 时，可以设 l_0 为 40m。

2. 极坐标表示法

也称为偏角法，如图 14.17 圆曲线任一点 i 的点位参数可以表示为

$$\theta_i = \frac{\varphi_i}{2} \qquad (14\text{-}22)$$

$$C_i = 2R\sin\theta_i$$

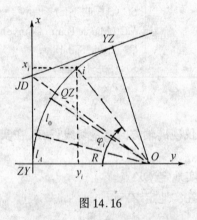

图 14.16   图 14.17

式中，θ_i 称为偏角或称方位角，φ_i、l_i 满足式(14-19)。

3. 测设的方法

根据圆曲线点位坐标表示方法，圆曲线点位测设方法有直角坐标法和极坐标法，或称为切线支距法和偏角法。

1）直角坐标法

（1）沿 X 轴按 x_i 测量定各 x_i 的点位；

（2）在各 x_i 处沿 X 轴的垂直方向测量 y_i 定 i 点的位置；

（3）设置 i 点位里程桩；

（4）检核。一般方法上，圆曲线分别从 ZY 点、YZ 点向 QZ 点进行详细测设，检核是对接近 QZ 点的测设桩位至 QZ 点的实际距离与计算距离比较，比较结果符合表 14-3 的要求。

算例:转角 $\alpha=10°49'$,圆曲线半径 $R=1\,200\mathrm{m}$,$JD_{里程}=k4+522.31$,$l_0=20\mathrm{m}$。计算结果见表 14-5。表中列出了圆曲线主点参数和详细测设的点位参数,其中详细测设的点位参数按图 14.16 从 ZY 点沿圆曲线向 QZ 点计算的。

2)偏角法也称为极坐标法。该法以 ZY 点(或 YZ 点)为测站,以切线方向为起始方向。该法的测设参数是根据圆弧上点位至 ZY 点(或 YZ 点)的弦长 C_i 及弦长方向与起始方向的夹角 θ_i。见图 14.17。

(1)按式 (14-22)计算圆曲线上一点的偏角测设参数 θ_i、C_i。
(2)测设第 i 点中线桩位的方法同极坐标法。
(3)设置 i 点位里程桩。
(4)检核。方法与切线支距法相同。

算例:转角 $\alpha=10°49'$,圆曲线半径 $R=1\,200\mathrm{m}$,$JD_{里程}=k4+522.31$,$l_0=20\mathrm{m}$。计算结果见表 14-5。

表 14-5　　　　　　圆曲线主点参数和详细测设参数计算表

已知参数	转　　角:$\alpha=10°49'$ 交点里程:$JD_{里程}=k4+522.31$		设计半径:$R=1\,200\mathrm{m}$ 整桩间距:$l_0=20\mathrm{m}$	
定位参数	切　线　长:$T=113.61\mathrm{m}$ 外　矢　距:$E=5.37\mathrm{m}$		弧　　　长:$L=226.54\mathrm{m}$ 切　曲　差:$D=0.68\mathrm{m}$	
主点里程	ZY 点里程:$k4+408.70$ QZ 点里程:$k4+521.97$		YZ 点里程:$k4+635.24$ JD 点里程:$k4+522.31$ (验算)	
点名	详　细　测　设　参　数		切线支距法 原点:ZY x 轴:$ZY-JD$	偏角法 测　站:ZY 起始方向:$ZY-JD$
	桩号里程 km　　m	累计弧长 m	$x(\mathrm{m})$　　$y(\mathrm{m})$	θ　　　　c °　′　″　　(m)
ZY	$k4+408.70$	0	0　　　　0	
1	$k4+420.00$	11.30	11.30　　0.05	0　16　11　　11.29
2	$k4+440.00$	31.30	31.30　　0.41	0　44　49　　31.29
3	$k4+460.00$	51.30	51.28　　1.10	1　13　28　　51.29
4	$k4+480.00$	71.30	71.26　　2.18	1　42　07　　71.28
5	$k4+500.00$	91.30	91.21　　3.47	2　10　46　　91.27
6	$k4+520.00$	111.30	111.14　　5.16	2　39　25　　111.25
QZ	$k4+521.97$	113.27	113.10　　5.34	2　42　15　　113.22
7	$k4+540.00$	131.30	131.04　　7.18	3　08　04　　131.23
8	$k4+560.00$	151.30	150.90　　9.53	3　36　43　　151.19
9	$k4+580.00$	171.30	170.72　　12.21	4　05　22　　171.15
10	$k4+600.00$	191.30	190.49　　15.22	4　34　00　　191.09
11	$k4+620.00$	211.30	210.21　　18.56	5　02　39　　211.02
YZ	$k4+635.24$	226.54	225.20　　21.32	5　24　30　　226.20

第四节　缓和曲线参数及其测设

一、概念

曲率半径从某一个值连续匀变为另一个值的曲线称为缓和曲线。具有曲率半径匀变几何特征的缓和曲线是适合以一定运行速度的车辆前轮逐渐转向的行驶轨迹,是路线中线设计的基本线型之一。这种基本线型与圆曲线相结合构成路线中线直线段转向的标准曲线型。如图 14.18,图中 HY_1—YH_1 是半径为 R_1 的圆曲线,ZD_1—ZH_1、HZ_1—ZH_2 是直线段。在直线段与圆曲线段之间插入的 ZH_1—HY_1、YH_1—HZ_1 线段是缓和曲线,其中 ZH_1—HY_1 缓和曲线曲率半径由 ∞ 向 R 匀变,YH_1—HZ_1 缓和曲线曲率半径由 R 向 ∞ 匀变。

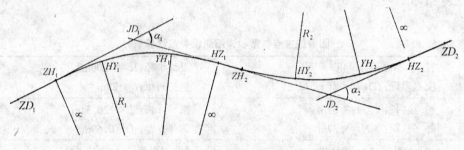

图 14.18

二、缓和曲线的已知参数和特征参数

1. 已知参数

图 14.18 表示了路线中线的缓和曲线与直线段、圆曲线段的组合形式。这种组合形式的已知参数有:

1)转角 α,以测量的技术手段得到。
2)圆曲线半径 R,根据地形及车辆运行技术要求设计的参数。
3)缓和曲线长度 l_s,按设计要求确定的参数(公路缓和曲线长度见表 14-6)。

此外,还有曲线整桩间距 l_0 及交点 JD 的里程$JD_{里程}$。

表 14-6　　　　　　　　公路缓和曲线长度

公路等级		一		二		三		四	
	地形状况	平地	重丘	平地	重丘	平地	重丘	平地	重丘
一般公路	l_s(m)	85	50	70	35	50	25	35	20
高速公路	速度 km/s	120		100		80		60	
	l_s(m)	100		85		70		50	

2. 缓和曲线特征参数与表达式

为便于说明缓和曲线特征参数,预先建立直角坐标系,ZH 点是坐标系原点,ZH 至 JD

点为 X 轴,过 ZH 点作 X 轴的垂直方向为 Y 轴,形成一个直角坐标系,如图 14.20。

1) 回旋曲线参数:取图 14.20 一部分,如图 14.19 中,曲线段 ZH—HY 是缓和曲线。回旋曲线是我国应用缓和曲线的常用线型,根据一般曲线曲率半径的表达特征,回旋曲线曲率半径表达式为

$$\rho = \frac{c}{l} \qquad (14\text{-}23)$$

式中,l 是自 ZH 点至 P 点的缓和曲线长度;ρ 是 P 点处的缓和曲线半径;c 是回旋曲线参数,

$$c = \rho \times l \qquad (14\text{-}24)$$

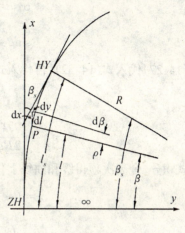

图 14.19

根据缓和曲线与圆曲线的连续关系,当 $l = l_s$ 时,缓和曲线曲率半径 $\rho = R$,即在 HY 处存在

$$R = \frac{c}{l_s} \qquad (14\text{-}25)$$

根据式(14-24)可得

$$c = R \times l_s \qquad (14\text{-}26)$$

2) 切线角:过缓和曲线上 P 点的切线与缓和曲线 ZH 点切线的夹角称为切线角,用 β 表示。设 P 点附近存在 dl 对应的 $d\beta$ 为

$$d\beta = \frac{dl}{\rho}$$

把式(14-26)代入式(14-23),然后将式(14-23)代入上式,整理得

$$d\beta = \frac{l\,dl}{Rl_s}$$

积分上式得切线角表达式

$$\beta = \frac{l^2}{2Rl_s} \qquad (14\text{-}27)$$

或以角度的形式,即

$$\beta = \frac{l^2 \, 90}{Rl_s\pi} \qquad (14\text{-}28)$$

当 $l = l_s$ 时,

$$\beta_s = \frac{l_s}{2R} \qquad (14\text{-}29)$$

或以角度的形式,即

$$\beta_s = \frac{l_s \, 90}{R\pi} \qquad (14\text{-}30)$$

3) 缓和曲线 HY 点的点位坐标:图 14.19 中,过 ZH 点的切线作 X 轴,过 ZH 点与 X 轴的垂直方向为 Y 轴,形成缓和曲线直角坐标系。在 P 点处相对于 dl 的变化引起 P 点的坐标变化,即

$$\begin{aligned} dx &= dl \times \cos\beta \\ dy &= dl \times \sin\beta \end{aligned} \qquad (14\text{-}31)$$

根据幂级数展开式

$$\cos\beta = 1 - \frac{\beta^2}{2} + \frac{\beta^4}{4!} - \frac{\beta^6}{6!} + \cdots$$

$$\sin\beta = \beta - \frac{\beta^3}{3!} + \frac{\beta^5}{5!} - \frac{\beta^7}{7!} + \cdots \tag{14-32}$$

把式(14-27)代入式(14-32),再代入式(14-31)得

$$dx = \left(1 - \frac{l^4}{8R^2 l_s^2} + \frac{l^8}{384 R^4 l_s^4} + \cdots\right)dl$$

$$dy = \left(\frac{l^2}{2Rl_s} - \frac{l^6}{48R^3 l_s^3} + \frac{l^{10}}{3840 R^5 l_s^5} + \cdots\right)dl$$

对上式积分,舍高次项得缓和曲线上任一点坐标

$$x = l - \frac{l^5}{40 R^2 l_s^2} + \frac{l^9}{3456 R^4 l_s^4}$$

$$y = \frac{l^3}{6Rl_s} - \frac{l^7}{336 R^3 l_s^3} + \frac{l^{11}}{42240 R^5 l_s^5} \tag{14-33}$$

当 $l = l_s$ 时,缓和曲线 HY 点的坐标为

$$x_s = l_s - \frac{l_s^3}{40 R^2} + \frac{l_s^5}{3456 R^4}$$

$$y_s = \frac{l_s^2}{6R} - \frac{l_s^4}{336 R^3} + \frac{l_{s1}^6}{42240 R^5} \tag{14-34}$$

4)圆曲线内移参数 p 与切线增值参数 q:图 14.20 中,在路线中线转弯处如果只设计圆

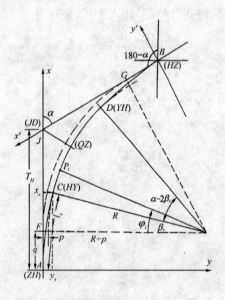

图 14.20

曲线,则路线中线的 F、G 点分别是圆曲线(虚线)的 ZY、YZ 点。在这种情况下,车辆沿 AF 直线段运行后在 F 处转入圆曲线(虚线)。显然,如果车辆在未进入圆曲线之前,再经过一段缓和曲线才转入圆曲线,这时的线型必须有相应的变化。这种变化可在不改变原有交点 JD 和直线方向的情况下,使圆曲线向圆心 O 的方向内移,即形成图中实线的线型。变化后的圆曲线内移的距离值,就是内移参数 p;变化后的圆曲线原有的切线长 FJ 增长为 AJ,增值参数为 q。上述的变化结果是,实现缓和曲线段 AC、DB 的插入和圆曲线的缩短(即原 FG 弧长缩短为 $HY-YH$ 的弧长)。

图 14.20 中,设圆曲线内移后仍取 R 为半径,β_s 是 HY 处的切线角,内移参数 p 为

$$p = y_s + R\cos\beta_s - R \tag{14-35}$$

按式(14-30)把上式的 $\cos\beta_s$ 化为 β_s 的展开式,并略去高次项,同时顾及式(14-34)的 y_s 得

$$p = \frac{l_s^2}{6R} - \frac{l_s^4}{336R^3} - \frac{l_s^2}{8R} = \frac{l_s^2}{24R} - \frac{l_s^4}{2688R^3} \tag{14-36}$$

增值参数 q 为

$$q = x_s - R\sin\beta_s \tag{14-37}$$

仿式(14-33)的推导可得增值参数

$$q = \frac{l_s}{2} - \frac{l_s^3}{240R^2} \tag{14-38}$$

上式右边第二项很小,故增值参数 q 相当于缓和曲线段 $A-C$ 长度 l_s 的一半。

5)缓和曲线上任意两点的圆弧距:图 14.21 缓和曲线上任意两点 M、N 之间的曲线长为 l_{MN},M、N 两点的曲率半径分别为 ρ_M、ρ_N。据推证,缓和曲线上 M、N 两点相距为 $l_{MN}/2$ 的圆弧距 h 可表示为

$$h = 2y\left(\frac{l_{MN}}{2}\right) = 2\frac{(0.5l_{MN})^3}{6C_{MN}} = \frac{l_{MN}^3}{24C_{MN}} \tag{14-39}$$

式中的 $y(l_{MN}/2)$ 是以 $l_{MN}/2$ 为函数的 y 值。

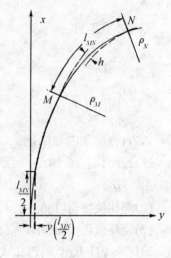

图 14.21

三、缓和曲线主点参数与测设

根据图 14.20,路线转弯的中线基本型包括有两段缓和曲线和一段圆曲线,曲线的主点有:ZH 点、HY 点、QZ 点、YH 点、HZ 点。其中 $ZH-HY$ 及 $YH-HZ$ 段是缓和曲线,$HY-YH$ 段是圆曲线。

1. 主点定位参数

根据图 14.20,主点特征参数包括有切线长、曲线长、外矢距和切曲差,参数计算的表达式:

1)切线长:

$$T_H = (R+p)\tan\left(\frac{\alpha}{2}\right) + q \tag{14-40}$$

2)曲线长:

$$L_H = R(\alpha - 2\beta_s)\frac{\pi}{180} + 2l_s \tag{14-41}$$

3)外矢距：
$$E_H = \frac{(R+p)}{\cos(\alpha/2)} - R \quad (14\text{-}42)$$

4)切曲差：
$$D_H = 2T_H - L_H \quad (14\text{-}43)$$

2. 主点里程参数的计算

1) ZH 点里程：
$$ZH_{里程} = JD_{里程} - T_H \quad (14\text{-}44)$$

2) HY 点里程：
$$HY_{里程} = ZH_{里程} + l_s \quad (14\text{-}45)$$

3) YH 点里程：
$$YH_{里程} = HY_{里程} + L_H - 2l_s \quad (14\text{-}46)$$

4) HZ 点里程：
$$HZ_{里程} = YH_{里程} + l_s \quad (14\text{-}47)$$

5) QZ 点里程：
$$QZ_{里程} = HZ_{里程} - L_H/2 \quad (14\text{-}48)$$

6)检核计算：
$$JD_{里程} = QZ_{里程} + D_H/2 \quad (14\text{-}49)$$

3. 主点的测设

1) ZH、HZ、QZ 点测设：

(1)经纬仪在图 14.20 所示的实地 JD 点设站，瞄准 ZD_2，以 JD 点沿视准轴方向丈量 T_H，定点 HZ；

(2)经纬仪拨角 $(180-\alpha)/2$，沿视准轴方向丈量 E_H，定点 QZ；

(3)经纬仪再拨角 $(180-\alpha)/2$，沿视准轴方向丈量 T_H，定点 ZH。

2) HY、YH 点测设：已知式(14-34)表示 HY 点的坐标，故 HY 点可采用切线支距法进行放样，即以 ZH 点为切点，以 $ZH-JD$ 为切线所建立的直角坐标放样 HY 点。同理 YH 点，以 HZ 点为切点，以 $HZ-JD$ 为切线所建立的直角坐标进行放样。一般地，HY、YH 点的测设可留在详细测设中完成。

上述主点放样后，分别设立相应的里程桩。

四、缓和曲线的详细参数与测设

按图 14.20，如圆曲线详细参数，缓和曲线的详细参数用两种表示方法：直角坐标表示法和极坐标表示法。

1. 直角坐标表示法

计算缓和曲线的详细参数的直角坐标系如图 14.20，这里仅列出曲线上各段点位参数在直角坐标系的计算公式。

1) ZH 点的坐标按图 14.20，ZH 点是原点，故 $x_{ZH}=0$，$y_{ZH}=0$。

2) 在 ZH—HY 段缓和曲线上的点位坐标:缓和曲线上第 i 点的坐标按式(14-33)表示,即

$$x_i = l_i - \frac{l_i^5}{40R^2 l_s^2} + \frac{l_i^9}{3456R^4 l_s^4}$$

$$y_i = \frac{l_i^3}{6Rl_s} - \frac{l_i^7}{336R^3 l_s^3} + \frac{l_i^{11}}{42240R^5 l_s^5}$$
(14-50)

其中

$$l_i = l_A + l_0(i-1) \tag{14-51}$$

式中,$i = 1,2,\cdots,n$;l_0 是曲线整桩间距;l_A 是过 ZH 点后第一整桩至 ZH 点的弧长,即

$$l_A = l_0[\text{INT}(ZH_{\text{里程}}/l_0) + 1] - ZH_{\text{里程}}$$

$$l_{i\text{里程}} = ZH_{\text{里程}} + l_i \tag{14-52}$$

3) HY 点的坐标:按式(14-34)表示,即

$$x_{HY} = l_s - \frac{l_s^3}{40R^2} + \frac{l_s^5}{3456R^4}$$

$$y_{HY} = \frac{l_s^2}{6R} - \frac{l_s^4}{336R^3} + \frac{l_s^6}{42240R^5}$$
(14-53)

4) HY—YH 段圆曲线上的点位坐标:

$$x_i = q + R\sin\varphi_i$$

$$y_i = p + R - R\cos\varphi_i$$
(14-54)

其中

$$\varphi_i = \beta_s + \frac{l_{YA} + l_0(i-1)}{R}\frac{180}{\pi} \tag{14-55}$$

式中,$i = 1,2,\cdots,n$;β_s 的意义同式(14-29);l_{YA} 是过 HY 点后圆曲线上第一整桩至 HY 点的弧长。

$$l_{YA} = l_0[\text{INT}(HY_{\text{里程}}/l_0) + 1] - HY_{\text{里程}} \tag{14-56}$$

$$l_{i\text{里程}} = HY_{\text{里程}} + l_{YA} + l_0 \times (i-1)$$

5) 圆曲线上的 QZ 点坐标表达式是

$$x_{QZ} = q + R\sin\left(\frac{\alpha}{2}\right)$$

$$y_{QZ} = p + R - R\cos\left(\frac{\alpha}{2}\right)$$
(14-57)

6) YH 点的坐标表达式是

$$x_{YH} = q + R\sin(\alpha - \beta_s)$$

$$y_{YH} = p + R - R\cos(\alpha - \beta_s)$$
(14-58)

7) YH—HZ 段缓和曲线上的点位坐标:

考虑到应用式(14-27)β 的推导方向,YH—HZ 段缓和曲线上的点位坐标可采用 HZ 点为起点的推算方式。图 14.20 中,以 HZ 点为原点建立 $X'BY'$ 直角坐标系推算缓和曲线上的点位坐标,然后再变换为 XAY 直角坐标系的坐标,应经历坐标平移和旋转$(180 - \alpha)$的过程(原

理参见附录六)。根据这一思路推证得 YH—HZ 段缓和曲线上点位坐标的表达式是

$$\begin{bmatrix} x_i \\ y_i \end{bmatrix} = \begin{bmatrix} x_{HZ} \\ y_{HZ} \end{bmatrix} - \begin{bmatrix} \cos\alpha & -\sin\alpha \\ \sin\alpha & \cos\alpha \end{bmatrix} \begin{bmatrix} x'_i \\ y'_i \end{bmatrix} \tag{14-59}$$

式中

$$x'_i = l_i - \frac{l_i^5}{40R^2 l_s^2} + \frac{l_i^9}{3456R^4 l_s^4} \tag{14-60}$$

$$y'_i = -\left(\frac{l_i^3}{6R l_s} - \frac{l_i^7}{336R^3 l_s^3} + \frac{l_i^{11}}{42240R^5 l_s^5} \right)$$

式中,l_i 是曲线上一点到 HZ 点的弧长,即

$$l_i = l_B + l_0(i-1) \tag{14-61}$$

l_B 是 HZ 点前的第一整桩弧长,即

$$l_B = HZ_{里程} - l_0[\text{INT}(HZ_{里程}/l_0)]$$

$$l_{i里程} = YH_{里程} + l_s - l_i$$

8)HZ 点的坐标:

$$x_{HZ} = T_H \cos\alpha + T_H$$
$$y_{HZ} = T_H \times \sin\alpha \tag{14-62}$$

2. 偏角法

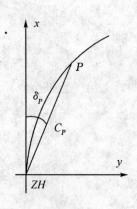

图 14.22

也称极坐标表示法。偏角法所需的参数,即曲线的弦长 c 和偏角 δ,完全可以利用切线支距法的参数换算得到。如图 14.22,设 P 点是曲线上的一点,坐标为 x_P、y_P,现以 ZH 点为测站,以 JD 为基准方向放样曲线上的点位 P,则所需的点位参数为

$$C_P = \sqrt{x_P^2 + y_P^2} \tag{14-63}$$

$$\delta_P = \arctan\left(\frac{y_P}{x_P}\right) \tag{14-64}$$

以上两式可见,插入缓和曲线之后的曲线点位的偏角法测设参数的计算:

1)按切线支距法的相应公式计算曲线上的点位坐标及点位里程;

2)按式(14-63)及式(14-64)计算点位参数 C_P 和 δ_P。

3. 测设的方法

缓和曲线的详细测设,在一般方法上如同圆曲线测设一样,分别从 ZH 点、HZ 点向 QZ 点详细测设。因此,测设之前,将按 ZH、HZ 两原点的不同坐标系统计算两套测设参数。检核则是对接近 QZ 点的测设桩位至 QZ 点的实际距离值与计算值比较,比较结果应符合表 14-3 的要求。

五、算例

见表 14-7(图 14.20)。

表 14-7　　　　缓和曲线的主点参数和详细测设参数计算表

已知参数	圆半径 1 200m	转角 10°49′	缓和曲线长 100m	交点里程 4 522.31m	整桩间距 20m
特征参数	切线角 β 2°23′14″		内移值 p 0.347m		增值 q 59.998m
	切线长 163.640	曲线长 326.543		外矢距 5.714	切曲差 0.738
主点里程	ZH 4 358.669	HY 4 458.669	QZ 4 521.940	YH 4 585.212	HZ 4 685.212	JD 4 522.310

详细测设参数				切线支距法 原点：ZH x 轴：ZH—JD		偏角法 测站：ZH 点 起始方向：ZH—JD	
点名	里程 km m		弧长 m	x	y	δ	C
ZH　1	k4+358.669		0	0	0	0	0
2	k4+360.000		1.330	1.330	0.000	0 00 00	1.330
3	k4+380.000		21.330	21.330	0.013	0 02 10	21.330
4	k4+400.000		41.330	41.330	0.098	0 08 09	41.330
5	k4+420.000		61.330	61.329	0.320	0 17 57	61.330
6	k4+440.000		81.330	81.324	0.747	0 31 34	81.330
HY　7	k4+458.669		100.000	99.982	1.388	0 47 44	99.992
8	k4+460.000		101.330	101.313	1.444	0 49 01	101.324
9	k4+480.000		121.330	121.287	2.466	1 09 54	121.312
10	k4+500.000		141.330	141.241	3.821	1 32 58	141.293
11	k4+520.000		161.330	161.169	5.507	1 57 26	161.263
QZ 12	k4+521.940		163.271	163.102	5.689	1 59 51	163.201
13	k4+540.000		181.330	181.067	7.526	2 22 49	181.223
14	k4+560.000		201.330	200.928	9.876	2 48 50	201.171
15	k4+580.000		221.330	220.747	12.557	3 15 20	221.104
YH 16	k4+585.212		226.543	225.906	13.310	3 22 19	226.297
17	k4+600.000		241.330	240.521	15.563	3 42 08	241.024
18	k4+620.000		261.330	260.249	18.850	4 08 34	260.931
19	k4+640.000		281.330	279.941	22.351	4 33 53	281.330
20	k4+660.000		301.330	299.605	26.000	4 57 35	301.330
21	k4+680.000		321.330	319.254	29.731	5 19 14	320.635
HZ 22	k4+685.212		326.543	324.374	30.710	5 24 30	325.824

第五节　复曲线及缓和复曲线参数

一、复曲线主点参数及其测设

复曲线是由半径不同的圆曲线构成的线型。图 14.23，复曲线由两个半径为 R_1、R_2（$R_1 > R_2$）的圆曲线构成，半径为 R_1 的圆曲线称主曲线，半径为 R_2 的圆曲线称副曲线。主点是 ZY_1、QZ_1、Y_1Y_2、QZ_2、YZ_2。

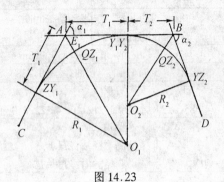

图 14.23

1) 沿公路中线直线段定 A、B 点,测量 AB 的长度,测量转角 α_1、α_2。

2) 以 α_1、R_1 计算主曲线的特征参数 T_1、L_1、E_1、D_1 及副曲线的特征参数 T_2,其中

$$T_1 = R_1 \tan\left(\frac{\alpha_1}{2}\right) \tag{14-65}$$

$$T_2 = AB - T_1 \tag{14-66}$$

3) 测设主曲线的主点 ZY_1、QZ_1、Y_1Y_2。

4) 以 α_2、T_2 反求 R_2,即

$$R_2 = \frac{T_2}{\tan(\alpha_2/2)} \tag{14-67}$$

5) 以 α_2、R_2 计算副曲线的特征参数 L_2、E_2、D_2。

6) 测设副曲线的主点 QZ_2、YZ_2。

二、缓和复曲线的参数

带有缓和曲线的复曲线称为缓和复曲线,或称为卵形曲线,如图 14.24,其中 l_{s1}、l_{s2}、l_{s3} 是缓和曲线,l_{y1} 是圆半径为 R_1 的主曲线,l_{y2} 是圆半径为 R_2 的副曲线($R_1 > R_2$)。

1. 缓和复曲线的特征参数

一般地,转角 α_1、α_2 及基线 AB、R_1 已知时,就可计算带缓和复曲线的特征参数。

1) T_1、T_2、T_3、T_4:T_1、T_2、T_3、T_4 是复曲线未带缓和曲线的切线长,按不带缓和曲线的复曲线的方法计算。

2) R_2 的计算:计算公式:

$$R_2 = \frac{T_3}{\tan(\alpha_2/2)} \tag{14-68}$$

3) l_{s1}、l_{s2} 的计算:l_{s1}、l_{s2} 可先按车辆行驶速度设计值初算,这里不加推证给出计算公式

$$l_{s1} = 0.043 \frac{V^3}{R_1} \tag{14-69}$$

$$l_{s2} = 0.043 \frac{V^3}{R_2} \tag{14-70}$$

式中 V 是车辆行驶速度的设计值(km/h);R_i($i=1,2$)是圆曲线半径(m)。

4) 圆曲线内移参数 p_1、p_2 和切线增值参数 q_1、q_2:计算公式分别是式(14-36)及式(14-38),计算应用参数是 R_1、R_2 及 l_{s1}、l_{s2}。

5) 圆曲线内移差:圆曲线内移差,即 p_1、p_2 之差,用 Δp 表示,即

$$\Delta p = p_2 - p_1 \tag{14-71}$$

6) 增值后的复曲线切线长 T_{1H}、T_{4H}:

$$T_{1H} = (R_1 + p_1)\tan\left(\frac{\alpha_1}{2}\right) + q_1 \tag{14-72}$$

$$T_{4H} = (R_2 + p_2)\tan\left(\frac{\alpha_2}{2}\right) + q_2 \tag{14-73}$$

7) 中间缓和曲线长 l_{s3} 及 l_F、l_M：

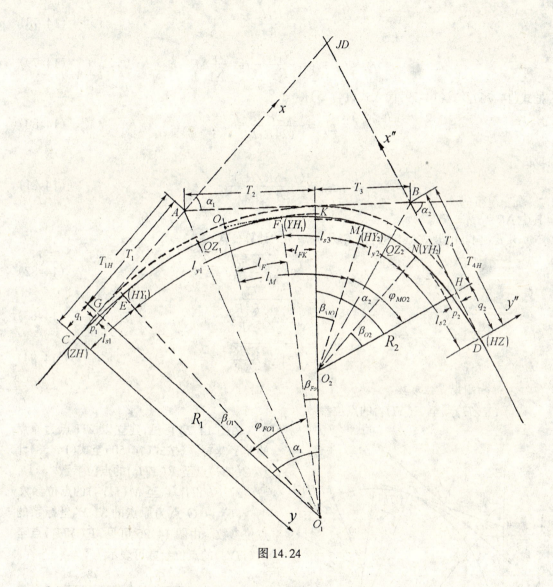

图 14.24

由图 14.24 可见，l_F 是缓和曲线从 $\rho=\infty$ 处 O 点至 $\rho=R_1$ 处 F 点的曲线长，l_M 是缓和曲线从 $\rho=\infty$ 处 O 点至 $\rho=R_2$ 处 M 点的曲线长，

$$l_{s3} = l_M - l_F \tag{14-74}$$

根据式(14-39)，式(14-71)计算的内移差又可表示为圆弧距，故

$$\Delta p = \frac{l_{s3}^3}{24 C_{FM}} \tag{14-75}$$

式中，C_{FM} 是复曲线内插缓和曲线的参数，满足式(14-26)，即

$$C_{FM} = R_1 l_F = R_2 l_M \tag{14-76}$$

从上式可得

$$l_F = \frac{R_2 l_M}{R_1} \tag{14-77}$$

$$l_M = \frac{R_1 l_F}{R_2} \tag{14-78}$$

$$l_{s3} = l_M - l_F = \frac{R_1 l_F}{R_2} - l_F = \frac{l_F}{R_2}\Delta R \tag{14-79}$$

把式(14-76)及式(14-79)代入式(14-75)得

$$\Delta p = \frac{(l_F \Delta R / R_2)^3}{(24 R_1 l_F)} \tag{14-80}$$

或

$$\Delta p = \frac{(l_M \Delta R / R_1)^3}{(24 R_2 l_M)} \tag{14-81}$$

其中 $\Delta R = R_1 - R_2$。

从式(14-80)及式(14-81)得 l_{s3} 及 l_F、l_M 的计算公式：

$$l_F = \sqrt{24\Delta p \frac{R_1 R_2^3}{\Delta R^3}} \tag{14-82}$$

$$l_M = \sqrt{24\Delta p \frac{R_1^3 R_2}{\Delta R^3}} \tag{14-83}$$

$$l_{s3} = \sqrt{24\Delta p \frac{R_1 R_2}{\Delta R}} \tag{14-84}$$

2. 详细测设点位参数

1) $C(ZH)$ 点至 $F(YH_1)$ 的点位参数

由图 14.24 可见，建立以 ZH 点为原点的 X-Y 坐标系，按式(14-50)至式(14-58)计算 $C(ZH)$ 点至 $F(YH_1)$ 的点位参数。

2) $F(YH_1)$ 点至 $M(HY_2)$ 的点位参数

(1) 以 O 点为原点的 X'-Y' 坐标系的点位参数。由图 14.25 可见，$F(YH_1)$ 点至 $M(HY_2)$ 的点位参数可表示为

$$x'_i = l_i - \frac{l_i^5}{40 R_2^2 l_M^2} + \frac{l_i^9}{3456 R_2^4 l_M^4}$$

$$y'_i = \frac{l_i^3}{6 R_2 l_M} - \frac{l_i^7}{336 R_2^3 l_M^3} + \frac{l_i^{11}}{42240 R_2^5 l_M^5} \tag{14-85}$$

式中，$l_i = l_F + l_{FA} + l_0(i-1)$，$l_{FA}$ 是离开 F 点的第一整桩弧长。

(2) 纳入以 ZH 点为原点的 X-Y 坐标系的点位参数。按坐标系的平移、旋转原理得

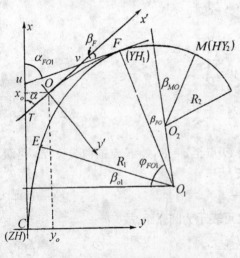

图 14.25

第十四章 路线中线测量

$$\begin{bmatrix} x_i \\ y_i \end{bmatrix} = \begin{bmatrix} x_o \\ y_o \end{bmatrix} + \begin{pmatrix} \cos\alpha & -\sin\alpha \\ \sin\alpha & \cos\alpha \end{pmatrix} \begin{bmatrix} x_i' \\ y_i' \end{bmatrix} \qquad (14\text{-}86)$$

(3) 辅助参数的计算：实现式(14-86)需要计算各种辅助参数，其中

$$\begin{bmatrix} x_o \\ y_o \end{bmatrix} = \begin{bmatrix} x_F \\ y_F \end{bmatrix} + \begin{pmatrix} \cos\alpha & -\sin\alpha \\ \sin\alpha & \cos\alpha \end{pmatrix} \begin{bmatrix} x_F' \\ y_F' \end{bmatrix} \qquad (14\text{-}87)$$

$$\alpha = \alpha_{FO1} - \beta_F \qquad (14\text{-}88)$$

$$x_F' = l_F - \frac{l_F^5}{40 R_2^2 l_M^2} + \frac{l_F^9}{3456 R_2^4 l_M^4} \qquad (14\text{-}89)$$

$$y_F' = \frac{l_F^3}{6 R_2 l_M} - \frac{l_F^7}{336 R_2^3 l_M^3} + \frac{l_F^{11}}{42240 R_2^5 l_M^5}$$

$$x_F = q_1 + R_1 \sin\alpha_{FO1} \qquad (14\text{-}90)$$

$$y_F = p_1 + R_1 - R_1 \cos\alpha_{FO1}$$

$$\alpha_{FO1} = \varphi_{FO1} = \beta_{O1} + \frac{l_{y1}}{R_1 \pi} 180 \qquad (14\text{-}91)$$

$$\beta_F = \frac{l_F^2}{R_2 l_M \pi} 90 \qquad (14\text{-}92)$$

$$\beta_{O1} = \frac{l_{s1}}{R_1 \pi} 90 \qquad (14\text{-}93)$$

(4) $M(HY_2)$的点位计算坐标：根据式(14-86)，$M(HY_2)$的计算坐标是

$$\begin{bmatrix} x_M^I \\ y_M^I \end{bmatrix} = \begin{bmatrix} x_o \\ y_o \end{bmatrix} + \begin{pmatrix} \cos\alpha & -\sin\alpha \\ \sin\alpha & \cos\alpha \end{pmatrix} \begin{bmatrix} x_M' \\ y_M' \end{bmatrix} \qquad (14\text{-}94)$$

式中

$$x_M' = l_M - \frac{l_M^3}{40 R_2^2} + \frac{l_M^5}{3456 R_2^4}$$

$$y_M' = \frac{l_M^2}{6 R_2} - \frac{l_M^4}{336 R_2^3} + \frac{l_M^6}{42240 R_2^5} \qquad (14\text{-}95)$$

3) $M(HY_2)$点至HZ点的点位参数计算。可以仿照式(14-59)至式(14-62)的方法，其中$M(HY_2)$的点位参数(特称检验坐标)可表示为

$$\begin{bmatrix} x_M^O \\ y_M^O \end{bmatrix} = \begin{bmatrix} x_{HZ} \\ y_{HZ} \end{bmatrix} - \begin{bmatrix} \cos\alpha_3 & -\sin\alpha_3 \\ \sin\alpha_3 & \cos\alpha_3 \end{bmatrix} \begin{bmatrix} x_M'' \\ y_M'' \end{bmatrix} \qquad (14\text{-}96)$$

式中，x_M''、y_M''是以D点为原点的X''-Y''坐标系的点位参数，即

$$x_M'' = q_2 + R_2 \sin\varphi_{MO2}$$

$$y_M'' = -(p_2 + R_2 - R_2 \cos\varphi_{MO2}) \qquad (14\text{-}97)$$

$$\varphi_{MO2} = \beta_{O2} + \frac{l_{y2}}{R_2 \pi} 180 \qquad (14\text{-}98)$$

$$\beta_{O2} = \frac{l_{s2}}{R_2 \pi} 90 \qquad (14\text{-}99)$$

$$\alpha_3 = \alpha_1 + \alpha_2 \qquad (14\text{-}100)$$

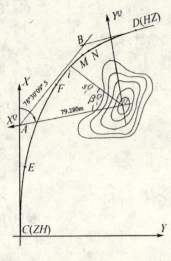

图 14.26

$$x_{HZ} = T_{1H} + S_{AB}\cos\alpha_1 + T_{4H}\cos\alpha_3 \quad (14\text{-}101)$$
$$y_{HZ} = S_{AB}\sin\alpha_1 + T_{4H}\sin\alpha_3$$

4) l_{y1}、l_{y2} 的确定。式(14-91)及式(14-98)表明 l_{y1}、l_{y2} 是缓和复曲线中间连接的关键,据推证 l_{y1}、l_{y2} 可表示为

$$l_{y1} = \frac{\alpha_1}{180}R_1\pi - \frac{l_{s1}}{2} - \frac{ml_{s3}R_1}{2R_2l_M}(2l_F + ml_{s3})$$
(14-102)

$$l_{y2} = \frac{\alpha_2}{180}R_2\pi - \frac{l_{s2}}{2} - \frac{(1-m)l_{s3}R_1}{2l_M}[2l_F + (1+m)l_{s3}]$$
(14-103)

式中,m 是路线设计参数值。m 设定后使 M 点的计算坐标与检验坐标相等,此时按上述模式可实现缓和复曲线的参数。

三、缓和复曲线的算例(图 14.26)

算例:缓和复曲线测设参数的计算

已知参数	AB 长 75.665m		α_1 40°20′		l_{s1} 50.000m		l_{s2} 40.000m
	α_2 34°42′		R_1 150.00m		R_2 65.856m		ΔR 84.144m
	ZH 里程 1 000m		l_O 10.000m		X_{HZ} 148.545m		Y_{HZ} 88.417m
旁插缓和曲线特征参数	p_1 0.694m		q_1 24.977m		p_2 1.009m		q_2 19.937m
	β_{s1} 9°32′57″5		T_{1h} 80.322m		β_{s2} 17°24′01″5		T_{4h} 40.829m
$O_1、O_2$ 圆心参数	x_{o1} 24.977m		y_{o1} 150.694m		α_{1-2} 309°56′37″4		S_{1-2} 83.831m
	x_{o2} 78.799m		y_{o2} 86.423m		α_1 39°56′37″4		Δp 0.31329m
中插缓和曲线	l_F 23.253m		l_M 52.963m		l_{s3} 29.711m		β_F 4°26′27″5
连接参数	m 值 0.398 23		φ_{Fo1} 34°16′28″8		l_{y1} 64.731m		l_{y2} 5.471m
	x_o 89.591m		y_o 14.660m		x_F 23.239m		y_F 0.601m
M 点检验坐标	x_M 131.306 3m		y_M 46.6735m				

缓和复曲线详细测设参数计算

曲线里程与弧长			XCY 坐标系		X^0QY^0 坐标系		测站点 Q,起始方向 QA x_Q 94.766, y_Q 77.953	
序号	里程	弧长	x_i	y_i	x_i^Q	y_i^Q	β_i^Q	s_i^Q
7	1 060.000	10.000	59.660	4.759	78.345	−21.183	344°52′25″.0	81.178
8	1 070.000	20.000	69.305	7.393	74.018	−12.180	350°39′20″.9	75.013
9	1 080.000	30.000	78.753	10.665	69.079	−3.486	357°06′40″.6	69.167
10	1 090.000	40.000	87.962	14.558	63.574	4.860	4°22′17″.1	63.756
11	1 100.000	50.000	96.891	19.056	57.524	12.820	12°33′49″.3	58.935
12	1 110.000	60.000	105.500	24.139	50.958	20.359	21°46′40″.1	54.874
13(F)	1 114.731	64.731	109.451	26.742	47.678	23.769	26°29′52″.3	53.275
14	1 120.000	5.269	113.748	29.791	43.898	27.439	32°00′29″.4	51.768
15	1 130.000	15.269	121.502	36.099	36.282	33.914	43°04′02″.9	49.665
16	1 140.000	25.269	128.512	43.222	28.002	39.509	54°40′23″.7	48.426
17(M)	1 144.441	29.711	131.306	46.673	24.099	41.627	59°55′56″.1	48.100
18(N)	1 149.912	5.471	134.423	51.167	19.094	43.972	66°27′38″.2	47.856

第六节 曲线的特殊测设

由于曲线本身的特殊性或由于意外条件的限制,曲线放样往往存在与常规方法不同的特殊情况,这时的路线中线测量工作必须因地制宜,采取相应的技术措施,做好特殊情况下的曲线测设工作。一般地,曲线测设的基本思路:首先是解决中线点位的数学关系的问题,找出有关点位的参数表达式;其次根据有关曲线的已知参数计算实际点位参数;最后是按照相应的技术方法测设有关的点位,完成整个曲线的测设工作。本节遵循这一基本思路就有关曲线测设特殊问题讨论解决的方法。

一、虚交的圆曲线主点的测设

虚交,即路线中线交点在实地无法得到的情形。如图 14.27,交点落入河流中间,无法在河中定出交点位置;如图 14.28,公路在山腰处转弯,路线中线交点悬在空中;如图 14.29,路线中线上的障碍物无法排除,交点无法直接得到。另外,路线转弯曲线的切线长太长,获得交点工作量太大,没有意义,也属于虚交。路线中线出现虚交,圆曲线主点的确定是关键,采用的方法有基线法、导线法和弦线法等。

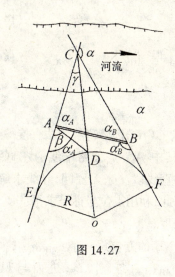

图 14.27

图 14.28

1. 基线法

1) 在路线中线定基线,测量基线长度。如图 14.27,在 AE、BF 直线段定 A、B 点,测量基线 AB 的长度 s_{AB}。

2) 在 A、B 点各测量 α'_A、α'_B,计算 α_A、α_B($\alpha_A = 180 - \alpha'_A$,$\alpha_B = 180 - \alpha'_B$)和转角 α($\alpha = \alpha_A + \alpha_B$)。

3) 在 $\triangle ABC$ 中,根据正弦定理求取 s_{AC}、s_{BC}。

$$s_{AC} = s_{AB} \frac{\sin\alpha_B}{\sin\alpha}$$

$$s_{BC} = s_{AB} \frac{\sin\alpha_A}{\sin\alpha}$$

(14-104)

4) 求 AE、BF 的长度,即

$$s_{AE} = T - s_{AC}$$
$$s_{BF} = T - s_{BC} \tag{14-105}$$

式(14-105)中的 T 是切线长,根据圆曲线设计的半径 R 及转角 α 按式(14-10)计算。

5) 调整 R 值。若按式(14-105)计算的 s_{AE}、s_{BF} 出现负值,说明切线长 $T < s_{AC}$ 或 $T < s_{AB}$,进而说明设计的 R 值不合理,应对 R 值进行调整。调整可按式(14-10)及式(14-105)推证得到,即

$$R_{调} = \frac{s_{AE} + s_{AC}}{\tan(\alpha/2)}$$

$$R_{调} = \frac{s_{BF} + s_{BC}}{\tan(\alpha/2)} \tag{14-106}$$

式中的 s_{AE}、s_{BF} 是预先根据现场估计的长度。$R_{调}$ 计算后应重新计算 T 值等特征参数,再按式(14-106)计算 s_{AE}、s_{BF}。

(6) 按 s_{AE}、s_{BF} 确定直圆点 E 及圆直点 F。

(7) 在 A 点以 AE 为起始方向按 β 及 s_{AD} 测设 QZ 点。其中

$$s_{AD} = \sqrt{s_{AC}^2 + s_{CD}^2 - 2s_{AC}s_{CD}\cos\gamma} \tag{14-107}$$

$$\gamma = 90 - \frac{\alpha}{2} \tag{14-108}$$

$$\beta = 180 - \angle CAD = 180 - \arcsin\left(\frac{s_{CD}}{s_{AD}}\sin\gamma\right) \tag{14-109}$$

式中 s_{CD} 是外矢距。

2. 导线法

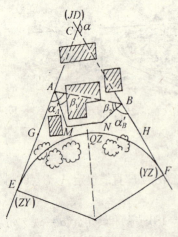

图 14.29

如图 14.29,交点 $C(JD)$ 因障碍物无法直接得到,布设导线 $GAMNBN$,其中 AG 是公路中线的左直线段,BH 是公路中线的右直线段。毫无疑问,导线求解的结果是各点的坐标。因此,利用点位坐标可求得:

1) AB 的实际长度;

2) 边 AM、AB、NB 的方位角 α_{AM}、α_{AB}、α_{NB};

3) 利用 α_{AM}、α_{AB}、α_{NB} 求 β_1、β_2,进而与观测角 $\angle GAM$、$\angle HBN$ 一起求取 α_A'、α_B'。

上述得到 AB 的长度和角度 α_A'、α_B',便可利用基线法原理确定圆曲线的主点 ZY、QZ、YZ。

3. 弦线法

所谓弦线,指的是圆曲线的 ZY 点与 YZ 点之间的连线,弦线法,指的是利用弦线和弦切角的关系确定圆曲线主点的方法。和上述的方法一样,弦线法的目的主要是获得弦长和圆曲线的圆心角 α。由图 14.30 可见,EF 和 GH 是两条中线的直线段,AB 弧是设计中的圆曲线。

1) 在 EF 段中初定 A 点,在 GH 段中初定 B 点。
2) 分别在 A、B 安置经纬仪测量 $\angle EAB$、$\angle ABG$。
3) 调整点位,确定圆曲线的起、终点。

由于初定的 A、B 点位置不一定在圆曲线的起、终点上,故 $\angle EAB$ 和 $\angle ABG$ 不相等。设初设的 B 点位置不准确,用 B' 表示,这时所测的角 $\angle EAB' > \angle AB'G$。

(1) 求 α 和 α_A,即
$$\alpha = \angle EAB' + \angle AB'G$$
$$\alpha_A = \frac{\alpha}{2} = \frac{\angle EAB' + \angle AB'G}{2}$$

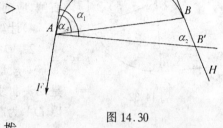

图 14.30

(2) 在 A 点安置经纬仪,以 AE 为起始方向,拨角 α_A,这时经纬仪视准轴的方向与 GH 直线段的交会点就是 B 点的正确位置。调整的结果定 A 点为圆曲线的起点,定 B 点为圆曲线的终点。

4) 测量 AB 长度。
5) 求圆曲线半径 R,即
$$R = \frac{AB}{2\sin(\alpha/2)} \tag{14-110}$$

弦线法得到圆半径 R 和圆心角 α,便可以确定圆曲线的主点 QZ 的参数,并进行测设。

二、回头曲线的放样

这是公路中线转角大、半径小的一种圆曲线。以图 14.31 为例,直线 EC 及 FD 交于 JD。为使汽车在转角大的情况下,从 EC 直线段转向 DF 直线段,特别是小范围内实现汽车爬坡的路段,设立回头曲线 EGHAIBJKF。

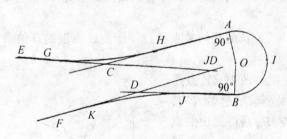

图 14.31

一般地,回头曲线包括有三个圆曲线,如图 14.31,即一个主曲线(AIB 弧)及两个副曲线(GH 弧及 KJ 弧)。其中主曲线半径小,曲线长;副曲线半径大,曲线短。这里主要叙述回头曲线主曲线的测设方法。

1. 主点的测设

如图 14.31,主曲线主点是起点 A、圆心 O、终点 B,一般采用先一点、后两点的测设方法。

先一点,即在三个主点中先选一个主点为固定点;后两点,即以固定点为基础推测确定其他两个主点。例:先定 A 点后定 O、B 点,方法:

1) 根据设计先定 A 点标志并在 A 点安置经纬仪,后视 C 点(图 14.31),按 90°的关系逆转经纬仪照准部 90°,按视准轴方向丈量 R 值定 O 点。
2) 根据转角 α 及半径 R 定 B 点。即经纬仪设在 O 点,后视 A 点,拨角 α,以视准轴方

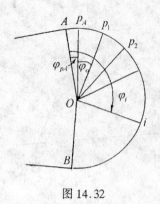

图 14.32

向及 R 值测设 B 点。

3)调整 B 点。经纬仪设站 B 点,后视 O 点,按 90°的关系逆转经纬仪照准部 90°,观其视准轴与 D 点是否在重合的容许范围之内。若不在重合的容许范围之内,应调整 B 点。调整的方法:D 点在视准轴左侧,应后移 B 点;D 点在视准轴右侧,应前移 B 点。

4)计算 AIB 弧长 l_{AIB} 及 A、B 点的里程。

2. 回头曲线的详细测设

一般地,以极坐标法进行主曲线的详细测设。图 14.32 是回头曲线的一段主曲线,采用极坐标法,即以 O 点为测站,以 OA 为起始方向,按圆心角 φ_i 和半径 R 放样,其中

$$\varphi_i = \varphi_{PA} + \varphi_o(i-1) = \frac{l_{PA} \times 180}{R\pi} + \frac{l_o \times 180}{R\pi}(i-1) \tag{14-111}$$

式中 $i=1,2,\cdots,n$;l_{PA} 是离开 A 点不足整桩间距的弧长,φ_{PA} 是该弧长对应的圆心角,P_A 是离开 A 点的第一个整桩;l_o 是整桩间距;φ_i 是相应于 P_i 至 A 点弧长所对应的圆心角。

三、任选测站的曲线测设

我们已经知道,切线支距法(直角坐标法)、偏角法(极坐标法)是圆曲线、缓和曲线的主要测设方法,实施这些方法的基本条件是:以原点 ZY 点(或 ZH 点)为测站、以切线为基准方向。任选测站的曲线测设方法可免除这些条件的限制。

1. 任选测站原理

任选测站,即根据实地需要选用测站点进行曲线的测设技术方式,有几何解析法和坐标解析法。

1)几何解析法,即根据曲线点之间角度、边长的几何关系寻找便于曲线测设的其他参数,实现困难条件下的曲线测设。

如图 14.33,圆曲线偏角法测设视线受阻。图中 ZY 点是按偏角法测设圆曲线的测站点,$ZY-JD$ 是测设的起始方向,P_3 是按偏角 δ_3 和弦长 C_3 测设的曲线点位,P_4 是待测设的点位,δ_4 是测设 P_4 的偏角。由图中可见,在 P_4 的方向上存在建筑物 S,故以 ZY 点无法测设 P_4。常规解决方法为:

(1)选择 P_3 为测站,以 $ZY-P_3$ 的延长线 P_3E 为起始方向;

(2)以 δ_4 及 C 作为测设 P_4 的参数,放样 P_4 点。

原理:图 14.33 中,$\angle EP_3P_4 = \angle 2 + \angle 3 = \angle 2 + \angle 1 = \delta_4$($\angle 1 = \angle 3$,圆周角等于对应的弦切角),$P_3$ 至 P_4 的弦长 C 满足下式,即

$$C = \sqrt{C_3^2 + C_4^2 - 2C_3C_4\cos(\delta_4 - \delta_3)} \tag{14-112}$$

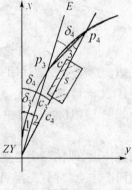

图 14.33

2)坐标解析法,即根据曲线点坐标及坐标变换原理,寻找便于曲线测设的曲线点新坐

标参数,实现困难条件下的曲线测设。全站测量技术使坐标解析法得到广泛应用,任选测站技术方式主要按下述坐标解析法原理导出。

(1) 坐标系转换的坐标公式

由图 14.34 可见,在 xoy 坐标系,设 Q、A 是曲线附近的任意点,坐标 x_Q、y_Q、x_A、y_A 可测量,曲线点位 i 坐标 x_i、y_i 转换为 $x^Q - y^Q$ 坐标系(QA 为 x^Q 轴)的坐标 x_i^Q、y_i^Q,公式是

$$\begin{bmatrix} x_i^Q \\ y_i^Q \end{bmatrix} = \begin{bmatrix} -\cos\alpha_{AQ} & -\sin\alpha_{AQ} \\ \sin\alpha_{AQ} & -\cos\alpha_{AQ} \end{bmatrix} \begin{bmatrix} x_i - x_Q \\ y_i - y_Q \end{bmatrix} \tag{14-113}$$

式中,α_{AQ} 是 AQ 在 xoy 坐标系的方位角。

(2) 极坐标法测设参数的获得。按极坐标法测设参数的获得方法,如图 14.35,利用上式点位 i 坐标 x_i^Q、y_i^Q 计算极坐标法测设参数 β_i^Q、s_i^Q,即

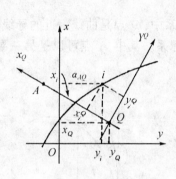

图 14.34

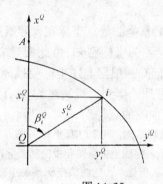

图 14.35

$$\beta_i^Q = \arccos\left(\frac{x_i^Q}{s_i^Q}\right) \tag{14-114}$$

$$s_i^Q = \sqrt{(x_i^Q)^2 + (y_i^Q)^2} \tag{14-115}$$

当 $y_i^Q < 0$,则

$$\beta_i^Q = 360 - \arccos\left(\frac{x_i^Q}{s_i^Q}\right) \tag{14-116}$$

以上式(14-113)、式(14-114)、式(14-115)、式(14-116)是任选测站技术的应用通式。其中,测站坐标 x_Q,y_Q,方位角 α_{AQ} 统称为测站参数。测点坐标 x_i^Q、y_i^Q 和极坐标参数 β_i^Q、s_i^Q 称为测设参数。

曲线测设的测站在 Q 点,以 QA 为起始方向,可逐点测设曲线的点位。

2. 坐标解析法任选测站的应用

1) 曲线上设站。

如曲线测设受阻,图 14.36 中在 $ZY(A)$ 点测站的偏角法测设 i 点受阻,此时可在曲线上 Q 点设测站,以 $QA(ZY)$ 为 x 轴建立 $x^Q - y^Q$ 坐标系。

(1) 求 A、Q 点坐标计算方位角 α_{AQ}。

(2) 按式(14-113)计算 i 点坐标 x_i^Q、y_i^Q。

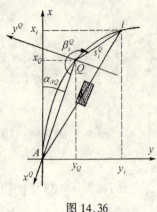

图 14.36

(3) 按式(14-114)、式(14-115)、式(14-116)计算极坐标法测设参数 β_i^Q、s_i^Q。

(4) 在 Q 点设测站按极坐标法测设 i 点。

必须注意,曲线上连续设站会存在较大的误差积累,连续设站的情况应尽量避免。

2) 曲线外设站。

如图 14.26,Q 点是曲线附近制高点,Q 点在 xoy 坐标系的坐标可测得,由此便建立 $x^Q - y^Q$ 坐标系。其中 A 点可以是曲线上任一点,方位角 α_{AQ} 已知。因此曲线任一点的测设参数可按式(14-114)、式(14-115)、式(14-116)计算得到。测站在 Q 点,以 QA 为起始方向,逐点测设曲线的点位。

3) 以导线点设站。

如图 14.34,整个曲线点坐标在含导线点的 xoy 坐标系中,Q 点是曲线附近的导线点,Q 点在 xoy 坐标系的坐标已知,由此便建立 $x^Q - y^Q$ 坐标系。其中 A 点可以是另一导线点,方位角 α_{AQ} 已知。根据上述坐标变换原理,曲线任一点的测设参数可计算得到。测站在 Q 点,以 QA 为起始方向,逐点测设曲线的点位。

[注解] 在图 14.16、图 14.20 中,坐标系原点是曲线起点,一般称为曲线坐标系。导线坐标系即导线控制测量建立起来的坐标系,如图 14.37 $x^o oy^o$ 坐标系。把曲线坐标系的坐标转化为导线坐标系的坐标,公式是

$$\begin{pmatrix} x_i^o \\ y_i^o \end{pmatrix} = \begin{pmatrix} x_c^o \\ y_c^o \end{pmatrix} + \begin{pmatrix} \cos\gamma & \sin\gamma \\ -\sin\gamma & \cos\gamma \end{pmatrix} \begin{pmatrix} x_i \\ y_i \end{pmatrix}$$

式中,x_i^o、y_i^o 是导线坐标系的坐标,x_i、y_i 是曲线坐标系的测点坐标,x_c^o、y_c^o 是曲线坐标系原点 c 在导线坐标系的坐标。γ 是 x^o 轴与 x 轴的夹角,

$$\gamma = 360° - \alpha_{cJD}$$

式中,α_{cJD} 是 $c - JD$ 在导线坐标系的坐标方位角。

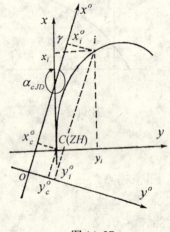

图 14.37

习　题

1. 路线勘测设计的"初测"主要技术内容有_____(A)。目的是_____(B)。

答:(A)①初步中线放样;②控制测量和带状地形图测量;③初步路线施工测量。

(B)①为路线工程提供完整控制基准及详细地形资料

②把公路中线放样于实地

③提供详细高程资料

2. 路线勘测设计的"定测"主要技术内容有_____。

答:①方案论证,确定规划路线的基本方案

②在带状地形图上确定路线中线直线段及交点位置

③路线中线测量(直线段及曲线放样);路线的纵、横断面测量

3. 路线工程测量有哪些特点?

4. 中线直线测量的基本任务有_____。

答案:①把设计的导线点、水准点设置在实地

②测量公路附合导线的起点、终点、转折点

③把设计的公路中线起点、终点、直线中线点、交点放样到实地中

5. 图 14.38 中,中线直线测量得到地面线形,测量得 $\beta_1=136°$,$\beta_2=115°$,$\beta_3=252°$。求转角 $\alpha_1,\alpha_2,\alpha_3$。

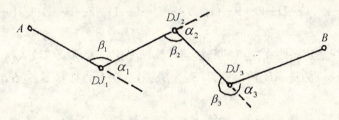

图 14.38

6. 中线直线段的一般放样在方法上可理解为:_____

答案:①放样中线点位。交点定位。转角的测量。中线桩的设置。

②计算中线点坐标。极坐标法放样中线点位。设置中线桩。

③获取测设参数。测设中线点。穿线调整。交点定位。

7. 写出下列里程桩桩号所代表的里程:①$K15+40$,②$K45+110$,③$K12+115.34$。

8. 圆曲线主点是_____。

答案:①圆心、交点、直线方向;②ZY 点、QZ 点、YZ 点;③T、L、E、D。

9. 已知圆曲线半径 $R=30m$,转角 $\alpha=60°$,整桩间距 $l_0=10m$,$JD_{里程}=k1+142.50$,试列表计算主点定位参数、主点里程参数及切线支距法、偏角法详细测设的点位参数。

10. 计算圆曲线的主点需要哪些已知参数?决定圆曲线主点的定位参数是什么?

11. 计算 T、L、E、D 为了_____。

答案:①计算圆曲线的详细测设参数;②点位极坐标参数;③主点定位参数。

12. 什么是缓和曲线?在圆曲线与直线之间插入缓和曲线应涉及哪些缓和曲线特征参数?

13. 含有缓和曲线的标准曲线型是一种_____的曲线。

答案:①由直线+圆曲线+缓和曲线;②由缓和曲线+圆曲线;③由缓和曲线+圆曲线+缓和曲线。

14. 缓和曲线标准曲线型的主点定位参数有_____。

答案:①切线长、曲线长、外矢距和切曲差

②缓和曲线长 l_s、切线长、曲线长、外矢距和切曲差

③切线角 β_s、切线长、曲线长、外矢距和切曲差

15. 缓和曲线主点测设基本步骤是_____。

答案：①在圆心设经纬仪，按 HZ 点、QZ 点、ZH 点的顺序测设点位

②在 JD 点设经纬仪，按 HZ 点、QZ 点、ZH 点的顺序测设点位

③在 JD 点设经纬仪，按 ZH 点、QZ 点、HZ 点的顺序测设点位

16. 下列"ABCDEFG"中，缓和曲线所在标准曲线型的主点参数和详细测设参数计算过程是_____。

A：确定已知参数。B：计算曲线点位坐标参数。C：计算特征参数。D：计算主点里程参数。E：计算主点定位参数。F：计算曲线点位里程、弧长参数。G：计算曲线点位极坐标参数。

答案：①A—B—C—D—E—F—G；②A—C—E—D—F—B—G；③B—A—C—E—D—F—G。

17. 下述基线法定圆曲线主点的测量与计算顺序正确者用"√"填入括号。

①：测量 α'_A、α'_B，测量 AB 长。计算 S_{AD}、β，测定 D 点。计算 S_{AE}、S_{AF}，测定 E、F 点。（ ）

②：测量 AB 长，测量 α'_A、α'_B。计算 S_{AE}、S_{AF}，测定 E、F 点。计算 S_{AD}、β，测定 D 点。（ ）

③：计算 S_{AE}、S_{AF}，测定 E、F 点。测量 α'_A、α'_B，测量 AB 长。计算 S_{AD}、β，测定 D 点。（ ）

18. 概括起来，弦线法定圆曲线主点的方法采取_____。

答案：参考图 14.30。①先定点（A、B'），后测角（α_1、α_2），再调整 A 点的过程

②先测角（α_1、α_2），后定点（A、B'），再调整 B' 点的过程

③先定点（A、B'），后测角（α_1、α_2），再调整 B' 点的过程

19. 参考图 14.20，试推证式(14-59)。

20. 已知半径 $R = 1\,100$m，转角 $\alpha = 11°35'$，$l_s = 80$m，整桩间距 $l_0 = 20$m，$JD_{里程} = k56 + 510.57$，试列表计算带缓和曲线后的主点定位参数、主点里程参数及切线支距法、偏角法详细测设的点位参数。

21. 按图 14.24 计算复曲线的特征参数。已知 $\alpha_1 = 30°$，$\alpha_2 = 50°$，$R_1 = 1\,200$m，基线 $AB = 510$m，设计速度 $V = 100$km/h。

22. 根据图 14.31，回头曲线主点确定方法可概括为 __(A)__，__(B)__，__(C)__。

答案：(A)先一点，即①先定圆心 O 点；②先定 B 点；③先定 A 点。

(B)后两点，即①定 O、B 点；②定 A、B 点；③定 A、O 点。

(C)最后调整，即①调整 O 点；②调整 A 点；③调整 B 点。

23. 任意测站的点位参数计算工作有：

(A) 选定并测量 A、Q 点坐标 x_A、y_A，x_Q、y_Q。

(B) 按一般方法计算曲线详细测设坐标 x_i、y_i。

(C) 计算测站 $X^Q Q Y^Q$ 坐标系的详细测设参数 x_i^Q、y_i^Q。

(D) 计算极坐标详细测设参数 β_i^Q、s_i^Q。
(E) 计算 α_{AQ}, S_{AQ}。
计算工作顺序是_____。
答案:①(B)—(A)—(E)—(C)—(D)
　　　②(A)—(C)—(E)—(B)—(D)
　　　③(A)—(B)—(C)—(D)—(E)

第十五章 路线断面测量

学习目标：明确路线断面测量是路线中线测量之后的重要技术工作；掌握纵断面测量技术和横断面测量技术以及相应的绘图技术。

第一节 概　　述

一、概念

路线中线放样测量之后，路线的基本走向已经在实地形成。但路线设计还缺乏路线中线沿线详细的地形高、低、平、斜的实际情况。虽然，用于一般纸上定线的地形图件可以体现路线中线沿线的地形情况，利用这种图件可以得到某些点位的坐标和高程，进而了解中线沿线的地貌的高、低、平、斜概况。但是，如果用于纸上定线的一般图件是以测绘法绘制的，在其中得到的点位精度往往不能满足路线设计的要求；其次，由于经济建设发展等人为因素的影响，地貌现状往往也是变化的，一般图件不可能及时反映这种发展的变化；再者，道路建设所需的中线沿线点位参数必须符合路线工程设计的规格要求，现有的一般图纸不可能提供符合路线工程设计规格要求的参数。因此，在中线放样测量之后，必须及时对中线沿线地貌状况进行直接的详细测量，这就是路线断面测量的任务。

路线断面测量包括纵断面测量和横断面测量。

在第十一章中已经知道，图上获得某一方向的点位距离和高程，以绘制断面图的方法可以反映该方向上地面起伏的状况。

与此相仿，纵断面测量，即沿路线中线方向的中线桩位直接测量地面高程。同时，以断面图件的形式表示中线断面地形的起伏状况，这就是纵断面图。横断面测量，则是在路线中线的垂直方向上直接测量地面变坡点的距离和高程。同时以断面图件的形式表示中线横向地面地形的起伏状况，这就是横断面图。

路线断面测量是交通路线工程测量的重要技术工作。有关一般线性工程的断面测量技术要求可参考相应行业的技术规程，易于理解和掌握，因此这里不另行叙述。

二、基本高程控制

高程控制测量是路线断面测量基础，基本要求是：

1) 一般按"先控制"的工作原则要求进行路线沿线的高程控制测量。在路线工程建设专业称路线高程控制测量为基平测量。

2) 明确基平测量的等级要求。一般路线勘测按五等高程控制的技术要求实施，高等级路线中勘测按五等以上的技术要求实施。

3) 认真埋设高程控制点(水准点)。按一般要求埋设水准点,还应注意:(1) 水准点应埋设靠近路线中线的位置,同时不受路线施工的影响。(2) 水准点埋设间隔:山区,0.5~1.0km;平坦地区,1.0~2.0km。(3) 必要时水准点可与导线点同点。

4) 基平测量可采用水准测量的方法,也可采用光电三角高程测量的方法。

5) 观测路线应与国家高程控制点联系,并尽量构成附合水准路线(或附合高程导线)。

6) 基本高程控制有统一的高程系统。路线高程系统应尽可能统一于国家高程系统。若水准点处于不同高程系统,应及时按要求换算为同一高程系统的高程参数。

第二节 路线纵断面测量

一、概念

路线纵断面测量的首要任务是路线中线桩地面高程测量,其次是纵断面图的绘制。路线中线桩地面高程测量,亦称为中平测量。中平测量可以用水准测量的方法,也可以用三角高程测量的方法等。

二、水准测量法中平测量

1. 高差起伏不大的平坦地面中平测量技术要点

1) 扇形法。即在前、后视之间插入中视的水准测量法。如图15.1,中间一条直线是公路中线,线上分位点注记数字表示里程桩号。图中第I测站,以水准点 $BM1$ 为后视点,以高程转点 ZD_1 为前视点。该测站射向里程桩号的5条虚线是插入的视线,称为中视。图上多条视线形成似扇形,故称这种测站观测法为扇形法。同理,在第II测站以后的各连续测站均以此法观测。

扇形法中平测量的观测记录见表15-1。中平测量的一测站前、后视距最长可达150m,中视距可适当放长。在观测中每把尺进行一次读数,前、后视读数到 mm,中视读数到 cm。

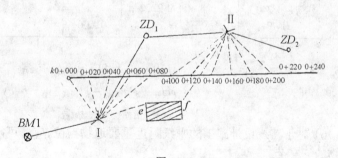

图 15.1

2) 立尺时必须保持尺面垂直。在水准点、导线点立尺,标尺立在点位顶面;在里程桩,标尺立于里程桩边的地面上;在高程转点,标尺立在尺垫球面上,尺垫必须稳定可靠。

3) 中平测量应在两个已知水准点之间进行。

(1) 中平测量所形成的测段构成附合水准路线;

(2) 中平测量测段高差与两水准点高差比较,比较结果符合有关的要求 $\Delta h_容$。

设中平测量的测段高差为 $h_测$,两个水准点高差为 $h_水$,比较结果 $\Delta h = h_测 - h_水 <$ $50\sqrt{L}$(mm),L 是测段水准路线长,一般取中平测量测段起、终点里程桩号的差值,以公里为单位。如表15-1中,$L = 1.24$km,$\Delta h_容 = \pm 50\sqrt{L}$ (mm) $= \pm 56$mm;$h_测 = 12.468$m,$h_水 = 12.510$m,$\Delta_h = -42$mm $< \Delta h_容$。

4) 中视点，即中线桩地面高程观测点，观测时视线应高出地面0.3m，避免地面大气折射影响。

5) 中视点高程的计算应在计算检核无误时进行，计算至cm，每一测站的高程计算：

表15-1　　　　　　　　　　　中平测量的记录与计算

测站	测点	水准尺读数			视线高程 (m)	地面高程 (m)	备注
		后视 $a_后$	中视 $b_中$	前视 $b_前$			
I	BM1	2.191			514.505	512.314	水准点
	k0+000		1.62			512.88	
	+020		1.90			512.60	
	+040		0.62			513.88	
	+060		2.03			512.48	
	+080		0.90			513.60	
	DZ_1					513.499	
	e		0.54	1.006		513.96	建筑物墙角
II	DZ_1	3.161			516.661	513.499	建筑物墙角
	k0+100		0.50			516.16	
	f		2.76			513.90	
	+120		0.52			516.14	
	+140		0.82			515.84	
	+160		1.20			515.46	
	+180		1.01			515.65	
	+200		1.42			515.24	
	DZ_2			1.521		515.140	
⋮	⋮	⋮	⋮	⋮	⋮	⋮	⋮
N	k1+240		2.32		523.06		$H_{BM2}=524.824$
	BM2			0.606		524.782	

$$H_{视线高程} = H_{后视点高程} + a_后$$
$$H_{中桩地面高程} = H_{视线高程} - b_中 \tag{15-1}$$
$$H_{转点高程} = H_{视线高程} - b_前$$

6) 对于路线设计施工的中线附近重要地物点位，应尽可能测量其高程，如图15.1中建筑物的e、f点。

2. 高差起伏大的地面中平测量技术要点

1) 直接法。即在前、后视及多中视连测的水准测量法。图15.2中，从高程转点ZD_{15}至ZD_{17}是高差起伏大的中线地形剖面。在I测站，一个后视点ZD_{15}，两个前视点ZD_A、ZD_{16}。在II测站，一个后视点ZD_A及中线桩号为$k1+400$的中视点，前视点是ZD_B及中线桩号为$k1+460$的中视点，等等。根据这种设站情形，各有关视点标尺读数可在同一视线上，以便直接观测。

2) 直接法的测站前、后视距应尽量相等。若互差比较大，相邻测站应注意视线长互补，以便抵消可能的误差影响。如图15.2中I站的l_1、l_2及IV站的l_3、l_4，采取互补措施使$l_1 \approx l_4, l_2 \approx l_3$。

其他技术要点同上述平坦地面中平测量技术要点的2）、3）、4）、5），这里不一一重述。

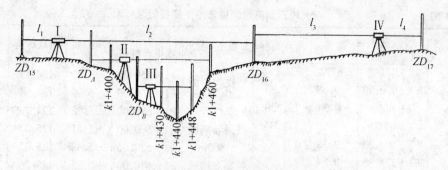

图 15.2

三、光电三角高程测量法中平测量

根据式(4-32),以光电三角高程测量方法可得到地面点 P(图 15.3)的高程 H_P 为

$$H_P = H_A + h_{AP} = H_A + D\sin(\alpha + 14.1''D_{km}) + i - l_P \qquad (15\text{-}2)$$

式中,H_A 是测站的点位高程;D 是光电测距边长;α 是经纬仪在盘右位置观测的垂直角;i 是测站的仪器高度;l_P 是观测垂直角时反射器中心的高度。

如图 15.3 以 TC2000 全站仪为例,用光电三角高程测量法进行公路中平测量的技术要点:

1) 中平测量在基平测量的基础上进行,并遵循"先定中线桩后中平测量"的顺序。

2) 选择公路中线沿线的制高点为层站(一般的导线控制点也在制高位置),测站高程已知,测站与公路中线桩位基本通视。

3) 测站上安置好全站仪器,测站与镜站应配备无线电通信设备。

4) 测站应做好测量的准备工作:

(1) 丈量仪器高,确定反射器的高度;

(2) 观测气象元素,预置全站仪的测量改正数

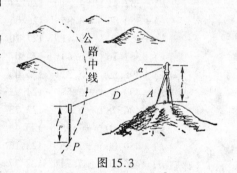

图 15.3

(即 $K + RD_{km}$ 值)及高程计算的已知参数(即测站高程 H_A、仪器高 i 及反射器高 L_P)。

(3) 选好 TC2000 全站仪"高差、镜站高程"的格式显示方式。

(4) 反射器立于中线桩附近地面上,将中桩里程通告测站,如发现通视有困难,可考虑提升反射器高度,同时把提升高度通知测站。

5) 以盘左的位置瞄准反射器中心,进行距离、角度的一次测量,方式有:

(1) 依次按 DIST、REC 两键方式,即先按 DIST 键,经几秒钟完成角度、距离测量,然后按 REC 键自动记录观测的数据。

(2) 以按 ALL 一键方式,即按 ALL 键,经几秒钟完成角度、距离测量和记录数据的工作。

6) 中平测量仍在两个高程控制点(水准点)之间进行。为保证观测质量,减少误差影响,中平测量的光电边长宜限制在 1km 以内。

光电三角高程测量法进行中平测量的记录见表 15-2。

7) 中平测量和中线测量可联合在全站测量的过程中进行。

表 15-2　　　　　　　　　光电三角高程测量法中平测量记录

测站	测点名称或里程桩号	高差	测点高程	备注	测点名称或里程桩号	高差	测点高程	备注
k2（导线点）仪器高：1.483m 点位高程 130.526m	BM1	-8.725	121.784	水准点高程 120.774m 从 BM1 至 k2 反射器高度 1.500m 各测点均观测两次,互差在 ±30mm 以内 $h_{BM1-BM2}=$ 9.385m $\Delta h_{容}=$ $50\sqrt{L}$ $=\pm 50mm$ $L=1.00km$ $\Delta h=20mm$ BM2 反射器高度 2.5m 水准点 BM2 高程 130.161m	k1+550.00	-6.02	124.49	
	k1+000.00	-9.68	120.83		k1+560.00	-5.99	124.56	
	k1+050	-9.31	121.20		k1+580.00	-5.72	124.79	
	k1+100	-8.65	121.86		k1+600.00	-5.51	125.00	
	k1+108.33	-9.18	121.33		k1+620.00	-5.49	125.02	
	k1+124.83	-9.24	121.27		k1+640.00	-5.25	125.26	
	k1+127.21	-7.51	123.00		k1+660.00	-5.12	125.39	
	k1+134.01	-7.51	123.00		k1+680.00	-4.89	125.62	
	k1+136.73	-8.98	121.53		k1+680.27	-4.91	125.60	
	k1+150.00	-8.91	121.60		k1+700.00	-4.74	125.77	
	k1+200.00	-8.68	121.93		k1+720.00	-4.92	125.59	
	k1+250.00	-8.11	122.40		k1+740.00	-4.42	126.09	
	k1+300.00	-7.71	122.80		k1+760.00	-3.52	126.99	QZ 点
	k1+302.72	-7.64	122.87		k1+780.00	-2.19	128.32	
	k1+322.79	-8.31	123.20		k1+786.88	-0.84	129.67	
A	k1+327.21	-5.95	124.53		k1+800.00	-1.34	129.17	
	k1+337.41	-4.24	126.27		k1+818.74	-1.74	128.77	
	k1+350.00	-3.85	126.66		k1+820.00	-1.76	128.75	
	k1+358.50	-3.41	127.10		k1+822.59	-1.72	128.79	
	k1+387.76	-6.44	124.07		k1+840.00	-1.52	128.99	
	k1+395.59	-5.51	125.00		k1+860.00	-1.33	129.18	
	k1+400.00	-5.58	124.93		k1+880.00	-1.09	129.42	
	k1+406.78	-6.78	123.73		k1+892.59	-1.03	129.48	
	k1+446.10	-7.05	123.46		k1+893.70	-0.94	129.57	YH 点
	k1+450.00	-7.35	123.16		k1+900.00	-1.51	129.00	
	k1+466.10	-7.74	122.77	ZH 点	k1+926.58	-4.11	126.40	
	k1+467.95	-7.74	122.77		k1+950.00	-4.19	126.32	HZ 点
	k1+480.00	-7.65	122.86		k2+000.00	-3.18	127.33	
	k1+500.00	-7.28	123.23		BM2	0.676	130.151	
	k1+520.00	-6.65	123.86					
	k1+537.95	-6.19	124.32	HY 点				
	k1+539.18	-6.11	124.40					
	k1+540.00	-6.10	124.41					

四、纵断面图的绘制

纵断面图的绘制是纵断面测量的重要工作,纵断面图是路线勘测的重要成果,是路线设计中极其重要的基础图件。纵断面图绘制的基本方法：

1. 窗口的设立

纵断面图包含图窗口和注析窗口两个窗口,见图 15.4。

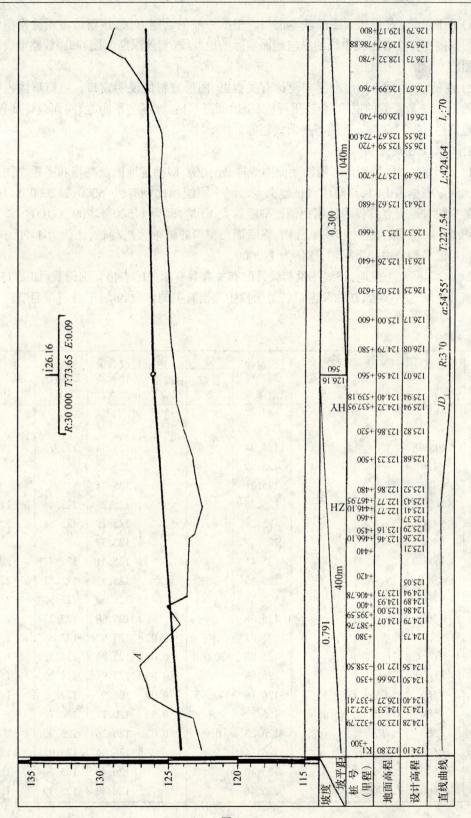

图 15.4

1) 图窗口:这是纵断面图的基本窗口。根据一般的绘制方法,该窗口占用整幅图纸的3/5,图窗内主要绘有路线中线的纵向地面实际的地面线(实地纵断面图)和路线路面设计纵断面图。

2) 注析窗口:用于列出勘测与设计有关数据、图形资料的说明窗口。该窗口约占整幅图纸的2/5,一般设立的说明栏有:里程桩栏、地面高程栏、坡度与平距栏、路面设计高程栏、土壤地质栏、填挖高度栏、直线与平曲线栏等。

2. 纵断面图的绘制

1) 定比例:如同利用地形图绘断面图一样,定比例,即确定地面点高程和平距在图上的绘制比例。根据表 14-1,路线中线桩地面点之间平距绘制比例有,1:5000、1:2000、1:1000,相应的中线桩地面点高程的绘制比例比平距放大 10 倍,即为 1:500、1:200、1:100。

图 15.4 是一张公路中线纵断面图,纵断面图窗口的纵轴为高程轴,比例为 1:200;纵断面图窗口的横轴是中线里程轴,比例为 1:2000。

2) 内容注释:一般地,路线测量与设计的有关参数有相应的表格详细记载(如表 15-3),为了直观反映这些参数,在注释窗口各说明栏中列出有关的参数和略图,注释项目有:

表 15-3

序号 1	里程桩号 2	平曲线 3	坡度坡平距 4	初设计高程 5	竖曲线 参数 6	竖曲线 改正 7	改后设计标高 8	测量地面高程 9	填、挖高度 10
	$k1+$								
1	+406.78			124.94			124.94	123.73	−1.21
2	+420			125.05			125.05		
3	+440			125.21			125.21		
4	+446.10			125.26			125.26	123.46	−1.80
5	+450			125.29			125.29	123.16	−2.23
6	+460			125.37			125.37		
7	+466.10			125.41			125.41	122.77	−2.64
8	+467.95	ZH 点	0.791%	125.43			125.43	122.77	−2.66
9	+480		440m	125.52			125.52	122.86	−2.68
10	+500			125.68			125.68	123.23	−2.45
11	+520			125.84	R:	−0.02	125.82	123.86	−1.96
12	+537.95	HY 点		125.98	30 000	−0.04	125.94	124.32	−1.62
13	+539.18	α:		125.99	T:	−0.05	125.94	124.40	−1.54
14	+560	54°55′		126.16	73.65	−0.09	126.07	124.56	−1.51
15	+580	$R=370$m	0.300%	126.22	E:	−0.05	126.17	124.79	−1.38
16	+600	T:	1 040m	126.28	0.09	−0.02	126.26	125.00	−1.26
17	+620	227.54m		126.34			126.34	125.02	−1.32
18	+640	L:424.64		126.40			126.40	125.26	−1.04
19	+660	Ls:70.0		126.46			126.40	125.39	−1.01

(1) 里程桩与里程：绘纵断面图，首先把中线桩的位置按里程及其比例确定在图窗口的横轴上，同时在里程桩与里程说明栏的相应位置注明桩号。考虑到图的局限性和图示的清晰美观要求，注释栏中往往仅按相应比例所定的位置标出 km 和百米桩的里程桩号，如图 15.4，$k1$ 表示 1km 的公里桩号，续后的数字大部分表示百米桩号和十米桩号。

(2) 地面高程：中平测量得到的中线桩地面高程是与里程桩号成对的参数，按要求填写在与里程桩号相应的位置上。对于明显高低地面点应按实际距离、高程以相应比例展绘和注释。

(3) 坡度与平距：坡度 i 是路线路面的坡度，是路线设计的基本设计参数。这是根据中平测量的结果及设计车速提出的路线设计参数。本栏按路段平距长度成比例画一斜线，斜线上方注明坡度，下方注明平距(或称坡长)。

(4) 设计高程：这是根据路段设计坡度及竖曲线等计算得到的高程参数，

$$H_{设} = H_0 + D \times i \tag{15-3}$$

式中，$H_{设}$ 是所在里程桩的路面设计高程；H_0 是中线初定的点位地面设计高程；D 是里程桩离初设定点的平距；i 是路面设计坡度。

(5) 直线与平曲线：这是以示意图的形式表示路线直线、曲线和交叉的情况。其中直线段表示路线的直线状况；凸凹线表示路线曲线的转向，凸向上方表示曲线右转，凹向下方表示曲线左转。在凸凹线状附近注有交点名称、曲线的半径 R、切线长 T、外矢距 E 及缓和曲线长 l_s 等。

(6) 其他：如填挖高度、地质土壤等。

上述的里程桩及里程、地面高程的项目是中平测量的重要成果，其余各项目是涉及路线设计技术的说明。

3) 纵断面图绘制

(1) 展点，即根据地面点的里程及地面高程，按比例在图窗口内确定地面点的位置。如图15.4 中的点 A，里程是 $k1 + 358.50$，图上按 1:2000 的比例把 358.5m 缩小；高程 127.10m，图上把127.10m减去 115m 按 1:200 比例缩小。里程与高程二者按图纸的横轴和纵轴的相应位置在毫米格中确定 A 点，其余地面点位置按此法确定。

(2) 纵断面图的展绘：依里程的顺序连结图窗口所展的点位，形成折线形的地面线(图15.4 中的细折线)，便是路线中线的纵断面图形。

(3) 设计的路面纵断面图的展绘：展绘方法和上述中线纵断面图的展绘方法一致，展绘的设计路面纵断面图，即设计路面地面线，是一条平滑的粗线。

(4) 竖曲线与参数的备注：竖曲线是路线在沿中线竖直方向上表示车辆从一个路面坡度向另一个路面坡度变化时的运行曲线。竖曲线和平面圆曲线一样，有曲率半径 R、切线长 T 和外矢距 E 等参数。图 15.4 中，$R = 30\,000$m 是向下(凸向)弯曲的竖曲线。

上述的绘制工作中，路线中线地面纵断面图的绘制是首要的工作，其他绘制与说明事项是第二工作。整个绘制工作可用人工的方法，也可用机助制图的方法。后者则应用计算机、机助绘图仪及其相应的绘图软件按自动化的要求完成。

[注解] 管道工程的纵断面图。

管道工程中线测量之后进行的纵断面测量和绘纵断面图,基本技术方法和上述相同。绘纵断面图中绘制的管道设计与路线工程主要差别是管道埋设地下,如图15.5所示。

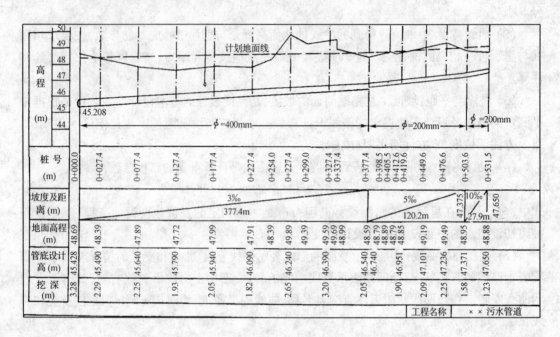

图 15.5

第三节　路线横断面测量

一、横断面测量的基本工作

1) 在路线中线的每一个中线桩位上确定与中线垂直的方向(即横向)。

2) 沿垂直方向测定中线地面变坡点离开中线桩位的水平距离及相对于中线桩的地面高差。

3) 按所测定的水平距离和高差展绘横断面图形。

二、横向的确定

在中线直线段的横向,即与中线互相垂直的方向,可用方向架或圆盘测定。横断面测量用的方向架(如图15.6)是由互相垂直的瞄准木杆构成的十字架,其中 $ab \perp cd$, ef 是指标杆,支承十字架的木杆高约1.2m。

1. 在路线直线段确定横向

要把方向架支杆插在中线桩的地面上,瞄准木杆 ab 方向与中线重合,即瞄准木杆 cd 方向所指的便是中线的横向了。如图15.7。

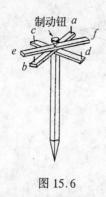

图 15.6

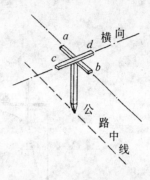

图 15.7

2. 在圆曲线段确定横向

这种中线横向即是中线上指向圆曲线圆心的方向。确定的方法如下：

1）先在 ZY 点立方向架，瞄准木杆 ab 指向交点 JD，这时瞄准木杆 cd 方向指向圆心，也是 ZY 点上的横向。松指标杆 ef 的制动钮，指向圆曲线的 P_1 点，见图 15.8。

2）保持指标杆 ef 与瞄准杆 ab 的角度不变，把方向架安置在 P_1 点上，转动整个方向架使瞄准杆 cd 瞄准 ZY 点，则这时的指标杆 ef 所指的方向就是圆曲线在 P_1 点上的横向。见图 15.8。

3）按上述 1）、2）步骤在 $P_2, P_3, \cdots$ 点确定圆曲线的横向。

3. 在缓和曲线段确定横向

根据图 15.9，设 EF 是缓和曲线上两个点，缓和曲线在 F 处的横向为 FO，确定横向 FO 方法：

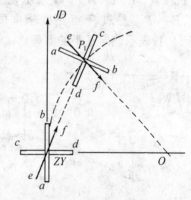

图 15.8

1）计算

(1) 按式(14-28)求 F 处的切线角 β_F；

(2) 利用 E, F 的坐标按式(5-22)求 EF 的方位角 α_{EF}；

(3) 求 F 处的缓和曲线弦切角 δ，即

$$\delta = \beta_F - \alpha_{EF} \tag{15-4}$$

2）测设

(1) 在 F 处设站(安置经纬仪或 360°圆盘)瞄准 E 点；

(2) 拨角 $(\delta + 270°)$，得 F 处的横向 FO。

三、横断面测量

横断面测量，即确定路线中线横向地面变坡点离开中线桩位水平距离与高差的测量工作。方法有：

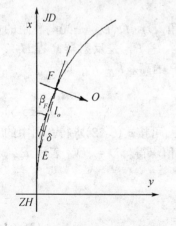

图 15.9

1）一般的水准测量、经纬仪光学速测法。以这些方法测量平距与高差的原理前有述及，这里不重述。

2）简易标杆法：利用标杆上的红白相隔的刻画配合测定地面变坡点之间的平距和高

差。如图15.10。

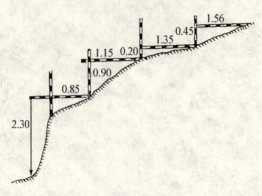

图 15.10

3) 光电三角高程测量法中平测量与横断面测量。我们已经知道,全站仪具有全站自动化测量的功能,因此利用全站仪以光电三角高程测量法可以实现中平测量与横断面测量的有机结合。图15.11的 A 表示设全站仪的测站(高程为已知),P 点是路线中线的中桩位置,$P_\text{左}$、$P_\text{右}$ 是过 P 点路线横向的地面变坡点。其中图15.11表示确定高程的原理,图15.12表示确定平距的原理。

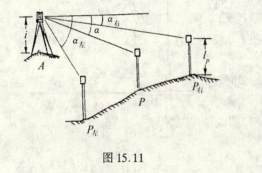

图 15.11

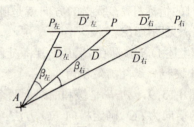

图 15.12

(1) 图15.11,$\alpha_\text{左}$、α、$\alpha_\text{右}$ 是全站仪观测各反射器的垂直角,$D_\text{左}$、D、$D_\text{右}$ 是光电测距的边长,i 是仪高,l_P 是反射器高。根据三角高程测量可得 $P_\text{左}$、P、$P_\text{右}$ 是反射器高程 $H_\text{左}$、H_P、$H_\text{右}$,进而利用 $H_\text{左}$、H_P、$H_\text{右}$ 求得 $P_\text{左}$、$P_\text{右}$ 相对于中线点 P 的高差 $h_\text{左}$、$h_\text{右}$,即

$$h_\text{左} = H_\text{左} - H_P$$
$$h_\text{右} = H_\text{右} - H_P \tag{15-5}$$

(2) 图15.11中,$D_\text{左}$、D、$D_\text{右}$ 是 A 点至 $P_\text{左}$、P、$P_\text{右}$ 的平距,可按式(3-28)求得。图中的 $\beta_\text{左}$、$\beta_\text{右}$ 是全站仪观测的水平夹角,由全站仪测量的水平方向值求得。$D'_\text{左}$、$D'_\text{右}$ 表示 $P_\text{左}$、$P_\text{右}$ 离开中线桩 P 的平距,可按余弦定理求得,即

$$\overline{D'_\text{左}} = \sqrt{\overline{D_\text{左}}^2 + \overline{D}^2 - 2\overline{D_\text{左}}\,\overline{D}\cos\beta_\text{左}}$$
$$\overline{D'_\text{右}} = \sqrt{\overline{D}^2 + \overline{D_\text{右}}^2 - 2\,\overline{D}\,\overline{D_\text{右}}\cos\beta_\text{左}} \tag{15-6}$$

四、横断面测量的有关限差要求

如公路横断面测量,见表15-4。

表 15-4　　　　　　　　　　公路横断面测量限差要求

公路的等级	平　距	高　差
高等级公路	$l/100+0.1$	$h/100+l/200+0.1$
一般公路	$l/50+0.1$	$h/50+l/100+0.1$

注：l 是测量点(变坡点)至路线中线桩的水平距离；一般地，l 在 10～30m 之间。

　　　h 是测量点(变坡点)与路线中线桩地面之间的高差。

五、横断面图的绘制

一般的横断面测量成果应列成表，如表 15-5。横断面图的绘制方法：

1) 定比例，即定平距、高差的图上比例，一般取 1:200。

2) 绘图。即根据平距、高差按比例分别在横向和纵向两个轴向展出地面点的位置，连结所展点位的连线便是横断面图形，如图 15.13 的细线(粗线是设计路面横断面)。

横断面图可随手现场绘制，也可利用测量的数据由机助制图的方法实现。

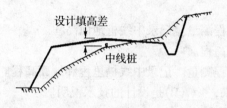

图 15.13

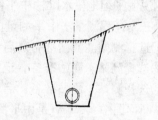

图 15.14

横断面图的设计粗线表示不同的应用工程。图 15.13 的设计粗线是设计路面横断面。图 15.14 的设计粗线是管道工程开挖的设计横断面。

表 15-5　　　　　　　　　　横断面测量成果表

序号	左侧:高差,平距	里程桩与里程	右侧:高差,平距
	...	...	...
1	$-0.83,14.04;+0.23,10.22;$ $+1.12,5.31$	$k1+327.21$	$-0.91,4.14;-1.24,10.36;$ $-1.40,15.22$
2	$-0.01,13.35;-0.44,10.47;$ $+0.25,5.42$	$k1+337.41$	$-0.23,2.16;-0.92,5.21;$ $-1.87,8.85;-2.38,16.23$
3	$+3.01,14.02;+2.08,8.31;$ $+1.02,7.81$	$k1+350.00$	$-0.41,4.93;-1.70,6.20;$ $-1.98,10.81$
4	$+2.57,13.87;+2.22,9.20;$ $+1.05,8.22$	$k1+358.50$	$-0.62,6.33;-1.88,11.77;$ $-2.44,12.20;-2.38,15.80$
5	$+2.35,14.35;+2.05,11.76;$ $+0.81,11.03$	$k1+387.76$	$-0.20,2.25;-0.87,8.00;$ $-1.25,13.37;-1.42,14.05$
6	$+0.60,12.35;+0.44,8.23;$ $-0.67,3.78$	$k1+395.59$	$-0.35,5.23;-1.30,9.57;$ $-2.12,15.65$
7	$+1.22,12.32;+1.12,8.74;$ $-0.25,4.67$	$k1+400.00$	$-0.22,7.52;-1.20,10.70;$ $-1.45,15.41$
8	$+1.63,12.00;+1.25,6.34;$ $+0.42,3.25$	$k1+406.78$	$+0.66,5.02;+2.03,7.89;$ $+1.80,13.21;+0.24,16.37$
9	$+0.57,11.76;+0.41,4.13$	$k1+446.10$	$-0.63,3.89;-0.67,13.76$
	...	...	...

习 题

1. 什么是基平测量？什么是中平测量？基平测量有哪些技术要求？
2. 下述说法如果正确,请在括号内打"√"。
答案:①路线断面测量应在路线中线测量之后进行。（ ）
　　　②路线断面测量应在路线基平测量中进行。（ ）
　　　③路线断面测量应在路线勘察设计之前完成。（ ）
3. 试述断面测量的基本任务。
4. 路线断面测量包括_____。
答案:①纵断面测量和绘纵断面图
　　　②横断面测量和绘横断面图
　　　③纵断面测量和横断面测量
5. 举例说明平坦地段水准法中平测量计算中线点地面高程的方法。
6. 光电三角高程测量法中平测量的步骤:
答案:①选择测站。测站准备。启动光电三角高程测量。记录中线桩地面高程。
　　　②选择测站。测站准备。记录中线桩地面高程。
　　　③选择测站。测站准备。启动光电三角高程测量。记录中线桩里程和地面高程。
7. 绘纵断面图中____(A)是中平测量的重要成果,____(B)是设计的技术说明。
答案:(A) ①里程桩号与里程、平距与坡度、填挖高度
　　　　 ②设计高程、地面高程、坡度与平距
　　　　 ③里程桩号与里程、地面高程
　　　(B) ①设计高程、坡度与平距、地面高程
　　　　 ②里程桩号与里程、地面高程
　　　　 ③设计高程、填挖高度、坡度与平距
8. 试述纵断面图的主要绘制步骤。
9. 参考图15.4,按表15-2绘制 $k1+000$ 至 $k1+300$ 的纵断面图。
10. 横断面测量的基本内容可概括为____。
答案:①定方向;全站测量;绘断面图
　　　②全站测量;绘断面图
　　　③定横向;测平距和高差;绘横断面图
11. 试述横断面测量的基本步骤。
12. 缓和曲线段确定横向有两件重要计算工作(图15.9),即_____。
答案:①弦切角 δ_F 和参考点坐标
　　　②参考点方位角 α_{EF} 和切线角 β_F
　　　③切线角 β_F 和参考点坐标
13. 说明缓和曲线横向的确定方法。
14. 根据表15-1测站Ⅰ水准测量法中平测量的观测计算基本过程是_____。
答案:

①观测水准点 BM1 标尺读数 $a_{后}$，计算视线高程 $H_{视线高程}$。观测中视读数 $b_{中}$，计算中桩地面高程 $H_{中桩地面高程}$。观测前视尺读数 $b_{前}$，计算转点高程 $H_{转点高程}$。

②观测中视读数 $b_{中}$，计算中桩地面高程 $H_{中桩地面高程}$。观测水准点 BM1 标尺读数 $a_{后}$，计算视线高程 $H_{视线高程}$。观测前视尺读数 $b_{前}$，计算转点高程 $H_{转点高程}$。

③观测水准点 BM1 标尺读数 $a_{后}$，计算视线高程 $H_{视线高程}$。观测中视读数 $b_{中}$，计算中桩地面高程 $H_{中桩地面高程}$。

15. 按表 15-5 序号 1 的数据绘制横断面图。

16. 下述说法正确者打"√"。
　　①光电三角高程测量法中平测量在两个高程控制点之间进行。　　（　　）
　　②只有水准法中平测量在两个高程控制点之间进行。　　　　　（　　）
　　③中平测量应在两个高程控制点之间进行。　　　　　　　　　（　　）

17. 在纵断面图中_____。
答案：①设计路面是一条平滑的细线；②地面线是一条折线形细线；③地面线是一条平滑细线。

第十六章 工程测量

学习目标:明确工程测量与路面、桥梁、建筑、隧道等工程的基本关系;熟悉这类土木工程的基本特点与要求;掌握这类土木工程的工程测量基本内容和方法。

第一节 公路施工测量

一、路基路面设计的基本参数

路基路面设计在断面测量的基础上进行,其中的设计参数包括路面宽度 b、排水沟宽度 s、填挖高度 h、边坡率 m、路面超高 Δ 等。这里以公路工程为例介绍边坡率 m、路面超高 Δ 的概念。

1. 边坡率

公路路基路面设计涉及填挖成形的路基边坡坡度,如图 16.1、图 16.2,AD 是地面,BC 是设计路面,h 是设计的填、挖高度,AB、CD 是路基边坡。根据坡度的概念,仿式(10-5)坡度 i_{AB} 是

$$i_{AB} = \frac{h}{l} 100\% \qquad (16\text{-}1)$$

式中,l 是边坡 AB 在水平面的投影长度。取 $i_{AB} = 100/m$,代入式(16-1)得

$$m = \frac{l}{h} \qquad (16\text{-}2)$$

上式可表示为

$$1 : m = h : l \qquad (16\text{-}3)$$

式中,m 称为边坡率或称陡度,常以 $1:m$ 表示。

式(16-2)中可见,取 $h = 1\mathrm{m}$,则 $l = m$,即高差 h 是 $1\mathrm{m}$ 时,边坡水平长度 l 在数量上等于边坡率 m。如图 16.3,AB 的边坡率为 $1:0.5, h = 1\mathrm{m}$,则 $l = 0.5\mathrm{m}$。边坡率越小,水平长度越短,边坡越陡。

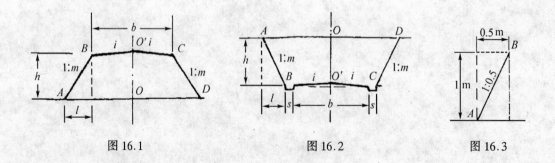

图 16.1　　　　　图 16.2　　　　　图 16.3

2. 超高

图 16.1、图 16.2 中，O 点是中线在地面的位置，O' 是中线在设计路面的位置，B、C 是公路中线两侧的路面边界点。根据路基路面设计要求，在公路直线段边沿点 B、C 处于同一高度，路面横断面沿 B、C 两侧略有倾斜形成双向横坡面，如图 16.4a)阴影部分。但是汽车在曲线路段行驶，由于曲线运行离心力的存在，汽车在这种路面上运行的稳定性将受影响。为了保证汽车在曲线段运行安全，在公路曲线半径小于表 16-1 规定的情况下，路基路面设计曲线段的路面边缘点 B、C 连线在曲线半径方向上形成倾角为 α 的横坡面，如图 16.4a)中选图形，这时 B、C 两点间高度差为

表 16-1　　　　　　　　　　不设超高的曲线最小半径(km)

公路等级	高速公路				一		二		三		四	
计算行车速度(km/h)	120	100	80	60	100	60	80	40	60	30	40	20
极限最小半径(m)	650	400	250	125	400	125	250	60	125	30	60	15
一般最小半径(m)	1 000	700	400	200	700	200	400	100	200	65	100	30
不设超高最小半径(m)	5 500	4 000	2 500	1 500	4 000	1 500	2 500	600	1 500	350	600	150

$$2\Delta = b \times \tan\alpha = b \times i \tag{16-4}$$

式中，2Δ 称为超高，α 称为超高角，i 称为路面横坡度，b 是路面 BC 的设计宽度。

由于存在超高，设计上 B、C 不同高，一般 B 点的超高为 $-\Delta$，则 C 点的超高为 $+\Delta$。圆曲线路面的设计超高是常数，路面倾斜形成为单向横坡面，如图 16.4b)。缓和曲线段的路面超高随着在缓和曲线上的长度不同而变化，路面横坡倾斜由双向横坡面向单向横坡面逐步过渡。

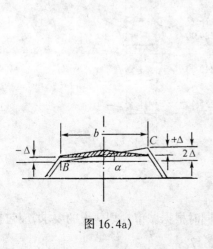

图 16.4a)

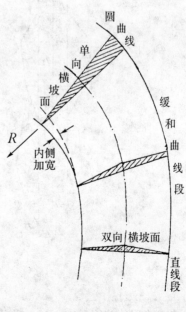

图 16.4b)

3. 公路用地面积的构成

图 16.5 是一段经设计修筑而成的公路景观图。图中可见，公路实际用地面积包括：设计的行车路面面积，由边坡率决定的填路基（图 16.5AB 段）扩张面积，公路排水沟面积，由边坡率决定的挖路堑（图 16.5BC 段）开拓面积以及路线转弯的内侧加宽面积（图 16.4b)）等。图 16.6a)是路基路面设计的平面图，公路用地面积包括在平面图中的1,2,…,8 及 1′,2′,…,8′所围成的区域内，这是根据公路设计确定的基本用地面积。如果在公路建设上顾及景观美化和绿带以及路基保护的需要，还应在基本用地基础上增加绿带等用地面积。

图 16.5

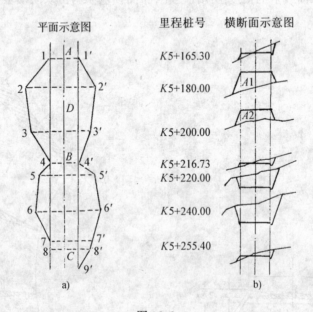

图 16.6

城市道路用地范围具有上述公路用地的内容，同时根据城市规划建设的要求,应包括机动车道、人行道、绿带、分车带等部分的面积,如图 16.7。

第十六章 工程测量

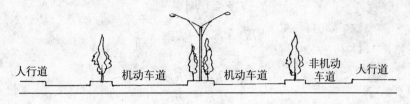

图 16.7

二、公路工程参数与测算

1. 公路施工边界点位置参数的测算

1) 对称填高边界点位置参数的计算：如路面设计图 16.1，地面 AD 平坦，BC 是以中线桩 O 为对称设计的路面，b 是路面设计宽度，m 是边坡率，h 是填路基高度（简称填高）。图中 $l = mh$，对称填高的用地边界点位置参数，即离开中线桩的距离 dd 为

$$dd = b + 2l = b + 2mh \tag{16-5}$$

2) 对称挖低的用地边界点位置参数的计算：如图 16.2，路面设计地面 AD 平坦，BC 是以中线桩 O 为对称设计的路面，s 是排水沟的宽度，h 是挖路堑深度（简称挖低），棋他符号同图 16.1。对称挖低的用地边界点位置参数 dd 为

$$dd = b + 2s + 2mh \tag{16-6}$$

3) 不规则填挖地段用地边界点位置参数的测算：如图 16.8，中线桩 O 附近是不规则地面，开挖用地边界点相对于中线桩 O 为不对称位置。

(1) 解析法求算边界点位置：①设立一个 $h-l$ 坐标系。如图 16.8，h 轴（高差）在公路中线点 O 的垂线上，l 轴（距离）通过设计路面标高处 O'。

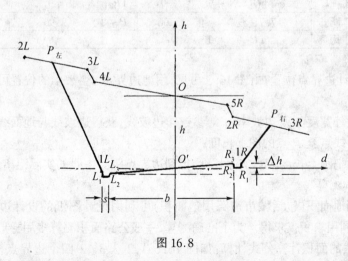

图 16.8

②设路面边界点 P 的坐标为 (h, l)，并按公式求解。据推证，P 点坐标满足下式，即

$$AZ + L = 0 \tag{16-7}$$

其中

$$Z = \begin{pmatrix} h \\ l \end{pmatrix}$$

$$A = \begin{pmatrix} l_3 - l_2 & -h_3 + h_2 \\ -m & 1 \end{pmatrix}$$

$$L = \begin{pmatrix} -h_2 l_3 + h_3 l_2 \\ -l_1 + m h_1 \end{pmatrix}$$

解式(16-7)得

$$Z = -A^{-1}L \tag{16-8}$$

式中,h_1, l_1 是路面边界点 1 的坐标,是可从路面设计中得到的参数;

h_2, l_2, h_3, l_3 是地面点 2、3 的坐标,均是横断面测量得到的数据;

h, l 是设计的填路基(或挖路堑)边界点 P 的待求坐标,其中 l 的绝对值是填(或挖)边界点至公路中线点的距离。

按上述坐标系计算应注意,计算填路基右边界点坐标或计算挖路堑左边界点坐标时,边坡率 m 应取负值。

应用实例,如图 16.8,计算见表 16-2。

表 16-2

里程桩号		$K1+350.00$		设计挖(或填)高差 $h+4.86$		边坡率 m 0.7
项目		左	侧	右	侧	
	点号	h(m)	l(m)	点号	h(m)	l(m)
横断面测量 地面点坐标 (表16-5)	2L	3.01+4.86	-14.02	5R	-0.41+4.86	4.93
	3L	2.08+4.86	-8.31	2R	-1.70+4.86	6.20
	4L	1.02+4.86	-7.81	3R	-1.98+4.86	10.81
路边点坐标	1L	超高-0.23	-7.50	1R	超高 0.23	7.50
填(或挖)边界 点参数	$P_左$	7.71	-13.06	$P_右$	2.96	9.41
	距离	($P_左$)	13.06		($P_右$)	9.41

(2) 图解估计边界点位置:由图 16.3 可见,用地边界点 $P_左$、$P_右$ 的位置可利用作图的方法:

①以路面设计宽度 b 及边坡率 m 等参数作边坡线,获得边坡线与地面线的交点 P;

②量取路中线点至 P 点的图上长度;

③按比例尺把图上长度转为实际长度,得到边界点距路中线的实际距离。

2. 用地面积测算

测算公路用地面积(包括城市道路用地面积)可利用设计图纸的设计边界线围成的图形,按几何法或利用求积仪求得。为了准确测算,一般公路面积测算多用梯形法、解析法。

1) 按梯形法的面积计算公式计算:如图 16.6a),2、3、3′、2′四个边界点构成梯形,按梯形面积计算原理可知

$$A_梯 = 0.5\Delta S(dd_2 + dd_3) \tag{16-9}$$

式中,$A_梯$ 是梯形 233′2′的面积;$dd_2、dd_3$ 分别是 22′、33′边界宽度;ΔS 是 22′与 33′的里程差。

2) 按多边形面积计算公式,即式(11-10)计算面积。这时应计算公路左右边界点的坐

标,然后按式(11-10)计算面积。

3. 路基设计横断面面积的计算

图 16.6b)表示各里程桩位路基设计的横断面示意图。从图可见,横断面面积涉及设计路面的填挖高度(h)、路面宽度(b)、排水沟宽度(s)、边坡率(m)、路面超高 Δ 以及地面实际地面线,情况比较复杂。横断面的计算应根据不同情况采取不同的方法。

1) 对称的填高横断面面积的计算。如图 16.1,填高横断面面积

$$A = 0.5[b + (b+2mh)]h + 0.5^2 ib^2$$
$$= bh + mh^2 + 0.5^2 ib^2 \tag{16-10}$$

2) 对称的挖低横断面面积的计算。如图 16.2,挖低横断面面积 A 为

$$A = 0.5[(b+2S) + (b+2S+2mh)]h + 2S\Delta h - 0.5^2 ib^2$$
$$= bh + mh^2 + 2S(h+\Delta h) - 0.5^2 ib^2 \tag{16-11}$$

式中,Δh 是排水沟的深度,i 是横坡度。

3) 不规则填挖横断面面积的计算。根据横断面测量结果和路基路面设计参数(h,m,Δ 等),绘出不规则填挖横断面图,如图 16.8。显然这种不规则断面图形随着情况不同而异,以该图为例,断面面积仍然可利用图中边界线围成的图形按几何法或利用求积仪求得,也可利用图上各个连接点的坐标按解析法公式(11-10)计算。如图 16.8,根据测算结果及设计参数得出横断面各点的坐标及面积的计算列于表 16-3 中。

表 16-3

	左 侧			右 侧	
点名	h(m)	l(m)	点名	h(m)	l(m)
$4L$	$1.02+4.87$	-7.81	$5R$	$-0.41+4.86$	4.93
$3L$	$2.08+4.87$	-8.31	$2R$	$-1.70+4.86$	6.20
$P_{左}$	7.71	-13.06	$P_{右}$	2.96	9.41
$1L$	-0.23	-7.50	$1R$	0.23	7.50
$L1$	-0.53	-7.50	$R1$	-0.07	7.50
$L2$	-0.53	-7.00	$R2$	-0.07	7.00
$L3$	-0.23	-7.00	$R3$	0.23	7.00
面积					117.79m^2

4. 土石方的测算

一般的公路土石方的计算采用断面法,即根据路基设计横断面面积及断面之间的距离求取土石方。如图 16.6b)中,各个填、挖横断面面积为已知,横断面之间的距离可从里程桩号中求得,则横断面之间的土石方 V 为

$$V = 0.5D(A_1 + A_2) \tag{16-12}$$

式中,A_1、A_2 为相邻两个横断面的面积,D 是相邻两个横断面之间的距离。

比较精确的计算可采用棱台计算公式,即

$$V = \frac{1}{3}D(A_1 + A_2 + \sqrt{A_1 A_2}) \tag{16-13}$$

三、公路界桩的测设

公路施工放样的工作有公路界桩的测设,其中有公路路基的填宽边界点和路堑开挖边界点测设,还有小桥涵位置及高程的测设等。测设方法相似,这里主要讲述公路界桩的测设。

1. 公路界桩

公路界桩包括有公路红线界桩和公路工程界桩。

公路红线界桩,即公路占用土地的分界用地界桩。公路用地在土地管理中属于公有地籍,界桩的设立将标明公路用地的边界范围,界桩之间连成的线称为红线。在土地管理中称公路用地界桩为红线界桩或红线界址。公路红线界桩确定了公路用地的范围、归属和用途,具有保护公路用地不受侵犯的法律效力。

公路工程界桩是根据公路设计要求,标明路基路面、涵洞、挡土墙等边界点位实际位置的桩位,如公路的路基界桩、路面界桩、路带界桩、绿带界桩等。公路工程界桩有时可能在公路用地边界上,则这种公路工程界桩兼有红线界桩的性质。

2. 公路界桩的测设

公路界桩的测设主要是界桩的平面位置、标高线以及坡度线的测设。

界桩平面位置往往可表示为在平面上界桩离开公路中线的垂直距离。如图 16.1 A、D 点是路基路面设计的点位,按式(16-5)可知,A、D 点分别离开中线桩 O 的垂直距离为 $dd/2$。另外,在设计图上量距再按比例尺放大可得 A、D 点分别离开中线桩 O 的垂直距离。以直接丈量法可直接在实地放样界桩,即沿中线的垂直方向丈量得界桩 A、D 的位置。直接丈量法比较适用于平坦地带,在其他地形条件下,极坐标法仍然是界桩平面位置的有效放样方法。

界桩标高线的测设,即路基路面施工高度的测设,以水准测量等方法把施工高度测设在界桩侧面,绘出标高线,标明路基路面的填(挖)高度。标高线可以用界桩顶面表示,如图 16.12。

坡度线的测设是利用坡度板或坡度架实现的。由图 16.2 可见,根据边坡率 m 可在 A 点设立坡度板,如图 16.9。坡度板的设立标明挖方的坡度线。由图 16.1 可见,根据边坡率 m、填高 h、路面设计宽度 b 可设立填方的坡度架,即利用杆、绳架设起坡度线,如图 16.10。坡度架的设立标明填方的坡度线。另外,在路基比较高的情况下,可以采用多层坡度架,随着施工层次的变化逐层设立坡度架,如图 16.11。

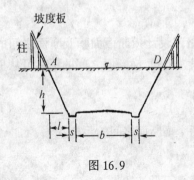

图 16.9

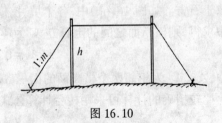

图 16.10

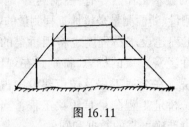

图 16.11

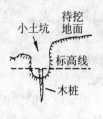

图 16.12

3. 公路界桩测设的基本要求

1) 一般先测设红线界桩,后测设公路工程界桩。在公路规划勘测以及初测定测的过程中,公路主管部门应与被征地有关部门协商确认公路红线界址及红线走向所确定的公路用地范围,办理土地征用手续。测设红线界桩确认土地征用范围,此后按公路设计测设公路工程界桩。

2) 根据界桩的性质和用途设立标志。红线界桩属于砼柱型永久性界桩,如图 16.13,要求埋设稳固,长期保存。公路工程界桩,若没有兼用红线界桩的用途,则属于实用性界桩,用于指示公路修筑位置。

3) 伴随公路施工过程及时准确测设界桩。

由于公路路面等级差异,公路路面结构层次的等级类型各不相同,公路界桩的测设往往不是一次完成,而是通过多次测设实现的。较高等级的公路,一般有填挖土方阶段的界桩测设;在铺设路基路面阶段有各结构层的界桩测设,如图 16.14;有路面各路带、绿带的界桩测设等。这些界桩的测设为不同等级公路施工提供准确的平面位置和标高位置,伴随公路施工的不断深入而完成。

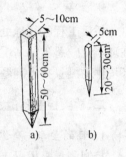

图 16.13

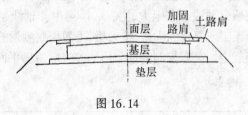

图 16.14

4) 注意控制点、控制桩的核查、保护,做好中线桩的恢复工作。在公路施工中经常会毁掉原先测设的公路中线桩及有关的点位。因此,注意控制点、控制桩的核查、保护,利用控制桩及时恢复中线桩是公路施工测量的经常性工作,是实现公路界桩测设的基本要求之一。

第二节 桥址工程测量

一、概述

路线建设,有路必有桥。桥,是路的组成部分;桥,是路的发展伙伴。常见的有跨越河川峡谷的桥,有穿越城市街道的高架桥,有横直交错的立交桥。桥梁的建造包括桥梁选址、桥梁设计到桥梁施工的全过程。测量在其中将进行的技术工作内容有:控制测量、地形测量、断面测量、施工测量及变形测量等。控制测量、地形测量、断面测量是桥址工程测量的基本内容。

桥梁有长短、大小之分(见表16-4),桥梁工程建设难易程度也将因桥梁的不同类型而异。桥梁是交通工程建设的重要设施,是地区性经济发展的标志,特别是在现代化建设中,大桥、特大桥成为城市交通建设的时代象征。桥梁在交通工程及城市建设中占有重要的地位,往往投资大、桥址设计方案多、工程周期长。桥址工程测量是桥梁工程首当其冲的基础性工作,目的是为桥梁工程选址研究及设计提供准确可靠的数据和图件。

表 16-4

桥梁类型		小桥	中桥	大桥	特大桥
桥长	单孔	5～20m	20～40m	大于40m	大于100m
	多孔	8～30m	30～100m	大于100m	大于500m

桥梁工程往往地处交通繁杂地带,特别是在河流两岸大气密度变化无常时,测量工作将在环境比较恶劣的情况下进行。因此,测量工作必须因地制宜,采取适当的措施,解决困难环境中的测量技术问题。

二、桥梁控制测量

1. 目的要求与等级规定

控制测量是桥梁工程建设的重要工作,目的是为桥梁选址、设计及施工各阶段提供统一的基准点位和准确参数。

桥梁控制测量包括平面控制测量和高程控制测量。

平面控制测量主要采用三角测量的技术方法,技术上的等级规定如表16-5。从表中可见,平面控制测量的等级与桥梁轴线长有很大的关系,桥梁中心轴线越长,控制测量的等级越高。但是,对于结构特殊,施工工艺复杂的大桥、特大桥,平面控制测量等级将根据需要采用高出桥梁轴线长所对应的等级规定。高程控制测量采用的等级应遵循平面控制测量的等级规定。

表 16-5

等级	桥梁轴线长	测角中误差 "	轴线长相对中误差	基线起始边相对中误差	三角形闭合差
二	大于5000m	±1.0	1:130000	1:260000	±3.5
三	2000～5000m	±1.8	1:70000	1:140000	±7.0
四	1000～2000m	±2.5	1:40000	1:80000	±9.0
五	500～1000m	±5.0	1:20000	1:40000	±15.0
六	200～500m	±10.0	1:10000	1:20000	±30.0
七	小于200m	±20.0	1:5000	1:10000	±60.0

2. 平面控制网形结构

桥梁平面控制基本网形属于简单的三角形结构,有单三角形(图16.15)、单大地四边形

(图 16.16)、混合五边形(图 16.17)、双大地四边形(图 16.18)。各图中的 A、B 表示河岸桥址轴线上的控制点位。

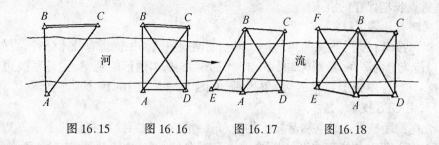

图 16.15　　图 16.16　　图 16.17　　图 16.18

如果桥梁包括有主桥和引桥,控制网在基本网形的基础上应增加控制点位,如图 16.19。为了保证桥梁施工的需要,在控制网的基本网形中应增设插入点。如图 16.20,其中的 1、2、3、4 等是交会插入点。必要时,插入点可当做基本网形的控制点纳入整个控制网中。

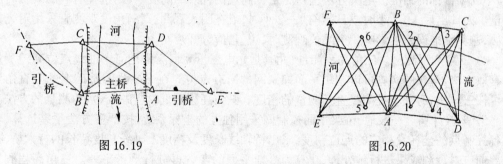

图 16.19　　　　　　　　　　图 16.20

控制网形中若以丈量基线的传统方法获得边长,则控制网中必须至少在河岸附近高精度丈量一条基线起始边。图 16.15、图 16.16 中的 BC 边是基线起始边。控制网图形的轴线长度与基线长度的比值,一般以 $S_{AB}:S_{BC}=3:2$ 为宜。

由于地理条件等客观因素的限制,桥梁控制网的网形往往不可能满足理想的要求,特别是大桥、特大桥工程控制网的控制点往往成为整个桥梁区域的基准点,网状有时会有类似直伸型的网形(图 16.21)或三角网形(图 16.22)。

以 GPS 技术建立桥梁工程控制网,网形结构以三角网形为宜。由此形成的网状如连续三角锁(图 16.22),各点位必须科学选择确定。点位靠近桥梁工程,便于收到足够的卫星信号,点位之间通视。

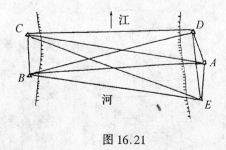

图 16.21

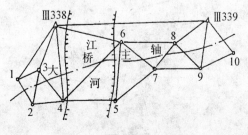

图 16.22

控制网点位是桥梁工程的基准标志,点位的选定应顾及控制网形结构,靠近施工场所;不影响工程和交通,占用场地小。点位的埋设应着眼于桥梁工程的需要,要求是:基本点位埋设稳固(必要时应埋设在基岩上),应用方便,加强保护;重要点位,特别有长期用途的点位,应有重点长期保存的措施。

3. 观测与计算

1) 观测技术。野外观测的目的是获得控制网观测值。根据现有技术条件,野外观测技术有:(1)传统上的测角、量边,如图 16.15、图 16.16 基本网形的观测,丈量基线边,观测三角形内角。(2)采用光电技术的边、角测量,如图 16.17、图 16.19 基本网形的边和角的测量。(3)采用 GPS 技术。

2) 光电测距技术。光电测量技术的边、角测量应是桥梁控制测量的主要方法,尤其是全站仪的应用,可以快速完成野外观测。边、角观测的结果是:观测量多,有利于边角观测量的互检,有利于增强观测成果的可靠性,有利于提高控制网的精度。

3) 因地制宜的测量。边、角测量时应注意:(1)桥梁控制网跨越的河面水蒸气变化将对大气密度产生较大的影响。(2)控制网的边长不等长,甚至有时各边长相差悬殊(如图 16.21)不利于目标的瞄准。解决办法:(1)尽量提高观测视线的高度。(2)选择有利的观测时间测量。如日出后 1~2 小时或日落前 1~2 小时,或在阴天观测。(3)角度观测宜采用对光方向法,避免瞄准误差的影响。全站仪观测时,边、角应分开观测。

4) 三角高程测量。三角高程测量,尤其是光电三角高程测量是河岸轴线点位高差测量的有效方法,该法的实施可以利用平面控制网的所有点位。在光电测距基础上的竖直角观测可按三丝法,有利于提高竖直角测量的精度。三角高程测量时应顾及边、角测量的方法。

5) 平差计算。一般地,桥梁平面控制网采用独立的坐标系统,按严密方法平差计算,求出各控制点的坐标及相应的点位精度,求出桥轴线长度及精度。轴线长度特长的特大桥,在平差前应对观测成果进行预处理,化算为高斯平面的参数再进行严密平差。三角高程测量平差可独立进行。

三、过河水准测量

跨越河流的高程测量可用水准测量的方法,这时水准测量的测站观测视线跨越河流上空进行高差观测,这就是过河水准测量。

1. 测站的设立

过河水准测量的测站可以按图 16.23 的形式,也可以按图 16.24 的形式。现以图 16.23 为例说明。

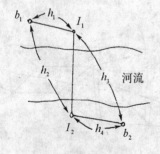

图 16.23

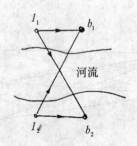

图 16.24

测站按"Z"形布设,其中,I_1,I_2 是仪器、远标尺轮换安置点,b_1,b_2 是近标尺的立尺点。$I_1b_1 = I_2b_2$,且约为 $10\sim 20\text{m}$。图中各点牢固设立木桩,木桩顶钉有铁帽钉。

2. 直接法过河水准测量

1) 按常规测站观测方法在 I_1,b_1 之间测量高差,即测得高差为 h_1。

2) 在 I_1 设水准仪,按望远镜中横丝观测 b_1 近标尺的读数。

3) 瞄准(并调焦)I_2 远标尺,用胶布固定调焦旋钮,按望远镜中横丝观测 I_2 标尺的读数,测得高差为 h_2。

4) 确保调焦旋钮不变动,立即搬设测站于 I_2,b_1 点的标尺立于 I_1,水准仪按要求瞄准 I_1 远标尺,按步骤3)读数,并观测 b_2 读数,测得高差为 h_3。

5) 水准仪在 I_2,b_2 之间设站,按步骤1)测得高差为 h_4。以上 1)、2)、3)为上半测回观测,4)、5)为下半测回观测。

6) 高差计算

(1) 上半测回计算高差:
$$h_{上} = h_1 + h_3 \tag{16-14}$$

(2) 下半测回计算高差:
$$h_{下} = h_2 + h_4 \tag{16-15}$$

(3) 检核计算:
$$\Delta h = h_{上} + h_{下} \tag{16-16}$$
$$h = (h_{上} - h_{下})/2 \tag{16-17}$$

3. 微动觇板法过河水准测量

该法以一个微动觇板(图16.25)作为标尺上的瞄准目标。测站设立仍如图16.23,装有微动觇板的水准标尺作为远标尺,有关的观测方法和直接法相同。不同的是远标尺的读数。观测时,观测员以约定的信号指挥对岸扶尺员微动标尺觇板,直到觇板的标志线中央与水准仪的十字丝横丝切合时,由扶尺员记录指标线在水准尺上的读数。

4. 过河水准测量的记录与高差计算(见附录一)

四、河床地形测量与桥址轴线纵断面测量

桥梁工程的地形测量有桥址地形图的测量、河床地形测量和桥轴线纵断面图的测量。

桥址地形图的测量为桥梁设计提供 $1:2000\sim 1:500$ 的工点地形图。河床地形测量为桥梁设计提供河道水下地形图。

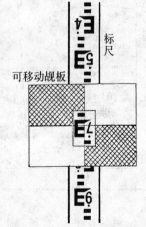

图 16.25

河床地形测量又称为水下地形测量,在水利、水运系统以及桥梁设计中都有着重要的应用。在原理上,水下地形测量是测定水下地貌点位的平面坐标和高程。如图16.26,按船行轨迹测得河道中 1,2,$\cdots$,n 各河床点平面位置及高程,然后绘出河床的地形图,如图16.27。

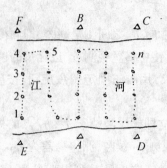

图 16.26

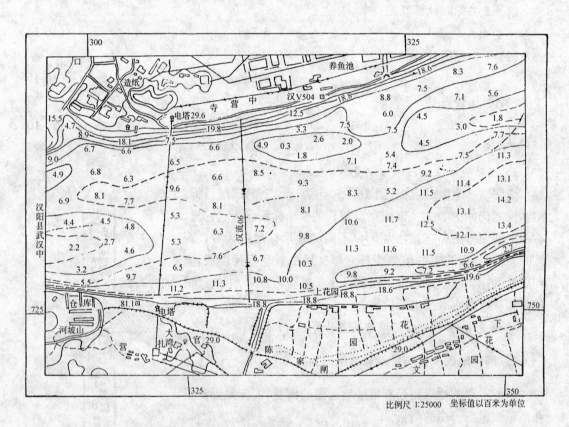

图 16.27

桥址轴线纵断面测量,在原理上与河床地形测量相同,不同的是沿桥址轴线方向测量河床点的平面距离及高程,最后沿桥址轴线方向绘出桥址轴线纵断面图,如图 16.28。图中的高水位线和正常水位线可按实际测量的结果绘制,也可向有关水文站等部门调查获得。

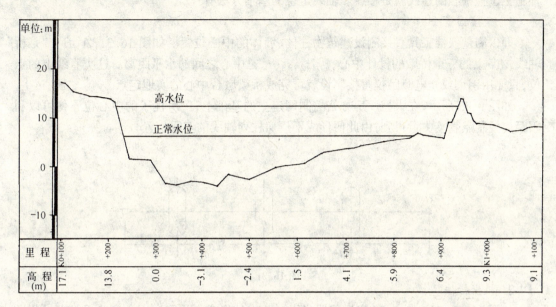

图 16.28

河床地形测量的河道点位平面位置测量用经纬仪交会法、极坐标法和 GPS 技术等,河道的河床深度测量方法有简单铅锤法、回声探测法等。

铅锤法,即用一条带有重铅锤的测绳测量河床水面深度的方法。如图 16.29,重铅锤沉入河底,从测绳注记得河的深度,进而推算河床的高程 H。

回声探测法,即利用声波的速度探测水深的方法。设声波的速度为 V,声波往返时间为 T,则声波探测的水深 h 为

$$h = 0.5VT \qquad (16\text{-}18)$$

如图 16.30,知道探头吃水 h' 和 h,便可利用有关控制点的高程推算河床的高程 H。

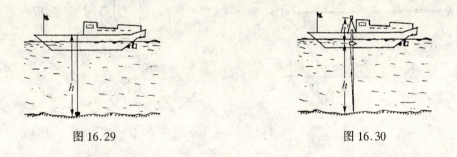

图 16.29 　　　　　　　　图 16.30

第三节　建筑轴线直线定位

一、建筑轴线定位基本方法

交通土木工程中,如基础工程基坑的开挖,高层建筑柱体、墙体的升高,桥梁墩台的建造,桥梁的架接,塔体的确立,首先最基本的测量技术工作便是施工体位置中心的定位。这

种施工位置中心的连线就是轴线。轴线定位的基本方法有：

1. 直接测量法

即以测量仪器工具直接测设建筑物柱体、墙体的中心位置。如图 16.31，A、B、C 是桥轴线 MN 上的三个桥墩的设计中心，s_1、s_2、s_3、s_4 是中心之间的水平距离。这类直线上的点位，只要用钢尺或光电测距仪直接测设就可完成桥梁墩台中心的实地定点。

如图 9.33 所示，在大型厂房方格控制网建立的基础上，厂房柱子的中心位置便可以利用距离控制点直接丈量得到，由此便形成了厂房柱列轴线的实际位置。

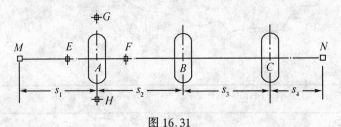

图 16.31

2. 极坐标法

如图 16.32，在控制点 M 安置仪器(经纬仪、半站仪或全站仪)，以角度 β 及边长 s 测设桥墩中心。其中 β、s 按已知点及测设点的坐标推算。

全站仪应用轴线定位的极坐标法也称为全站三维坐标法。如图 16.33，o 是测站点，oP_1 是后视方向，P 是待建塔柱的中心点。全站仪设在测站 o 点上，利用 o 点与 P 点的坐标增量 Δx、Δy 及高程差 Δh，或者利用 o 点与 P 点的斜距 D、天顶距 Z 及水平角 β，可以根据全站仪的功能测设 P 点的准确方向与位置。

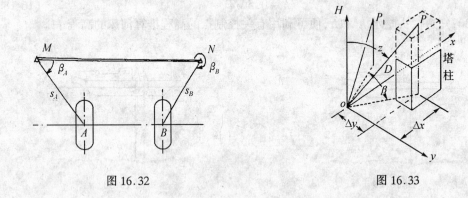

图 16.32　　　　图 16.33

3. 交会法

常用的是角度交会法。如图 16.34，A、B、E、F 是控制点，AB 是桥轴线，P 点是设计的桥墩中心，图中 α_1、α_2、C_1、C_2 是放样桥墩中心 P 点的交会角。α_1、α_2、C_1、C_2 利用 A、B、E、F 是控制点及 P 点的坐标，顾及其中的几何关系计算得到，有关的计算方法读者可自行推证。

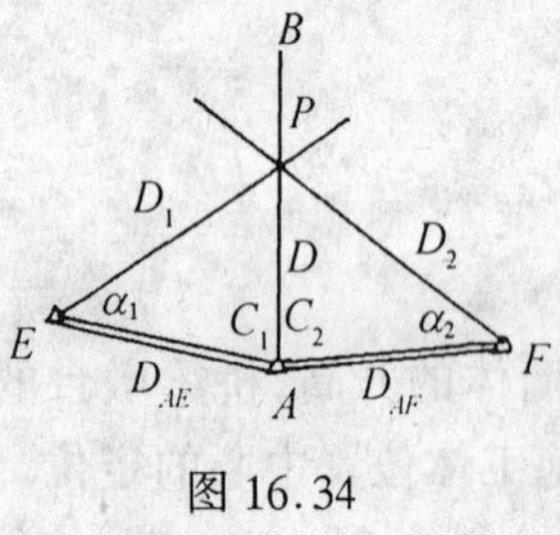

图 16.34

交会法常用于建筑物墙体轴线测设及柱体中心的校正。

如图 16.35，两台经纬仪设在 $AA'\perp BB'$ 的点位 A、B（控制桩）上，分别瞄准地面点 A'、B'，然后以测设骑马桩的方法交会得到墙体升高的中心点位 o。如图 16.36，两台经纬仪设在 $AA'\perp BB'$ 的点位 A、B 上，各自瞄准地面点 A'、B' 后抬高望远镜的视准轴，指挥调整柱子中心线（虚线）落在经纬仪的视准轴位置上，则柱子便垂直竖立起来。

4. 铅直法

不论是建筑物的超高层还是大桥塔柱的大高度（特别是斜拉桥、悬索桥），对垂直度要求比较高。垂直度，即升高后轴线偏离中心的程度，以 $e:H$ 表示（e 为轴线偏离中心距离；H 为建筑物的高度），一般 $e:H<1:3000$。采用激光铅直法提供高层建筑物或塔柱垂直施工的方向线，保证符合垂直度的要求。如图 16.37 是一台附有激光方向线的仪器，仪器设在适当的位置，激光束按仪器给定的方向射出并在预设的靶板上显示激光点位，从而获得施工的标准位置。为了保证激光束垂直度的可靠性，应在对径位置标定激光点位的平均位置。

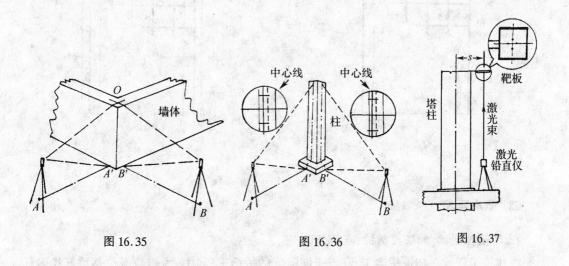

图 16.35　　　　　图 16.36　　　　　图 16.37

垂线法也是铅直法，如图 1.1，只要垂球对准底点中心（或者垂球线上端对准顶点中心），悬垂的垂球线就可以向上（或向下）传递中心点。

铅直法用于建筑格网的提升。在高层楼房、斜拉桥建筑中，柱体高 100m 以上，而建筑场地狭窄，可采用内控、外控的铅直法准确提升定位这类建筑柱体的轴线点。

内控法。如图 16.38，以基准方格（或方格网）A、B、C、D 将 1，2，…，36 楼房柱列测定在地面 H_0 上。高层楼房柱列在施工中不断提升，基准方格（或方格网）A、B、C、D 必须领先提升。提升方法：如图 16.38，激光经纬仪或激光天顶仪分别安置在地面 H_0 基准方格 A、B、C、D 点上，垂直向上发射激光。由此在升高的 H_1 面上形成基准方格 A'、B'、C'、D' 点。

外控法。如图 16.39，在 1，2，3，…，36 楼房柱列外建方格基准控制点 a,b,c,d,e,f,g,h，由此交会得基准方格 A、B、C、D。A、B、C、D 的提升方法：激光经纬仪或激光天顶仪分别

安置在地面 H_0 基准控制点 a,b,c,d,e,f,g,h 点上，垂直向上发射激光。由此在升高的 H_1 面上交会基准方格 $A'、B'、C'、D'$ 点。

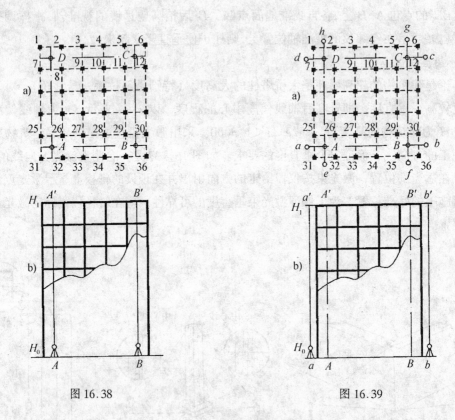

图 16.38　　　　　　　　　　图 16.39

二、基本要求

1. 增设控制桩，加强控制桩、点的保护

在建筑工程或在陆地桥梁工程（或干涸河床的桥梁工程）中，为避免墩位基坑开挖毁坏中心标志，在测设中心四周轴线方向上必须埋设控制桩、点，如图 16.31 中的 $E、F、G、H$，以便基础开挖后利用控制桩恢复桥墩中心位置，保证施工需要。在建筑工程中增设控制桩有利于保存墙体、柱体的轴线位置。

龙门板的设置也是属于增设控制桩的一种方式。如图 16.40，安装于待建房屋地面轴线 $abcd$ 四周的木架称为龙门板，距离地面轴线约 $1\sim 2m$。龙门板横板的上沿是地坪（建筑物的首层地面）高度，称为±0 线。±0 线按设计的要求以高差测设方法确定。横板上沿的轴线钉，即图 16.40b)中的 $b_1、b_2$ 是地面轴线的位置。

2. 轴线测设是连续性较强的测量工作

轴线测设开始于基础施工，领先于墙体、柱体的建筑加高，随着建筑施工的过程不断进行。以基础施工为例，图 16.41 显示施工与测设的连续性关系。其后的各种方法引测轴线位置便是随着墙体、柱体加高而不断进行。

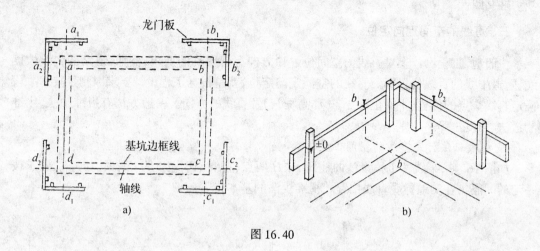

图 16.40

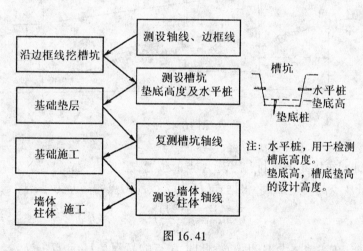

图 16.41

3. 加强检测,注意测设参数的验算

如桥梁各墩台的测设,桥梁架接和安装点位的测设随着施工过程而不断进行。在一系列连续测设工作中,应加强测设点位的方向、距离和高程的准确性验算与检测,保证有关塔柱、墩台、墙体点位符合要求。

4. 做好测设调整

测设结果即使在容许范围之内,应尽可能对测设点位进行必要的调整。如大桥各个桥墩中心的独立测设中,由于测设存在误差,如图 16.34 的交会测设的结果可能存在如图 16.42 的情况,三条交会线不相交于一点,而是形成一个误差三角形,即 △123。若三角形的边长小于某一限值,则取 2 点处在轴线 AB 的垂足为 P 点的放样点位。在测设过程中,测站与放样点的人员互相配合,调整并准确放样点位。

水上桥墩定位难度比较大,开始定位的准确性比较差,应在定位点场地稳定或水上筑岛之后重新准确定位,标明桥墩中心位置

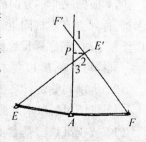

图 16.42

和轴线方向。

三、直线的空间定向定位

一般地,工程设计上对直线的空间位置和方向有着明确的要求,例如,道路的中线坡度线,管道中线的直线位置等。直线的空间定向定位,就是根据工程设计要求以测量技术手段确定直线端点的位置(平面坐标 x、y 和高程 H)及直线的方向。一般方法有视准轴法、水准测量法、角度法等。

1. 视准轴法标定直线的空间位置

如图 16.43,某线性工程设计的地面 A、B 两点,直线 AB 坡度为 i,平距为 D_{AB},要求按一定的间隔 s 在实地标明直线位置。视准线法的基本步骤:

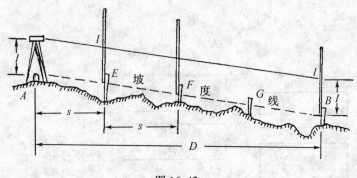

图 16.43

1) 根据设计要求以高级控制点测设 A 点的位置,在 A 点设立桩位。

2) 计算 A、B 点的高差 h_{AB}。根据式(16-1),A、B 两点的高差为

$$h_{AB} = \frac{i \times D_{AB}}{100\%} \tag{16-19}$$

3) 高差放样,在实地测设 B 点位置,此时 B 点的高程是 $H_B = H_A + h_{AB}$。如图 16.43,在 B 处设立的木桩顶面表示 B 点的高程位置,A、B 两点连线是坡度为 i 的直线。

4) 在 A 点安置测量仪器(经纬仪或水准仪)。安置仪器应对中整平,量仪器高 I。

5) 在 B 点木桩顶竖立标尺,在标尺面的刻画上设高度为 I 的标志。

6) 在 A 点测量仪器瞄准标尺 I 标志(水准仪以转动微倾旋钮瞄准)。此时测量仪器望远镜视准轴与 A、B 两点连线平行,故视准轴指向是一条坡度为 i 的直线方向线。

7) 根据视准轴方向线实地标定直线位置。例如在离 A 点距离为 s 的地面点 E 上设立木桩,标尺立在木桩附近,并根据 A 点观测员指挥升降标尺,在 I 标志移至与望远镜十字丝横丝相切时,在靠标尺底面的木桩上画一横线,则该横线表示 AB 直线通过 E 点的位置。

同样可以在 F、G 等木桩上得到 AB 直线通过的位置,这就是 AB 直线在实地的位置表示。

2. 水准测量法标定直线的空间位置

如图 16.44,以水准测量法按坡度 i 及距离间隔 s 测定直线 AB 的位置。其步骤为:

1) 按视准线法基本步骤 1)测设 A 点的位置,在 A 点设立桩位。

2) 计算距离间隔 s 的高差 h_s 及测站的前视点标尺读数 b_k,即

第十六章 工程测量

$$h_s = \frac{i \times s}{100\%}$$

$$b_k = a - k \times h_s \tag{16-20}$$

上式 a 是水准测站的后视读数，$k = 1, 2, \cdots, n$。

3) 按水准测量高差测设方法读取立尺点 k 的标尺读数为 b_k，在标尺零端木桩侧面标定直线 AB 的位置。

水准测量法标定直线空间位置可以平移。工程上为了便于应用，常把直线的空间位置标定在另一位置上，称为直线的空间位置的平移。如图 16.45，把图 16.44 的直线平移提高 q 高度，这时，测设时按下式计算前视点的标尺读数 b_k，即

$$b_k = a - k \times h_s - q \tag{16-21}$$

一般 $q = \pm(1.0 \sim 1.3)$m，此时标定的直线称为腰线。

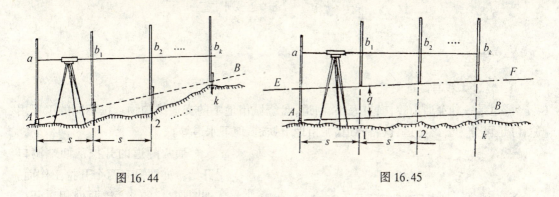

图 16.44　　　　图 16.45

3. 直线空间位置的参照标定

有的线性工程，如下埋的管道中心线不易直接标定，只能借助某些参照物标定。如图 16.46 a)，AB 是管道底部的直线，设计坡度是 i，图中的 $1, 2, \cdots, k$ 是地面里程桩位置。根据起算点已知高程、设计坡度及中线里程可以推算里程桩位置的管底直线位置的高程 h'_k。为了保证管道底位置的准确性，必须在里程桩处设立管底位置高程参照物，这就是管道坡度板，如图 16.46 b)。

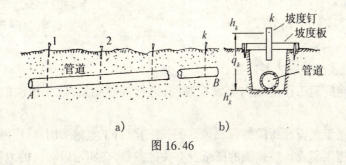

图 16.46

坡度板设有坡度钉，高程 h_k 已知（从附近水准点引测得到），故坡度钉到管底的高差 q_k 为

$$q_k = h_k - h'_k \tag{16-22}$$

q_k 称为下返数。$k=1,2,\cdots,n$,是地面里程桩位置。

根据下返数 q_k 可以得到管底的直线位置,同时可检查管底开挖深度的质量。

图 15.4 注析窗口中的地面高程与路面设计高程注在一个里程桩上,里程桩成了路面坡度线的参照点,这就是直线空间位置参照标定方法在路面建设上的应用。

4. 角度法确定直线的空间位置

这种方法的基本思想是:

1) 首先利用直线端点的设计坐标(x,y)、高程化算为方位角(或水平角)、垂直角。

2) 在直线端点的测量仪器(经纬仪或全站仪)按方位角(或水平角)及垂直角提供直线(视准轴)的方向和位置。

第四节 隧 道 测 量

一、概述

1. 隧道工程与隧道测量

隧道是一种穿通山岭,横贯海峡、河道,盘绕城市地下的交通结构物。按不同的工程用途,隧道可分为公路隧道、铁路隧道、城市地下铁道、地下水道等。

通常隧道的开挖从两端洞口开始,亦即只有两个开挖工作面。如图16.47的 A、B 两处相对开挖隧道正洞。如果隧道工程量大,为了加快隧道开挖施工速度,必须根据需要和地形条件设立辅助坑道,增加新的开挖工作面。如图16.47中的横洞、平行导坑、竖井、斜井等都属于辅助坑道新工作面的形式。隧道正洞和辅助坑道都是整个隧道工程的组成部分。

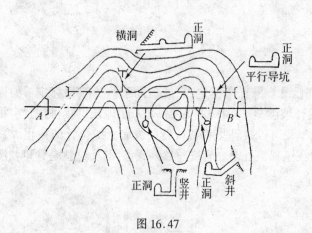

图 16.47

隧道测量技术工作的主要内容有:

1) 在所选定隧道工程范围内布设控制网,进行控制测量,建立精确的基准点、基准方向。

2) 提供隧道工程设计所需的带状地形图、隧道洞口工点地形图、纵横断面图。

3) 根据隧道工程设计所提供的图纸及有关的参数,在实地以测设的方法确定隧道的开挖与修筑的标志,保证隧道工程的正常作业和精确贯通。

4) 根据隧道开挖的进展情况,不断在隧道的开挖巷道中建立洞内控制点,进行洞内控制测量,提高测设的可靠性,检测隧道开挖的质量。

2. 隧道类型与设计阶段

以公路工程为例,隧道类型按隧道长短可分为四种,见表 16-6。

表 16-6　　　　　　　　　　　　公路隧道类型

公路隧道分级	特长隧道	长隧道	中隧道	短隧道
直线型隧道长度	$L>3\ 000$m	$1\ 000$m$<L<3\ 000$m	500m$<L<1\ 000$m	$L<500$m
曲线型隧道长度	$L>1\ 500$m	500m$<L<1\ 500$m	250m$<L<500$m	$L<250$m

一般地,特长隧道,对路线有控制作用的长隧道,以及地形、地质情况比较复杂的隧道,在勘测设计上采用二阶段设计,隧道测量工作也包括有初测和定测两个阶段。

初测主要任务:根据隧道选线初步结果,在选定的隧道地域进行控制测量、地形测量、纵断面测量,为地质填图、隧道的深入研究和设计提供点位参数、地形图件及技术说明书。

隧道控制测量必须与路线控制测量衔接,按所需的技术等级进行控制测量,为路线与隧道形成系统一致的整体提供基准保证。带状地形图测量按隧道选定方案进行,带宽 $200\sim400$m(视需要可加宽)。纵断面图按隧道中线地面走向测量。用于测量纵断面图的里程桩(包括地形加桩)应预先测设在隧道中线上(偏差小于 ±50mm)。

定测的主要任务:根据批准的初步设计文件确定隧道洞口位置,测定隧道洞口顶的隧道路线,进行洞外控制测量。

二、洞外控制测量

洞外控制测量,即在隧道经过的地域表面进行平面控制测量。洞外控制测量的方法有:中线定向法,导线测量法,三角测量法,此外还有边角测量法,GPS 法等。

1. 中线定向法

目的是在直线隧道地表直线方向上确定隧道中线的控制点。如图 16.48,A、B 是所定的公路线在隧道口的位置,C、D、E 是 AB 直线方向上的待定隧道方向控制点。中线定向法确定隧道方向控制点的步骤:

1) 在隧道洞口 A 点估计并初定 AB 线上 C 点的位置 C' 点,测量 AC' 的长度 s_1。

2) 在 C' 点按经纬仪分中法二定 D' 的位置,测量 $C'D'$ 的长度 s_2。

3) 按步骤 2) 逐一定出 E'、B',得 s_3、s_4。

4) 丈量 BB' 长度 h_4。

5) 求 EE'、DD'、CC' 的长度 h_3、h_2、h_1。

6) 按 h_3、h_2、h_1 在实地定点 E、D、C。

其中

$$h_i = \frac{h_4}{s_1+s_2+s_3+s_4}\sum_1^i s_i \quad (16\text{-}23)$$

式中,$i=1,2,3$。

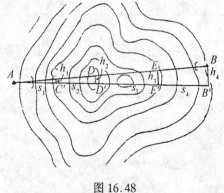

图 16.48

图 16.48 中可见,以实地确定的 AC 或 BE 方向可以指示隧道沿 AB 中线开挖。以中线定向法确定洞外控制点时必须清除地面障碍物的影响,定向时同时测设隧道地面中线里程

桩(包括地形加桩),测量隧道中线的纵断面图。中线定向法是一种比较简单快捷确定洞外控制点的方法,定点的精度不高,隧道的开挖爆破作业会影响地面中线控制点的稳定性。此法可用于短隧道的洞外控制测量。

2. 导线测量法与三角测量法

导线测量法与三角测量法是隧道工程控制测量的常用方法。隧道常处于居民点密集地带或是多山地带。以导线测量法、三角测量法进行洞外控制测量,可以有效地利用地形设立控制点,布网的灵活性强。导线测量法与三角测量法进行洞外控制测量的原理如本书第七章所述,应用于隧道工程控制应顾及相应的工程特殊要求。

1) 在路线工程中,洞外控制测量之前应做好隧道洞顶中线的定测,隧道中线的定测与公路中线的定测必须衔接,使之形成完整的线型关系。

2) 埋设稳固可靠的洞口控制点。隧道洞口控制点称为洞口转点或称为近井点,是决定隧道走向并与路线衔接的关键控制点。一般地,近井点设在洞口的中线上。洞口开挖前,近井点设在中线的洞口填挖分界线处。隧道洞口开挖完毕,在洞口的进口处引测埋设近井点。为了便于引测中线的进洞方向,除设立近井点外,还应在距洞口 200m 处设立中线控制点。在隧道群(即连续穿通多条山岭的隧道)的各洞口进出口处中线上都应设立近井点。

洞口控制点应埋设有金属柱芯的砼柱石,或在中线的基岩隐埋金属柱芯。

3) 洞口控制点应直接与控制网连接,若不能直接连接,则应有原控制网多方向交会,与控制网连接起来。隧道控制测量必须与路线的控制测量衔接。

4) 洞外控制网形初定后应对控制网进行必要的优化,保证网形满足隧道贯通的精度要求。隧道贯通误差限制如表 16-7。

表 16-7　　　　　　　　　　　隧道贯通误差限制

测量部位	横向中误差(mm) 两开挖洞口的长度(m)		高程中误差(mm)
	<3 000m	3 000~6 000m	
洞　外	45	55	25
洞　内	60	80	25
全部隧道	75	100	35

导线测量控制的导线点布设应注意靠近隧道的贯通中线,隧道方向上的导线网形应布成多环导线网(如图 16.49),环数取 3~4 环为宜,以便增强必要的网状检核,提高贯通精度。

三角测量控制的三角点布成连续三角锁的网形,锁中三角形个数以 6~7 个为宜,见图 16.50。

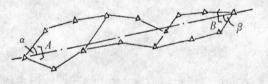

图 16.49

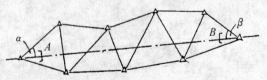

图 16.50

5) 隧道开挖效率及贯通与控制测量技术的关系极大,在洞外控制测量中应尽量采用精密可靠的测量技术手段,提高观测成果的精密性、可靠性,采用严密平差方法计算点位坐标及点位精度(包括横向精度),减少计算误差的影响。

三、隧道定向定位的测量检核

为隧道洞口开挖、巷道开拓提供准确的方向及掘进的长度,这是隧道施工放样中的进洞定向定位测量工作。如图 16.48,利用 AC 方向可以在 A 点确定洞口的开挖位置。又如图 16.49、图 16.50,利用测量计算得到的 α、β 角,按方向放样的方法确定洞口及巷道的开拓方向。

隧道定向定位测量是决定隧道按设计施工,准确贯通的重要技术工作。为了保证隧道定向定位测设的准确性和可靠性,必须强调"检核"的原则,为此应坚持三方面的措施:

1) 定向定位测量之前必须详细阅读设计图纸,检查验算各种与定向定位有密切关系的数据。阅读与验算是定向定位测量之前不可缺少的工序。

2) 深入与熟悉现场,检查定向定位的点和线的可靠性,复查有关测设数据及数据与点位的对应关系的准确性。如图 16.51,在近井点 A 摆设经纬仪,AM、AN、AO 三个方向都可作为洞口 B 定向定位的起始方向。起始方向不同,确定 AB 方向的角度也不相同。在定向时不能混淆起始方向与角度的一一对应关系,否则必然造成定向错误。又如图 16.52,横洞是

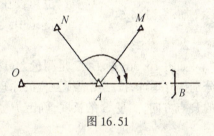

图 16.51

增加隧道 AB 开拓工作面的辅助坑道,为获得横洞中隧道开挖点 F,从近井点 C 及洞内点 E,分别按角度 α、β 和边长 s_1、s_2 确定 AB 线上的 F 点位。在洞内的场地条件较差的情况下,特别应清楚地辨识点位及相应的数据关系。

3) 精心测设,严密把关。隧道的定向定位正确与否对隧道开挖效率与安全的关系极大,万一数据有误,测设过失,轻者隧道开挖质量达不到要求,重者给隧道开挖带来严重后果。如图 16.53 a)所示,A、B 两个工作面的开挖结果造成隧道中线不一致,达不到隧道贯通的基本要求。图 16.53 b),A、B 两个工作面不贯通,即所谓的"穿袖子"。图 16.53 c),贯通位置估计错误,把贯通点位当做一般的开挖位置进行爆破作业,造成 A 端工作面的安全事故。

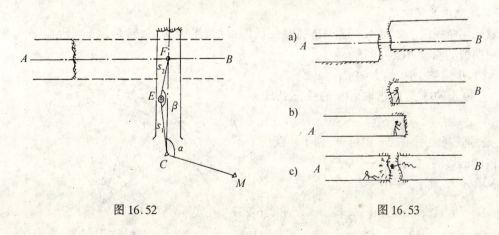

图 16.52   图 16.53

四、隧道开挖的定向定位基本方法

1. 经纬仪法

实质上是以极坐标法原理测设隧道中线点的方法。随着隧道的不断开挖延伸,利用经纬仪(或激光经纬仪)拨角在隧道测设中线点位,不断地指示隧道开挖的方向和位置。

隧道内的中线点有顶板中线点和地面中线点。顶板中线点的设立(如图16.54):将木桩打入预先在顶板测设并钻好的洞内,顶板中线点就用小铁钉设在木桩上,钉上挂有垂球线。隧道地面的中线点应埋设在地面10cm以下。一般地在隧道内5m左右设立一组中线点。

为了避免对隧道掘进工作及交通运输的影响,中线点的设立可设在隧道中线的一侧形成边线(如图16.55)。边线平行于隧道中线,用以代替中线指示隧道的开挖方向。

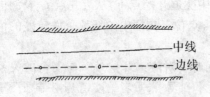

图16.54

2. 目测法

如图16.56,A、B、C是测量人员根据经纬仪法在隧道顶板设立的一组中线点,垂球线分别挂有垂球,按三点成线互检的原理,工作人员站在巷道的M处目测三垂线可确定灯位的P点方向,丈量S的长度,确定P点处的开拓位置和进尺长度。

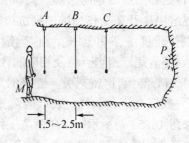

图16.55

图16.56

3. 曲线隧道的定向定位

一般采用弦线法。如图16.57,AB弧是一段圆曲线,半径为R,转角为α。现以AP_1为例说明曲线的测设方法。

1) 计算决定弦AP_1的方向β_A。

(1) 按隧道的净宽D求取AP_1的弦长l,即

$$l = 2\sqrt{R^2-(R-S)^2} \quad (16-24)$$

其中S是弓弦高。图16.58中可见,为了使弦线l不受隧道内侧的影响,必须使$S < D/2$。

(2) 求$\alpha'/2$,即

$$\frac{\alpha'}{2} = \arcsin\left(\frac{l}{2R}\right) \quad (16-25)$$

(3) 求β_A,即

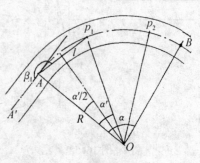

图16.57

$$\beta_A = 180 + \frac{\alpha'}{2} \qquad (16\text{-}26)$$

式中 α' 是弦 l 所对应的圆心角。

2) 测设。在 A 点安置经纬仪瞄准 A'，拨角 β_A 给出隧道开挖的方向线 AP_1，同时随时丈量开挖的隧道长度，直至开挖长度为 l 时，在隧道设立中线点 P_1。

3) 按 P_1 点位的测设方法，依次测设 P_1P_2，P_2P_3，…，逐步解决隧道开挖的定向定位，指示隧道的开挖过程。

曲线隧道开挖定向方法有多种弦线法，有关的几何原理，读者可参考其他隧道测量书籍。

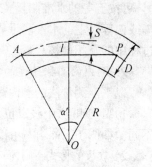

图 16.58

五、洞内导线测量

隧道在不断开挖，中线在继续延伸。毫无疑问，没有控制的中线延伸，必然使角度和边长带有较大的误差积累。为了限制误差积累，防止定向定位偏差，避免开挖偏离设计中线的方向，必须进行洞内导线控制测量。

洞内导线控制测量一般按图 16.59 的形式进行。

1) 隧道开挖超过 30m，应设立二级导线点，进行二级导线测量。图中的小圆点是中线点，又是二级导线点。

2) 以二级导线测量的成果检查原有中线点，指示隧道开挖的正确方向，新设中线点，同时进行隧道开挖面的碎部测量，绘制草图。

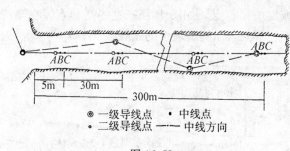

图 16.59

3) 隧道内的二级导线推进超过 300m，应设立一级导线点，进行一级导线测量，检查二级导线点，为隧道开挖建立高级平面控制。图中的双圆点是一级导线点。一、二级导线点与一般中线点可以共点。若点位是一级导线点，必须加固且便于保存。

上述测量过程是定向与控制交替结合的过程，控制为定向提供可靠的基础，定向开挖为控制的建立提供场地条件。

为了加强洞内导线测量可靠性，导线布设可采取主副导线的布设形式。如图 16.60，图中的双圆圈是主导线点，双线是主导线边。单圆圈是副导线点，单线是副导线边。主导线测角、测边。副导线测角不测边。

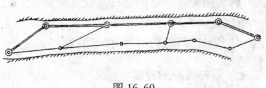

图 16.60

六、隧道高程测量

1. 洞外高程控制测量

一般以水准测量法进行洞外高程控制测量。当隧道洞口之间的水准路线长度比较短时,可按五等的水准测量要求施测;当隧道洞口之间的水准路线长度大于10km时,应按四等或四等以上的水准测量要求施测。不论哪一等级,隧道洞口应埋设两个水准点,以备使用过程中的互相检核。

2. 洞内的高程传递的特点

以水准测量法的洞内高程传递,有其一般方法所没有的特点:

1) 由于隧道中线点位有顶板中线点和地面中线点之分,立尺的形式则有正立和倒立的不同。如图16.54,第一测站的后视尺倒立在后中线点,前视尺正立在前中线点。

2) 立尺的形式不同,便有四种高差的计算公式,即图16.61中的四测站的高差计算公式:

(1) $h_1 = -a_1 - b_1 = -(a_1 + b_1)$ (16-27)

(2) $h_2 = a_2 - b_2$ (16-28)

(3) $h_3 = a_3 - (-b_3) = a_3 + b_3$ (16-29)

(4) $h_4 = -a_4 - (-b_4) = -(a_3 - b_3)$ (16-30)

上述公式表明:正立标尺,标尺读数取正数;倒立标尺,标尺读数取负数。

3) 测量腰线表示隧道的坡度。

在隧道开挖中,洞内中线点的高程测设,一方面测设中线点的高程位置,一方面按5~10m的间隔在隧道壁上测设用于表示坡度的高程点。如图16.62,这些高程点设在离隧道地面1.3m左右的隧道壁上,这些高程点连线是表示隧道坡度的腰线。

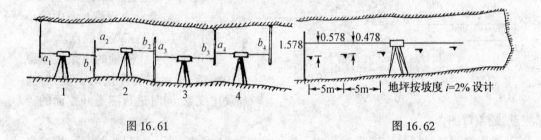

图 16.61   图 16.62

3. 洞内高程控制测量

如同隧道内导线测量,洞内高程控制测量是中线点高程测设的基础,按腰线坡度开挖的隧道为高程控制的建立提供了条件。洞内高程控制测量可按一、二级水准测量的要求进行。在隧道开挖30~80m时,应设立稳固的二级水准点,进行二级水准测量,严格检测中线点的高程,精确测定水准点的高程。在隧道开挖超过300m时应设立稳固的一级水准点,进行一级水准测量,严格检测中线点及二级水准点的高程,精确测定一级水准点的高程,为续后的二级水准测量及隧道开拓提供起算高程。

七、竖井工程的特殊测量工作

竖井工程的特殊测量工作主要是井下的高程传递和开挖方向的确定。

1. 高程的传递

图16.63表示从地面已知高程点A通过竖井向隧道平巷未知高程点B传递高程的测量过程。这种测量过程与图13.12的测高原理相仿,只要测量a_1、b_1、a_2、b_2,就可以按式(13-11)求得高差h_{AB},实现竖井的高程传递。

由于隧道工程的要求严密,一般采用钢丝法、钢尺法,b_1 至 a_2 的长度以特殊的方法测定。以钢丝法测定 b_1 至 a_2 的长度,图 16.63 是钢丝法的场地布置形式,钢丝通过绞车、比长台、转轮悬挂在竖井中,下端挂有垂球(15kg)。比长台上按一定拉力摆有长度为 l_0 的钢尺。钢丝法测定 b_1 至 a_2 的长度的基本步骤:

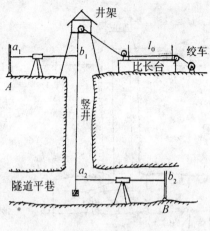

图 16.63

1)在地面上及竖井下的水准仪分别标尺读数 b_1、a_2,水准仪观测钢丝时在 b_1、a_2 处注上标志,称 b_1a_2 为标志段。

2)测定 b_1a_2 标志段长度。绞车拉上钢丝,使钢丝上的 b_1、a_2 标志段通过比长台,由比长台的钢尺测定 b_1a_2 标志段通过比长台,由比长台上的钢尺测定 b_1a_2 标志段的长度。这种以不动的钢尺丈量拖动钢丝的方式,与拉着钢尺丈量不动的钢丝的方式是等价的。设 b_1a_2 标志段的长度为 l,即

$$l = nl_0 + q \tag{16-31}$$

式中,l_0 是一整钢尺的长度,q 是不足一整钢尺的长度。

3)钢丝 b_1a_2 标志段的长度为 l 应进行钢尺的尺长改正、温度改正和钢丝的温度改正。其中钢尺的温度改正和钢丝的温度改正可应用钢尺精密丈量温度改正的方法。参与改正的温度是竖井上、下方测得的温度的平均温度。

钢尺法测定 b_1a_2 的长度,即用钢尺代替图 16.63 中的钢丝,方法与图 13.12 的测高原理相同,同时顾及钢尺尺长、温度改正。

2. 方向的传递

方向的传递,即所谓的竖井平面联系测量。

1)用垂球线联系测量

如图 16.64,A、B 是两条挂在竖井的悬垂钢丝,下端挂有重锤。地面上有 M、N 点,在 N 点设经纬仪可观测 M、A、B 方向,得角度 φ。图 16.64b)是上述观测点及垂线在平面的投影,图中 α_{MN} 是已知方位角。竖井平面联系测量的目的,利用 α_{MN} 及上述有关的观测值推算竖井隧道的中线方向:

(1)在竖井的地面丈量 $\triangle ABN$ 的边长 a、b、c,并解三角形求得 γ、α、β。

(2)按 α_{MN}、角度 φ 及 γ、α、β 推算 α_{AB},即

$$\alpha_{AB} = \alpha_{MN} + 360° + \varphi + \beta + \gamma \tag{16-32}$$

(3)在竖井下方设 P 点,丈量 $\triangle ABP$ 边长 a'、b'、c',并解三角形求得 γ'、α'、β'。

(4)确定 PQ 的开挖方向角 φ'。开挖方向 PQ 的设计方位角为 α_{PQ},α_{AB}、γ'、α'、β' 已推算得到,根据方位角计算方法得

$$\alpha_{PQ} = \alpha_{AB} + 180° + \beta' + \gamma' + \varphi' \tag{16-33}$$

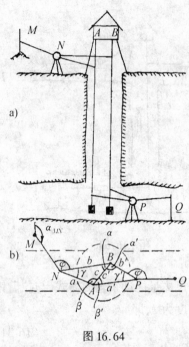

故 PQ 的开挖方向角 φ' 可表示为

$$\varphi' = \alpha_{PQ} - \alpha_{AB} - \beta' - 180° - \gamma' \quad (16\text{-}34)$$

(5) 在竖井下方 P 点设经纬仪，以 PB 为起始方向，测设角度 φ'，得 PQ 的开挖方向。

以上的测量与计算过程可以把竖井隧道的开挖方位角及点位坐标与地面点联系起来，为竖井开挖定向定位提供可靠数据。

2) 陀螺经纬仪竖井定向

在第五章已经知道，利用陀螺经纬仪可以直接在地面点上测定某一方向的真方位角 A，同时根据该点的坐标可以计算子午线收敛角 γ，因而按式 (5-20) 可计算该点至某一方向的坐标方位角 α。如图 16.64，在 P 点安置陀螺经纬仪可以测定 PQ 的坐标方位角，方便精确为隧道中线定向。近些年来，陀螺经纬仪在自动化和高精度等方面有很大发展，使陀螺经纬仪在竖井隧道自动测定方位角方面有更广泛的应用。

图 16.64

习 题

1. 什么是边坡率？什么是超高？
2. 路线边界点坐标参数及路基设计横断面面积测算类型应该有_____。

答案：①对称和不对称两种测算类型

②对称填挖测算类型和不对称填挖测算类型两种

③对称填类型，对称挖类型，不对称填类型，不对称挖类型，不对称填、挖类型五种

3. 图 16.6，$A_1 = 57.3 \text{m}^2$，$A_2 = 35.3 \text{m}^2$，$D = 10 \text{ m}$。按式 16-12 及式 16-13 计算土石方。
4. 公路界桩测设的基本要求可概括为_____。

答案：①先红线界桩，后工程界桩。按用途设立标志。伴随公路施工过程。注意桩的保护恢复

②先办征地手续，后测设界桩。埋设稳固长期保存。一桩多次测设。注意桩的核查恢复

③办征地手续。按用途设立标志。伴随公路施工过程。注意桩的保护恢复

5. 桥梁工程测量有哪些技术工作内容？
6. 桥梁控制网有哪些基本图形？在观测中应注意哪些技术问题？
7. 仿公路纵断面图的绘制，试述桥梁轴线纵断面图的绘制方法。
8. 桥址工程测量的基本内容是____。

答案：①控制测量、地形测量、断面测量

②控制测量、地形测量、断面测量、施工测量及变形测量

③控制测量、地形测量、断面测量、施工测量

9. 河床地形测量方法中,河床深度测量采用_____得到。

答案:①回声探测法;②三角高程测量技术;③水准测量法。

10. 龙门板的设置是为了恢复_____(A),龙门板横板上沿高程应与_____(B)一致。

(A)答案:①建筑物控制桩的位置　　　　(B)答案:①建筑物基坑高度
　　　　②建筑物轴线位置　　　　　　　　　　　②建筑物所在地面高程
　　　　③建筑物墙体基槽宽度　　　　　　　　　③建筑物±0线

11. 视准轴法标定空间直线位置的前提是_____。

答案:①仪器视准轴的倾角与空间直线的坡度一致
　　　②在地面确定空间直线端点的位置
　　　③测定空间直线位置的标志与仪器同高

12. 轴线定位基本要求是_____。

答案:①增设控制桩。轴线定位领先,按建筑要求进行。加强检测验算
　　　②利用控制桩恢复轴线中心。轴线测设开始于基础施工。保证点位符合要求
　　　③保证施工需要。加强施工与测设的关系。注意测设参数的正确性

13. 隧道测量主要有哪些技术工作内容?

14. 隧道洞内高程测量有哪些特点?

15. 试述竖井测量中以钢尺进行高程传递的方法。

16. 陀螺经纬仪竖井定向,如图16.64,在 P 点用陀螺经纬仪测定真方位角 $A_{PQ}=72°38'25''$,由 P 点的坐标计算子午线收敛角 $\gamma=1°30'31''$,计算 PQ 方向的坐标方位角 α_{PQ}。

17. 隧道定向定位的测量检核应坚持_____。

答案:①必须详细阅读设计图纸,检查验算各种与定向定位有密切关系的数据
　　　②深入熟悉现场,检查定向定位点线可靠性,复查数据及数据与点位的关系准确性
　　　③精心测设,严密把关,严防过失

18. 水准测量法测量隧道坡度线,已知隧道坡度 $i=0.005$,一测站视距长度 $S=30\text{m}$,后视读数是 $a=1.738\text{m}$。设直线平移提高 $q=1.2\text{m}$,隧道一测站腰线标示的前视读数 b_k 是_____。

答案:①0.388;②1.588;③0.788。

19. 若上题后视 $a'=-1.738$,后视点隧道高度 $h'=4.2\text{m}$。隧道一测站腰线标示的前视读数 b_k 是_____。

答案:①2.312;②1.112;③0.962。

20. 隧道洞口应埋设_____水准点,以备使用中互相检核。

答案:①三个;②一个;③两个。

第十七章 工程变形测量与仪器检验

学习目标:明确工程变形测量的作用和基本方法;熟悉工程测量仪器检验基本要求和方法。

第一节 工程变形测量

一、概述

变形指的是建造的建筑物或构筑物没有维持原有设计的形状、位置或大小,或是土木工程动力、震动结果引起区域周围地表及其附属物发生变化的现象。如房屋建筑物、桥墩的下沉、倾斜,墙体开裂,桥梁下塌,路堤路堑边坡下滑,深基坑边坡不稳,地表下沉以及震动变形等。变形现象继续发展,轻者影响工程质量,严重者将造成事故,给人民的生命财产造成损失。

为了及时发现上述的变形现象及其变形趋势,采取变形测量(或称变形监测)的技术措施。主要以测量技术手段对建筑物、构筑物的有关固定点位进行定期的重复性观测,从中找出各重复性观测中点位参数(X,Y,H)的差异$(\Delta X,\Delta Y,\Delta H)$,利用点位参数的差异$(\Delta X,\Delta Y,\Delta H)$可以分析判断建筑工程的质量、变形的程度以及变形的趋势。建筑物、构筑物变形超出容许范围,必须报警,以便及时采取救护措施,防止变形的发展,纠正变形现象,避免事故的出现。

就土木工程而言,引起变形的主要因素有:1)地质条件探查不清或发生变化;2)设计有误;3)施工过程不合理或偷工减料;4)营运过程超出设计的规定或环境发生变化等。一般地,变形现象是多种因素的综合结果,建筑物、构筑物的变形现象常是综合质量的反映。变形测量以测量技术直接获取建筑物的变形参数,是评估综合质量结果,监测建筑物、构筑物安全隐患的重要技术,在监测环境安全,促进可持续发展中具有重要意义。

变形测量是一种精密的测量技术。首先,变形测量必须有精密的仪器设备,如精密水准仪、精密经纬仪或精密的全站仪等。其次,变形测量必须有精密的控制测量以及稳定可靠的控制网点。第三,变形测量的过程必须根据工作环境采取正确措施避免各种因素影响,保证测量成果的精密性、可靠性。第四,在特殊工程变形情况下,应加强与有关工程学科的配合,加强变形分析等工作。

二、变形测量的工作类型

根据建筑物、构筑物变形的性质,变形测量的工作类型有:沉陷观测、倾斜观测、挠度观测、裂缝观测、位移观测等。

1. 沉陷观测

沉陷观测技术要点:

1)埋设观测标志。观测标志的埋设应根据桥梁、房屋建筑的实际要求确定。如对桥墩

第十七章 工程变形测量与仪器检验

进行沉陷观测,在桥墩台基础施工基本完成时,应在桥墩台四周埋设2～4个高程观测标志,如图17.1。点位埋设方式如图4.10c)。工业厂房、高层建筑物的沉陷观测标志应在基础周围,每隔10～20m设立一个。隧道的沉陷观测标志应设在隧道洞内壁及洞外的隧道中线附近地面上,一般按断面10～50m间隔设点。

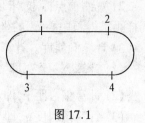

图17.1

2) 观测点位的高程。在埋设点位稳定之后,便可进行第一次观测,以后各次的观测视工程量大小选择。一般地,大桥桥墩升高3～5m就可观测一次。完成施工期的沉陷观测,随即进行营运期的沉陷观测。这时开始的沉陷观测每月一次,以后每年一次,持续1～3年,重要的特大桥的观测年限还要延长。

3) 整理成果表(表17-1)和展绘变形过程图(图17.2)。图17.2上半部表示时间与加荷的关系曲线,下半部表示时间与变形的关系曲线,表明变形与桥墩升高加荷的关系,同时表明不同时期的变形情况。

4) 沉陷观测的终止。一般地,从成果表和变形过程图中可观察变形量少于规定的量值,可以认为构筑物比较稳定,则可以终止沉陷观测。

表17-1

次序	日期	1号点高程(m)	下沉量	2号点高程(m)	下沉量	3号点高程(m)	下沉量	4号点高程(m)	下沉量
1		35.128	0	35.116	0	35.124	0	35.129	0
2		35.126	-2	35.115	-1	35.122	-2	35.127	-2
3	—	35.123	-3	35.113	-2	35.119	-3	35.125	-2
4		35.121	-2	35.110	-3	35.117	-2	35.122	-3
5									
⋮		⋮	⋮	⋮	⋮	⋮	⋮	⋮	⋮

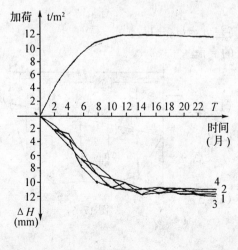

图17.2

2. 倾斜观测

倾斜观测是用于检查构筑物倾斜变形的测量工作。如图17.3,柱体上下两个中心o_2、o_1不在同一个垂线上,则柱体存在倾斜状态。

1) 观测底点标志,求底中心o_1的坐标。图17.4中,设A、B为已知点,柱底四个角点1、2、3、4为观测点,分别在A、B设站观测得α_1、α_2、β_3、β_4。

根据柱体的对称特征可知,在A、B点观测o_1的角度分别为

$$\alpha = \frac{\alpha_1 + \alpha_2}{2}$$
$$\beta = \frac{\beta_3 + \beta_4}{2}$$
(17-1)

以α、β按式(9-82)计算o_1的坐标x_1、y_1。

2) 观测顶点标志,求顶中心 o_2 的坐标。根据观测底点标志求底中心 o_1 的坐标的原理同样可求得顶中心 o_2 的坐标 x_2、y_2。

3) 计算倾斜度。计算步骤是：

(1) 计算 Δx、Δy,即 $\Delta x = x_1 - x_2$, $\Delta y = y_1 - y_2$;

(2) 计算偏心距 e,即 $e = \sqrt{\Delta x^2 + \Delta y^2}$;

(3) 计算倾斜度 i,即 $i = e/H$。H 是柱体的高度。

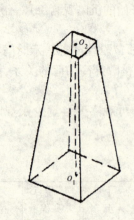

图 17.3

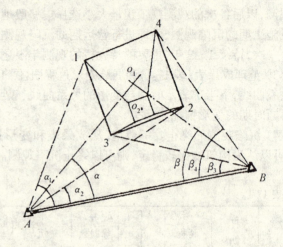

图 17.4

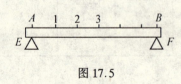

图 17.5

3. 挠度观测

挠度指的是桥梁在梁的方向所在竖直面内各不同梁位离开高程线的垂距。如图 17.5,挠度观测技术要点：

1) 沿桥梁 AB 分段,在分段点 $A, 1, 2, \cdots, B$ 设立高程观测点。

2) 测定桥梁端点 A、B 的高程 H_A、H_B,计算高差 $h = H_B - H_A$。

3) 计算分段点 $1, 2, \cdots, n$ 在 AB 高程线上的高程 H'_i,即

$$H'_i = H_A + \frac{s_i}{s} h \qquad (17-2)$$

式中,s 是 AB 的长度,s_i 是分段点 i 到 A 点的长度。

4) 测定分段点 $1, 2, \cdots, n$ 的高程 H_i,计算各分段点垂距 Δh_i,即

$$\Delta h_i = H'_i - H_i \qquad (17-3)$$

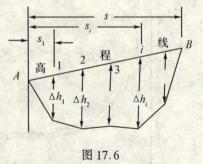

图 17.6

5) 展绘挠度观测图,如图 17.6。

4. 裂缝观测

技术要点：

1) 在发生裂缝的两侧设立观测标志,如图17.7。
2) 按时观测标志之间的间隔 S 的变化情况。
3) 分析裂缝的宽度变化及变化速度。

5. 位移观测

技术要点是以测量变形点坐标的变化情况监视变形点的位移。

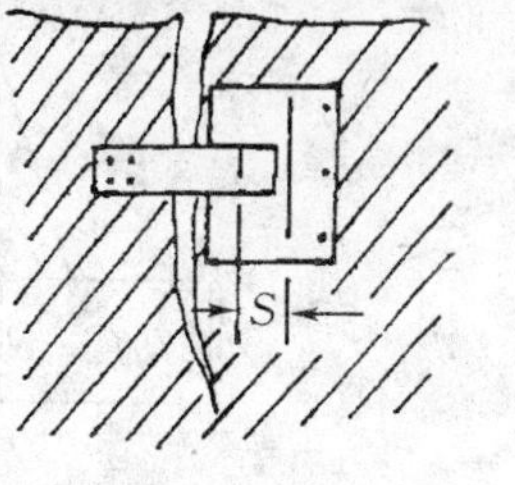

三、变形测量的自动化

随着测绘科技的进步,变形测量自动化正在成为人们关注的方向,主要技术形式有 GPS 和 TPS 两大现代测绘技术的扩展性应用。

图 17.7

1. GPS 变形测量

从 GPS 原理可知,利用双频、差分等技术,可大大提高 GPS 测量点位坐标精度。随着 GPS 的不断发展和科技研究的深入,GPS 测量点位坐标精度已经达到亚毫米级(即小于 1mm)。变形测量自动化的基本思路:

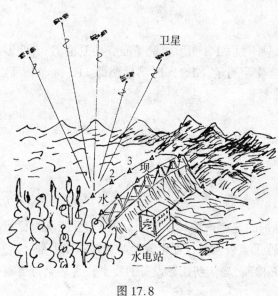

图 17.8

1) 在建筑物、构筑物预定变形点。如图 17.8,水库大坝设立变形点(图中 △)有 $1, 2, \cdots, n$。

2) 在变形点安置 GPS 接收机,条件好的可在各变形点上同时安置 GPS 接收机。启动 GPS 接收机接收卫星信号,获取变形点的点位坐标参数。

3) 按 GPS 后处理软件对获取点位坐标参数进行处理,取变形点的最后点位坐标参数。

GPS 变形测量,已经在大江防范洪水灾害和特大桥变形监察等方面发挥了重要作用。

2. TPS(Total Positioning System)变形测量

TPS 变形测量的仪器设备是全站仪及反射器。TPS 变形测量的主要优点是:可单机多测点变形测量;三维参数、实时性强;功能多、劳动强度低。尤其是带有自动瞄准与跟踪的全站仪,变形测量可以实现无人值守和远程控制。

图 17.9 是自动全站仪变形测量自动化的工作原理图。图中自动全站仪通过接口与计算机连接,进而与整个网络连接。全站仪变形测量的智能化、网络化由此形成。变形测量自动化的工作原理已经在现代化土木工程动、静态变形测量中得到成功的应用。

全站仪变形测量自动化是以可控连续测量特征为基础,可以采用类似于前、后方测量的技术方式进行。图 17.9 称为前方测量的技术方式,即全站仪在基准点上测量变形点 $1, 2, \cdots, n$,得出变形点的位置。图 17.10 称为后方测量的技术方式,即全站仪在变形点 o 点上测量基准点 A、B、C,测量并得出变形点 o 及 $1, 2, \cdots, n$ 的位置。

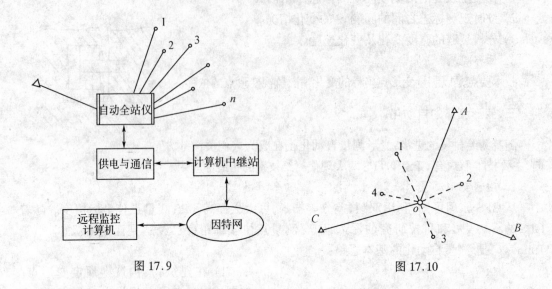

图 17.9　　　　　　　　　　　图 17.10

3. GPS 和 TPS 联合变形测量

GPS 和 TPS 变形测量都需要基准点,只不过 GPS 变形测量基准点是卫星,TPS 变形测量基准点是地面固定点。GPS 和 TPS 联合变形测量,GPS 即时测量获得 TPS 地面基准点,TPS 在基准点按前方测量的技术方式变形测量。

第二节　工程测量仪器一般检验

一、概　述

工程测量仪器检验是实行测量检核原则的重要内容,是确认仪器技术性能是否稳定可靠,保证测量技术工作顺利进行的重要步骤。工程测量仪器常规检验的基本要求是:

1) 对新购置的测量仪器设备必须全面检验,确认新仪器设备的质量是否完全符合有关标准所规定的技术指标。

2) 应用中的测量仪器设备应按一定的时间要求或按重要工程的要求进行检验,确认仪器设备的技术性能稳定,符合仪器原有的技术质量指标。

3) 经过维修或可能受损的测量仪器应及时进行检验,确认维修后或受损后的技术性能。

如果检验发现测量仪器的技术性能不符合要求,应送有关部门校正处理,不得投入使用。

测量仪器检验工作包括外观检视与技术性能检验。外观检视要求操作手感方便,旋钮转动灵活,仪器主配件完整合格等。一般地,测量仪器检验必须在检测基准场所进行。仪器的技术性能检验视仪器的结构而异。测量仪器检验有他检和自检两种方式,有条件的可采用自检的方式,否则应以他检的方式,即由检验机关或有关单位进行检验。本节主要介绍一般性的检验方法。

二、经纬仪的检验

1. 管水准器安置正确性的检验

管水准器安置正确,则管水准轴与经纬仪的竖轴互相垂直,检验方法:

1) 按经纬仪安置方法的精确整平步骤1)、2)使管水准器气泡居中。

2) 转动照准部180°使管水准轴仍与原来两个脚螺旋的中心连线平行,观察管水准器气泡是否严格居中。

如果没有严格居中,设气泡可能偏离中心的距离为 l,如图17.11a),说明管水准器安置不正确。若 l 超限应进行校正。

校正方法:(1)两手相对转动两个脚螺旋,使管水准气泡向中心移动 $l/2$,如图17.11b)。(2)用校正针插入管水准器的校正孔,细心扭转校正针带动校正孔升降管水准器的一端使管水准气泡向中心移动 $l/2$,实现管水准气泡居中,如图17.11c)。(3)反复上述检验步骤,确认管水准器安置正确。

2. 十字丝正确位置的检验

1) 安置经纬仪,精确整平,用望远镜十字丝瞄准一个目标点,固定制动旋钮。

2) 垂直微动望远镜,观察十字丝纵丝与目标点的离合程度。若十字丝纵丝与目标点不分离,则十字丝处于正确位置。否则,说明十字丝纵丝不与垂线平行,应进行校正。

3. c 值和 i 值的检验

c 值是式(2-22)中的视准差,i 值是式(2-23)中的横轴误差,二者对水平角的影响可通过盘左盘右观测取平均的方法抵消。在应用上,c 值和 i 值不能太大,并通过检验测定其大小。检验方法是高低点的测定:

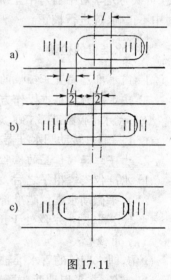

图 17.11

1) 安置经纬仪,确定墙上的高低点。如图17.12,仪器距墙 5~8m 即可。高点垂直角与低点垂直角绝对值互差少于 30″。高、低点构成的水平角为 β。

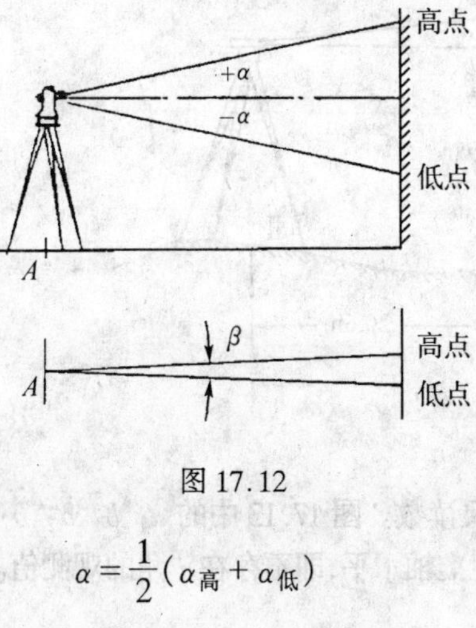

2) 按测回法观测 β 角 n 测回,计算高、低点方向的 c 值,即

$$c_{高} = \frac{1}{2n}\sum_1^n (L - R \pm 180°)_{高} \quad (17-4)$$

式中,L、R 是观测高点的盘左、盘右观测值。

$$c_{低} = \frac{1}{2n}\sum_1^n (L - R \pm 180°)_{低} \quad (17-5)$$

式中,L、R 是观测低点的盘左、盘右观测值。

$$c = \frac{1}{2}(c_{高} + c_{低}) \quad (17-6)$$

3) 按中丝法观测高、低点的垂直角三个测回,计算高、低点垂直角平均值,即

图 17.12

$$\alpha = \frac{1}{2}(\alpha_{高} + \alpha_{低}) \quad (17-7)$$

4) 计算 i 角。据推证，i 角为

$$i = \frac{1}{2}(c_\text{高} - c_\text{低})\cot\alpha \tag{17-8}$$

计算检验结果，DJ_2 经纬仪 $i<15''$；DJ_6 经纬仪 $i<20''$。

4. 指标差的检验

只要对某一目标进行多测回的垂直角观测，即利用观测得到的竖直度盘读数 L、R，按式(2-19)计算，就可得知经纬仪的指标差。

5. 光学对中器对中正确性的检验

1) 按经纬仪对中工作步骤精确对中。

2) 转动经纬仪照准部 $180°$，在光学对中器的目镜中观察原对中状态是否改变，若不改变，可认为光学对中器对中正确。必要时改变仪器高重新检验一次。检验发现光学对中器对中不正确，应进行校正。

三、水准仪的检验

1. 圆水准器安置正确性的检验

1) 按水准测量基本操作方法做好粗略整平工作，使圆水准气泡严格居中。

2) 转动水准仪瞄准部 $180°$，观察圆水准气泡的居中情况。若没有严格居中，应进行校正。校正是通过转动圆水准器校正螺丝实现的，具体方法可参考水准仪说明书。

2. 十字丝正确位置的检验

1) 水准仪安置粗平之后，水平转动瞄准部瞄准一目标点，固定水平制动旋钮。

2) 水平微动水准仪瞄准部，观察十字丝的横丝与目标点的离合情况。若十字丝横丝与目标点不分离，则十字丝处于正确位置。否则，说明十字丝横丝不与垂线垂直，应进行校正。

3. i 角检验

i 角，即水准仪的管水准轴与望远镜视准轴不平行而存在的夹角。检验方法：

1) 准备：在平坦地面选择长 61.8m 的直线场地 Ⅰ、Ⅱ，并三等分(用钢尺丈量长度 $S=20.6\text{m}$)，中间用木桩定点为 A、B，如图 17.13。

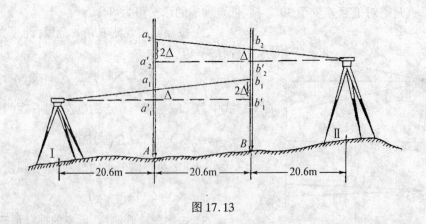

图 17.13

2) 观测。水准仪依次在 Ⅰ、Ⅱ 设站观测 A、B 上的标尺读数。图 17.13 中的 a_1、b_1、a_2、b_2 表示水准仪视准轴存在 i 角的观测值，a'_1、b'_1、a'_2、b'_2 表示视准轴水平，即不存在 i 角的观测值。

3) i 角的计算。

设 i 角存在引起水准仪在最近标尺读数误差为 Δ,则在 Ⅰ 处得到的观测值计算高差为
$$h_1 = a'_1 - b'_1 = a_1 - b_1 + \Delta \tag{17-9}$$
在 Ⅱ 处得到的观测值计算高差为
$$h_2 = a'_2 - b'_2 = a_2 - b_2 - \Delta \tag{17-10}$$
按上述两式可得
$$\Delta = \frac{1}{2}[(a_2 - b_2) - (a_1 - b_1)]$$
则 i 角的计算公式为
$$i = \frac{\Delta}{s}\rho'' = \frac{\Delta}{20\,600}206265'' = 10''\Delta \tag{17-11}$$

4) 校正。水准仪在 Ⅱ 处微转微倾螺旋使视准轴对准 A 点标尺的正确数据 a'_2,即
$$a'_2 = a_2 - 2\Delta = b_2 + a_1 - b_1 \tag{17-12}$$
接着,用校正针校正符合水准器的校正螺丝,使水准气泡居中。校正后,将望远镜对准 B 点标尺读数 b'_2,b'_2 应与计算值 $b_2 - \Delta$ 一致。i 角一般应少于 $20''$。

四、光电测距仪的检验

1. 内符合精度的检验

1) 选取场地 AB(距离几十米至几百米),A 点安置光电测距仪,B 点安置反射器。
2) 按正常测距的方式测量 AB 的长度,获得 n 次观测值 $D_i(i = 1, 2, \cdots, n)$。
3) 计算:
$$D = \frac{\sum_{1}^{n} D_i}{n} \tag{17-12}$$
$$v_i = D - D_i \tag{17-14}$$
$$m = \pm\sqrt{\frac{[vv]}{n-1}} \tag{17-15}$$

m 是检验光电测距仪内符合精度的数据指标。

2. 距离差(差分)加常数检验

1) 选取平坦场地 ABC,定点 A、B、C。如图 17.14。

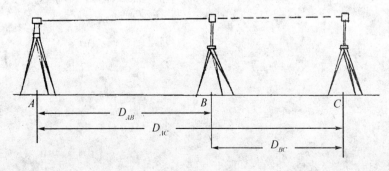

图 17.14

2) 观测：A 设光电测距仪，B、C 分别设反射器，光电测距仪、反射器同仪器高。光电测距测量 AB、AC 的长度，分别气象改正后的距离为 D'_{AB}、D'_{AC}。B 设光电测距仪，C 设反射器，光电测距测量 BC 的长度，气象改正后的距离为 D'_{BC}。

3) 计算加常数 k

设加常数为 k，AB 长度为 $D_{AB} = D'_{AB} + k$，AC 长度为 $D_{AC} = D'_{AC} + k$，BC 长度为 $D_{BC} = D'_{BC} + k$

根据 $D_{BC} = D_{AC} - D_{AB}$，可得距离差计算加常数公式

$$k = D'_{AC} - D'_{AB} - D'_{BC} \tag{17-16}$$

习　题

1. 什么是建筑变形？什么是变形测量？为什么要进行变形测量？
2. 试述沉陷观测、倾斜观测、挠度观测的技术要点。
3. 试述测量仪器一般检验的基本要求。
4. 试述经纬仪检验的主要项目。
5. 如何检验校正经纬仪的管水准器、光学对中器？
6. 试述水准仪检验的主要项目。
7. 如何检验校正水准仪的 i 角？
8. 如何检验光电测距仪的加常数？

附　录

一、过河水准测量记录

测站	后尺 下丝 上丝 后视距 s 视距差 d	前尺 下丝 上丝 前视距 s $\sum d$	方向与尺号	标尺读数 黑面	标尺读数 红面	K 加黑减红	高差中数
A	1.885	1.030	后(b_1)	1.753	6.439	1	
	1.620	0.772	前(I_1)	0.900	5.587	0	
	26.5	25.8	后--前	0.853	0.852		0.852
	0.7			$h_1 = 0.852$			
B	1.948	1.152	后(I_2)	1.792	6.478	1	
	1.638	0.837	前(b_2)	0.994	5.680	1	
	31.0	31.5	后--前	0.798	0.798	0	0.798
	-0.5			$h_4 = 0.798$			
I_1	近标尺读数(b_1)		黑 2.336	红 7.022		1	
	远标尺读数(I_2)		(1)1.472	(2)1.467			0.866
			平均	1.470			
	$h_2 =$ 近标尺读数 - 远标尺读数 = 0.866						
I_2	近标尺读数(b_2)		黑 0.672	红 5.358		1	
	远标尺读数(I_1)		(1)1.477	(2)1.477			0.805
			平均	1.477			
	$h_3 =$ 远标尺读数 - 近标尺读数 = 0.805						

高差计算：上半测回：$h_上 = h_1 + h_3 = 0.852 + 0.805 = 1.657$
　　　　　下半测回：$h_下 = h_2 + h_4 = 0.866 + 0.798 = 1.664$

二、子午线收敛角 γ 的计算

1. 公式

1) γ 的公式：

$$\gamma_1 = y \times \rho'' \times \frac{t_1}{N_1}$$

$$\gamma_2 = y^3 \times \rho'' \times \frac{t_1}{3N_1^3} \times (1 + t_1^2 - \eta_1^2 - 2\eta_1^4)$$

$$\gamma_3 = y^5 \times \rho'' \times \frac{t_1}{15N_1^5} \times (2 + 5t_1^2 + 3t_1^4)$$

$$\gamma = \gamma_1 - \gamma_2 + \gamma_3 \tag{附2-1}$$

式中，y 是地面点的横坐标，即式(1-4)的 Y_p。

$$t_1 = \tan(B_1) \tag{附 2-2}$$

$$N_1 = \frac{a}{\sqrt{1-e^2\sin^2 B_1}} \tag{附 2-3}$$

$$\eta_1 = e'\cos B_1 \tag{附 2-4}$$

2) B_1 的意义：

B_1 是相当于地面点纵坐标 x 的子午线弧长 s 所对应的大地纬度，B_1 满足下式

$$s = \frac{A_0 B_1}{\rho^\circ} - 0.5\sin(2B_1)\{B_0 + \sin^2 B_1[C_0 + \sin^2 B_1(D_0 + E_0\sin^2 B_1)]\} \tag{附 2-5}$$

3) 有关的参数：

(1) ρ°、ρ'' 见表 1-1；

(2) a、e^2、e'、A_0、B_0、C_0、D_0、E_0 见下表。

参数名称	IAG-75 参数	克氏 参数
a	6378140 m	6378245 m
e	0.081819221456778	0.081813334013774
e^2	0.006694384999793	0.006693421622449
e'	0.082094468873860	0.082088521817364
e'^2	0.006739501819681	0.006738525414159
A_0	6367452.13273	6367558.49681
B_0	32009.85747	32005.77981
C_0	133.960115	133.92377
D_0	0.69752	0.69723
E_0	0.00391	0.00391

2. 求 γ 的步骤

1) 以点位坐标的 x 当 s 反查表得 B_1。

(1) 计算机按式(附 2-5)列出 s-B_1 计算表。

(2) 以 x 当 s 反查表得相对于 x 的大地纬度 B_1。

2) 求 t_1、N_1、η_1。

把 B_1 代入式(附 2-2)、式(附 2-3)、式(附 2-4)便可求得 t_1、N_1、η_1。

3) 求 γ。将有关的参数 ρ''、t_1、N_1、η_1 代入式(附 2-1)求 γ。

3. 计算机查表计算法求 γ 的步骤

1) 计算机内装有求 γ 的计算程序，计算机处于准备状态。

2) 启动求 γ 的程序，按计算机显示的提示键入地面点的坐标 x、y。

3) 计算机运行，输出所求 γ 的值(以秒为单位)。

三、地面点位坐标的换带计算

1. 换带基本公式

1) 反算基本公式：

$$l = \frac{y}{N_1 \cos B_1} - \frac{y^3}{6N_1^3 \cos B_1}(1 + 2t_1^2 + \eta_1^2) + \frac{y^5}{120 N_1^5 \cos B_1}(5 + 28t_1^2 + 24t_1^4 + 6\eta_1^2 + 8\eta_1^2 t_1^2)$$

$$\Delta B = -\frac{y^2}{2N_1^2} t_1 (1 + \eta_1^2) + \frac{y^4}{24 N_1^4} t_1 (5 + 3t_1^2 + 6\eta_1^2 - 6t_1^2 \eta_1^2 - 3\eta_1^4 + 9t_1^4 \eta_1^4) -$$

$$\frac{y^6}{720 N_1^6} t_1 (61 + 90 t_1^2 + 45 t_1^4 + 107 \eta_1^2 + 162 t_1^2 \eta_1^2 + 45 t_1^4 \eta_1^2)$$

说明：

①B_1满足式(附2-5)，因此，B_1的计算与求γ时的计算方法相同。t_1、N_1、η_1符合式(附2-2)、式(附2-3)、式(附2-4)。

②y是减去带号和500km的实际椎，其中带号是计算投影带中央子午线L_0的重要参数，按式(1-3)、式)1-4)计算。

③点位的经纬度计算：

$$L = L_0$$
$$B = B_1 + \Delta B$$

2) 正算基本公式：

$$x = X + \frac{Nl^2}{2} \sin B \cos B + \frac{Nl^4}{24} \sin B \cos^3 B (5 - t^2 + 9\eta^2 + 4\eta^4) +$$

$$\frac{Nl^6}{720} \sin B \cos^5 B (61 - 58t^2 + t^4 + 270\eta^2 - 330 t^2 \eta^2) + \cdots$$

$$y = Nl \cos B + \frac{Nl^3}{6} \cos^3 B (1 - t^2 + \eta^2) + \frac{Nl^5}{120} \cos^5 B (5 - 18t^2 + t^4 + 14\eta^2 - 58 t^2 \eta^2) + \cdots$$

说明：

①X满足式(附2-5)，此处把(附2-5)的s当做X，按B的计算得到。t、N、η符合式(附2-2)、式(附2-3)、式(附2-4)，此处无下标。

②$l = L - L_0$，L_0是新选的投影带中央子午线参数。

③点位y坐标计算应根据新选的投影带带号，并加500km。

2. 换带计算的步骤

1) 确认计算机内的电算程序处于执行状态。

2) 根据计算机显示屏提示："完整输入点位坐标"，键入高斯平面直角坐标系的点位坐标，先键入x，后键入y。

3) 选择换带方向。

键入点位坐标后，计算机显示屏有两种提示：

(1) 投影带为六度带时的提示：

    东六度带换为西六度带(1)

    西六度带换为东六度带(2)

    东六度带换为西三度带(3)

    西六度带换为东三度带(4)

(2) 投影带为三度带时的提示：

    东三度带换为西六度带(5)

    西三度带换为东六度带(6)

    自定义中央子午线 (7)

根据以上的提示选择 1 或 2、或 3、或 4、或 5、或 6、或 7。计算机将按选择处理,并给出换带后的成果。

3. 示例

例 1:附图 3.1,设实线为西六度带,虚线是与之相邻的东三度带。图中 M 是西六度带内,点位坐标是 $x = 3\,275\,110.535$,$y = 20\,777\,021.233$。换带方向:从西六度带的坐标换为东三度带的坐标。根据提示,选择 4,按要求键入 4。计算机按选择处理后,显示换带后的数据:

1) 大地纬度 $B = 29°33'45.80''$,大地经度 $L = 119°51'28.74''$。

2) 东三度带高斯平面直角坐标:$x = 3\,271\,708.378$,$y = 40\,486\,237.537$。

例 2:M 的点位坐标 $x = 3\,275\,210.353$,$y = 20\,613\,020.258$。换带方向:自定义中央子午线(7)。计算机按选择处理后,显示换带后的数据:

1) 大地纬度 $B = 29°35'21.36''$,大地经度 $L = 118°09'59.49''$。

2) 自定义的高斯平面直角坐标:$x = 3\,274\,653.772$,$y = 516\,133.481$。

中央子午线经度:$L_0 = 118°$。

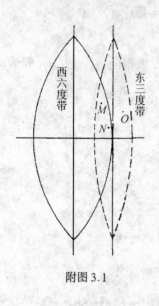

附图 3.1

四、矩阵加边求逆 N^{n-1}

1. 求逆公式

设 $n-1$ 阶矩阵 N_{n-1} 的逆阵为 N_{n-1}^{-1}(N_{n-1}、N_{n-1}^{-1} 均为方阵)。在此基础上加上第 n 行向量 V_n,加上第 n 列向量 U_n 及元素 a_{nn},即为原方阵的加边。加边后的矩阵 N_n,即

$$N_n = \begin{bmatrix} N_{n-1} & \cdots & U_n \\ \vdots & & \vdots \\ V_n & \cdots & a_{nn} \end{bmatrix}$$

设加边后求得的逆阵为

$$N_n^{-1} = \begin{bmatrix} Q_{n-1} & Q_u \\ Q_V & Q_a \end{bmatrix}$$

式中的 Q_{n-1}、Q_u、Q_V、Q_a 按下列公式计算,即

$$a_n = a_{nn} - V_n N_{n-1}^{-1} U_n \tag{附4-1}$$

$$Q_a = 1/a_n \tag{附4-2}$$

$$Q_u = -N_{n-1}^{-1} U_n / a_n \tag{附4-3}$$

$$Q_v = -V_n N_{n-1}^{-1} / a_n \tag{附4-4}$$

$$Q_{n-1} = N_{n-1}^{-1} + (N_{n-1}^{-1} U_n V_n N_{n-1}^{-1})/a_n \tag{附4-5}$$

2. 加边求逆的计算格式

为了便于加边求逆计算公式的应用,可用附表 4-1 的计算格式进行辅助计算及主要计算。

附表 4-1

① N_{n-1}^{-1}	② U_n	⑤ $-N_{n-1}^{-1}U_n$
③ V_n	④ a_{nn}	
⑥ $-V_n N_{n-1}^{-1}$		⑦ a_n

1) 辅助计算:
(1) ①、②→⑤;(注:以①、②参数计算⑤的参数,以下同)
(2) ①、③→⑥;
(3) ②、④、⑥→⑦。

2) 主要计算:
(1) ⑦→Q_a;
(2) ⑤、⑦→Q_u;
(3) ⑥、⑦→Q_v;
(4) ①、⑤、⑥、⑦→Q_{n-1}

3. 算例

对于一个高阶矩阵,可以采用从低阶到高阶逐次加边方法进行逐次求逆的过程,实现高阶矩阵的求逆。例:

$$N_3 = \begin{bmatrix} 2 & 1 & 4 \\ 1 & 3 & -1 \\ 4 & -1 & 5 \end{bmatrix}$$

1) 设 $N_1 = (2)$,则 $N_1^{-1} = \frac{1}{2}$。

2) 在 N_1^{-1} 基础上的加边为

$$N_2 = \begin{bmatrix} N_1 & U_2 \\ V_2 & a_{22} \end{bmatrix} = \begin{bmatrix} 2 & 1 \\ 1 & 3 \end{bmatrix}$$

(1) 按附表 4-1 列计算附表 4-2,按附表 4-1 完成辅助计算⑤: $-N_{n-1}^{-1} \times U_n$;⑥: $-V_n \times N_{n-1}^{-1}$;⑦: a_n。计算结果列入附表 4-2 中。

附表 4-2

1/2	1	-1/2
1	3	
-1/2		5/2

(2) 按式(附 4-2)、式(附 4-3)、式(附 4-4)、式(附 4-5)完成主要计算得 $Q_a = 2/5$; $Q_u = -1/5$; $Q_v = -1/5$; $Q_{n-1} = 3/5$。即

$$N_2^{-1} = \begin{bmatrix} 3/5 & -1/5 \\ -1/5 & 2/5 \end{bmatrix}$$

3) 在 N_2^{-1} 基础上的加边为

$$N_3 = \begin{bmatrix} N_2 & U_3 \\ V_3 & a_{33} \end{bmatrix} = \begin{bmatrix} 2 & 1 & 4 \\ 1 & 3 & -1 \\ 4 & -1 & 5 \end{bmatrix}$$

(1) 按附表 4-1 列计算附表 4-3,按附表 4-1 完成辅助计算⑤: $-N_{n-1}^{-1} U_n$;⑥: $-V_n N_{n-1}^{-1}$;⑦: a_n。计算结果列入附表 4-3 中。

附表 4-3

3/5	−1/5	4	−13/5
−1/5	2/5	−1	6/5
4	−1	5	
−13/5	6/5		−33/5

(2) 按式(附 4-2)、式(附 4-3)、式(附 4-4)、式(附 4-5)完成主要计算得:

① $Q_a = -5/33$

② $Q_u = \begin{bmatrix} 13/33 \\ -6/33 \end{bmatrix}$

③ $Q_v = \begin{bmatrix} 13/33 & -6/33 \end{bmatrix}$

④ $Q_{n-1} = \begin{bmatrix} -14/33 & 9/33 \\ 9/33 & 6/33 \end{bmatrix}$

由此得 N_3 的逆阵为

$$N_3^{-1} = \begin{bmatrix} -14/33 & 9/33 & 13/33 \\ 9/33 & 6/33 & -6/33 \\ 13/33 & -6/33 & -5/33 \end{bmatrix}$$

五、basic 程序

程序一:求一个水准点多路线的高程带权平均值(DOS 状态下的 qbasic)。

```
10  input "n=";n                          164 let mh = m * sqr(1/pp)
20  dim h(n),s(n),p(n),v(n)               166 print "[PH]=";
30  for i=1 to n                          170 print using "####.####";ph;
40  read h(i),s(i)                        180 print "[pvv]=";
50  let p(i)=10/s(i)                      190 print using "####.####";pvv;
60  let pp=pp+p(i)                        200 print "Mx=";
70  let ph=ph+p(i)*h(i)                   210 print using "####.####";mh
80  next i                                220 print "[P]=";
90  let hh=ph/pp                          230 print using "####.####";pp;
100 for i=1 to n                          240 print "u=";
110 let v(i)=(hh-h(i))*1000               250 print using "####.####";m
120 let pvv=pvv+p(i)*v(i)*v(i)            260 print "H=";
130 print using "####.####";              262 print using "####.####";hh
```

```
              h(i);s(i);p(i);v(i)            264 print "u(1km)=";
140 next i                                   266 print using"####.####";u
150 let m=sqr(pvv/(n-1))                     268 end
160 let u=m/sqr(10)                           270 data ---h(i),s(i)----
```

程序二:条件平差的法方程系数组成。按式(6-121)计算,程序中 A(r,n)是条件式系数,P(n)是权,r 条件式个数,n 观测值个数。DATA 语句存放条件式系数和权。

```
10 DIM A(r,n),B(r,r),P(n)        110 FOR J=1 TO r
20 FOR I=1 TO r                  120 FOR K=1 TO n
30 FOR J=1 TO n                  130 B(I,J)=B(I,J)+A(I,K)×A(J,K)/P(K)
40 READ A(I,J)                   140 NEXT K
50 NEXT J                        145 PRINT USING"###.####";B(I,J);
60 NEXT I                        150 NEXT J
70 FOR I=1 TO n                  155 PRINT
80 READ P(I)                     160 NEXT I
90 NEXT I                        170 END
100 FOR I=1 TO r                 180 DATA 条件式系数 A(r,n),权 P(n)
```

程序三:矩阵求逆 BASIC 程序。

```
10 INPUT "n=";n                  190 NEXT J                           340 FOR I=1 TO K
20 DIM A(n,n),B(n,n)             200 A(K+1,K+1)=1/B(K+1,K+1)          350 FOR J=1 TO K
30 FOR I=1 TO n                  210 FOR I=1 TO K                     360 B(I,J)=A(I,J)+
                                                                          B(I,K+1)*
40 FOR J=1 TO n                  220 B(K+1,I)=0                           B(K+1,J)/A(K+1,
                                                                          K+1)
50 READ A(I,J)                   230 B(I,K+1)=0                       370 A(I,J)=B(I,J)
60 NEXT J                        240 FOR J=1 TO K                     380 NEXT J
70 NEXT I                        250 B(K+1,I)=B(K+1,I)-               390 NEXT I
80 A(1,1)=1/A(1,1)                   A(K+1,J)*A(J,I)                  400 NEXT K
90 FOR K=1 TO n-1                260 B(I,K+1)=B(I,K+1)-               410 FOR I=1 TO n
100 FOR J=1 TO K                     A(I,J)*A(J,K+1)                  420 FOR J=1 TO n
110 B(K+1,J)=0                   270 NEXT J                           430 PRINT USING
                                                                          "###.#####";
120 FOR I=1 TO K                 275 B(K+1,I)=B(K+1,I)*                   A(I,J);
130 B(K+1,J)=B(K+1,J)+               A(K+1,K+1)                       440 NEXT J
    A(K+1,I)*A(I,J)              280 B(I,K+1)=B(I,K+1)*               450 PRINT
                                     A(K+1,K+1)                       460 NEXT I
140 NEXT I                       290 NEXT I                           470 END
150 NEXT J                       300 FOR I=1 TO K                     480 DATA 法方程
160 B(K+1,K+1)                                                            系数 A(I,J)
    =A(K+1,K+1)
170 FOR J=1 TO K                 310 A(K+1,I)=B(K+1,I)
```

```
180 B(K+1,K+1)=         320 A(I,K+1)=B(I,K+1)
    B(K+1,K+1)-
    B(K+1,J)*A(J,K+1)   330 NEXT I
```

程序四:按式(6-123)求联系数 k 的 qbasic 程序。

```
10 dim q(r,r),w(r),k(r)          110 next i
20 for i=1 to r                  120 for i=1 to r
30 for j=1 to r                  130 for j=1 to r
40 read q(i,j)                   140 let k(i)=k(i)-q(i,j)*w(j)
50 print using "###.####";q(i,j) 150 next j
60 next j                        160 print using "###.####";k(i);
70 next i                        170 next i
80 for i=1 to r                  180 print
90 read w(i)                     190 end
100 print w(i);                  200 data  逆阵 q(3,3),闭合差 w(3)
```

程序五:按式(6-116)求最或然误差 v 的 qbasic 程序。

```
10 dim a(r,n),p(n),k(r),v(n)        130 for i=1 to r
20 for i=1 to r                     140 read k(i)
30 for j=1 to n                     150 next i
40 read a(i,j)                      160 for i=1 to n
50 print using "###.####";a(i,j)    170 for j=1 to r
60 next j                           180 let v(i)=v(i)+a(j,i)*k(j)/p(i)
70 next i                           190 next j
80 for i=1 to n                     200 print using "####.##";v(i);
90 read p(i)                        210 next i
100 print using "###.####";p(i);    220 print
110 next i                          230 end
120 print                           240 data
```

条件系数 a(3,5),权(5),联系数 k(3)。

程序六:解析法计算面积的程序。

```
10 INPUT "N=";N                     100 B=Y(I-1)
20 DIM X(N+1),Y(N+1)                110 C=Y(I+1)
30 FOR I=1 TO N                     120 IF I-1=0 THEN LET B=Y(N)
40 READ X(I),Y(I)                   130 IF I+1>N THEN LET C=Y(1)
50 PRINT USING "####.###";X(I);     140 S=S+0.5×A×(B-C)
60 PRINT USING "####.###";Y(I)      150 NEXT I
70 NEXT I                           160 PRINT S
80 FOR I=1 TO N                     170 END
90 A=X(I)                           180 DATA  ……X(I),Y(I)……
```

六、坐标系旋转的坐标变换计算公式

1. 坐标系的变换方向：$x'\text{-}o\text{-}y'$ 到 $x\text{-}o\text{-}y$，即逆时针方向，如附图 6-1，变换计算公式是

$$\begin{pmatrix} x \\ y \end{pmatrix} = \begin{pmatrix} \cos\alpha & -\sin\alpha \\ \sin\alpha & \cos\alpha \end{pmatrix} \begin{pmatrix} x' \\ y' \end{pmatrix}$$

式中，x'、y' 是 P 点在 $x'\text{-}o\text{-}y'$ 坐标系中的坐标；

α 是 X' 轴与 X 轴的夹角；

x、y 是 P 点变换在 $x\text{-}o\text{-}y$ 坐标系的坐标。

2. 坐标系的变换方向：$x\text{-}o\text{-}y$ 到 $x'\text{-}o\text{-}y'$，即顺时针方向，变换计算公式是

$$\begin{pmatrix} x' \\ y' \end{pmatrix} = \begin{pmatrix} \cos\alpha & \sin\alpha \\ -\sin\alpha & \cos\alpha \end{pmatrix} \begin{pmatrix} x \\ y \end{pmatrix}$$

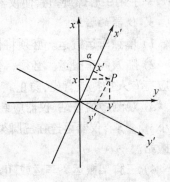

附图 6.1

式中，x、y 是 P 点在 $x\text{-}o\text{-}y$ 坐标系中的坐标；

α 是 X' 轴与 X 轴的夹角；

x'、y' 是 P 点变换在 $x'\text{-}o\text{-}y'$ 坐标系的坐标。

七、测量仪器的安全

1. 应用中仪器的维护

1) 防护

(1) 取用仪器，安全责任重大。仪器一旦架设起来，测站不得离人。

(2) 轻力、均匀旋转仪器上的各旋钮，不得强扭。发现旋钮不动，应查明原因，加以排除。

(3) 仪器表面的光学器件不得随便擦洗。有脏物时应以毛刷轻拂，或以透镜纸轻擦。

(4) 按正确部件连接或拆卸附件，保证电设备极性正确。

(5) 不得随意扭动校正旋钮，不得扭动固紧的基座固定旋钮。

(6) 防晒、防震。一般地应以测伞遮阳光观测。

2) 清理

(1) 清除尘土，清除水汽。受潮仪器应在室内开箱放置。用毛刷轻拂尘土。可用电风吹低温吹去尘土、水汽。

(2) 检查仪器各个部件和附件，发现问题及时报告，及时处理。

(3) 仪器箱内的干燥剂应保持有效性，保证防潮作用。

3) 存储

(1) 室内明亮、通风、干燥。

(2) 防止仪器设备受压。

(3) 定期检查维护。

(4) 光电测量设备及其配套设施久存不用，应定期通电、充电检查，防止仪器自损。

2. 仪器的装箱、开箱和安置

1) 装箱。熟悉仪器装箱的位置关系和仪器装箱的固定步骤，适当固紧仪器的各种制动旋钮。仪器装入仪器箱内，关闭加扣上锁。取用仪器，必须确认箱体关闭可靠，背带稳固。

2) 开箱。开箱前应准备有仪器的安放位置。开箱认清仪器的部位提取,一手抓住基座,一手抓住照准部(或瞄准部),牢固安放在预先准备的位置上。

3) 安置。仪器安置在三脚架上,应把仪器放在三角架头上,一手抓住照准部(或瞄准部),一手用中心螺旋扭紧使仪器与三脚架头紧密连接。仪器开箱后,仪器箱应合紧放好。

3. 仪器的搬运

1) 单独车运搬运。必须将仪器在内衬软垫的套箱内运送,必要时专人护送,防止碰撞。

2) 随人同车搬运。必须将仪器放在软垫上,防止摆动碰撞。若车行震动大时,每台仪器应有专人护抱或背提,防止震动撞击。

3) 观测中的搬站,仪器应装箱搬站,确认箱体关闭可靠,背带稳固。若搬站距离短,仪器小、重量轻,仪器可连在三脚架上一起搬站。如水准仪搬站,一手抱三脚架,一手托着水准仪搬站。

4) 三脚架搬运。车运或随人同车均应包扎结实,防压防摔。

主要参考文献

1. 宁津生,吴修功,刘艳芳.测绘教育启思集.武汉:武汉测绘科技大学出版社,2000
2. 张坤宜.交通土木工程测量.北京:人民交通出版社,1999
3. 武汉测绘科技大学、同济大学测量教研室.控制测量学.北京:测绘出版社,1988
4. 测绘词典编辑委员会.测绘词典.上海:上海辞书出版社,1981
5. 邹永廉主编.测量学.北京:人民交通出版社,1986
6. 罗时恒主编.地形测量学.北京:冶金工业出版社,1985
7. 朱成嶙,王兆祥.铁道工程测量学.北京:人民铁道出版社,1979
8. 李青岳,陈永奇.工程测量学.北京:测绘出版社,1995
9. 陈龙飞,金其坤.工程测量.上海:同济大学出版社,1990
10. 合肥工业大学等四校.测量学.北京:中国建筑工业出版社,1995
11. 苏瑞祥等.大地测量仪器.北京:测绘出版社,1979
12. 张坤宜.光电测距.长沙:中南工业大学出版社,1991
13. 清华大学测量教研组.普通测量.北京:中国建筑工业出版社,1973
14. 彭先进.测量控制网的优化设计.武汉:武汉测绘科技大学出版社,1991
15. 长春地质学院、西安地质学院测量教研室.测量与编图.北京:地质出版社,1983
16. 孙家驷等.公路勘测设计.重庆:重庆大学出版社,1995
17. 赵兴仁等.土建工程概论.北京:测绘出版社,1991
18. 方福森.路面工程.北京:人民交通出版社,1987
19. 崔希璋,陶本藻.矩阵在测量平差中的应用.北京:测绘出版社,1980
20. 郭禄光等.最小二乘法与测量平差.上海:同济大学出版社,1985
21. 于宗俦,鲁林成.测量平差基础.北京:测绘出版社,1983
22. 张廷楷等.高速公路.北京:人民交通出版社,1990
23. 周忠谟,易杰军.GPS卫星测量原理与应用.北京:测绘出版社,1992
24. 孙祖述.地籍测量.北京:测绘出版社,1990
25. 梁开龙.水下地形测量.北京:测绘出版社,1995
26. 欧阳立.激光在建筑工程中的应用.北京:中国建筑工业出版社,1984
27. 王侬,廖元焰.地籍测量.北京:测绘出版社,1996
28. 吴子安,吴栋才.水利工程测量.北京:测绘出版社,1993
29. 中国有色工业总公司.工程测量规范.北京:中国计划出版社,1994
30. 人民交通出版社.公路勘测规程汇编.北京:人民交通出版社,1992
31. 国家标准局.1∶500 1∶1000 1∶2000 地形图图式.北京:测绘出版社,1988
32. Herbert Kahmen, Wolfganng Faig. Surveying. Walter de Gruyter, Berlin, New York, 1988

33. 张坤宜.光电测距仪用户检验的检测基准.勘察科学技术,1994 第 5 期
34. 南方测绘仪器公司.南方 NGS-200 型 GPS 测量系统操作手册.1998 年
35. 张坤宜.同向缓和复曲线数学模型的探讨.公路,1999 年第 9 期
36. 张坤宜等.土木测量课程的体系探讨.中国高教研究,2000 第 4 期
37. 威远图仪器有限责任公司.SV300 测绘软件用户手册,2001 年
38. 谭远德等.任选测站技术原理及其在高速公路测量中的应用.中南公路工程,2002 年第 2 期
39. 李晓东等.高速公路中线缓和复曲线的点位坐标.广东交通职业技术学院学报,2002 第 3 期
40. 张坤宜.公路缓和复曲线的中插连接.中南公路工程,2001 第 3 期
41. 张坤宜等.模拟生产的测量实习教学与效果.广东工业大学学报,2003 第 3 期